古代卡尼什

青铜时代安纳托利亚的商业殖民地

〔丹〕莫恩斯·特罗勒·拉尔森 著

史孝文 译

Mogens Trolle Larsen

Ancient Kanesh: A Merchant Colony in Bronze Age Anatolia

This is a Simplified-Chinese translation of the following title published by Cambridge University Press:

Ancient Kanesh: A Merchant Colony in Bronze Age Anatolia, 9781107552036
© Mogens Trolle Larsen 2015

This Simplified-Chinese translation for the People's Republic of China (excluding Hong Kong, Macau and Taiwan) is published by arrangement with the Press Syndicate of the University of Cambridge, Cambridge, United Kingdom.

© The Commercial Press, Ltd., 2021

This Simplified-Chinese translation is authorized for sale in the People's Republic of China (excluding Hong Kong, Macau and Taiwan) only. Unauthorised export of this Simplified-Chinese translation is a violation of the Copyright Act. No part of this publication may be reproduced or distributed by any means, or stored in a database or retrieval system, without the prior written permission of Cambridge University Press and The Commercial Press, Ltd.

Copies of this book sold without a Cambridge University Press sticker on the cover are unauthorized and illegal.

本书封面贴有 Cambridge University Press 防伪标签，无标签者不得销售。

我们生活的世界，在一个深邃的累积的最上层——

有风、影、夹杂着其他声音的

声音——我们要意识到，这居所

已被祖先们"承包"：我们，活着的人，一直

有先辈们伴随，无论多么遥远。

我们终于不再孤单了。

——古斯塔夫·索宾，《闪光的碎片》（*Luminous Debris*）

图表

1	卢浮宫馆藏的阿舒尔伊迪书信正面,高 7.4 厘米;楔形文字副本于 1936 年由尤里乌斯·莱维发表。	第 2 页
2	古亚述贸易涉及区域地图。	第 20 页
3	屈尔台培鸟瞰。发掘区域位于右上方,图片上方为现代村落。	第 30 页
4	土丘上发掘的建筑;上方为两座重叠的宫殿,中部为神庙,下方为"关税建筑"。	第 38 页
5	从"关税建筑"出来的铺筑的路面或廊道。背景中可见晚期的一座神庙。	第 41 页
6	下城地图,表明已发掘的区域和已发表平面图的房屋。	第 49 页
7	第 20 号房屋周围的房屋区,该建筑属于乌簇尔沙伊什塔尔。	第 52 页
8	街道穿过房屋区。	第 54 页
9	最初由建筑师阿科克绘制的下城房屋恢复图。	第 55 页
10	沙里姆阿舒尔的房屋前的街道与当前考古发掘指导者,菲克里·库拉克奥卢教授。	第 56 页
11	磨面粉女孩仿佛刚刚离开。	第 56 页
12	属于安纳托利亚宫廷官员培如瓦的房屋。	第 60 页
13	考古发掘主持者塔赫辛·厄兹居奇和作者在研究一幅尚未发表的下城平面图。	第 61 页
14	古亚述语字形显示了典型的简化,使用尽可能少的笔画并倾向于使用同种元素。	第 65 页
15	来自王室档案的 *Waklum* 信件。	第 67 页
16	布局拥挤、字迹潦草的信件。	第 69 页
17	有日期的文献分布图,柱形阴影部分显示文献数量和名年官顺序。	第 81 页
18	屈尔台发现的骷髅,覆盖的独特金片也发现于阿舒尔的古亚述墓穴中。	第 99 页

19	从塔庙顶部看阿舒尔神庙废墟上面的奥斯曼建筑。	第 106 页
20	从河岸看阶梯门的残破表层。上部为塔庙。	第 107 页
21	从克尔凯奈斯向阿里沙尔方向看安纳托利亚中部高原。	第 163 页
22	博格阿兹柯伊（古代哈图什）地貌。	第 165 页
23	克孜勒厄尔马克河上的布克吕卡勒。	第 167 页
24	与哈胡姆统治者订立的条约。	第 191 页
25	一条通过陶鲁斯山脉的道路，胡尔门苏山谷。	第 221 页
26	辽阔的埃尔比斯坦平原。	第 222 页
27	屈尔台培发现的青铜斧。	第 238 页
28	一张来自卡尼什的脸。	第 262 页
29	一个精明的商人？	第 266 页
30	屈尔台培陶器艺术的优雅型代表。	第 311 页
31	屈尔台培发现的典型陶罐。	第 312 页
32	"请给我们点儿吃的！"	第 313 页
33	屈尔台培发现的诸多陶杯之一。	第 314 页
34	尚未打开的带有印纹的封套；上面的地址告诉我们，这是一封舒贝鲁姆写给某个阿里阿胡姆的书信。	第 321 页
35	一枚滚印和现在的印痕。	第 322 页
36	伊苏阿瑞克之子，沙里姆阿舒尔之兄，伊丁阿布姆的滚印。	第 323 页
37	一个名为阿达德埃拉特的亚述人的滚印。	第 326 页
38	一枚晚期安纳托利亚风格的滚印，展示出动物和人的带状图案。	第 327 页
39	沙里姆阿舒尔家中发现的一枚护身符形状的泥板，上面写着对抗恶魔拉马什图姆的咒语。	第 331 页
40	埃兰马的房屋中发现的一个仪式物品，载有神的小舟。	第 340 页
41	阿舒尔那达的家族树。	第 360 页
42	伊姆迪伊鲁姆的家族树。	第 362 页
43	普舒肯的家族树。	第 365 页
44	沙里姆阿舒尔的家族树。	第 367 页

前言

这本书献给我的老朋友和同事克拉斯·韦恩霍夫（Klaas Veenhof），我希望借此向这位对为我们了解古亚述时期做出最杰出贡献的学者表示敬意。他的著作和许多文章为所有想要深入了解这一亚述学分支领域的人都奠定了重要的基础，他高深的学术素养、充沛的精力、和善与慷慨，使许多年轻和年长的学者都受益匪浅。能够亲自对他的友谊表示感谢是我莫大的荣幸。

读完本书的读者如果有兴趣更加深入研究和了解古亚述时期，尤其是古亚述文献，我推荐他2008年出版的专著（Veenhof and Eidem 2008）。在那本书中，他对古亚述时期做出了全面而专业的学术解读。

"古亚述文献工程"（Old Assyrian Text Project）集中了许多专家（韦恩霍夫、德尔克森〔J. G. Derecksen〕、米歇尔〔C. Michel〕、克莱扎特〔G. Kryszat〕、爱德华·斯特拉特福德〔Edward Stratford〕）团结合作，对这一时期进行深入探索。定期召开的会议上，大家开诚布公，无私分享观点和文献，这一直是我们的灵感源泉。哥本哈根的古亚述"团队"得益于嘉士伯基金会（Carlsberg Foundation）的持续资助，其中至少有五位博士的论文以古亚述为主题。凯伦·詹森（Karen Jensen）、高亦可·巴尔雅莫维奇（Gojko Barjamovic）、托马斯·赫特尔（Thomas Hertel）、阿格奈特·维斯提·莱森（Agnete

Wisti Lassen)、史孝文（Xiaowen Shi）和斯特拉特福德，他们的思想、热情以及在工作中对学术精益求精的精神，都值得我钦佩。史蒂芬·卢姆斯登（Stephen Lumsden）和托马斯·赫特尔在书稿的准备过程中提供了至关重要的帮助。

我还必须要感谢土耳其同僚们的热心帮助。塔赫辛·厄兹居奇（Tahsin Özgüç）在世的时候，我在屈尔台培（Kültepe）和安卡拉受到了他热情的款待，与他进行了多次富有成效的交谈。他的考古挖掘工作的继任者，菲克里·库拉克奥卢（Fikri Kulakoğlu）教授，给了我所有我想要的支持，与他的数次探讨使我深受启发。我同样非常感激安卡拉大学我的同僚们对我的友好接待，尤其是贾西特·衮巴提（Cahit Günbattı）、伊尔凡·阿尔巴伊拉克（Irfan Albayrak）和哈刊·埃罗（Hakan Erol）。

本书稿的两位读者对我的文本提供了多方面的帮助。

特别感谢洛特（Lotte）和克里斯蒂安（Kristian）的鼓励和帮助。

年代表

时间（公元前）	阿舒尔	安纳托利亚	巴比伦尼亚
2300	阿舒尔神庙—伊什塔尔神庙		阿卡德王朝
		城邦文化	
2250		卡尼什古王宫建立	
2200			
2150			
2100	乌尔第三王朝控制		乌尔第三王朝
2050			
2000	古亚述时期		伊辛—拉尔萨时期
	采鲁鲁		
	埃瑞舒姆 I 名年官（第1年）		
1950	伊库奴姆 萨尔贡 I	卡尼什文献	
1900	普朱尔阿舒尔 II 那腊姆辛		
1850	埃瑞舒姆 II	第二层结束（约第140年）瓦尔沙马宫殿建立	
1800	沙姆西阿达德 I		巴比伦的汉穆腊比

名年官	绝对年代（公元前）	阿舒尔王	事件
1	1972	埃瑞舒姆 I（1972—1933）	名年官开始
……			
25			
30			
35			
40	1932	伊库奴姆（1932—1918）	
45			
50			最早的有日期文献
55	1917	萨尔贡（1917—1878）	
60			
65			
70			
75			开始出现大量文献
80			
85			
90			
95	1877	普朱尔阿舒尔 II（1877—1870）	
100			
105	1869	那腊姆辛（1869—1836+x）	几位重要的商人去世
110			文献数量下降
115			
120			名周官被废除
125			
130			
135			第 2 层结束
140	1835	那腊姆辛 / 埃瑞舒姆 II	第 1 层 b，建瓦尔沙马宫殿
145			
150			
155			
160	1815	埃瑞舒姆 II（—1809）	
165	1808	沙姆西阿达德 I（1808—1776）	阿摩利王朝统治阿舒尔
170			
175			
180			
185	1790		卡尼什的伊那尔王
190			
195			
200	1776	沙姆西阿达德去世	瓦尔沙马王
……			
255+	1718+	名年官表结束	最晚的有日期文献

目录

图表　　　　　　　　　　　　　　　*iii*
前言　　　　　　　　　　　　　　　*v*
年代表　　　　　　　　　　　　　　*vii*

第一章　引言　　　　　　　　　　　*1*

第一部分　开　端

第二章　发现　　　　　　　　　　　*18*
第三章　屈尔台培丘　　　　　　　　*33*
第四章　下城　　　　　　　　　　　*46*
第五章　解读文献　　　　　　　　　*63*
第六章　年代学与变化　　　　　　　*76*

第二部分　家　乡

第七章　阿舒尔　　　　　　　　　　*96*
第八章　阿舒尔的国王　　　　　　　*120*
第九章　城市政府　　　　　　　　　*135*
第十章　名年官　　　　　　　　　　*148*

第三部分 安纳托利亚

第十一章　安纳托利亚人和他们的土地　　*162*

第十二章　商港系统　　*179*

第十三章　商港的行政机构　　*197*

第四部分 经济与社会

第十四章　长途贸易　　*212*

第十五章　数量与来源　　*235*

第十六章　家族与银钱　　*252*

第十七章　钱是哪儿来的?　　*273*

第十八章　法律与死亡　　*289*

第五部分 文　化

第十九章　文化的互动　　*308*

第二十章　宗教　　*330*

第六部分 解　读

第二十一章　经济理论与证据　　*344*

附录　家族与名字　　*357*

参考书目　　*368*

古亚述人名索引　　*384*

古亚述文献索引　　*389*

总索引　　*393*

楔形文字专有名词对译字表　　*410*

第一章　引言

让我们想象公元前1880年的一天，在一个叫作阿舒尔（Assur）的城里，一位老人正坐在自家庭院的橄榄树下忙着写一封信。他的书写材料是一块小泥板。他把它放在掌中，另一只手拿着一支芦苇笔在湿软的泥板表面按压，一排复杂的符号就出现了。这些符号构成了我们称为楔形文字（cuneiform）的书写系统——因为书写中的每一个笔画看起来像木楔一样，拉丁文中的 cunes 就是"木楔"的意思（见图1）。这个男人的名字是阿舒尔伊迪（Assur-idi），他正在给他的儿子阿舒尔那达（Assur-nada）写信。阿舒尔那达此时正在1000多公里外的安纳托利亚中部（今土耳其）一个叫作卡尼什（Kancsh）的城市打理自己的生意。阿舒尔伊迪本人生活的城市阿舒尔是一座不大的城市，坐落在今伊拉克北部的一座崖壁上，俯瞰底格里斯河。

他在信中写道：

> 这是阿舒尔伊迪写给阿舒尔那达的话：
> 你来这儿之后，有五次、六次违背你的承诺了！
> 哪怕是阿舒尔神和阿舒瑞图姆（Assuritum）女神的武器降诸你身，你依然还是违背誓言。

1. 卢浮宫馆藏的阿舒尔伊迪书信正面,高 7.4 厘米;楔形文字副本于 1936 年由尤里乌斯·莱维(Julius Lewy)发表。© Musée du Louvre, dist. RMN / Thierry Ollivier.

你说："让他们关照把神的话看得比人的话高尚的人吧！"

你到现在还不悔改。你的孩子们都已穷困潦倒。我心疼孩子们的时候，你却拿你自己的悲伤事来烦我。

阿舒尔神和阿舒瑞图姆女神在给你严厉的警告。他们对我说："他心里说恶言，他心里不悦你，他的手转向他处。"

神对你说的所有话，关于我们家庭的话——千万莫忘记！

诸神对我说："他拒绝遵从我们的指示！"

你须遵从神的指示！如若不然，你会迷失。

你已知悉，我很生气。但是我还是对自己说："他一直被耽搁了，但他一定听到了诸神的言语。他不会再惹你生气。"[1]

当他写完这封信，就把泥板在阳光下放几个小时晒干；然后用一张薄纱一样的织物小心地包裹起来，将它放进一个泥板封套内；最后，他在封套的表面滚压了他的滚印，以防其他人窜改或读取信件的内容。第二天一早，他来到城门口，有一些驮驴商队正要出发，他把信交给一个驮驴驭者，请他把信安全地送达。于是，这封信就从阿舒尔穿过叙利亚草原，经过巍然耸立的陶鲁斯山的山路，历经几周时间的旅途到达了卡尼什，被交给了在那里经商的阿舒尔那达。

收到这封信，他似乎不太可能高兴，但我们不知道他是感到恼怒厌烦，还是懊悔难过。毫无疑问，他需要写一封回信送回阿舒尔，而如果这封信还在的话，它可能依然躺在尚未发掘的他父亲的房子的废墟中，等待一个幸运的考古学家去发现。

1　OAA 1, 14.

***

写有阿舒尔伊迪的信的泥板发现于公元 1900 年左右,在安纳托利亚中部的卡尼什城,有人挖到了阿舒尔那达房屋的废墟;泥板在古董市场上被出售,并最终与其他来自安纳托利亚的同一城市的数百件泥板藏于巴黎的卢浮宫。

我第一次将阿舒尔伊迪的信拿在手中时,它是那一周我必须要读完的诸多泥板之一。当我拿起它,开始阅读,我仿佛感到阿舒尔伊迪穿越了数千年,现身塞纳河边这间尘封的办公室,与我直接进行着神秘交流。这位老人与诸神进行了长谈,他对他的儿子感到极其不悦和失望,甚至指责他亵渎神明。他似乎已不仅仅是一个灰暗墙面上的影子,他的形象仿若呼之欲出。我仿佛认识他,了解他,这个酸腐暴躁的老头。经过多年对他的研究,我得说,要是真的见了面,我也不一定会喜欢这个人;我也不认为他的儿子很爱他,他的儿子甚至可能为离他远远的而感到庆幸。

我们对这些人颇为了解,因为这并不是这位父亲写给阿舒尔那达的唯一一封苛责与申斥的信,提醒他对神和人的承诺,并狠狠地,说实话有点儿歇斯底里地,抱怨这个任性的儿子的不肖之举。这个老头整天活在亢奋与暴怒之中。在另一封信的开头,他嚷道:"好像被风暴之神阿达德(Adad)的脚踢中了!我的房子被摧毁了!但是你,你却逃之夭夭!"[2]

这封信中抱怨的一件事可以在其他文献中得到佐证。信中简要提到阿舒尔那达的孩子们,说他们的父亲对他们不闻不问,这让他们的祖父感到伤心,而在老人的另一封信里,我们了解到这些孩子的更多信息。信的开

2　OAA 1, 13.

始是一大段关于债务和投资的事情，然后阿舒尔伊迪好像是最后才想起来，便如此结尾：

> 我养大了你的儿子，他却对我说："你不是我的父亲！"
> 然后，他就起身离开了。
> 我还养大了你的女儿们，她们却也说："你不是我们的父亲！"
> 三天后，她们也起身离开投奔你去了，告诉我你是怎么想的！[3]

这些冷言冷语实际上背后隐藏着严重的问题，阿舒尔那达远在安纳托利亚听到这个消息一定很苦恼。我们可以得出结论，他的孩子们肯定是在阿舒尔城他们的祖父家长大的，这一定是为了给儿子良好的教育，而对女儿们来说可能是希望她嫁个好人家。但很显然，孩子们受够了这个老头的暴躁，与他决裂，决定离开去寻找他们在安纳托利亚的父亲。

我们不知道这些孩子们与祖父断绝关系的时候多大了，但是他们显然年纪还太小，无法独立生活。而且，不知道他们如何能够筹集到钱支付去安纳托利亚的漫长旅途的花销。事实上，事情可能发展到了极坏的地步。我们有一封信是阿舒尔那达的一个在阿舒尔的朋友写给他的。我们从信中得知，写信的人被迫照顾孩子们。为了养活孩子们，他与另一个人一起借了一笔有息债款（每年利息为200%！），他们自然希望父亲速派专差送钱来偿还欠款和产生的利息，再加些额外的钱好让他的儿子和女儿们不再挨饿。[4] 显然，与祖父的决裂如此彻底，根本无法再去他那儿寻求帮助。然而，接下来事情似乎有了转机。儿子最终去了安纳托利亚在他

---

[3] OAA 1, 22.

[4] OAA 1, 104.

的父亲手下工作，但那可能是数年之后的事了。对于女孩们后来的命运，我们就不得而知了。

5　　在我们掌握的来自阿舒尔伊迪的43封信中，只有一小部分像我们引用的这封信一样充满了宗教热情，但是即便是在写关于家族生意运营的世俗事务的时候，语气也多数充满了责备。"究竟为什么……？"是他信中语句经常用的开头，而且总是恼怒和责备的语气。他的商业信件在其他方面与在安纳托利亚的古代卡尼什城发现的上万封信中的大多数特征相同，信件不断反复围绕钱、债务和利润等问题。然而，很少有其他的写信者和阿舒尔伊迪一样充满了说服欲特征，所以，因其宗教信件中的迫切性，对我而言，他是一个颇为特殊的人物。我们应该如何看待这些信件？除了揭示了某个生活在4000年前的可能有些怪异的个体之外，它们还能够告诉我们什么呢？

大约50年前，当我在安卡拉刚刚开始接触古亚述文献时，我在那里跟随凯末尔·巴尔干（Kemal Balkan）教授学习，我们看到了阿舒尔伊迪的这些义愤填膺的信件中的一封。那时作为一个刚刚入门的初学者，我仅仅能够阅读一些符号，然后去翻看词典查找一些词语，但我完全无法明白文献的意思，我于是向凯末尔·巴尔干请教。他仔细地研究了这篇文献，读了一遍，抬头笑着看了看我。然后他又去读文献，当第二次读完的时候，他放下了书，一边摇头一边苦笑说："这封信是个疯子写的——或者可能是个女人。"

其实这并没有听上去那么糟，因为凯末尔先生的意思是指这样一个事实，就是说有些女性所写的信相对少见，而且往往非常难以理解。很有意思的是，男人写的信往往只关注生意，很少涉及家庭事务和情感问题。此类主题往往是女人信件的特征，不仅是因为她们的信里经常因为激动而犯语法错误，行文中还经常充满了生活领域中的特殊词汇，这些词汇甚至在整个楔形文字系统中都很少见，所以极难理解。凯末尔·巴尔干是觉得阿舒尔伊迪是少有的不时在信中露出情绪化的男人，他的这封信就像是那些女人们写的信一样。

***

翻译和解释这些文献不是一件简单的工作。伟大的亚述学家利奥·奥本海默（A. Leo Oppenheim）在介绍古代近东所有时期的一些主要楔形文字信件的时候，开始问了一个非常必要的问题："我们还能理解这些信息的真正含义吗？"实际上，这并不是一个不证自明的问题，因为无论是建立对过去的语言和文化的了解，还是将这种理解传达给现代读者都绝非易事。

把像阿舒尔伊迪的信这样的文献翻译成现代语言，可以使我们感觉我们与过去之间存在一种直接的纽带。就我个人对古亚述文献的体验而言，显然是通过英语获得信息，当然不排除对别的学者有其他可能的或更乐于接受的具体理解方式。我竭尽所能给出合适的译文，我确信它展现了一位久已逝去的老人生活中具体时刻的一个非常合理的形象。

如果我们想要真正深入了解这些古代男人和女人们的思想，就必须接受将他们定位在一个重新构建的社会、物质和精神世界的可行性，而这个世界是可以被分析和描述的。最重要的问题是，我们如何能够从地下挖掘的孔洞和泥块中到达遥远历史中的社会和人们——这似乎是一次冒昧的旅行。

从事亚述学证据方面的工作从某种程度来说与普遍意义上的历史研究是不同的。首先，我们所有的证据都是作为考古发掘的结果发现的。大多数历史学家面对的是在档案和图书馆中发现的被保存和传抄了几个世纪甚至上千年的文献、书籍和手稿，然而亚述学家们却几乎没有这种材料作为基础。[5] 当然，谁也没有办法，事实就是如此，正如奥本海默指出的那样，美索不达米亚文明可以说是一个"死了的"文明。能够将我们的世界与古代近东联系起来的传统线索极为匮乏，近乎没有，而且在某些方面——想想希伯来《圣经》——常常是直接误导。例如，古代美索不达米亚发明的、在我们的世界中像化石一样仍然存在的360度的圆周或我们计算时间的60秒和60分钟的六十进制计算系统的留存，并不能为我们重建其所起源的古代世界提供一个有意义的工具。

此外，我们已经挖掘出来的文献，事实上存在着一些问题。从积极的层面来看，只要考古挖掘仍在继续，可以想见我们的数据库将会不断扩大，将会出现新的档案并最终被发表。因此，与研究其他古代世界领域的学者们不同，我们面对的并非一个封闭的文献档案库，而是有望在未来几代人的时间里不断带来新的发现。另一方面，即使在美索不达米亚文明消亡之后，被认为有特殊价值或意义的作品仍然一再被传抄并保存在图书馆里，但我们发现的文献并没有经过这样的筛选过程。我们可能永远不会发现最令人兴奋和最重要的作品，反之，我们面对的多数是并不具备文学、历史或哲学重要性的日常功能性文献的随机样本。我们掌握的不是对生与死等重大问题的专门论著，而是反映和规范古代世界日常生活实践的文献。

因此，必须把文献当作考古文物来看待，因为只有这样才能将它们置于有意义的环境中，与物质文化的其他元素相互作用。文本与实物一起代表着曾经存在的现实。这种密切的关系并未总是被很好地利用起来，因为文字

5　参见查尔平的建议，Charpin 2004：39–41。

学家总是只研究文献，而很少涉及发现它们的考古背景。我们不仅要尝试确定发现文献的精确地点——甚至在近东地区的所有考古挖掘都没有这样做——这关系到让文本和物质文化相互印证的问题。例如，从文献中获取的信息可以帮助我们更好地了解该聚落的空间布局（谁住在哪里）和社会关系（例如，比邻而居的两兄弟如何生活在一起）。对房屋全部内容（文献、家用工具、坟墓）的综合分析能够实现，并会展示文本和物质文化如何相互证明，以及它们如何在更丰富和更复杂的理解中结合在一起。

人们可能希望，考古学和文献证据的结合最终能够使我们对这些人生活的物质环境进行详细描述，但我们离这一目标还非常遥远。我们所处的情况可以与英国历史学家西蒙·沙马（Simon Schama）进行比较，他在一本关于伦勃朗（Rembrandt）的书中描述了大约公元1600年的阿姆斯特丹城的"五种感觉"：嗅觉、声觉、味觉、触觉和视觉。他可以带我们穿过街道，描述海港的气味和许多教堂的钟声。这样的介绍不仅可以依靠现在的城市，还可以依赖从文本和图像中获取的大量信息。我们可以用成百上千幅绘画的方式精确地描绘出在街上和在家中人们穿的衣服，人们居住的房间里的家具以及教堂的内部构造。对于从事古亚述研究的学者来说，这样的东西几乎没有。虽然现代学者可以参观古代阿舒尔和卡尼什的遗址，甚至可以沿着曾经繁忙、嘈杂、气味难闻的旧街道和小巷走一走，但对于过去物理现实的重现，我们依旧停留在原始阶段。

从卡尼什（今屈尔台培）地下挖掘出来的文献通常是由具体的社会行为所产生的实践性文件，如婚姻契约、债务票据、备忘录或信件等。这些文献只能在对语境的分析基础上产生信息。我们的文献是商人们的家族档案的一部分，反映了某些特定人群的许多活动，这为我们带来了很大帮助。

因为同一个人会在不同的情况下一次又一次出现——借款或贷款、收信或发信，等等。作为分类学考察的基础，学界早已关注到对于诸如契约、债务票据和关于家庭法律的文件之类文献的研究，着力关注特定的程式等，这显然是进一步分析所必然依托的基础。那时的交易和关系通常是用非常相似的术语来表述的，当然，这正是我们可以将文献分类为契约、法律文书和其他文档的原因。然而，在我们拥有个人或家族档案的情况下，我们可以更进一步，将文献与个体及其活动联系起来。这是卡尼什档案提供的绝佳机会——同样是一个挑战。

从某种程度上来说，古亚述档案可以与后来的商业档案相比较，尤其是文艺复兴时期意大利的档案。但是，我们不应该忘记，这些后期文献记录更加完善；不仅城市仍然存在，房屋和宫殿也依然耸立。这些构成了我们可以将档案定位的物质世界的活遗产。从佛罗伦萨或威尼斯等城市的公共档案中可以收集到的事实所提供的信息之丰富，即便是来自卡尼什/屈尔台培的23,000份文献也无法与之相比。在一位意大利商人弗朗西斯科·达蒂尼（Francesco Datini）的档案中，我们有超过120,000封信，500多个账簿和分类账目，大约300份合作契约，大约400份保险单和数千份其他商业文件——这些都是达蒂尼死后大约300年，1870年在他的房子楼梯下留存的麻袋里发现的。[6] 就材料的丰富性而言，卡尼什的材料与之相比似乎显得微不足道。

以文艺复兴时期佛罗伦萨的一个大家族为例，对历史学家来说，我们的任务和结果因此受到一定程度的不确定性和未知空白的困扰。对此种后期

6　见 Origo 1963: 347–348。

社会的全面了解有各种各样的多方面证据可作依据，若想如此，我们就必须通过对日常生活实践文件中所揭示的结构和程序的细节重建，建立一个对古亚述社会进行分析的一般模型。我们的文献中没有关于商业贸易如何进行的专门论述，即使是社会经济生活的最基本特征，也必须根据我们对信件、契约、债务票据和备忘录的理解，将其重建并定位在一个重新构建的环境中。这种方式就像我们是偶然路过的人，偷听到了一些谈话片段。

在这一过程中，文献学、历史学和考古学联系在一起。即便是最简单的词语如"买""卖""借""债""税""驴鞍"和"利润"等，其确切的技术性内涵都要经过细致的考察。古亚述人的一些基本性概念在英语中可能找不到一个确切的对应词，我们自己通常模糊抓取的核心社会经济思想与特征对这些历史证据的表达必然存在局限。

在美索不达米亚文明千年之久的传统中，来自屈尔台培的文献从各方面来说都具有突出的独特性——对一段简短历史时期内商业社会丰富而密集的记录。没有任何类似体量的证据显示出可与之媲美的深度和丰富性，这一事实致使学者们认为，古亚述社会是真正独特的，决然不同于传统的近东社会。同一时期在该地区的其他遗址中却没有类似材料，这导致我们得出结论，认为古亚述人创造出了一种新的不同以往的社会经济系统。也就是说，仅仅是因为我们对其知之甚少就认为来自屈尔台培的证据超然于其同时代的世界，但是如果真是因为我们不掌握类似证据便想当然地认为它不曾存在，那就是愚蠢至极的。重要的是我们要接受所掌握材料的这种全然随机性，而且要避免相信文献和考古学证据必定为我们呈现了一个对过去连贯的、典型的和代表性的画面的诱人陷阱。基于该区域的古代证据去判定古亚述材料的独特程度同样也是困难的。它完全有可能是典型的，也有可能展现的特征完全不同。因此，很难进行比较分析，而且进行这种超越历史与地理边界的考察和尝试引入后期社会中类似的商业行为作为证据需要极为小心谨慎。

没有来自老阿舒尔伊迪居住的阿舒尔母城的档案，对我们的分析构成了另一个局限，这意味着我们必须根据数百公里外的商业殖民地的文献来重建古亚述社会。敏锐地意识到我们的证据中存在着这个巨大漏洞，就必然会让我们尝试去理解我们真正拥有的材料。我们必须意识到，可能我们的许多或大多数评估和结论都必然是不成熟的。

古亚述证据的特殊性允许我们建立一个详细的分析，但是同时要确定古亚述社会是如何跟与其互动的更广阔的世界联系在一起的，是一个复杂的，有时甚至是不可能完成的任务。然而，当我们将其定位在一个更大的联络网、商队和商业经营框架内的时候，我们的证据就变得可以理解了，这个框架要比我们依靠屈尔台培的证据严格地重建的世界要广泛得多。

***

本书既适于学者也适于感兴趣的非专业人士，面向和我一样的亚述学家、古代史研究者、考古学家和任何对此领域感兴趣的人。本书试图采用简单明了的方式，并尽可能少使用技术性术语，呈现我们对这一留给我们巨量文献证据的古代社会的认知与理解的一个最新综合分析，虽然这些文献的形式是比较特殊的。这些文献为我们提供了对世界历史上已知最早的商业社会的极为细致和深入的了解。在那之后，直到公元 10 至 13 世纪，古开罗的福斯塔特（Fustat, Old Kairo）犹太社区的文献出现，当然还有意大利文艺复兴时期城市的丰富文献，我们才再次发现了对古代社会中范围相对广泛的远距离贸易进行类似描述的文件材料。

要想准确地掌握这一微小领域中所进行的学术工作的细节，即便对训练有素的亚述学家来说都殊非易事，更不用说外行人了。在这个世界上只有十几位专家的领域里，所写的书籍和文章一般都是技术性很强的，而且往往领域外的人几乎看不懂。这是这一学科中年轻人成长所必经的历程，许多东西必须要靠自下而上的点滴积累，只有通过充分的论证才能建立新的解释和翻译。这也意味着，像本书这样的综合性论著中讨论的元素必然有时是分析或理解尚不透彻的，并且必然包括对某些特征的重新理解。

古亚述证据几乎只涉及长途贸易的进行，但这种贸易是嵌入在一个非常具体的社会、政治和文化现实中的。从本书中各章的标题，读者能够大概感受到这个世界能够被重建的程度。这些章节阐述了古代美索不达米亚社会及其与周围世界的关系，包括社会、商业、法律、宗教和文化方面的一些核心问题，以及涉及亚述人和安纳托利亚人的文化互动。如此细致的分析，对于大多数其他时期来说是不可能的。

到目前为止，古亚述研究的重大影响主要在于对长途贸易的讨论，古亚述文献的确对这一主题极具重要性。贸易常常被视为复杂社会、等级制度、政治和社会不平等、城市化和国家形成的核心特征之一。进口奢侈品有助于精英们通过炫耀性消费并馈赠给盟国和家臣，彰显其与众不同的地位。即便如公元前四千纪在美索不达米亚南部冲积平原上发展起来的那种农业社会，也不能完全自给自足，还必须依靠进口金属、石头和木材等基本商品制造农具和武器，以及用于仪式与公共建筑、寺庙和宫殿等的建筑材料。精英墓葬，如著名的乌尔王室墓穴，说明了黄金和青金石等材料的广泛使用，这些材料必须从很远的地方运到美索不达米亚。有时候，这些商品成了掠夺和征服的目标，但早在第四千纪，伴随着所谓的乌鲁克扩张，美索不达米亚南部第一次城市大发展的时期，我们就看到了当时与遥远地区发生的常规联系，通常认为这是商业正常发展的结果。

因此，已经确定的是，当时这片冲积平原与周围世界的贸易非常活跃，包括越过扎格罗斯山脉到伊朗高原，沿着大河到叙利亚、黎凡特和安纳托利亚，越过波斯湾到巴林、阿曼和印度河地区。然而，人们对这种贸易的开展和组织方式知之甚少，而这正是古亚述证据所能告诉我们的，或者更谨慎点说，至少可以为我们提供一个远距离贸易如何运作的例子。我并不认为这种贸易的展开和组织只有一种方式，从后面章节的讨论中可以看到，古亚述贸易盛行的两个多世纪当中情况就已发生了重大变化。然而，构建古亚述商业体系的基本原则不仅已经确立，而且与其他历史时期的情况有着密切的相似之处。

本书背后的主张是，即便有了更多的新材料，对这一时期的基本框架、历史、商业结构和社会复杂性的适当分析可能依然会持续下去。当然，我们的分析无疑将会更加深入，许多解释将会改变。一个重要的可能性是，在对考古材料的分析中引入现代方法将开辟新的前景：正如我们从其他地方的工作中所知，对骨骼和牙齿中的 DNA 和锶的分析有望为我们提供那些骨骼得以幸存的个体生活的丰富信息。我们有望能够了解他们在哪里出生，一生中又迁移到了哪些地方。这些方法加上对整个档案新的深入分析，使我们有希望能够发现目前还不知道的历史、政治和经济结构以及物质文化等方面。也许未来会有再次对阿舒尔遗址进行考古发掘的机会，我们有可能会获得来自阿舒尔本城的新信息。

尽管还有一些完整的档案尚未发表，但古亚述文献语境的性质使我们把注意力集中在一些个人和家庭上。与来自宫廷和神庙等官方语境的文献的情况不同,在我们的材料中,有可能把许多个体通过时间和空间进行定位,并且在许多案例中,我们可以重建跨越五代甚至六代的家庭树细节。高密度的文献记录为微观历史的研究提供了绝佳的机会,这种微观历史不仅使我们能够接触到这个社会的一般结构,而且使我们能够追踪到各个行为人的各种活动,与家人和朋友往来的信件,在商队往返中进行贸易或提起的复杂诉讼。有时候,细致分析与个人或事件相关的档案,可以使我们追踪到复杂的法律或商业程序的惊人细节,甚至是每一天的发展。

在本书中,我将根据这些案件的档案对古亚述社会的许多方面进行探讨,或长或短地摘取文件原文,从而使读者有机会感受文献本身的书写语气和观点特征。因此,我将在随后的章节中多次谈到阿舒尔伊迪和他的儿子,还有一些人也将反复出现。其中两位是成功的商人普舒肯(Pushu-ken)和他的同事兼商业伙伴伊姆迪伊鲁姆(Imdi-ilum);我个人特别感兴趣的是一位名叫沙里姆阿舒尔(Shalim-Assur)的人和他的家族,因为他和他的两个儿子在卡尼什下城房屋的废墟中留下了大约包含1200份文献的档案,该档案已经被委托给我本人研究发表。这些人和他们的活动将是我介绍的大部分内容。在关于家庭的附录中,读者将能够看到重建的家族树,我将在该部分对这些反复出现的主要个体进行更加细致的讨论。

我们对古亚述社会理解的缓慢进展得益于对现有文献的深入解读和创设一个使我们对文献的解读能够合理化的普遍模式。这一古代世界还有许多方面未曾被深入研究,我们所珍视的一些成就也无疑需要调整。然而,可以公平地说,迄今为止我们所取得的成果使我们可以宣称,我们能够相对连贯并详细地描述阿舒尔伊迪和他的儿子阿舒尔那达的世界,从而使他们个人的问题和关注可以被放在日常生活的背景下，事实上，他们是有史以来第一批能够被证实的商业社会的成员。过去五十年来我一直专心从事的学术工作是本书的出发点。

第一部分

开端

第二章　发现

1881年,在伦敦大英博物馆工作的英国学者西奥菲勒斯·平奇斯(Theophilus Pinches)发表两块小泥板。一块来自大英博物馆,另一块来自卢浮宫,据说它们都源自小亚细亚中部的卡帕多西亚地区。[1]他对这些泥板的物理特征和可能的来源地产生了兴趣,但他根本无法真正地阅读上面的文字,甚至都不知道那是用何种语言所写。那时候,在小亚细亚发现楔形文字文献的消息颇有些令人惊讶,因为这个地区被认为是那些近东伟大文明的外围——尤其是位于底格里斯河和幼发拉底河之间的那些美索不达米亚(大致相当于今天的伊拉克)城市的外围。

而且,过了一段时间,人们就清楚地发现,这些文献在某些方面极不寻常。这些泥板被认为来自安纳托利亚中部一个叫卡帕多西亚的地区,一个以奇特的地下城市和岩雕建筑风光而闻名的地方。那些岩雕建筑中许多是早期的教堂。在平奇斯的文章发表后的几十年里,土耳其的古董市场上出现了更多这样刻着楔形文字的泥板。最初售卖这些泥板的地方是安纳托利亚中部一个不起眼的省级城市凯塞利(Kayseri)的巴扎。现在的凯塞利则是一个大都会了,坐落在

---

[1] Pinches 1881: 28.

传统的卡帕多西亚地区以东约50公里的巨大的死火山埃尔西亚斯达格（Erciyas Dag）旁边。人们很快认识到，这些泥板来自凯塞利东北部的一个叫卡拉霍愚克（Karahöyük，黑山）的村庄。在这个村庄旁边有一个叫作屈尔台培（灰丘）的巨大土丘。土丘直径约500米，高20米，想必是一座非常重要的古城遗址。很明显，这是当地村民所挖到的泥板的源头（见图2）。

在20世纪的头几十年里，这种泥板源源不断地从卡拉霍愚克出土，纷纷被欧洲和美国的收藏家们及博物馆收购。有人组织了几次考察，以期能找到发现泥板的房屋，然而那些努力在大土丘上挖洞凿孔的准考古学家们都徒劳而返。埃内斯特·尚特（Ernest Chantre）于1893年和1894年在那里挖了两年，得出一个相当奇特的结论。他认为土丘本身实际上是一个火山口，而且古城已被完全摧毁了。[2] 1906年，雨果·温克勒（Hugo Winckler）再次来到遗址挖掘了8天；在他看来，土丘已经被某种暴力行为弄得面目全非，根本不可能识别出考古地层了。[3] 这些寻宝者一块泥板都没有发现，但村民们却依然不断拿出大量泥板售卖。

这种情况显然有些尴尬，尤其是此时博物馆里的泥板数量已达到数千块之多了。1925年，一位著名的捷克语言学家贝德日赫·赫罗兹尼（Bedrich Hrozny）下定决心，是时候解开这个疑团找到泥板的来源了。那年6月21日，他在一位建筑师的陪同下来到遗址，在土丘东边的田地里支起帐篷，从村子里雇来工人，在土丘上开始挖掘。

---

[2] Chantre 1898: 72: "其火山口般的地貌特征无疑来自其所在土壤的火山起源。"

[3] Winckler 1906: 633 634. 他提到德国亚述学家希尔普莱希特（Hilprecht）在凯塞利的集市上买了一百块古亚述泥板，他得知那些泥板是在土丘上的两个地方发现的，但他最后说，"很怀疑这是不是真相"。

安纳托利亚与古亚述的商路

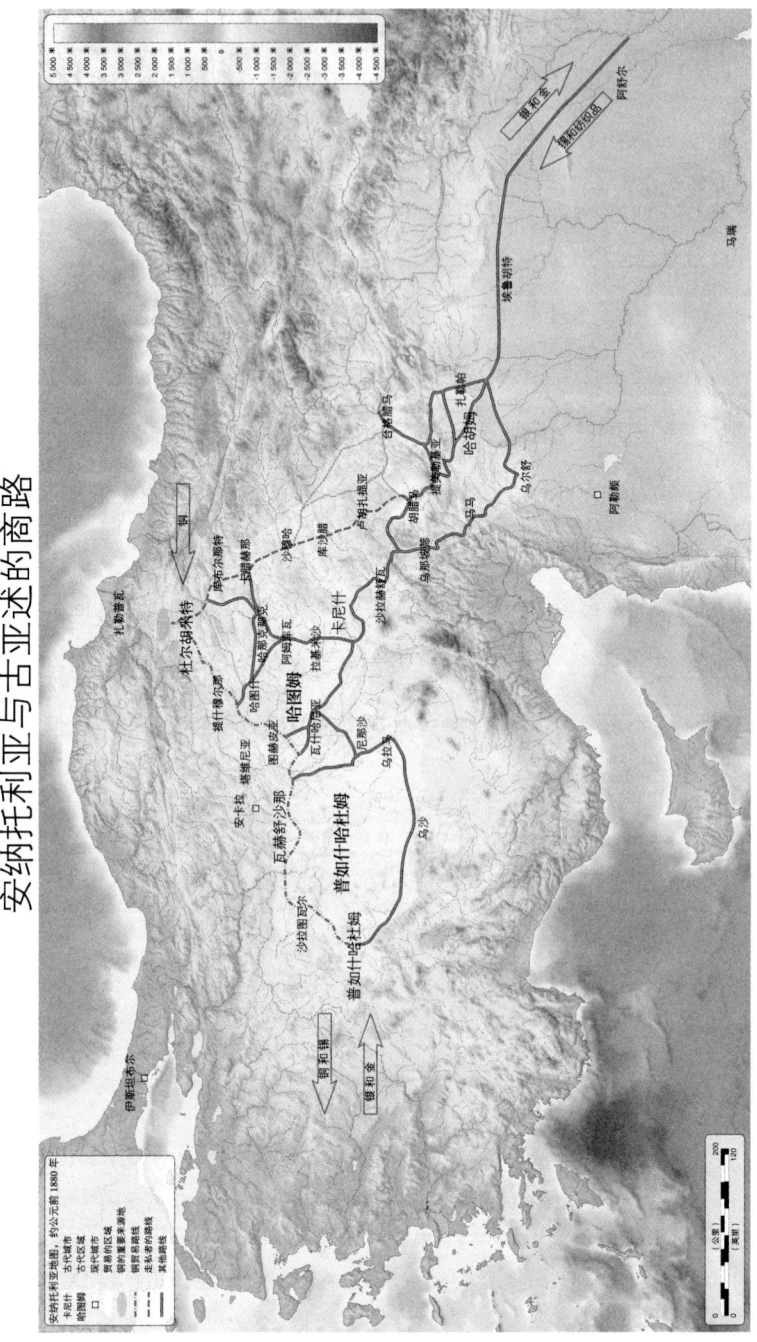

2. 古亚述贸易涉及区域地图。高亦可·巴尔雅莫奇和伊万·德·奥斯坦格（Ivan d'Hostingue）供图。

赫罗兹尼早已表现出其解决历史难题的天分。据他的学生马图什（Matouš）所说，他结合了来自父亲的勤奋与缜密和来自母亲的机灵与活力。[4] 他的主要成就是证明了所谓的赫梯语是印欧语系的一支。赫梯人主要与位于安纳托利亚中北部的巨大遗址博格阿兹柯伊（Boghzaköy），即古城哈图沙（Hattusha）有关。那里是赫梯帝国的古代都城。从1906年开始，德国考古学家在那里发现了用楔形文字书写的大量文献档案。其中许多文献是用一种无法理解的语言写的。这些书写符号本身并不是问题，因为楔形文字书写系统早在19世纪中叶就已经被破译了，但是它们所代表的语言是未知的，与大多数楔形文字文献所代表的亚述语和巴比伦语全无关系。

赫罗兹尼指出，这种语言属于印欧语系，例如与希腊语有关。这一突破首先建立在他对文献中一个短语的理解上。该短语读为 *watar-ma ekutteni*。他意识到这句话肯定与引水有关：对于任何懂一点英语的人来说，*watar* 几乎一眼就能认出来，而动词 *eku* 很可能与拉丁语 *aqua* "水"有关，因此短语的意思是"他应该喝水"。这显然只是一个漫长的破解过程的开始。赫罗兹尼本人在1917年的一本小册子中为这一破解过程奠定了基础。在这本书中，他对这一语言进行了描述，并提出了一个语法概要。从那时起，赫梯学开始发展为一门学术专业，世界上许多顶尖的大学设立专门的部门开始进行研究。

然而，在屈尔台培工作的最初几周里，赫罗兹尼的名气和学术才华对他几乎毫无帮助。他面对的是一个巨大的土丘。在埃及以外的整个近东地区，在阿拉伯语中，"台培"（tepe）或"台勒"（tell）指的是很常见的一类景

4　Matouš 1949: 6.

观。这类土丘在现代伊拉克的幼发拉底河和底格里斯河的平原上尤其多见。在那里，我们发现了真正巨大的土丘，直径达几公里，高达 30 米。它们下面都隐藏着古代聚落、小村庄、城镇以及像巴比伦和尼尼微这样巨大的大都市遗址。它们是无数房屋废墟经过几百年和几千年的逐渐积累而形成的。这种房屋通常由泥砖建造而成，寿命有限。当旧的房屋不能用时，人们会在上面再建造一个新的房子，这样就形成了复杂的考古地层。很显然，不是所有聚落中的房屋都会同时翻新。面对如此烦难和混乱的分层模式，这些土丘地层之复杂有时甚至让经验丰富的考古学家也会感到绝望。作为一个没什么考古发掘技术经验的文字学家，当我看到如此琐碎的地层和层次时，常常暗自庆幸，我对面前的探沟里出现了什么毫无头绪。

我猜想，当赫罗兹尼要解释他所发现的东西的时候，他一定也同样有些不安。但是他面对困难时的那种狂热似乎与他匮乏的考古经验极不相称，他的工作一点都不专业。1904 年，在维也纳大学的希伯来学者塞林（Sellin）教授的指导下，赫罗兹尼在塔纳克丘度过的一个挖掘季里学到了有限的考古学知识。从 1924 年开始，他在叙利亚的几个遗址进行了探测和挖掘，并于 1925 年获准在屈尔台培工作。在一大群工人的帮助下，他爬上了土丘，在中部找了个地方，挖了一个非常大的洞。尽管后来这个洞又被填埋了，可是至今在谷歌地球的卫星图像上仍然可以看到一个黑暗的影子。

赫罗兹尼对于泥板来自土丘似乎过于自信了，但是积极努力之后还是没有找到任何泥板，却导致了一些大型建筑的发现和毁坏。他留下了几张自己工作的照片，并在 1927 年发表了一份关于挖掘的初步报告。[5] 就在地

5　Hrozny 1927.

面以下，他发现了由非常大的石块建造的2米厚的墙，揭开了一座大约60平方米的大建筑的一部分。我们从后来的挖掘中得知，这是一座巨大宫殿的部分，从照片中可以看出，他发现了墙壁、陶器和其他的小物件，但没有发现泥板。他挖到了大约8米的深度，但从他发表的粗略报告中的结果很难得出什么有用的信息。

塔赫辛·厄兹居奇在其书中介绍土耳其人在土丘上后来的挖掘结果的时候，无法掩饰自己对赫罗兹尼工作方式的不满，因为这意味着有价值的证据被彻底毁灭了。他以为石头地基是墙，然后把这些地基和上面的泥砖墙都拆了到处乱扔，不做任何记录，也没有把发现的小物品收集起来。他认为这座大宫殿应该可以追溯到赫梯人时期，大约在公元前1200年被烧毁了，而这比实际年代晚了五百多年。他以为古亚述泥板肯定是从下面的地层挖掘出来的，所以一直向下挖，结果却一无所获。[6]

当时的局面一定让他感到很沮丧，因为每天晚上，当他回到自己的帐篷中时，可能会想，他是否应该从那些帮助他破坏土丘上建筑的人那里买些泥板。他到底是如何设法解开这个谜团的我们无法确知，但他声称，谙熟土耳其语使他得以暗地里听到工人们的谈话，而且他的两个凯塞利助手最终向他透露了这个秘密。伟大的亚述学家本诺·兰兹伯格（Benno Landsberger）曾经告诉我，赫罗兹尼不过是故意把当地的厨师灌醉，最后套出话来得知村民们在哪里挖到了泥板。

原来那些泥板根本不是从土丘来的，而是在土丘东边赫罗兹尼搭帐篷的田野里发现的。实际上，他一直睡在那些发现泥板的房子顶上。这片土

6　T. Özgüç 1999.

地属于一个叫哈吉·穆哈迈德（Hadji Mehmed）的人的继承人，位于土丘以东约175米处，实际上是一个高出平原近2米的非常低的土丘。尽管他不明白这一点的重要性，但有迹象表明，该地区有大量活动，还有一些由卡拉霍愚克村和附近其他村庄的村民们挖的洞。这秘密一旦被揭穿，就有人透露更多这里的故事了，据说这里的盗掘团伙之间曾经发生了真刀真枪的斗争；后来宪兵曾一度介入，并禁止进一步挖掘——这并没有阻止凯塞利的宪兵头目派他自己的军队挖掘。赫罗兹尼得知了所有这一切后，一定为在土丘上徒劳工作而浪费的几个星期感到懊恼。

获得了许可后，他将挖掘工作转移到土堆东边的田地里。9月20日，他开始在一个先前有明显活动迹象的地方挖掘。在到11月21日的一个短暂的发掘季里，他发现了几栋房子——还不清楚到底有多少栋——他在几个地方发现了成堆的泥板文献。此外，在目前发现的下城的另一个地方，赫罗兹尼挖掘出至少两个不同的居住层，但他甚至都没有注意到这些。所幸他给我们留下了一幅草图，显示了墙壁的位置，并提供了关于主要文献组发现地点的信息。包括他从村民那里买来的许多泥板在内，他最终得到了1000多块泥板，其中600块被送到伊斯坦布尔的考古博物馆，其余的则被带到了布拉格。现在，几乎所有由赫罗兹尼发现的文献都已经发表了。[7]

因此，他的工作最终取得了巨大的成功，谜底已经揭开，人们对该遗址的兴趣渐渐淡去，因此直到1948年才有进一步的考古活动。赫罗兹尼倾其余生致力于文献的发表工作，并于1952年发表了第一卷文献。同时，他

---

[7] Hrozny 1952 (ICK 1); Matouš 1962 (ICK 2); Matouš and Matoušová-Rajmová 1984 (ICK 3); Hecker, Kryszat and Matouš 1998 (Prag). 2013年9月在屈尔台培召开的一次会议上，东巴孜（Donbaz）宣称赫罗兹尼发现的泥板还有100多块仍然没有发表。

也捡起了原来的兴趣,试图破译其他神秘的、读不懂的书写系统,例如巴基斯坦的摩亨佐达罗(Mohendjo Daro)和哈拉帕(Harappa)的印度河文字(Indus script),还有克里特(Crete)的米诺斯文字(Minoan script)。他的运气似乎已经耗尽,因为尽管他声称已经破译了125个字符,并在印度河文化的印章上的简短铭文中发现了整个原始印度神灵的神系,但其结果并没有经受住时间的考验。在患病多年后,他于1952年去世了。

从赫罗兹尼的挖掘到1948年在遗址上开始新的考古活动的这段时间,一些学者开始发表并研究各博物馆和私人收藏的文献。很明显,屈尔台培泥板上的所有文件都来自商人家庭的档案;事实上,赫罗兹尼挖掘了一批私人房屋。那里有大量信件以及其他类型的文献:判决书、证人证词、合同、婚姻文件、债务票据和提货单,等等。这些文件都反映了用来规范居住在这些房子中的人的复杂的商业和法律程序。对这些文献的研究成为一个高度专业化的领域。而且,由于对这个社会存在基础的理解有着巨大差异,观点的提出方式也总是非此即彼并带有攻击性,使得这一领域变得充满争议。很少有学者愿意或敢于冒险卷入这些领域高深的论战。

1933年,纳粹在德国上台导致了大学里的整整一代犹太人学者被驱逐,他们被迫流亡,屈尔台培戏剧的下一幕由此拉开帷幕。他们中的一些人选择接受土耳其政府的邀请,搬到安卡拉。这个年轻国家的新首都正在筹建一所新的大学。其中一个接受邀请的人便是前面提到的亚述学领域的主要学者本诺·兰兹伯格,他在莱比锡创造了繁荣的学术氛围。兰兹伯格曾在第一次世界大战中作为士兵被授勋,因此他不是第一批被纳粹驱逐的人。但他曾告诉我,1935年的一天,当他来到办公室的时候,却发现他的明星学生沃尔弗拉姆·冯·佐登男爵(Wolfram Freiherr von Soden)坐在他的办公桌旁,平静地通知他，他（兰兹伯格）被大学解雇了。冯·佐登是一位杰出的语文学家，战后他完成了自己的"去纳粹化"过程，成了德国亚述学的领军人物。

兰兹伯格搬到安卡拉后，和其他学者，如汉斯·亨瑞克·范德奥斯汀（Hans Henrik von der Osten）和汉斯·古斯塔夫·古特伯克（Hans Gustav Güterbock），一起承担起了建立一个新的研究所和教育新一代土耳其亚述学家、赫梯学家和考古学家的任务。土耳其的新统治者，后来被尊称为"阿塔图尔克"（Atatürk）的穆斯塔法·凯末尔（Mustafa Kemal）将此视为极其重要的领域。兰兹伯格热情地完成了这项任务，并按照德国的传统帮助建立了一所崭新的大学。[8]1948年，他和古特伯克都不得不离开自己的职位，为他们所教育的当地年轻学者腾出空间，两人最终都成了芝加哥大学东方研究所的教授。1967年至1968年，我加入该研究所时，同时认识了他们两位。

兰兹伯格在安卡拉的一个学生是考古学家塔赫辛·厄兹居奇。他是一个受到"土耳其之父"凯末尔·阿塔图尔克提出的新的土耳其国家意识形态鼓舞的年轻的激进派。这种民族主义为第一次世界大战结束后奥斯曼帝国崩溃所留下的新国家的存在奠定了基础。奥斯曼帝国曾经囊括巴尔干半岛的大部分地区，包括希腊，以及诸如沙特阿拉伯、伊拉克、叙利亚、约旦和黎巴嫩等国的整个近东地区，但现在它已缩小到小亚细亚再加上在欧洲大陆上的都城伊斯坦布尔周边的立锥之处。此外，西方国家制定的将小亚细亚分割成

---

8 他的学生之一就是埃明·比尔吉奇（Emin Bilgiç）教授。他曾在1964年写道："鉴于土耳其的地下发现了丰富的文献材料，这一研究领域极为重要。是兰兹伯格教授这样的学者为楔形文字研究介绍到这里。我们土耳其同仁将此视为我们巨大的荣幸。这也是我们能在此方面略尽绵薄之力的大好机会。"（Bilgiç 1964: 147）

欧洲控制区的计划，尤其是希腊武装力量入侵试图建立希腊对小亚细亚西部所有地区的控制，都对新生的土耳其政权产生了威胁。当然，希腊人自古典时代以来就早已定居在这里。众多的古希腊大型城市遗址就是明证，如今这些遗址是受欢迎的旅游景点。阿塔图尔克将军成功地驱逐了希腊军队，在距安卡拉不到80公里的萨卡里亚河（Sakarya）附近的一场著名战役中阻止了他们向安纳托利亚中部挺进。西方列强在1923年承认了这个新国家，并放弃了对小亚细亚大片土地的要求。这使得新统治者和土耳其的精英们面临着巨大的挑战：从头开始，创建一个新国家。新民族主义的核心元素从西方国家手中解脱出来，并得以与当地的安纳托利亚传统相结合。

一个主要的任务就是要创造一个团结在共同的语言、文化和历史之下的新土耳其国家意识。这就是年轻的塔赫辛·厄兹居奇认为他所要为之奋斗的使命。他想创建一门"国家"考古学，一门脱离西部小亚的大希腊—罗马废墟领域传统的学科。他认为，新土耳其不能把对自己过去的理解建立在该历史的基础上。相反，新历史的焦点必须是赫梯帝国，一个以安纳托利亚为中心的大国，在公元前1600年至前1200年间，曾是古代近东地区的主要参与者。该帝国曾经控制了小亚细亚的所有地区，并将其控制范围扩大到了叙利亚和黎巴嫩的大部分地区，同时也是埃及、亚述和巴比伦等国的平等伙伴。它之所以成为土耳其新历史的理想起点，是因为它是一个安纳托利亚人的国家，在该地区留下了许多纪念碑、城市和岩石浮雕的痕迹。赫梯帝国为安纳托利亚带来了历史之光。德国在赫梯都城哈图沙的考古发掘发现了大量的文献，表明当时赫梯人在整个近东地区的政治生活中发挥了核心作用。并不意外的是，阿塔图尔克本人对已经开始的各种挖掘活动产生了浓厚的兴趣，并亲自参观了其中的

几处。1982年,厄兹居奇表述了与阿塔图尔克遗产相一致的新国家考古学的目的:

> 阿塔图尔克对考古学产生浓厚兴趣的原因不应该仅仅从科学目的来解释,还应该从他的爱国情怀中去寻求。事实上,阿塔图尔克与土耳其的考古学有着密切的关系。根据阿塔图尔克的说法,要想成为自己土地的主人,就需要对它有充分的了解……自阿塔图尔克以来,这一明确的目标已成了研究古代安纳托利亚文明的源泉。[9]

按理说,为了完成这一目标,应该集中精力研究赫梯人的遗产。但是,赫梯人的巨大都城哈图沙,现代的博格阿兹柯伊已经被德国考古学家挖掘了几十年,而且此时并没有其他重要的赫梯人城市能成为明显的候选研究对象。于是,他突然想到了重新开始屈尔台培挖掘的大胆想法,尽管显而易见,该地在赫梯帝国时期并没有重大发现。他的目标是双重的。首先,他确信他会在赫梯文化的根基中找到当地的传统。他曾经对我说过,他坚信该城的居民说的是早期的赫梯语,在这里他会找到后来安纳托利亚历史发展的根基。其次,通过在屈尔台培发现更多的文献,他将能够表明,即使在赫梯帝国时代之前,这个地区也一直是近东高级文明的积极参与者。他的主要目的是揭示赫梯文明的起源。

有一天,厄兹居奇在安卡拉的一次晚宴上告诉我,他的老师兰兹伯格对这些计划持怀疑态度。他觉得赫罗兹尼很可能已经找到了所有的文献,因

9　T. Özgüç 1982: xix.

此从这个遗址上获得进展的可能性微乎其微。然而，厄兹居奇已经厌倦了在安卡拉挖掘罗马浴场和墓地。他坚持他的计划，并找到了必要的支持，从而使他能够在1948年开始对屈尔台培的考古发掘。兰兹伯格来探望了几天，但实际上他已经要去芝加哥了。自然而然地，厄兹居奇从下城离赫罗兹尼所挖的仍能看见洞的不远处开始发掘，结果令人叹为观止。在第一个发掘季里，他就发现了1000多块楔形文字泥板，成功地为后来真正理解这一聚落的性质和范围打下了基础。挖掘表明，下城主要存在四个主要阶段，分别标记为第4层、第3层、第2层和第1层；最后一个阶段被细分为记录良好的第1层b和非常不可靠的第1层a。在最深的第4层和第3层，没有发现泥板；最丰富的发现来自第2层的房子中，在第1层b也发现了非常少量的文献。这一基本地层学仍然成立（见图3）。

直到2005年，厄兹居奇89岁去世，他一直在屈尔台培工作，但在他漫长的职业生涯中，他还领导了在安纳托利亚其他几个遗址的挖掘工作。似乎有理由说，他在很大程度上实践了年轻时许下的诺言：建立一个有意义的土耳其国家考古传统。他的妻子尼梅特（Nimet）也是一位考古学家，多年来一直是屈尔台培考古队的一员，但后来她接手了安纳托利亚其他一些大型和重要的考古活动，最重要的是大盐湖以南的一个叫作阿伽姆霍愚克（Acemhöyük）的巨大的土丘，她在那里发现了与屈尔台培的古亚述地层同时代的古代城市。在塔赫辛先生的最后几年里，屈尔台培的挖掘工作实际上是由他的助手兼继承者、安卡拉大学的考古学教授库特鲁·埃姆雷（Kutlu Emre）主持。她在大学退休后很长一段时间里，仍然每年都作为现场挖掘的导师积极参与工作。考古挖掘工作的新领导人是菲克里·库拉克奥卢教授。

3. 屈尔台培鸟瞰。发掘区域位于右上方，图片上方为现代村落。屈尔台培考古发掘档案。

* * *

在安纳托利亚，卡尼什不是唯一一个发现古亚述时期文物的地方。还有四个遗址的挖掘也揭示了同一时期的居住遗迹，但在文献的发现方面，其他的遗址都有些令人失望。

早在1927年至1932年，芝加哥大学东方研究所的一个研究小组在一个叫阿里沙尔（Alishar）的遗址进行了挖掘，该遗址位于屈尔台培以北约90公里处。这座遗址由一个520米乘350米的椭圆形的平台（或下城）和平台上矗立的一个被称为城堡的锥形土丘组成。从铜石并用时代开始，阿里沙尔就已经有人居住了。在下城的青铜时代中期的探沟中，挖掘者发现了一些房屋，里面挖出了少量泥板。人们共收集了70块泥板和碎片，其中可读的53块泥板由格尔布（I. J. Gelb）在1935年发表。[10]他得出结论，阿里沙尔的泥板在许多方面与屈尔台培的大部分文献不同，因此它们不可能是同时代的。他将阿里沙尔的文献追溯到屈尔台培第2层文献之后的一个时期。阿里沙尔的古代名字可能是阿姆库瓦（Amkuwa），一个也存在于赫梯时期的城镇。现在已经明确，该遗址发现的几乎所有古亚述文献都与屈尔台培后期，即所谓的第1层b是同一时代的。分别在不同的房屋中发现的三组文献都是属于亚述商人的小型档案，其中的一个商人叫那比恩利勒（Nabi-Enlil）。他在一封信中提到在一个叫哈图什（Hattush）的城市与另一个亚述人达亚（Daya）见面。

"哈图什"是亚述人对后来赫梯人的都城哈图沙，现在的博格阿兹柯伊的称谓。我们在这里发现了另一组文献，其中有一个小规模档案属于曾在阿里沙尔发现的书信中提到的同一个达亚。因此，这里的文献也几乎完全来自后期。[11]在该区域挖掘出了一些房屋，一定是属于原来的城镇的，并且目前已经发表了71块泥板。那里青铜时代中期的地层显然会有更大的挖掘空间。

两个时期（第2层和第1层b）的屈尔台培文献都提到过阿姆库瓦和哈图什，因此在卡尼什第2层时期一定也有亚述人在此定居。考古发现的另外两个遗址与屈尔台培下城属于同一时代，它们的古代名称还不能确定。位于安纳托利亚中部盐湖以南的大土丘阿伽姆霍愚克由尼梅特和阿里耶·奥兹坦（Aliye Öztan）主持挖掘。通常认为该遗址为古代的普如什

---

10 Gelb 1935。

11 关于博格阿兹柯伊发现的古亚述文献，参阅Michel 2003: 124–125，并参阅Gunter 1980; Dercksen 2001。

哈杜姆（Purushaddum）的建议似乎不太可能，反而可能是被称为乌拉马（Ulama）的城市。这里的挖掘发现了两座宫殿建筑，其中有一座建筑中发现了大量的泥封*，其中许多泥封上都刻有铭文，但没有发现泥板。[12] 那里显然有一个下城，但现在上面整个建的都是现代建筑，因此没有希望能发现亚述人的居住区。

卡拉霍愚克康亚（Karahöyük Konya）是位于现代城市康亚郊区的一个非常大的土丘。该遗址是在安卡拉大学的塞达特·阿尔普（Sedat Alp）教授的指导下，由其团队在几个考古季里挖掘出来的。同样，在土丘上没有发现任何文献，但是发现了大量的泥封和印章，所有的发现似乎都属于古亚述晚期阶段，与屈尔台培的第 1 层 b 同时。[13]

在安纳托利亚中部离基尔谢希尔（Kirshehir）不远的地方，一支由小村雅子（Masako Omura）教授带领的日本考古队在一个叫作卡曼卡勒（Kaman Kale）的地方进行了多年的挖掘。在那里也挖掘到了古亚述时期的地层，但只发现了一块泥板。不幸的是，无法读取有价值的信息。

在其他一些地方也有零星的发现，但也许最有趣的是一枚滚印。这枚滚印是当地农民在一个叫艾瓦里皮那尔（Ayvalıpınar）的土丘上发现的。该土丘离安纳托利亚中部高原北缘的现代城镇阿马西亚（Amasya）不远。但那里尚未进行考古挖掘。[14]

---

* "泥封"是古代近东地区常见的用来封印容器或房门等的泥团，上面常盖有印迹，用来确保其中物品的安全，就像中国古代信件中常用的"锡封"或"蜡封"一样。——译者注

12　参阅 N. Özgüç 1966 and 2015。对其中一个宫殿中发现的木梁的树轮断代显示年代为公元前 1777 年或公元前 1774 年。关于土丘上的公共建筑中发现的泥封，参阅 Veenhof 1993。

13　参见 Alp 1968。

14　参阅 Dogan-Alparslan 2010。

第三章 屈尔台培丘

从凯塞利向东北 175 公里之外的稍小城镇锡瓦斯（Sivas）方向驱车就能到达屈尔台培。你会来到一片满是庄稼和果园的绿地，这里显然是肥沃的农业区。距离凯塞利市中心大约 20 公里的路程，快到峡谷变窄的地方，路向上通往一道山脊，路口有一个标志，上面写着 karum Kaniş，这是土耳其语对下城的废墟一带的常见称呼。向左转弯，跨过一些铁路轨道，进入一条通往土丘和村庄的小路。两公里后，土丘从路左面的一排树后显现出来，右边的一条小径通往下城。不久之前，人们还必须涉过厚厚的尘土路面到达考古挖掘的坑地，但是几年前土耳其和奥地利的总理参观了遗址后，从高速公路过来的路新铺了路面，小路铺上了石子，遗址旁边还修了一个漂亮的停车场和一个木制的景观平台。

这片平原是较大的凯塞利平原的延伸，大约有 15 公里长，将近 8 公里宽，上面有几个小村庄。平原四面被一些低矮的山丘环绕，北部在一道山冈后面有一条大河，"红河"克孜勒厄尔马克（Kızıl Irmak）奔腾而过，这条河呈弧形流经整个安纳托利亚中部地区，最后向北注入黑海。一条叫作萨瑞姆萨克里（Sarımsaklı）的小河流经屈尔台培附近之后汇入凯塞利附近的克孜勒厄尔马克河。根据最近的地理勘测，这条河在古代的时候就在土丘下流过，必然是古代的重要生活资源。[1]

屈尔台培丘本身呈两轴为 450 米和 550 米的椭圆形，高出周围的平原约 20 米。它表面大约有三分之一，最靠近村庄的地方和四周的边缘地带，在没有正规考古发掘之前，这里遭到了盗掘，被严重破坏。难怪最初的考古发掘者们以为这些挖出的坑就是村民们发现泥板的地方。实际上，他们是从这里收集土壤然后填在他们的田地和院子中，因为土丘上的土壤是极好的肥料。这种行为直到 1948 年厄兹居奇重新开始考古发掘才停止。我们不清楚土丘上是否发现了早期的泥板。赫罗兹尼的确曾提到过，在他发掘的最后一天，有一个村民给他指出了土丘上的一个地点并声称那就是最初发现泥板的地方，但他已没有时间再继续追查了，而且他也没有提示那地点的确切位置。

从土丘的高度我们可以得知，这里一定被居住了很长时间，但是对公元前三千纪的早期青铜时代 I 期以前的时代我们并没有清晰的信息。发现的与其相邻的中期青铜时代地层就已经接近地表了，再上面仅仅分散地覆盖着晚期赫梯、罗马和希腊化时代的遗迹，当时这里是他们的附属城镇。在古典时代，这里叫作阿尼萨（Anisa），这个名字中显然蕴含着青铜时代卡尼什的回响，但那时的影响力已远不及埃尔西亚斯达格火山笼罩下的马扎卡（Mazaka），后来有恺撒利亚（Caesaria），现在有凯塞利。

厄兹居奇在土丘上发现了青铜时代约公元前 2000 年至公元前 1600 年的官方建筑，他没有尝试向更早的地层进行挖掘。新任考古指导者菲克里·库拉克奥卢教授选择在土丘东南部打开了几个探坑。他在那里发现了大量的公

---

[1] 与菲克里·库拉克奥卢教授的个人交流。

元前三千纪晚期，属于早期青铜时代的建筑。这些新发现必然给我们对该遗址历史的认识带来颇多新信息。[2]

土丘上最壮观的建筑遗迹是中央长 110 米、宽 100 米的巨大宫殿。[3] 这座宫殿的部分已经被赫罗兹尼挖开了，对于其原来的样子已经很难获得清晰的概念。现在给我们留下的是宫殿的北边部分，残留墙壁高达 2 米多。当时整个建筑都被烈火吞噬，砖块在高温下熔化变形，黄色的熔渣结成的石柱宛如形状奇异的雕像一般立在那里，石块间依稀可见曾经安置在墙体中的巨大木梁的痕迹。这种半木质的结构显然是造成火势如此凶猛的原因。

宫殿周围环绕着 2.5 米至 4 米宽的坚固石墙。墙的表面曾经涂有泥灰层，而且整座建筑在土丘上必然脱颖而出，从很远的地方就能看见。当旅行者从周围环绕的群山走出来俯瞰郁郁葱葱的峡谷之时，必然被这象征着权力与财富的巨型白色建筑所震撼。这里曾经居住着强大的王。

尽管把赫罗兹尼和厄兹居奇提供的平面草图结合在一起，我们至少能够对这座宫殿轮廓得出大致印象，但是现在已经决然无法真正了解这一极为复杂的建筑了。很显然，只有一个通往宫殿内部的大门，赫罗兹尼很可能移除了城堡南边的另一座门。大门本身两侧各有一个守卫室，在大门内发现了来自宫殿内的最重要的文件——一个叫作马马（Mamma）的城邦的统治者阿奴姆黑尔比（Anum-hirbe）写给卡尼什王瓦尔沙马（Warshama）的一封信。通过这一文献我们知道了居住在这一宫殿中的至少一位王的名字，因此该宫殿通常被叫作"瓦尔沙马的宫殿"。[4]

---

2 参阅 Ezer 2014。

3 关于土丘上官方建筑的总体讨论参阅 T. Özgüç 1999。

4 参阅 Balkan 1957。

围墙的痕迹现在基本都还可以找到，但是个别地方被后期的建筑活动破坏得十分严重。在宫殿的北方，厄兹居奇发掘出了贴着外墙而建的大量房间。将赫罗兹尼发现的墙的平面图与厄兹居奇的平面图结合在一起就比较清楚了，宫殿是围绕着一个方形的广场而建，广场四周都建有房间。然而哪些是重要的房间？比如宫殿的正殿，或是宫廷眷属居住的地方，现在已经不可能识别出来了。发掘者们甚至都无法确定连通这些房间的门在哪里。厄兹居奇在几个房间里发现了一些储藏罐，有些还盖着盖子。一些盖子上还带着加印的泥封，可能意味着罐子中的东西是由谁负责的。这些房间中都没有发现炉子和灶台，所以可能没有用于起居的房间。在一些房间里发现了零星的泥封和泥板碎片，这说明所有的原始档案都散失破坏了。这些宫殿到底有多少层？怎么建造的？都已无从知晓。但是，南部的楼梯间显示上面至少还有一层，可能是用木头建造的，现在可以看见的这些房间可能起到了下层储藏室的作用。尼梅特·厄兹居奇在阿伽姆霍愚克遗址发现的同时期的宫殿也有着同样的特征，但是那里有些储藏室仍然满是物品和泥封。[5]

卡尼什宫殿里发现了大量的还带着树皮的木材。这些木材被树轮断代专家用来测定宫殿建造和后期修复的年代。树轮断代告诉我们初次建造时使用的树木砍伐于公元前 1835/1832 年，后期修复的年代有公元前 1813/1810 年、公元前 1811/1808 年和公元前 1774/1871 年。[6]

在这一巨大的建筑下面，厄兹居奇发现了毁坏严重的更早期宫殿的残迹，建筑风格颇为不同。它也被围墙围着，但痕迹几乎已经看不到了。这座

---

5 关于泥封，参阅 Veenhof 1993。

6 年代的略微不确定性反映了当前树轮断代研究的状态。比较 Barjamovic, Hertel and Larsen 2012: 29。

建筑的不同寻常之处在于其形状显然为圆形结构，是由一系列各种各样的房间围绕着一个巨大的圆形庭院而建。没有什么能够挖掘的了，但是现在的考古领队菲克里·库拉克奥卢打算开挖新的探沟，看看这座复杂建筑的一个角落，因此我们期待对这座颇为奇特的建筑会有更为清晰的认识。这两座重叠的宫殿代表了古亚述时期的两个主要阶段：下面的第 2 层时期和上面的第 1 层 b 时期。这一概念是基于下城房屋建立的年代和考古地层而形成的。较早的下层宫殿的建造时间已经通过树轮年代学，定位于公元前 2027/2024 年，所以在它被大火焚毁并被瓦尔沙马宫殿（见图 4）取代之前存在了将近两百年的时间。

我们对这些宫殿之中居住的国王们所知甚少。我们从亚述文献的一个借条中得知前期有一位拉巴尔沙（Labarsha）。虽然文献的整体数量相当可观，但这是我们所知的唯一一位前期国王或王后的名字。似乎比较清楚的是，居住在这土丘上的深宫大院中的人对亚述人来说只是被称为"王和王后"的遥不可及的形象。名字叫什么对他们来说毫不相干。来自第 1 层 b 时期的文献却包含了这方面的更多信息。我们掌握了一些涉及处理安纳托利亚当地人口相关事件的法律文献。这些文献据说经过了某个具名的国王的授权，有时还带有一位他的最高级官员，这位官员可能是他的未来储君。所以事实上有一些属于本地人的文献给我们提供了更多的名字。我们不清楚在整个第 2 层时期究竟是否曾有此类文献被书写下来。

这些统治者的确切年代和次序还不完全清楚，但是最近已经有了一个合理的重建：[7]

---

[7] Barjamovic et al. 2012.

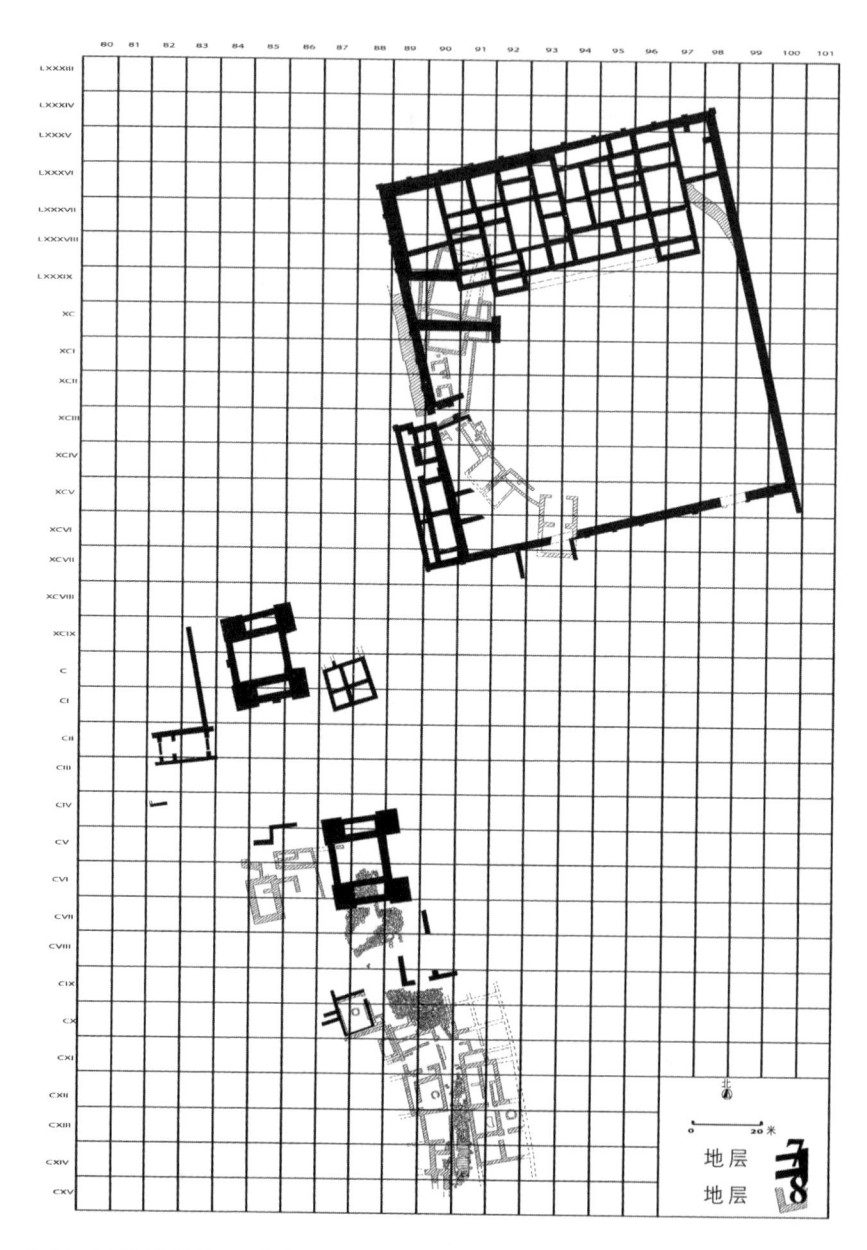

4. 土丘上发掘的建筑：上方为两座重叠的宫殿，中部为神庙，下方为"关税建筑"。屈尔台培考古发掘档案。

胡尔美里（Hurmeli）：他是第 1 层 b 时期的第一个王。他的名字显示他来自一个叫作胡腊马（Hurama）的城市，但这是不是就意味着他是卡尼什王位的篡夺者也未可知。有人猜测他可能死于公元前 1790 年左右。

巴哈努（Bahanu）：他是从最近发表的两份文献中得知的。我们对他一无所知，但他可能曾经短暂统治过卡尼什。[8]

伊那尔（Inar）：从上文提到的瓦尔沙马的信中得知，他是该王的父亲。他曾经发动了对哈尔萨姆那（Harsamna）城邦的战争。他的统治时期可能在公元前 1790 年至公元前 1775 年之间。这意味着他可能与阿舒尔的沙姆西阿达德 I（Shamshi-Adad I）是同一时代的。

瓦尔沙马：我们主要是从马马国王阿奴姆黑尔比写给他的信中知道他的。约公元前 1770—前 1766 年的马瑞文献中提到了这个阿奴姆黑尔比。瓦尔沙马在卡尼什的统治时期大约是公元前 1775—前 1750 年。

皮特哈那（Pithana）：最开始是卡尼什东北方的一个叫作库沙腊（Kushara）的城市的统治者，但是他征服了卡尼什，然后向西开始扩张。他的统治时期可能比较短，大约在公元前 1750—前 1740 年之间。

阿尼塔（Anitta）：皮特哈那的儿子，他留给我们一份很长的赫梯语文献。文献中讲述了他的统治和他的征服（主要向西方）事迹。他大约在公元前 1730 年摧毁了哈图什，他在卡尼什的统治时间大概是公元前 1740—前 1725 年之间。土丘上的两座神庙就被认为是他建造的。

朱朱（Zuzu）：是已知的最后一位卡尼什王。他一直统治到我们的名年官表的年代之后。

8　Günbatti 2014: 112–119.

安纳托利亚的统治者并没有采取两河流域的传统，即在新建造宫殿或神庙时放置地基建筑铭文。现存的文献对这些国王们统治下的活动极少记载，而且宫殿中少得可怜的发现，关于其基址平面构造以及各个房间的功能的不确定性，也都同样令人深感失望。本来我们还预期能发现比如正殿这一古代近东几乎所有宫殿都具有的特征，但是却完全无迹可寻。因为这两层的建筑都遭到了大火的破坏，而且似乎旧建筑的垮塌与新宫殿的建造之间的间隔很短，这至少让我们得知当时的历史发展中有发生暴力冲突的迹象。皮特哈那对卡尼什的征服并没有导致土丘上建筑的毁坏，下城的建筑也是如此。

厄兹居奇发现的宏伟建筑不只是这些宫殿。来到土丘的西南面，我们可以看到另一个发掘区域。厄兹居奇在那里也发现了大型的建筑。发掘者们把其中的一个建筑叫作"南部平台上的大宫殿"，而且这是一座真正的极为复杂的建筑。换句话说，只有这座废墟的宏伟特征才使我们把这片宏大的废墟称为宫殿。从城墙开始，当时那里肯定有一个门，有一条街道直通看起来像土丘的庆典中心的地方。沿着这条街道的两旁我们发现了一些房间，厄兹居奇认为是一座建筑中的廊道，报告中称它们分别是宫殿的东西两翼。据我所知，这座建筑（如果整个被视为一座整体建筑的话）是整个安纳托利亚独一无二的。街道（或廊道）显然延伸近50米长。前13米是由大片的木板铺就，顶上有粗重的房梁，说明此街道之上还有第2层。后面的34米铺着大块的石板，但是这部分是没有顶的。街道有6米宽，通向一个巨大的开放空间，一个也是石头铺就的露天广场，但并没有发现当时的建筑。这片广场上后来建了两座其他的建筑，或许是两座神庙，而且很可能在早期还没有建造这些建筑的时候，街道的两翼向北又继续延伸了大约50米。果真如此的话，这座建筑的确称得上是巨大了（见图5）。

5. 从"关税建筑"出来的铺筑的路面或廊道。背景中可见晚期的一座神庙。屈尔台培考古发掘档案。

很明显，在这两个时期，整片区域都和宫廷有着密切的关系。在前一时期，这条街道从一个大门通向一座广场；在后期，原建筑被废弃，广场上盖了两座神庙。遗憾的是，我们无法完全复原当时的复杂设计，街道两旁的房子的外缘也无法确定，所以目前我们所掌握的只有街道和对面的一些房间。这些建筑通常都十分巨大，而且建有完善的大型火炉。这些火炉不是像个人家庭用来做饭的那样,而是专为取暖目的设计的。这些房间里的东西让人顿感失望。发现的大部分只是各种形状的陶器碎片,但也发现了少数泥板和有印的泥封。这些文献都尚未发表,但据厄兹居奇说,包括"一些信件、铜和银的支付清单,还有关于卡尼什商港议事会的判决事宜"。[9] 在东边的一些房间里,厄兹居奇发现了成排的装着小麦的陶瓮和一些大陶杯。[10]

发掘者们的第一印象一般都很难改变,但是我觉得这些复杂的构造或多或少可以用不同的方式去理解。在我看来,这整个建筑构造可能与城门有关,这座城门直接通向官方建筑区域。对这些房子及其功能的一个合理推测是某种关税部门,长途跋涉而来的驮驴商队在这里接受核验评估,并缴纳关税。如果真是这样的话,那么这条街道必然是十分繁忙的地方了。宫廷的官员要在这里接待商队,并与亚述商人们讨论货物的价值从而核定该收多少关税。道路尽头石头铺砌的广场很可能就是早期卡尼什的主市场的遗址,但这当然完全只是猜测。

街道两边的房间与两座中央宫殿中较低较早的那个属于同一时期,而且后期当瓦尔沙马宫殿建造以后似乎就不再使用了。可能城门被封住以后,街道尽头的广场便被部分拆除,并且在那里与中央宫殿同时建了新的高大的建筑物。

这两座建筑的结构几乎一样,都是近乎方形,而且四角都建有坚固的石头塔楼,中央有一个约12米乘13米大的房间。房间都没有用来承载房顶的

---

9 T. Özgüç 1999: 114.

10 T. Özgüç 1999: 107.

内墙或木梁，很可能没有房顶。这两座建筑都遭到了大火和后期活动的严重破坏，但基础规划是明确的。厄兹居奇主张它们一定是神庙，主要是因为它们无法用作其他目的，而不是因为发现了其他明确的宗教崇拜设施。发掘者们在保存最好的建筑里发现了一尊雕刻粗糙的水晶石狮子小雕像和一个黄金的杯子。这两个都是极为一般的物品，至少意味着这里是为十分特殊的目的而建的建筑。此外还发现了一些泥板。这些泥板目前都尚未发表。但是，我们知道其中有一块泥板记载了关于一个奴隶买卖。厄兹居奇指出这两座神庙，果真是神庙的话，与同时期古代近东的建筑构造并不一样，但它们的确显示出与后期公元前一千纪土耳其东部乌拉尔图人的神庙有惊人的相似性。[11]

古亚述文献中有几次提到了卡尼什的神庙，而且我们了解到在有些情况下他们需要"走上"这些圣所。这说明这些神庙位于土丘之上而并不是在下城之中。[12] 然而，我们这里谈论的这些建筑似乎并不是供奉亚述人的神的神庙。厄兹居奇却提到了一篇关于前文述及的阿尼塔王的文献。我们根据该文献得知他曾在这座城市中建造了两座神庙。因此，这两座建筑经常被称为"阿尼塔神庙"。

土丘上同一区域有另外一座损毁严重的建筑可能与这位统治者更为直接相关。厄兹居奇称这些建筑结构为"官方储藏建筑"。这座建筑包括两个房间，有18米长、7.5米宽。在较大的房间中部有两个承接房顶木梁的支撑柱，并且此处还发现了一支青铜矛枪头，其上用阿卡德语刻写着简要的铭文"阿尼塔王的宫殿"。除了这个意义重大的物品之外，房间中还存放着大量的黑

---

11 参阅 T. Özgüç 1999: 119。

12 关于神庙的评论参阅 Barjamovic and Larsen 2008。

曜石石块，估计共有 3 吨之多，因此这座建筑可能是某种储藏室。

虽然要把这些不同的官方建筑联系在一起形成一个整体概念不太容易，但似乎后期在该部分土丘我们可以看到某种台美诺斯（temenos）式的区域，可能与中央宫殿直接相关。环绕着这片神庙区域发现了一些残垣断壁，但是只发掘了一部分。在那之前，早期这里可能存在着一座大的与城门有关的官方建筑，而且还有一个大的开放庭院通过一条石板路通向中央宫殿。再往前是早期青铜时代，这里建有高大的官方建筑，据发掘者库拉克奥卢建议，可能是一座构造复杂的宫殿。

附近村民们把土丘上的土当作肥料挖走，因此土丘的很大一部分遭到了极大破坏，无法进行有序的考古发掘。在土丘的东面部分，有一些探沟中发现了一些建筑，据描述它们类似下城发现的私人房屋。然而对这些房屋及其中发现物品的充分描述从来没有被发表过，所以很难评估这些报告，但是据一个描述说，这里的房屋"与下城发现的极为相似"，并且有人主张土丘东面是一个"私人居住区"。[13]

鉴于下城的巨大面积，有人对土丘上相邻的地方是否真的存在一个私人居住区表示怀疑。很可能只有与宫廷管理密切相关的人才会居住在这里。土丘上发现的文献也基本上没什么帮助。因为这些文献总共才只有约 40 份，都是分散的、未发表的，而且显然多数都是残篇。其中有商业信件，据东

---

[13] T. Özgüç 1986: 21 列出了土丘上瓦尔沙马宫殿中发现的一些泥板，有一些来自其他的纪念性建筑，还有一些据说来自"一个商人的房屋"。Donbaz 1998: 413 给出了同样的信息。关于文献列表，参阅 Michel 2003: 115–117。Michel 2015 给出了对宫殿的讨论和发现文献的完整列表。

巴孜说是"以商队账目的形式"[14]，据估计与货物在宫廷中被评估收税有关；有欠条和宫廷管理人员的名单；还有一篇文献记载着卡尼什商港*的一份判决。

14　Donbaz 1998: 415.

*　由于早期学者们对阿舒尔与安纳托利亚之间政治关系认识的模糊，长期以来，国际学术界习惯上把古亚述文献中的术语 *kārum* 译成英文 colony。1960 年代以来，古亚述学界逐渐就这一议题达成了共识，即古亚述人在安纳托利亚的活动出于单纯的商业动机，阿舒尔城邦从未有过对当地城邦的政治控制和军事占领。然而，colony 这一译名依然被沿用至今。近年来，一些学者主张改变这一译法，从而对这一体系进行更加客观的描述。本书作者拉尔森教授对这一问题进行了探讨（原书第 149—150 页）。鉴于这一传统由来已久，他认为可以在对亚述人与安纳托利亚人之间的关系进行确切描述的情况下继续使用 colony 这一译法。众所周知，英文 colony 一词在中文中通常被译为"殖民地"。本书译者认为在中文语境中"殖民地"一词的负面含义更加明显，容易误导读者对阿舒尔与安纳托利亚关系的认知，因此应该从原始术语 *kārum* 本身的含义"港口"进行解读。译者就此与本书作者拉尔森教授进行了沟通，我们一致认为应该避免倾向于殖民主义含义的解读。因此，译文中对相关术语 colony、*kārum* 和 *wabartum* 的解读方案如下：

a. 原著中 colony 一词被形容词 commercial 修饰时保留传统译法，即 commercial colony 译为"商业殖民地"。

b. 原著中古亚述词语 *kārum* 译为"商港"。

c. 当原著中 colony 一词对译自古亚述词语 *kārum* 时，与该术语同译为"商港"。

d. 原著中指代较小的亚述人聚居点的古亚述词语 *wabartum* 或英文 trading station 译为"商站"。——译者注

第四章 下城

虽然我们无法对土丘上建筑的曾经样貌以及哪些建筑该属于同一个整体得出一个清晰可靠的概念，但是下城里的建筑已经被发掘出100多座，我们无需太多想象力，眼前就能浮现出下城的街道和房屋中的繁华生活。今天的游客可以穿过街道和狭窄的小巷，一路进入这些房屋。尽管这些几十年前挖掘出来的房屋受到了严重侵蚀，但墙壁和街道仍然清晰可辨。不尽人意的是，经历了60多年的考古发掘之后，依然没有发表一张完整的下城平面图，这使得人们很难对这一居住区有一个全面的了解。尽管已经挖掘了很大的面积（约250米×250米），但我们仍然不知道整个下城到底有多大。还有城镇是如何规划的？土丘上的居住区与下城之间的关系？抑或是整个城市区域周围的景观什么样？对诸如此类的问题我们都无从得知。新上任的积极发掘者库拉克奥卢教授在其近期的著作中透露，他打算带领他的队伍返回下城进行一系列考察，期待这一研究计划实施的时候，所有这些问题都有可能获得有意义的答案。[1]

从下城所包含的四个主要考古层（第4—1层）来看，发掘者们已经确

---

[1] 参阅 Atici et al. 2014 引言。

定下城的发展经历了多个阶段。对两个最低的地层,第4层和第3层,并没有进行广泛的发掘,因此也没有多少可以确定的内容可说,但报告都一再强调,所有被挖掘的部分都存在这两层。一份早期报告指出,这两层的房屋是用"简易材料"建造的,不能追溯到公元前2000年之前。这意味着在考古学上它们属于青铜时代中期。事实上,下城的其他地层也是属于这一时期的。土丘上的建筑表明,在青铜时代早期,那里就已经是一个重要的政治中心了,而下城是后来出现的。

在早期的第4层和第3层的房子里并没有发现泥板,但至少在第3层的时候,亚述人可能就开始在这里出现了。事实上,第4层时期下城的建立,在未开垦的土地上建造了房屋,就可以被理解为是卡尼什城商业重要性日益突显的反映。

在第2层的发现最为丰富,尤其是楔形文字泥板,发掘出的房屋遗址大部分属于这一时期。从1948年塔赫辛·厄兹居奇开始发掘以来,大约出土了19,000件泥板,其中绝大多数来自第2层。现在全世界的博物馆和特藏馆中大约有4000件泥板来自当地村民的盗挖和赫罗兹尼的挖掘。这些泥板中除了少数例外也都属于第2层时期。所以迄今为止来自屈尔台培的盗掘和考古发掘的泥板加起来目前总数大约是23,000份,[2] 而且没有确凿的迹象表明这些泥板档案已经被彻底挖光了。只有几百件泥板来自接下来的被称为第1层b的时期,然而紧接着第1层b的房屋被大火摧毁的地层,也就是最晚的被称作第1层a的时期,根本就没有发现任何泥板和可识别的房屋遗迹。

---

2 Michel 2003.

厄兹居奇及其团队的首要任务之一显然是要建立下城的地层学，从而确定其年代学框架。赫罗兹尼发掘的房屋遗址规划十分混乱，但明显它代表的不止一个建筑层。数年后清晰的图样才得以出现，直到1950年代，学者们之间依然存在分歧，但现在已经达成了基本一致的方案。[3]这时候，将下城的地层学与土丘上发现的建筑地层相关联也成为可能。被称作"瓦尔沙马宫殿"的晚期大型宫殿与下城的第1层b建筑是同一时代的，而较低的圆形建筑群与第2层的建筑处于同一时期。如前所述，因为土丘上的建筑本身一般保存状况都很差，并且还遭受了洗劫和大火焚烧，所以几乎没有什么发现能够帮助我们建立真正确凿的时间标记。此外，土丘上所发现的泥板文献发表的数量极少，这一事实也使这种情况更为复杂化。

下城第2层的泥砖房屋被精心地建在石头地基之上。使用了大量的木材。地面的附近通常有水平放置的横梁，用来作为垂直木桩的支撑，而这些木桩又转而支撑着屋顶的橡子。立柱的数量不仅说明它们支撑着一个屋顶，而且表明上面还有一个楼层，那样的重量，较为单薄的泥砖墙是无法承载的。虽然发现的真正的楼梯很少，但大多数甚或所有的房子都似乎部分地建有上层。

目前还不知道这些房子分别使用了多长时间，但大多数房屋的墙壁被粉刷过三到四层，这表明房屋居住时间相当长。下城第2层的房屋也都被大火焚毁，通常认为事情发生的时候整个居住区都着火了，大概是战争的结果——可能就在土丘上的宫殿被大火烧毁的时刻。

目前下城的某些地区或区域的结构已经被公布并进行了整体探讨，我

---

3 关于详细的讨论，参阅 Garelli 1963: ch. 1。

6. 下城地图，表明已发掘的区域和已发表平面图的房屋。灰色房屋中发现的是属于亚述人的档案；横线填充的房屋中发现的是属于安纳托利亚人的档案；竖线填充的房屋中未发现文献；点状空间填充的房屋中发现的档案归属不明；空白房屋中发现的文献信息未知。注意，有大约75%的发掘区域的成果尚未发表。托马斯·赫特尔供图。

们可以看到许多不同形状和规格的房屋密集地聚集在一起，并有街道贯穿其中。似乎有数条主街从土丘边缘穿过下城通往外部，但目前尚且无法完全确定（见图6）。然后，这些街道又与一些横向街道交叉，连接各个相邻街区。与古代近东城镇房屋的一般模式一样，朝向街道的墙上没有窗户；房屋都朝向内部的庭院，路人会看到一排排大门紧闭的灰色泥砖墙，偶尔也会见到大门敞开欢迎访客的建筑——商店或酒馆。[4]

目前尚未确定整个下城到底有多大。在1960年代和1970年代的报告中提到有一堵坚固的墙似乎包围了整个居住区。这堵墙最早是在1968年开凿考古发掘区域以东的灌溉渠时被发现的，可以确定，这是一道由加工过的大块石头建造的带有内部隔层的双层墙。1980年和1981年，在更南边靠近考古大厅的地方发现了另一部分防御工事。厄兹居奇和他的团队在这里发现了一座石头建筑，里面有四个房间，墙壁高达3.63米。这座建筑可能是第1层b时期某种类型的塔楼，而最初的报告提到了两个时期都存在的一堵墙。从那以后，陆续发现了可能是同一道城墙的其他遗迹，通常是在挖掘或清理运河的过程中发现的。这些遗迹离我们通常认为的下城中心很远，因此没有在那里进行深入挖掘，但厄兹居奇始终坚持认为下城的面积其实非常大；有一次，他提到其"直径至少为4公里"，[5]并且提到在下城中心以南约500米的地方发现了第2层被烧毁的房屋。他还在另一处提到："整个城镇2公里直径范围内，估计人口有20,000—30,000。"[6]

对下城地区尚未进行系统的地磁探测，但该地区的堆积层显示青铜时代中期的建筑埋得很深（4—8米），普通的地球物理探测是无法找到古代居住遗迹的。库拉克奥卢教授告诉我，新的考察表明，当下城存在时，土丘的附近有一条河流。未来几年内，我们无疑会对屈尔台周围的景观获得更

4　Hertel 2014对城市布局、下城的规模和族群分布给出了初步的评估。

5　Mellink 1971.

6　Mellink 1980. 关于下城可能的边界和居民的规模的探讨，亦可参阅Barjamovic 2014。据他保守估计大约最多有25,000人。

加清晰的理解。所有的考古挖掘工作都是在土丘以东的地区进行的,但有人主张下城应该是围绕着土丘而建的,这将解释厄兹居奇对整个居住区直径为4公里的惊人估计。尽管存在这些不确定性,但下城显然还有很大一部分仍有待挖掘,甚至可能比目前已经发现的还要多。

考古发掘工作主要集中在被认为是下城中心的地方,更确切地说,是大多数亚述人所居住并且在房屋废墟中发现了档案的地方。一般认为那些没有发现泥板的房屋是当地人所有,但这基本上是个毫无根据的猜测。而且,事实上,我们的确发现有一些房屋中的档案显然属于安纳托利亚人。

即使没有城镇的整体布局图,人们也能对这一居住区域的性质有一个大致概念。有时候我们可以从这家走到那家,我们知道谁曾经住在这里,他们叫什么名字,有时我们至少可以描述他们生活中的一些基本元素——所有这些都得益于在档案室里发现的楔形文字泥板档案。令人沮丧的是,大约75%—80%的挖掘区域从未发表,没有建筑物的平面图或具体描述,我们无法重建城市布局。此外,所发现的大多数档案还尚待研究,在一些例子中,我们甚至无法确定住在这些房子里的到底是亚述人还是安纳托利亚人。赫特尔分析了目前可用的信息,图6呈现的布局图是基于他的工作。他对112座房屋进行了识别并编号。可知其中49座房屋中发现的是亚述人档案;据称有13座房屋属于安纳托利亚人,但他们的档案(大多规模非常小或具体情况不详)都没有出版;还有17座房屋中似乎没有发现档案。[7]

图7显示了一个社区,建筑区域内有几座不同形状和大小的房屋,周

---

7 Hertel 2014.

7. 第 20 号房屋周围的房屋区，该建筑属于乌簇尔沙伊什塔尔。区域中数字带有网格填充（如第 24 号）代表该区域有档案出土但相关房屋的确切位置未知。托马斯·赫特尔供图。

围的街道清晰可见。很明显，许多建筑物的主人都尽可能在可用空间内尽量多建房屋。位于平面图底部角落的第 20 号建筑就是这样一个例子。该处建筑的拓展使街道不得不出现急转弯。该房屋属于下城最重要的人之一，一个名叫乌簇尔沙伊什塔尔（Uzur-sha-Ishtar）的亚述人。其档案包括 1600 多块泥板，并且有 400 个泥板文献是装在封套中的。虽然这些文献早在 1962 年就被发现了，但它们当中大部分仍未发表。在其档案全部发表之前，很难对这个人有一个清晰的印象，但毫无疑问，他与阿舒尔国王有着密切的联系。阿舒尔国王曾给他写信并将他当成自己的代理人。

位于一条狭窄小巷对面的19号房屋里发现了200多块泥板，但它们似乎分别属于不同的人，并非是真正意义上的个人档案。这些文献中有一部分由伊尔凡·阿尔巴伊拉克教授发表。[8] 一条大街对面的第25号房屋属于一个亚述人丹阿舒尔（Dan-Assur），里面发现了包括165篇文献的小型档案，都尚未发表。布局图中的其他房屋不是没有发现档案，就是我们对于所发现文献数量或房屋所有人姓名没有可靠的信息。

乌簸尔沙伊什塔尔的房子原本是一座简单的建筑，有一个很大的庭院，部分铺着大石头，一层有几个房间。从上层的一个房间中掉落下来大量的档案文献。在通向街道的门厅里，有一道楼梯通向上层。楼梯下面和旁边的小储藏室里，有许多大小不一的罐子。储藏室里也发现了一些泥板。

图8显示了下城的由街道分隔的更大部分区域。恩那姆阿舒尔（Ennam-Assur），他是沙里姆阿胡姆的儿子、奴赫沙图姆（Nuhshatum）的丈夫，住在第48号房子里，或许还包括第50号房子。这两座房子都比较局促狭小。与此相反，那座很大的第51号房屋为安纳托利亚人舒皮阿赫舒（Shuppi-ahshu）所有，他留下了一个只包括十几份文献的小规模档案。第55号大房子属于库里亚（Kuliya），他的档案已被韦恩霍夫作为安卡拉屈尔台培文献第五卷（AKT 5）发表；文献显示了在下城第2层时期的最后几年，文献主人作为卡尼什殖民地的官方特使的活动。在街对面，我们发现的第56号大房子是埃兰马（Elamma）所有。他的档案包括大约800份文件。这是一个

---

8 Albayrak 2006.

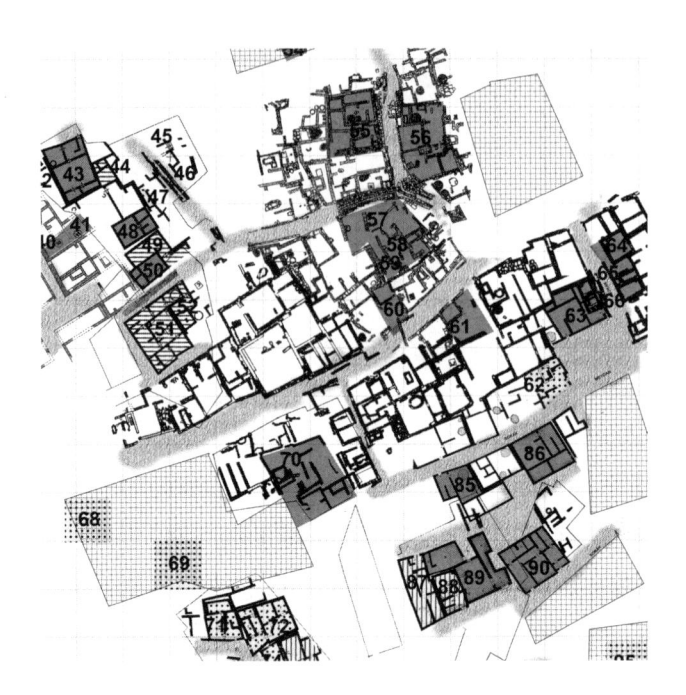

8. 街道穿过房屋区。第 55 号房屋属于库里亚，第 56 号属于埃兰马，第 57、58 号可能还有第 59 号房屋属于埃兰马的兄弟阿里阿胡姆和他的儿子阿舒尔塔克拉库（Assur-taklaku），图片底部的第 90 号房屋中发现了沙里姆阿舒尔家族的巨型档案。托马斯·赫特尔供图。

富裕的商人家庭。我们根据档案可以了解该家庭两代人的生活。位于十字路口南部，建筑布局不太清晰的第 57、58 和 59 号房屋，属于埃兰马的兄弟阿里阿胡姆（Ali-ahum）及其家人，尤其是他的儿子阿舒尔塔克拉库。

底部的第 90 号房屋发掘于 1994 年。这座房屋对我来说有着特殊的意义。里面出土了包括 1100 到 1200 块楔形文字泥板的大型档案。我为这部分档案倾注了十多年的研究精力。这些文献反映了在这座房屋中居住的三代亚述商人的生活和活动。这个大家庭中最重要的一个成员叫沙里姆阿舒尔。本书中将详细讨论他的生活，还有他的儿子们和兄弟们的活动。

这房子大约 100 平方米。沿着房屋的前面有一排大石块铺成的甬道，有

9. 最初由建筑师阿科克（Akok）绘制的下城房屋恢复图。屈尔台培考古发掘档案。

两个入口从街道进入房屋。从一个入口可以进入一个长厅，地面铺着大石头，也许是因为这里曾关着牲口，从这个长厅可以走进一排显然是用来存放东西的房间。泥板档案就是在两个最小的房间里被发现的。泥板被存放在盒子或篮子里，放在木制的架子上，房屋被破坏的时候从架子上掉下来。通过一个走廊可以进入庭院，院子里有一座火炉。房屋的另一边还有三个相互毗邻、彼此相通的房间，最南面的房间通往街道。这几个房间看起来非常像是商铺，后面的房间可能本来是储藏室，当顾客从街上进来时商家便把纺织品或是精美的陶器从里面拿出来。

这是一个富有且有影响力的亚述人家族在卡尼什的家。楼上的房间是家庭成员用来居住的，而男奴和女奴大概住在下面。我们可以猜想，在炎热的夏季，大家都是在屋顶上过夜的（见图9）。

10. 沙里姆阿舒尔的房屋前的街道与当前考古发掘指导者，菲克里·库拉克奥卢教授。拉尔森供图。

11. 磨面粉女孩仿佛刚刚离开。拉尔森供图。

几乎所有的房子（即便不是沙里姆阿舒尔家族的房子）都有一个大火炉、一个小烤炉和一个非常有特色的用来做饭的马蹄形炉座。给炊罐加热似乎是通过先在火炉里加热过的大石头来实现的。厄兹居奇通常把发现这些设施的大面积区域称为"房间"，虽然安纳托利亚的冬天对露天烹饪来说条件相当恶劣，但实际上它们仍然可能是部分有顶的庭院（见图10）。

房子刚被发掘出来的时候，常常让人觉得这里仿佛是前一天才被匆忙遗弃的。储藏室里还有成排的大罐子，里面一定有油、啤酒、葡萄酒或谷物。几年前，我在一个放着两块磨米石的长凳下面看到了两个罐子。几个女仆曾经俯身在这些石头上把谷物磨成面粉，磨好的面粉直接落到两个罐子里。你仿佛觉得就在你到这儿之前她们刚刚离开（见图11）。

沙里姆阿舒尔家族与一个名叫图姆里亚（Tumliya）的村庄有着特殊的关系，他们从那里购买了大量的粮食。我们很少得知他们与卡尼什周边农村的接触，而关于农村如何向城镇供给食物的细节也不为人所知。目前已经知道的村庄至少有29个，但我们还不知道这些村庄到底有多少是位于卡尼什周边山谷中的。[9]

在这些房屋的下面是一些墓葬，至少家庭的主要成员死后是埋在这里的。在一些墓葬中发现了精美的陶器和珠宝之类的随葬品。这种做法在美索不达米亚很常见，而且后期阿舒尔的许多房子都有精心建造的大型地下墓室，居住在房子里的几代家庭成员都会葬在那里。

事实上，在沙里姆阿舒尔家族房屋庭院的地下就发现了这样的墓穴。该墓穴是2004年发掘出来的。那时库拉克奥卢还没有参与屈尔台培的考古

---

[9] Barjamovic 2014: 61–65.

发掘。里面埋葬的很可能是该家庭中最年长的儿子恩那姆阿舒尔。由于墓葬的发掘似乎没有被记录，骸骨也进行了重新埋葬，我们就此错失了对一个我们知道名字的个体的遗骸进行科学研究的唯一良机。现代技术可以从对人类骨骼的研究中得出许多重要的结论。我们可能看到这些研究的结果与这些房屋中发现的档案之间的关系。我们能够精确重建其家族谱系，因此在了解了这些家族历史的基础上，考古者们发现的，至少从某种程度上来说，是我们对其相当了解的人类骨骸。如果骨骸被保存下来，我们用最新的科学分析方法进行研究，那么我们不仅可以知道他的家庭关系，还可以获得关于该个体的生活和迁移等相关的详细信息。

这个家族中的父亲，沙里姆阿舒尔，死在了安纳托利亚北部一个名为杜尔胡米特（Durhumit）的小镇上。与此事相关的文献不仅提到了其葬礼仪式（"哭丧"）相关的花销，还提到了在其坟墓前建造所谓"房子"的费用。这可能意味着存在某种未知的圣堂或墓碑。在屈尔台培还发现了一块约半米长的石碑，可能与某些墓穴有关，大概是某个墓穴的标记。

把祖先埋在家族生活的房屋地下的做法表明，在逝者和活着的人之间存在着某种非常紧密的联系，祖先被认为会为家族提供保护。从晚期的文献中，我们得知在一年中的某些时候会通过某种精心的仪式为逝者敬献祭品。

一些穿过下城的街道尽头都有小广场。根据厄兹居奇描述，在广场周围发现的房屋类型截然不同，都是较小的一居室房屋。他认为这些房屋是商店和厨房。这些小广场无疑是会议场所，人们可以坐在树荫下，一边喝着啤酒一边兴致勃勃地交谈。

有些街道宽得足以让一辆马车穿过，还有些街道是狭窄的小巷；有些街道是用大石头铺成的，道路下面有石砌的排水沟，有些街道是土路；有的，比如像沿着沙里姆阿舒尔家族的房子前面的街道，沿着墙壁有一排大石头，目的是让来访者走在上面，保持双脚洁净。整个挖掘区域的总体平面图使我们能够对这片居住区域的交通和活动方式有一个总体概念。

考古挖掘者们强调，亚述人居住的房屋和当地人居住的房屋在建筑和物质文化上没有区别，所有房屋中的锅碗瓢盆、火炉和炉灶都是一样的。差异之处只是看楔形文字泥板档案存在与否。然而，重要的一点是，在这里拥有房屋的当地人中，至少有一部分居住的房屋是非常人的，并且比普通房屋多很多房间。赫特尔总平面图上的第102号房子，培如瓦（Peruwa）的房屋，就是一个这样的例子（详见图12）。

这座房子面积224平方米，是沙里姆阿舒尔家房子面积的2倍多，有14个房间。侧翼的房间2—8可能是后来建造的，房间9和12是地下室，是在第3考古层的一座旧建筑的遗迹基础上改造的。它们的地面比房子的其余部分低2米。有一种假设是这些地下室覆盖着木地板。房间13的楼梯表明，至少有一部分房子上面还有一层，所以整个房子确实很大。

亚述人和安纳托利亚人相互比邻而居，虽然他们在衣着、发型和语言上存在明显的差异，但他们是生活在一个共同体中。街上挤满了手推车、驴子、狗和猪，空气中充满了声音和浓重的气味；奴隶和仆人会冲过小巷，为主人办事；男男女女们见面互相问候和交谈。安纳托利亚贵族的房屋一般比他们的亚述邻居更大，彰显其在社区中的财富和权力，但这里的许多居民肯定彼此相当熟悉。像培如瓦这样的人会与许多更重要的商人建立友好关系，他们与这些商人有着私交。偶尔我们也会从文献中读到他们是如何分享一壶啤酒或葡萄酒的，可能会告诉彼此最近旅行中一些荒诞不经的故事。

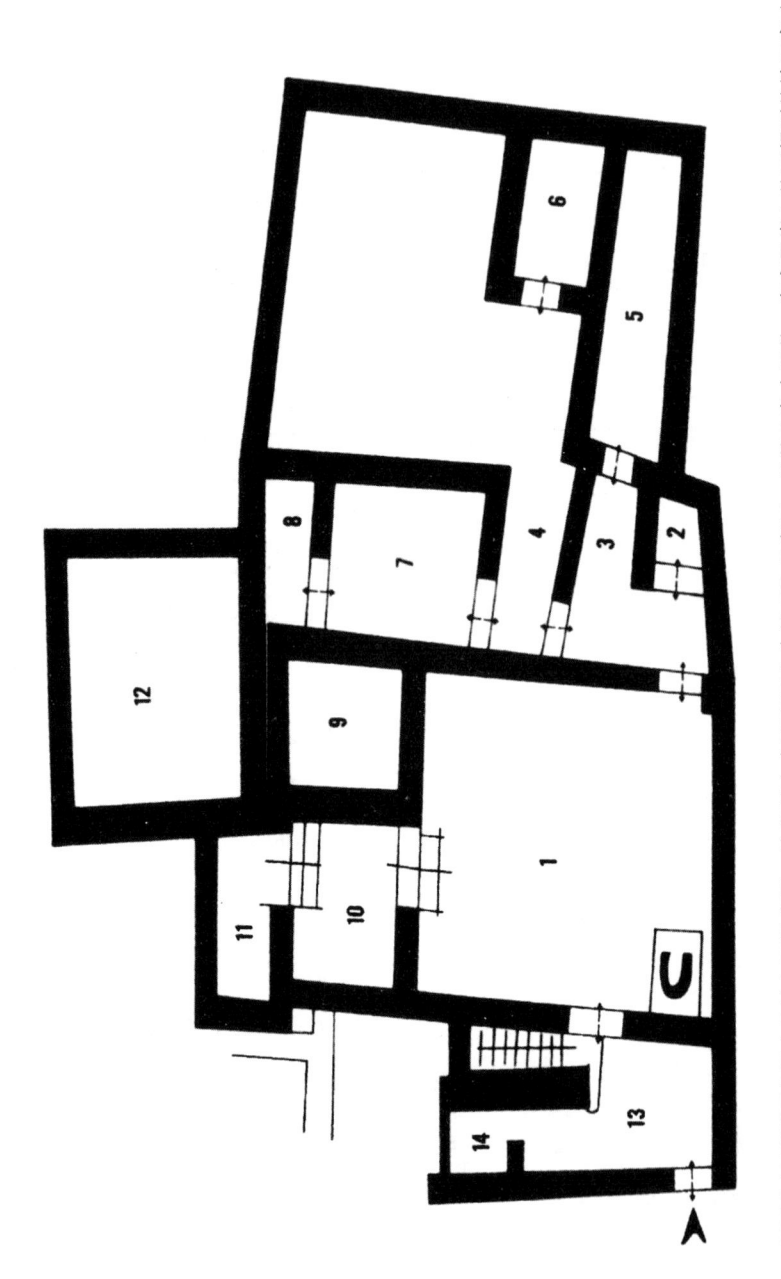

12. 属于安纳托利亚宫廷宦官培贝加如瓦的房屋,该房屋在大平面图上为第 102 号房屋。从第 3 考古层的一座房屋嵌入的不规则的地下室(第 9 号和 12 号)显示该房屋曾经扩建和改建。屈尔培考古发掘档案。

13. 考古发掘主持者塔赫辛·厄兹居奇和作者在研究一幅尚未发表的下城平面图。拉尔森供图。

他们是如何相互沟通的？在这个共同的国际社区里，每个人大概都会一点基本的亚述语，文献中几乎从未提到过有专业的翻译人员。

到目前为止，在下城只发现了私人住宅，我们没有找到官方的行政建筑和神庙。德尔克森建议，应该在下城周围的防御工事附近，去寻找人们进行宣誓并授权文件的地方，即阿舒尔神庙和非常重要的"神之门"。[10] 这些建筑可能与进入下城的大门靠近或直接连着，因此离现在已挖掘的区域很

10　Dercksen 2004: 99–103.

远。从考古发掘工作一开始的时候，我们就梦想着有一天能发现主要的行政官署，*bēt kārim*（商港办公厅），因为从那里我们有希望能发现有关亚述人社会政治和官僚结构的信息。在可用的文献中，有数百个提到了这个办公厅，但是从未提及关于其确切位置的信息。虽然我们对这里发生的事情已经非常了解，但却未发现本应保存在这里的官方档案。

赫罗兹尼早就意识到找到这座建筑的重要性，但他觉得这座建筑可能位于靠近当地宫殿和行政官署的土丘上。他指出，早期村民盗掘发现的一些关于亚述殖民地章程的非同寻常的文献从逻辑上来说应属于官方档案。很可能破坏性的盗掘导致了土丘该部分的损毁。如果这是真的，那么我们可能永远也找不到商港办公厅了。但不管怎样，我们已经有了来自屈尔台培的大量证据，就别太多抱怨了。

第五章 解读文献

19世纪后期,当第一批文献出现在古董市场上的时候,安纳托利亚中部出现的大量写着楔形文字的黏土泥板让人感到十分神秘。这说明那里的楔形文字的书写传统极为发达,但文献的书写字体本身和所使用的语言都难以解读。尽管当时还不清楚这些文字是用亚述语写的,但很明显,它们与亚述有着密切的关系,因此可以得出结论:在安纳托利亚有大量亚述人,或者至少他们对实际上远离亚述地区及其都城阿舒尔的该地区有着深刻的影响。这显然需要一个解释。首先,学者们必须就这些文献本身达成共识:这些文献是用什么语言写的?都记载了什么?

这些文献可能与亚述语有关,但解读起来却并不容易。通过公元前一千纪新亚述宫殿中发现的数千份文件,我们已经对亚述语相当熟悉了,但屈尔台培的文献明显与其不同。1881年,英国学者平奇斯得出结论说,该语言"显然不是亚述语"。十年后,首次集合出版的是包括来自圣彼得堡的戈列尼谢夫(W. Golénischeff)收藏的二十四篇文献的一本小册子。[1]这些文献的出版让人们第一次真正感受到所谓的卡帕多西亚文献的真实模

---

[1] Golénischeff 1891.

样。并且戈列尼谢夫在介绍中给出了他能够识别出的一长串符号列表、文献中的人名，以及能够合理地解释为亚述语的单词。其中一些人名中带有亚述人国家神阿舒尔的名字。然而，文献中的许多内容仍然解释不清楚，他觉得只能勉强看出亚述语对这些文献语言的强烈影响，他感到哪怕是给出暂时的翻译也都还为时过早。

楔形文字系统已经广为人知，而且晚期文献中的亚述语阅读起来也相对容易，然而对屈尔台培的这些文献的解读居然会出现这样的困难，这似乎有点不可思议。然而，我们应该注意，在古亚述语和新亚述语之间，语言发展已经有了上千年的历史。试想一下，即使是莎士比亚戏剧这样的著名文本，倘若以其原始的形式给一个讲英语的现代人也会带来巨大的挑战——而这一差距只有四百年左右。事实上，用公元1000年之前创作的早期史诗《贝奥武夫》来做类比则更为贴切。尽管它是以早期的英语形式写成的，但只有专家才能在原版中阅读这类文本。

而且也有其他的障碍，因为这些"卡帕多西亚人"文献的字体跟其他所知的楔形文字看起来并不一样。当古亚述人开始书写文字时，楔形文字已经有了很长的历史了。早在公元前3000年之前，楔形文字就在波斯湾附近的美索不达米亚南端的诸城被发明了，而且最开始是用来记录苏美尔语这种与其他任何已知语言都不相关的语言。最初只是表意文字，每个表意符号代表一个完整的词——就像中国文字的原理一样——但由于使用画谜原则（rebus principle）引入了音节符号而很快发生了变化。某种形状像星星的符号代表"天"的概念，在苏美尔语中的发音为 AN；因此，该符号也可用于各种语境中的音节 /an/。在几个世纪里，通过这样的方式已经形成了一套非常广泛的符号体系，当这个体系被用来书写完全不同的阿卡德语时，音节原

简化的字形例子

古亚述　　　传统

　　　　　　　　　　　音节：/la/

　　　　　　　　　　　音节：/di/、/de/、/ti/、/te/、/ti/、/te/

　　　　　　　　　　　音节：/ab/ 和 /ap/

14. 古亚述语字形显示了典型的简化，使用尽可能少的笔画并倾向于使用同种元素。

则成了书写文本的基础，尽管有些词语书写的时候仍然保留了表意字符。

楔形文字是一个复杂的系统，换言之，要想学会读和写按惯例需要接受书吏教育。大型机构如神庙和宫殿的管理服务是由职业书吏精心创造并组织的，甚至个人，比如当他们想寄信时，也必须请书吏们来服务。通常认为，在美索不达米亚或埃及等古代社会，只有不到 1% 的人口识字。据联合国教科文组织统计，西非国家马里的识字率为 26.2%，是 2011 年世界排名最低的国家，大致相当于 19 世纪中叶美国黑人的情况，但我们通常认为古代的识字率会低得多。然而，古亚述人呈现了一种不同的图景，因为尽管楔形文字系统非常复杂，但识字人口似乎却很普遍，大多数成年男子和一些妇女都能读写，至少在安纳托利亚那些积极从事贸易的人中是这样的。

出现这种现象的原因之一是书写本身被大大简化了。很明显，古亚述人引入了三种简化方式：首先，他们选择不区分清辅音和浊辅音，使用相同的符号表示 /du/ 和 /tu/、/su/ 和 /zu/、/ga/ 和 /ka/、/ba/ 和 /pa/。其次，他们也选择无论是辅音还是元音的长短都不表示出来；像 *ukallimanni* 这样的单词将被写成 *ú-ga-li-ma-ni*。最后，他们刻意选择易于书写的符号，也就是说，包含尽可能少的楔形笔画；由于书写行为要将芦苇笔压入软黏土中，因此尽可能用相似的元素（横画或竖画或斜画）来构成一个完整的符号，从而尽量减少芦苇笔的转动和扭曲（图 14）。

楔形文字的一个复杂特征是具有大量相同（或近似相同）音值的不同符号，这一特征可以追溯到这种文字的原始发明者伊拉克南部的苏美尔人。随着时间的推移，人们对用哪一个符号呈现哪种音节逐渐形成了一些习惯用法，但古亚述人并没有遵循这样的传统。他们的指导原则是使用尽可能简单而易于书写的符号形式。我们可以在最早的文本中观察到这一趋势，新的符号形式正在慢慢取代旧的形式。[2] 可以想见，这给早期的研究人员造成了极大的混乱。事实上，古亚述书写者们使用的是从公元前三千纪晚期继承下来的经典楔形文字系统的一个重塑与简化版。这些创新带来了一定程度的不确定性，也就是说，即便现在阅读古亚述文献已经不那么吃力了，仍然有许多解读的困惑和字体书写带来的障碍。对于亚述人来说，简化书写所带来的模糊并不是真正的问题，但很容易看出，这些模棱两可的选项会给最早的试图解读文献的学者造成很大的混乱。

古亚述人改变了原本相当复杂的楔形文字体系是有其根源的。在这个商旅社会，参与商业活动的男女必须对书写有一定的掌握。当他们在一个没有专业书吏的村子里时，他们必须能够读取信件，否则信中若含有保密信息，不应该向外界传播，甚至不应该被外界看到的话，他们的处境就尴

2　参阅 Larsen 1976: 144; Kryzat 2001: 266–267。

15. 来自王室档案的 *Waklum* 信件。每个符号书写极为精细，使用了很多楔形笔画，文献中使用了传统的符号，如第 4 行的词 *qi-bí-ma* 中的符号 BÍ 和第 5 行表示音节 /dì/ 的符号 TI。拉尔森供图。

尬了。他们还必须能够书写，写一张借据或收条，向他人发送信息，书写账目，等等。[3] 为了帮助缺乏经验的读者理解，古亚述商人便引入了一种标点作为专门分隔单词的方法。这种方法在大多数楔形文字书写传统中都是不存在的。有了这种标点的提示，读者知道了一个词的结尾和另一个词的开头，于是快速浏览文献变得相当容易。就像文艺复兴时期的商人一样，这些古亚述商人的生计在很大程度上取决于他们在这个复杂的沟通系统中的能力。通过简化书写，古亚述人在某种意义上实现了书写的大众化，使所有受过教育的人都能使用它（图15）。

而且他们的确喜欢书写！到目前为止，在屈尔台培的房屋中出土的23,000块楔形文字泥板见证了人们对书写融入日常生活的渴望。我们还可以看到，人们使用这种书写系统的能力差别也很大。阅读了大量的泥板后，你很快就会发现技艺高超的书写者所写的文本与那些经验有限的男人或女人勉力而为的文本之间的差距有多大。有些书写简直就是书法杰作，而有些书写则是如此幼稚和笨拙，令人甚至都不愿意拿在手里（图16）。

* * *

1919年，法国学者乔治·孔特诺（Georges Contenau）从他自己的藏品中又发表了30多块泥板，[4] 这意味着已经有大约100份所谓的卡帕多西亚的文献可供研究，尽管其中有一半文献保存得太差，乃至基本上没什么真正的用处。此时为数不多的一批学者们正忙着试图读懂文本的意义，解读的快速

---

3 对意大利文艺复兴城市可以得出相同的结论："引导了商业革命的意大利城市同样是数学和文学的领军者"；Spufford 2002: 29。

4 Contenau 1919.

16. 布局拥挤、字迹潦草的信件。拉尔森供图。

进展令人欣喜。基于此前的努力，孔特诺可以毫不犹豫地说，这种语言是亚述语，文献的时间应该可以大致追溯到公元前 2000 年左右的美索不达米亚南部的乌尔第三王朝时期，这些字体从此不再是无法琢磨的，尽管真正的解读仍需时日而且错误的理解仍层出不穷。

孔特诺甚至可以给出文献的拉丁化——即用拉丁字母一个符号一个符号地呈现文献——以及尝试对部分文献进行翻译。他还给出了一个词汇和符号列表。这一切都表明自 1881 年平奇斯的初次尝试以来，人们对文献的理解有了极大的进步。

孔特诺的文献出版三年后，尤利乌斯·莱维开始发表他的一系列文章。

这位学者即将在接下来的几十年里成为古亚述学研究领域的领军人物。他此时已经能够对亚述语言进行充分的描述,甚至可以对一系列文献给出令人信服的翻译。[5]

接下来进入了对文献本身及其所反映的社会进行分析的层面。在这一方面,莱维成了主要角色。这位学者高大英俊又异常博学。他发表了一系列文献,对古亚述文献的解读做出了卓越的贡献;他发表了君士坦丁堡博物馆所藏的文献,用三卷本介绍了卢浮宫馆藏的文献,还在一些小规模的出版物中给出了一些私人收藏文献的副本、拉丁化和翻译。尤其重要的是,在1930年代早期他将所知的所有法律文献进行了大量的编辑。[6] 他还通过一系列学术性文章加深了人们对古亚述贸易和社会诸方面的理解。遗憾的是,他在其他方面的工作对该领域的进展产生了消极的影响。此外还有他与前面提到的本诺·兰兹伯格之间持续不断的学术冲突。这种似有敌意的学术氛围使一些本来可能对古亚述主题感兴趣的学者们都望而却步。莱维很快就掌握了大量的出版和未出版的文献,似乎很少有人有勇气与他进行批判性对话。

1967年夏天,当我到达芝加哥的东方研究所时,我在三楼看到了一个巨大的档案室,所有已知的阿卡德语文献都存储在柜子里的卡片上。一组文件被分开存放在四个立柜里,孤零零地放在房间的一角:里面放着古亚述文献的卡片。所有其他的阿卡德语文献都被整合到了总的资料中,唯独留下了古亚述文献——这清楚地表明了这一普遍观点,即这些文献是与众不同的,甚至可能是不可理解的,代表了阿卡德语的一种奇怪形态,并且体现了,

---

5 Lewy 1922.

6 Eisser and Lewy 1930–1935.

如果不是独特的,那么至少明显不同于美索不达米亚其他地区传统的一种社会经济系统的生活。古亚述档案甚至都没有被归档,所以在卡片上找不到成百上千份的出版文献。在东方研究所有一位花了大半辈子的时间致力于伟大的《芝加哥亚述学词典》(Chicago Assyrian Dictionary)工作的优秀学者埃瑞卡·雷纳(Erica Reiner)。2001年,她写了一篇题为《谁害怕古亚述语?》的文章。在这篇文章中,她将众所周知的古巴比伦语的语法形式与古亚述语的语法形式进行了比较;最后,她给出了敏锐的观察结果,"要想真正地解读古亚述文献,必须依靠对这些文件的社会和经济背景的理解和熟悉"。[7]她写这篇文章的时候,古亚述研究已经取得了巨大的进步,但仅从这篇文章的题目就能感觉到一丝迷惘,就是说古亚述文献总是存在一些问题。

除了可能有个人的共识和异见之外,我认为,长期以来的这种令人遗憾的局面源于莱维和兰兹伯格在基本问题上的分歧:"亚述人为什么会在安纳托利亚?"从一开始,莱维就坚持认为亚述人应被视为征服者和定居者,他提出存在他所谓的"古亚述联邦"(das altassyrische Grossreich),一个连接安纳托利亚和伊拉克北部亚述人中心地带的早期帝国。在1956年的一篇文章中,他提到了"阿舒尔的安纳托利亚辖地",称为"哈雷斯—亚述"(Halys Assyria)。[8]与此形成鲜明对比的是,兰兹伯格将亚述人在安纳托利亚的存在视为一种商人的贸易扩张,因为在安纳托利亚的商人们在当地统治者的保护下经营。他对建立在亚述人军事力量基础上的帝国的概念不屑一顾,认为这是"不可想象的"。他指出,文献中完全没有提到任何帝国官员或行政官员,他确信阿舒尔本身还是一个较小的、影响力相对有限的城邦,

---

[7] Reiner 2001.

[8] Lewy 1956: 17; 哈雷斯是流经安纳托利亚中部的卡孜勒伊尔马克大河的希腊语名称。

几乎不可能维持一个强大的军事帝国,而且已知在安纳托利亚和阿舒尔之间的地区存在着一系列独立的政治体。

很容易理解,这种截然不同的观点对理解文献和其中出现的许多技术术语产生了影响。举个例子,对于莱维来说,*kārum* 一词表示安纳托利亚的一个行政机构,是帝国政治结构的一部分,但对于兰兹伯格来说,它却意味着一个商人的殖民地。兰兹伯格在1925年的一本小册子中综合了他的观点,这本小册子被恰当地命名为《亚述人的小亚细亚商业殖民地》(*Assyrische Handelskolonien in Kleinasien*),这篇阐述成了对当时社会、商业和政治结构中主要元素的基本分析。他的解释构成了目前对古亚述时期理解的基础,他对分散在小册子中的大约三十五篇文献的翻译出奇地准确。

然而,这些观点过了很长时间才最终被普遍接受,而莱维当然从未放弃自己的解释。两个必须回答的基本问题,显然都有两个不同的答案。一个是关于亚述人和当地安纳托利亚人之间的关系,莱维认为后者被迫宣誓效忠亚述人当局,而兰兹伯格认为只是安纳托利亚国王和亚述人之间的条约协议。事实上,在已知的数千份文献中,很少有涉及这些问题的,对于仅有的几份确实包含亚述人和地方统治者之间条约和谈判的信息的文献,人们的解释迥然不同。[9] 直到近年来,真正的条约才为人所知。

第二个基本问题与亚述贸易的机制有关。我们必须说,学者们关于信件中罕见的政治信息争论激烈,但通常是非正式的评论,亚述人与安纳托利亚人日常存在的基本问题逐渐被人遗忘。商业体系的经济基础并没有被详细研究,事实上,与亚述人日常活动有关的成百上千的文献,特别是信件,

---

9 参阅 Orlin 1970。

在很大程度上被忽视了。因此，尽管所有人都同意，这些文献反映了一个繁荣的商业体系的存在，但甚至都不清楚哪些商品参与了贸易。1957年4月，莱维在普林斯顿向美国东方学会的致辞中表示，亚述人致力于将大量的铅带到安纳托利亚。他指出，这种进口似乎很难解释，实际上这就像是要把大量煤炭运到纽卡斯尔（Newcastle），因为小亚细亚本身拥有丰富的铅矿藏。他独辟蹊径而又有些荒诞的解释是，亚述人"很可能缺少产生足以将银与铅分离的高温所需的燃料。因此，我们在成百上千的屈尔台培文献中读到的含铅矿石持续出口到小亚细亚，可能是因为必须要在一个树木茂盛的地方将铅做退银化处理"[10]。换句话说，亚述人将大量的铅运到安纳托利亚，将其熔化，使其含银量降低以便提取，这些银随后又被运回阿舒尔。

所有问题其实都围绕对 *annukum* 这个词的解读。莱维试图将其解释为"铅"，而其他学者认为这是另一种金属"锡"的名称。他引人注目的假设实际上与他对政治形势的看法密切相关，因为他还声称："在征服和殖民小亚细亚的部分地区时，亚述人采取了预防措施，防止当地人获得新武器。不言而喻，这样的政策当然伴随着一些规定，使亚述商人不得……从事青铜贸易。" 因此，根本就不存在亚述商人把锡带到安纳托利亚的问题，因为锡是铜合金化生产青铜的必要成分。相反的观点是，亚述商人实际上向安纳托利亚运送了大量的锡，当时的安纳托利亚社会被描述为处于考古学断代的青铜时代中期，即当时锡青铜的使用已经十分普遍。

1965年，在莱维去世后，兰兹伯格写了一篇文章，题为《锡与铅：两个声音的冒险》（"Tin and Lead: The Adventure of Two Vocables"）。在这

10　Lewy 1958: 92.

篇文章中，他以博学和调侃的语调推翻了莱维繁琐的解释，并明确指出，这种大量输送到安纳托利亚的商品是锡。[11]

兰兹伯格以这样的问题结束了他的文章："我们如何才能合理化这一事实，即我们走向确定两种声音的意义的旅程……居然花了这么多年时间，难道时至今日还不能给出一个所有亚述学家都接受的统一的解决方案？"我们也可能会问一个令人不安的问题：为什么对古亚述文献的研究会被一个今天已无人捍卫的范式主导这么长时间，以至于事后看来如此愚蠢？为什么要等到1963年法国学者保罗·伽瑞里（Paul Garelli）出版了关于古亚述时期的通论，才真正建立了相当明确的基本解释？

一个简单的原因是，亚述学是一门非常小众的学科，却需要从涵盖三千年时间跨度的大约上百万份文献中去汲取大量基础证据，因此还有很多让人觉得不那么复杂而且更值得学者们集中精力研究的其他问题。这一领域内弥漫着莱维和兰兹伯格之间争论的不愉快氛围，两种范式对文献所描述的社会的理解截然不同，这迫使学者们不得不在冲突中选边站，最后，复杂文献越来越多，这些明显的困难足以使许多人不再从事古亚述研究。保罗·伽瑞里是莱维的学生，但他在自己的研究中得出结论，认为他的老师对古亚述商业和政治制度的解释是站不住脚的。他的分析结果发表在1963年出版的一本书中，这部著作开创了研究古亚述文献的新纪元。他对莱维思想的讨论是如此广泛和谨慎，以至于没有老调重弹的必要了。[12]亚述人在安纳托利亚是商人，而不是征服者，他们进行了大规模的商业活动，把大量的锡和纺织

---

11 Landsberger 1965.

12 Garelli 1963. 伽瑞里在其前言中对莱维的支持致以敬意，这体现了"一种责任感和自由精神，因为我们并不总是与他观点一致"。

品从阿舒尔运往安纳托利亚销售；大量的银钱（即货币）被运回阿舒尔用于投资新的商队经营。

从 1967 年我本人对商队程序进行考察开始，我们可以专注于对商业的分析了；研究商业运营中使用的复杂且有时非常难于理解的技术术语，这是韦恩霍夫 1972 年在一本题为《古亚述贸易及其术语的各个方面》（*Aspects of Old Assyrian Trade and Its Terminology*）的翔实著述中完成的一项任务；对安纳托利亚机构和亚述社区之间的关系，对亚述人政治和社会制度的性质的考察等，是由我本人在 1976 年出版的一本题为《古亚述城邦及其殖民地》（*The Old Assyrian City-State and Its Colonies*）的书中展开研究的。

本书是基于过去四十年中致力于此的专门学者们所取得的理解的实质性进展。对个体商业档案的研究使我们对贸易组织和家庭的角色有了新的认识（Larsen 1982; Ichisar 1981; Michel 1991）；德尔克森（Dercksen 1996）研究了安纳托利亚的铜贸易；一些新旧档案纷纷在一系列著作中发表，有些新系列如《安卡拉屈尔台培泥板》（*Ankara Kültepe Tabletleri*）第 1 卷于 1990 年由比尔吉奇（Bilgiç）与塞弗（Sever）、衮巴提和巴依兰（Baylam）合作编辑；1995 年第 2 卷，由比尔吉奇和巴依兰合作编辑；1995 年第 3 卷，由比尔吉奇和衮巴提合作编辑；2006 年第 4 卷，由阿尔巴伊拉克编辑；2010 年第 5 卷，由韦恩霍夫编辑；2010 年第 6a 卷、2013 年第 6b 卷和 2014 年第 6c 卷由我本人编辑。1997 年，米歇尔和伽瑞里在一个单独的系列中编辑了另一卷。2001 年，米歇尔翻译了包括 400 多封信的合集。

第六章　年代学与变化

古代近东的年代学系统存在几种争议方案。关于天文事件的记载能够成为提供精确时间定位的指针，例如日食或月食现象提供的依据不仅有可能给出确切的年份，而且还有月份，甚至可以精确到时辰和分钟，但这种时间定位在公元前一千纪之前还无法确立。然而，这几种年代学系统之间的差距并不是很大，通常是几十年，有时甚至比这还要小。从早期试图建立次序的尝试和或多或少有些启发性的猜测一路走来，我们已经取得了很大进展。读者会注意到，在接下来的章节中，我将给出一些确切的日期，这些日期是目前在我看来对古亚述年代学的最合理的重建，但应该理解的是，随着更好的分析方法和新证据的出现，这些日期很可能被取代。

一个令人信服的年代学方案的构建必须建立在对大量数据进行综合分析的基础上——一些数据的值比较可疑，一些数据尚有不同的解释和结论，还有一些数据看起来坚如磐石。我们首先有文献证据，主要是以王表或年代表的形式，这些表必须与实际文献中发现的数千个日期建立关联。按道理说，我们应该能够获得亚述统治者的名单，从第一千纪的国王倒数，从而得到阿舒尔的古亚述国王们的精确日期。但不幸的是，这些文献并没有那么精确，也有空白之处和一些不明确的条目，尽管从整体来说，这些文献可能代表了公元前 8 世纪新亚述朝堂上学识渊博的历史学家们的最好的学术水平，但还远远达不到可供我们使用的要求。

还有一些文献以不同的方式反映了古人的年代观。因为在亚述建造或修缮宫殿和神庙的一些国王似乎发现了早期建造者埋藏的地基碑铭，有时这些国王会告诉我们那些埋藏碑铭的国王的统治时期是在他们自己的时间之前多久。此类信息通常被称为"时距"（Distanzangaben）。王室建设者必然发现这些早期的地基埋藏物非常重要，于是向为其服务的博学之士咨询这些清单和其他文献能告诉他们什么。值得注意的是，他们提供的日期与我们现在所能给出的年代学构建很接近。这表明他们使用的信息基本上与我们现在可以得到的相差无几。然而，这些铭文大部分可被用来验证我们通过其他观察得出的结果。

一些文献中提到了天体现象，这些才是真正被严格考察的目标。一些学者对古巴比伦国王阿米嚓杜喀（Ammi-saduqa）统治时期对金星的观测记录如获至宝，而其他学者则对其价值深表怀疑，主要是因为后来的抄写者在文献中有明显的错误。最广为接受的所谓中年代学（Middle chronology），将古巴比伦时期结束的时间置于公元前 1595 年。所有关于古代近东地区的普及性书籍中几乎都会使用这一年代系统，这并不是因为人们认为它"优于其他选择，[而是]因为它是最常用的"[1]。

还有一个比中年代学体系早 64 年的所谓高年代学（High chronology）和一个比中年代学低一个世纪的"超低"体系。每一个方案都是基于对文献、考古学的不同解释，有时还基于诸如天文数据或树木年轮计数等自然现象。一直有人在组织会议和论坛探讨各种建议的优缺点，但似乎依然无法确定我

---

[1] van de Mieroop 2004: 4.

们离达成共识有多远。

本书中使用的年代系统，我已经在高亦可·巴尔雅莫维奇、托马斯·赫特尔和我本人合著的一本书中详细进行了阐述。[2] 这种年代学对树轮断代，即对树木年轮的研究，非常依赖。这是一种似乎与研究古亚述时期特别相关的方法，因为在安纳托利亚中部的卡尼什宫殿和阿伽姆霍愚克遗址发现了许多带着树皮的原木。根据树木年代学家确定的序列，我们可以知道诸如屈尔台培丘上的宫殿等建筑何时建造，何时进行了重大维修，如果幸运的话，我们可以将这些观察结果与文献中的已知人物相关联。虽然我们的分析建立在这类证据的基础上，没有考虑由金星观测得出的观点，但事实上，我们的结果似乎与中年代学极为吻合。此外，它们与前面提到的所谓的"时距"也不冲突。

我们有几份来自卡尼什档案的名年官表*，还有一些来自马瑞宫殿的更为详细（但损坏严重且支离破碎）的名年官表。沙姆西阿达德I统治期间，阿舒尔的纪年系统被引入该地。这些名年官表极具价值，因为它们提到了不同年份的重大事件。卡尼什最完整的名年官表还显示了古亚述国王的统治结束于那腊姆辛（Naram-Suen）统治时期。所有的名年官表都是在埃瑞舒姆I（Erishum I）统治初期开始名年官系统的。多数名年官表只记载到第129年之前的名年官，但有一个文本，虽然不幸有点破碎，但涵盖了后期，与前面的相衔接。如此我们便有了一个长度超过250年的名年官表。

由于在沙姆西阿达德I的短暂统治期间，美索不达米亚北部的所有地区都使用了名年官系统，因此我们有机会将名年官表中的证据与来自不同

---

2 Barjamovic, Hertel and Larsen 2012. 该著作对不同的年代学体系进行了探讨。

* 古亚述时期是以每年担任 *Limmum* 官职者的名字为该年命名，因此称为名年官纪年；名年官表指的是亚述商人们为了记录时间而记下的每一年担任名年官者的名字列表。——译者注

地点的文本结合起来。正是这些最新出版的名年官表促使我们进行之前提到的研究,但目前还不清楚这里使用的系统是否能说服更多研究年代学问题的学者。

在马瑞王宫的一个名年官表中,有一个很可能提到了在它所涵盖的某年内发生的日食。实际上,据说是沙姆西阿达德 I 出生的那一年,如果正确理解这一点,那么我们就可以得到一个准确的日期。然而,日食的发生有一定的频率,而且在一个相当狭窄的地理范围之外是看不见的。由于我们不知道观测点在哪里,是不是日全食,等等,几种可能的解决方案里没有一种完全适合我们提出的年代学方案。因此,整个年代学架构可能需要移动或许长达 30 年,但在我看来,这是完全可以接受的。我们正在研究的是发生在四千年前的事件,所以就我个人而言,几十年的时间移动不会让我感到不安。我接下来给出的绝对年代必须要基于这一点来理解。[3]

在我看来,建立一个可靠的相对年表可以给我们提供更多有益的信息,因为名年官表的发现和发表为我们了解个体与家庭的生活提供了一个新的工具。当我们将与特定个体相关的有日期的文献建立关联的时候,年表中的信息使我们可以精确地将该个体在时间中定位。

因此,我们需要依靠有日期的文献,事实上,只有少数文档类型符合条件。债务票据是最明显的例子,除此之外,我们发现只有在法律文件和信件等其他类型的文本中偶尔提到日期。债务票据的措辞通常如下:

> A 欠 B 一笔钱。从 C 年,X 月,D 周开始计算,他必须在 n 周内还清贷款。如果他没有及时付款,他将加上利息(按规定的

---

[3] 当我们试图将我们对不同地点的实际历史事件的理解进行同步的时候就会出现极为严重的问题。

规则)。由 E、F、G 等见证。*

从有日期的文献中收集的信息必须与对亚述人家族的谱系学研究细节相结合,锁定在文献中发现的所有个体的身份和亲属关系,这是一项需要大量计算能力的艰巨任务。一旦这样做到了,将有可能把大量的人与精确的日期联系起来,这将再次允许我们建立或确认家族谱系,有时可以是个人历史。此外,我们现在可以将一组文献中提到的事件按顺序排列,这样我们就可以看到这起诉讼是如何引发冲突的,等等。随着越来越多的档案的发表,这些都可以被纳入关系和事件网络之中,如此一来,进行细致的微观历史分析的潜力是极其巨大的。此类工作才刚刚开始,因此本书中提出的建议和结果都必然只是初步阶段。

另一个重要的观察是关于我们的文献在古亚述时期大约250年的整个时间跨度中的分布状态。在我之前提到的巴尔雅莫维奇、赫特尔和拉尔森的书中,有一幅由托马斯·赫特尔绘制的关于所有已知日期文献的图表。这份图表中的数据基于我们在哥本哈根数据库中可以访问的大约10,000份文献。其中大约1200份文献中包含日期,这些数据被绘制在一张图表上,给出了一个惊人的结果。如图所示(图17),超过90%的文献集中在大约30年的时间内,大致在名年官表的第80年到第110年。名年官存在的前40年完全没有文献记录,文献数量在第75年左右突然激增,在第80年左右达到一个新的高度;在大约30年之后,文献数量大约以每年递减50份文献的速度急剧下降,直至不到10份。令人感兴趣的是,第130年后似乎开始复苏,但从未真正再续辉煌,因为我们在第139年发现了一个新的崩溃,当时我们

---

* 大写字母 A、B、C、D、E、F、G 指人名,X 指古亚述月名,字母 n 指数字,说明借款的周数。——译者注

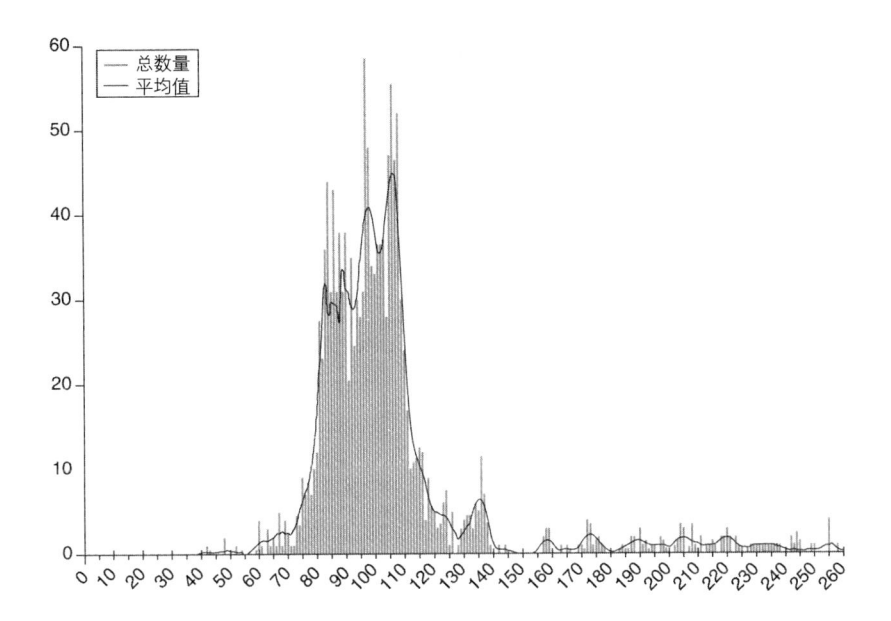

17. 有日期的文献分布图，柱形阴影部分显示文献数量和名年官顺序。来自 Barjamovic, Hertel and Larsen 2012。

知道卡尼什的下城被大火摧毁。接下来的 100 多年的第 1 层 b 时期，每年只有少数几份有日期的文献，但证据在整个时期内是均匀分布的。

  这张图使我们不得不得出结论，在名年官第 110 年左右，由于有日期的文献数量的突然下降，所反映的下降或崩溃与屈尔台培的宫殿和下城的破坏无关，因为这些事件发生在我们的文献量下降约 30 年后。很明显，这种破坏并没有导致贸易长期中断，因为亚述人在仅仅几年后就回到了卡尼什，开始重建定居点和商业体系。考古学的观察曾有一个基本猜测，即下城被遗弃了可能长达 50 年，但有日期的文献出现得要比这种猜测早得多，而且似乎没有明显的中断。我们必须假设在破坏后不久就开始了一个逐步渐进的恢复过程，但可能要过几年，定居点才恢复了元气。有意思的是，在第 150

年左右的大约十年里，我们根本没有发现文献。

如果土丘上宫殿的破坏和烧毁下城的大火事实上是两个事件的话，那么就有可能提出火灾的另一个日期，例如第110年后不久，这将使我们能够推断出文献量下降与大火之间的因果关系。然而由于各种原因，事实似乎不太可能是这样，但也许不能简单地排除。我将在这里忽略这种可能性。

我们早就知道，亚述人在卡尼什期间，文献资料的分布是不均匀的，但是文献数量的上升和下降的突然性着实令人吃惊。鉴于图中所代表的文献和档案的数量，不可能将结果视为不具有代表性。不仅如此，有日期的文献的数量必须与古亚述社会的经济活动水平相对应，因为它们记录了信贷发生的频率；信贷活动与商队贸易是密不可分的，因为向安纳托利亚销售进口物资就是以这种活动为载体实现的。没有债务票据，商业活动肯定不会以同样的方式发生。

事实上，亚述人在安纳托利亚的活动明显地分为不同的阶段。我们的大部分文献都来自大约30年的短暂时期，这对我们理解贸易的历史和动态的许多方面都有影响。关于贸易量和亚述人在殖民地不同时期的数量的临时性统计数字明显受到影响，而实际上我们所有的信息只涉及短暂的30年时间。

一般来说，这些结论与一些重建的著名商人的谱系学是一致的。在某些情况下，我们能够发现家族中的四代或五代人，但现有的绝大多数文献只涉及两代人；家族中最老的人几乎全都是掌控这一最辉煌活动时期的商人们的已过世的父亲。在大多数情况下，商人们都是以自己的儿子为帮手的，却很少提及他们的孙子。我们可以以沙里姆阿舒尔家族为例：[4]

---

[4] 参阅附录的家族树。

第 1 代：Ur-SIG$_5$（可能读作巴什图姆达姆喀特〔Bashtum-damqat〕），仅作为祖先出现过，可能生活在乌尔第三王朝统治阿舒尔时期（或不久之后）。

第 2 代：他的儿子伊苏阿瑞克（Issu-arik），少量文献证明他活跃在名年官表第 42 至第 85 年（约公元前 1931—前 1888 年）之间。

第 3 代：他的孩子阿舒尔贝勒阿瓦提姆（Assur-bel-awatim）、伊丁阿布姆（Iddin-abum）、沙里姆阿舒尔和一个名字不详的女儿；这是在安纳托利亚定居的第 1 代。伊丁阿布姆死于约公元前 1885 年，沙里姆阿舒尔死于名年官第 102 年（公元前 1871 年）。

第 4 代：沙里姆阿舒尔的孩子：女儿拉马席（Lamassi）和莎特安那（Shat-Anna），儿子恩那姆阿舒尔和阿里阿胡姆。恩那姆阿舒尔的记录开始出现于名年官第 85 年，至第 105 年或 106 年（公元前 1888—前 1867/1868 年）去世。阿里阿胡姆在第 110 年从记录中消失了。女儿莎特安那嫁给了一个名叫舒皮奴曼（Shuppi-numan）的安纳托利亚人，她最晚出现在第 135 年。[5]

第 5 代：恩那姆阿舒尔有 个女儿，名字不详；她在其父死后卷入了法律诉讼。弟弟阿里阿胡姆有一个儿子叫曼奴姆基伊里亚（Mannum-ki-iliya），很可能家里还有第 6 代人，因为这个人似乎有一个儿子叫库库瓦（Kukuwa），后者以前者为父名作为证人出现在一篇显然属于卡如姆第 2 层最后阶段的文献中。[6]

5　尚未发表的文献 kt v/k 159。

6　AKT 6b, 488 这份备忘录中还有两份契约，也给出了名年官表（Revised Eponym List）日期，分别为 REL 第 106 年和第 107 年。REL 代表由巴尔雅莫维奇、赫特尔和拉尔森建立的调整顺序名年官列表。

很显然，并非所有的家族都有与这个家族相似的世系框架。在大多数情况下，第 1 代人与沙里姆阿舒尔家族中的伊苏阿瑞克相对应。然而，许多家族的一般特征是相同的，因为我们发现，几乎所有的例证都与刚刚提出的框架中的第 3 代和第 4 代有关，尽管在大多数家庭中，这些例证是第 2 代和第 3 代。无论哪种情况，家族中留下定居的第 1 代人，在沙里姆阿舒尔家族中以伊苏阿瑞克为代表，他们为古亚述的商业繁荣奠定了基础，是把商业活动的水平提高到允许劳动分工的企业标准的先驱者。欧洲文艺复兴时期的贸易也出现了类似的模式，这种模式的迅猛发展被称为"13 世纪的商业革命"。[7] 斯普福德（Spufford）对此进行了描述：

> 贸易变得足够大，足够连续，能够维持独立的三方：意大利北部的全职定居商人，专门从事进出口贸易的融资和组织；专业承运人……他们把货物从委托人那里运到他们的代理人那里；第三，全职代理人自己，他们驻扎在海外或阿尔卑斯山以外，根据委托人的指示，把他们的精力投入到销售或购买上。[8]

这种组织结构的建立必然发生在名年官表第 75—80 年之间。这一时期商业活动开始激增，为我们留下了各种各样丰富的文献档案。事实上，屈尔台培下城的所有已知档案都属于这一时段，大多数档案又都在第 105 年和第 110 年之间结束。沙里姆阿舒尔家族档案也属于这种情况。或许我们仍然会对促使档案记录数量骤然增加的原因感到惊讶（或因数据突然增加而苦思不解），但鉴于我们目前的知识状况，无法给出更详细的解释。

---

7 de Roover 1942.

8 Spufford 2002: 19.

毫无疑问，数年间文献数量的累积反映了亚述商人贸易和生活方式的变化。突然之间，产生了与股东、供应商、客户、代理商和合作伙伴进行书面沟通的需要，必须签订合同，必须写信。在这之前的一段时期，最可能的是以或许可以称为风险贸易（venture trade）为特征的商业模式，商人定期往返于阿舒尔和卡尼什之间，在安纳托利亚只花一到两年时间来销售他们的货物，购置这些货物的资金是来自阿舒尔的投资人的融资。因此，这些商人并没有把家搬到卡尼什或其他商港定居，而是将自己的家庭和重要的商业关系放在了阿舒尔城。如前文所述，这种模式后来被另一种模式所取代，即主要的商人不再随着自己的商队旅行，而是成了"办公桌旁"的管理者、阿舒尔老板的代理人，并让专门的运输商负责实际运送货物。

这一显然成功的系统在仅仅一代人之后就崩溃了，这种变化需要给出一个解释。我们如何解释名年官表第 110 年前后文献数量急剧下降的原因？事实上，这种衰退发生在下城被摧毁大约 30 年前，这意味着不可能解释为某种突然的灾难。我们有理由相信，当大约公元前 1835 年的最后一场灾难迫在眉睫时，这些房屋的居民收拾了所有的贵重物品，然后逃之夭夭了。可以说，亚述人因此也拿走了所有当时的文件，特别是那些实际上值钱的标有日期的债务票据，但也似乎不太可能所有亚述人档案的所有者都会拿走 25 年前的文档。

另一种可能是，卡尼什不再是亚述人贸易的重要枢纽，在一大群著名商人相继去世后，他们的儿子决定离开卡尼什在其他商港和商站定居，只在他们父亲的房子里留下一个空壳。[9] 我们知道，卡尼什商港仍然是亚述人的一个重要中心，但也很显然，贸易全盛时期的文献中就有迹象表明，实际上

9　Veenhof and Eidem 2008: 134–140.

一些家庭成员是定居在其他可能经济利益愈加重要的城镇。沙里姆阿舒尔本身就是第2代的重要商人之一。我们都知道他把卡尼什的事务交给了他的儿子们,在铜贸易的主要中心杜尔胡米特度过了生命的最后几年。越来越多的商人将这座城市作为进入安纳托利亚的入关站,大量的商业生活现在集中在杜尔胡米特和普如什哈杜姆的商港。

这一理论当然有相当大的价值,但还不能作为一个令人信服的完整解释。卡尼什仍然是亚述人的管理中心所在地,那里的当地统治者一定会尽一切努力保持其在贸易中的主导地位。例如,每个前往普如什哈杜姆的商队都必须经过卡尼什,在那里缴税。我们希望信件和合同等能够成为我们的证据,反映这种变化的情况。但据我们目前掌握的文献所知,这种贸易的发展路线自始至终并未发生改变。

在我看来,文献数量的减少一定反映了亚述人共同体经济活动的减少。从随后阶段的几个有日期的文件来看,从阿舒尔进口的锡和纺织品减少了,而羊毛和铜的个别交易——也就是说,安纳托利亚境内的活动——变得更加重要。原本在30年的区间内司空见惯的数额巨大、繁荣的商业系统到了大约名年官第110年之后便看不到记录。这种减少可能源于供应问题,因为众所周知,以安纳托利亚为中心的古亚述贸易依赖从美索不达米亚南部不断地运送锡和纺织品。如果在遥远地区,货物的起源地或贸易必须通过的地方发生战争,显然会对亚述人在安纳托利亚的生活产生巨大的影响。

这种解释当然是可能的,但我们没有支持这种解释的证据。相反,我们或许应该去向古亚述社会和商业系统本身的发展变化去寻求解释。在此背景下,我将指出迄今为止已知的家族档案最显著的特征之一,即许多最杰出的商人似乎在第105年(公元前1868年)前后的几年内死亡。

商人	死亡年（名年官序）
沙里姆阿舒尔，伊苏阿瑞克之子	104
普舒肯，苏埃亚之子	102—103
普朱尔阿舒尔，伊什塔尔基提阿舒尔之子	110—111
伊姆迪伊鲁姆，舒拉班之子	104
埃兰马，伊迪辛之子	98—106
阿里阿胡姆，伊迪辛之子	105
阿里阿胡姆，苏库胡姆之子	102

从贸易鼎盛时期开始，档案最为显著的特征之一就是高级商人死亡事件的重要性。这常常导致长期的法律冲突，继承人与继承人之间的冲突，继承人与已故商人的客户之间的冲突等。这些冲突通常会引发复杂的诉讼[10]，涉及阿舒尔的城市议事会，而且往往持续数年。在诉讼期间，似乎城市议事会将命令冻结该家族的事务，并宣布在城市议事会完成最终的债权债务结算之前，利用死者遗留的资产从事经济和商业活动是非法的。由于亚述人社区分散在一个非常大的区域，许多人或多或少都在不断地迁移，这使得诉讼过程更加复杂化。于是不太诚信的人试图拖延或从事可疑的法律操作，往往能够成功。所以尽管涉及的商人非常富有，所有这些肯定也会给这个家庭的财政造成巨大压力。

稍后将要讨论的一封信[11]极有可能追溯到第110年左右。在这封信中我们读到，城市议事会决定让那些因拖欠债务而不得不出售房产的人有机会以对他们有利的方式购回他们的房屋；如果这一理解是正确的，那么这表明此时阿舒尔发生了某种危机，给许多人造成了非常严重的困难。原因是无法确定的，但我们完全可以理解为这反映了与几个著名商人的死亡有关

---

10 参阅本书第十八章的讨论。

11 参阅第九章。

的困难。由于商业系统在很大程度上是建立在信贷基础上的，一个复杂的债务关系网涉及系统中的所有参与者。当一个商人的死亡导致他的活动突然停止时，现金业务的持续周转将遭受严重的挫折。如果我们假设不只是一个商人家族，而是可能有多达十个大家族在几年的时间内退出了活跃的贸易，那么后果一定非常严重。

古亚述制度中的某些因素让这种危机愈演愈烈：从上一代人到下一代人的过渡没有形成明确的传统；因为从所有权到资本都是个人的，所以没有家族基金；亚述人群体的分散性造成了沟通困难；阿舒尔城市议事会对已故商人的账目审结引入了过于严苛的规则；最后，缺乏完善的账目记录实践。

因此，我认为是社会、法律和商业因素的综合作用，再加上一代大商人兼家族长的消失，导致商业网络中相互依存的部分相继崩溃。从卡尼什档案文献的大幅减少中可以看出，最终结果是一场经济衰退。

尽管与卡尼什下城第 1 层 b 相关的后续较长时期的大部分文献仍未出版，但图表（图 17）显示，几乎每年仍有少量有日期的文献被发现。在接下来的一个世纪里，没有明显的变化或干扰，只是一个稳定的文献涓涓细流。贸易当然在继续，但大概维持在一个较低的水平上，而且有证据表明这种贸易的特征已经再次改变。数以千计的信件已经不再出现了，因为这种模式显然已经将整个循环转变为一种风险交易体系，而且没有留下丰富的信件和借贷合同的书面痕迹。当商人们亲自与顾客打交道时，大量的书面证据变得非常没有必要了。

我们不再发现有关股份制伙伴关系的信息，我们发现取而代之的是被称为 *tappā'uttum* 的短期伙伴关系。[12] 很明显，亚述人继续在安纳托利亚进行

---

12 参阅第十七章。

核心贸易，而且有一些迹象表明，贸易实际上正在蓬勃发展。据观察，下城第 1 层 b 的房屋一般比第 2 层的大，而且显然是用厚重的石头建造地基以便更为持久的。目前尚不清楚，后期居住区的总体规模是不是比以前要小些，那时候在该地拥有房屋的亚述人数量已经减少了，但从目前发表的文献来看，第 1 层 b 似乎覆盖了现在所有的挖掘区域。

大部分第 1 层 b 的文献仍然尚未发表，就像来自屈尔台培的其他证据一样，这尤其使我们对繁荣时期以后发展的理解总是不能够确定。凯末尔·巴尔干在他对屈尔台培年代学的研究中给出的第一个分析[13]表明当时贸易非常贫乏：输送到安纳托利亚的物资当时仅限于劣质衣服、钉子和用来制作刷子的猪鬃，锡和各种奢华的纺织品不再出现。事实上，这种情况不太可能发生，因为这无法解释亚述人在下城的人规模存在。这些人在干什么？现在已经很清楚了，巴尔干基于极少数的文献得出的观点是不充分的，当时有着更为广泛的商品贸易：银、金、陨铁制成的杯子、锡、纺织品、青金石和奴隶。文献中提到亚述人埃丁阿舒尔（Eddin-Assur）和安纳托利亚的两兄弟合伙买卖这些商品。[14] 根据现有的证据，我们不能对所涉及的数量有任何说法，但马瑞宫殿的一封信提到一支由三百头驴组成的商队从阿舒尔穿越叙利亚北部，在前往卡尼什的途中，所以即便这仅仅是指每年一次的商队（没有任何证据表明这一结论），依然表明在后期存在着大量的进口贸易。[15] 马瑞的其他文献显示，每隔一段时间，就有价值约 30 磅银的商

13　Balkan 1955: 43.

14　Dercksen 2001: 63; 该文献为 kt n/k 32, 2014 年衮巴提再次发表该文献（Günbattı 2014 : 128–134）。埃丁阿舒尔的活动大概介于公元前 1775 年至公元前 1770 年之间，参考 Barjamovic, et al. 2012: 74。

15　ARM, 26, 432, 433.

队穿过叙利亚北部的城镇,当地的统治者迫切想让他们更多经过从而获得更多税收。[16] 尽管这些显然是只有几头驴组成的小得多的商队,却证明了陆路运输的持续存在。需要注意的还有,在第 1 层 b 期间与哈胡姆(Hahhum)签订的条约提到了征税和优先购买权:"当商队从阿舒尔城来时,有 50 头或 100 头甚至更多的驮驴都已清关。"[17] 所有这些资料都表明后期有相当大规模的贸易继续存在。

另一方面,德尔克森对第 1 层 b 时期可用文献的研究似乎表明交易量要小得多,他总结了以下观察结果:

> 除了留下的富有的商人外,普遍的贫穷是显而易见的,不仅表现在商品的数量上,而且还表现在亚述人因破产而被本地债权人拘留的案例的数量上。[18]

在卡尼什第 2 层的后期,我们已经观察到社会和行政结构变化的迹象。名周官(week eponymy)大概与商港办公厅事务的运作有关。但这一官职在名年官第 120 年左右(约公元前 1853 年)被废除了。尽管很难给出一个真正令人信服的解释,但最可能的原因是这些官员的职能被其他人所取代。另一方面,这很可能与被称为"费用支付者"($\check{s}\bar{a}qil\ d\bar{a}tim$)的群体的重要性凸显有关。此时这一群体开始出现在权力与影响力的语境中。正如后面将要讨论的,这一群体是卡尼什商港的规章中提到的"有账户的人"和"大人物"的同义词,所以他们属于在安纳托利亚经商的人中的精英群体。

在第 2 层末期的库里亚的档案中(可以追溯到毁灭前的最后几年),

---

16 Barjamovic et al. 2012: 77; Guichard 2008.

17 参见 Veenhof and Eidem 2008: 197。

18 Dercksen 2001: 66.

我们发现了一些由卡尼什商港发出的与商港制度管理有关的信件。库里亚担任卡尼什商港的官方特使，辗转于各地，他收到的带有卡尼什商港指示的信件被寄往"费用支付者、我们的信使、每个商港和商站"或"费用支付者、我们的信使库里亚和杜尔胡米特、哈图什、塔乌尼亚（Tawniya）和图赫皮亚（Tuhpiya），直到奈那沙（Nenashsha）"以及类似的名单。[19] 名单中经常提到费用支付者，而且总是在所有其他称谓的前面，这表明他拥有最高影响力。

还有一份文献 kt 87/k 552，是在第 2 层即将被摧毁之前的一份规范商队投资的法律文件；有人给了某个舒达干 $3\frac{2}{3}$ 磅 5 舍客勒的银，用于在阿舒尔购买货物，他答应返回卡尼什时偿还（可能在出售购于阿舒尔的商品之后）价值 6 磅，大约是投资额的 2 倍。据称，证人是"费用支付者、图赫皮亚的居民和前往城市路上的旅行者"。在第 2 层早期的这类文献中，证人当然是由商港提供的，所以我们这里有另一个迹象表明，一些相当重大的变化强调了大人物的力量。

这一术语在第 1 层 b 时期的文献中成为了规范，例如，我们发现了一份为贫困的亚述家庭从债务奴隶赎身的文件：

> 费用支付者、前往城市的旅行者和马马的商港做出如下裁决：
> 阿杜杜维的儿子阿舒尔马里克（Assur-malik），他的妻子乌尔西沙，他的儿子恩那姆阿舒尔（和）图腊姆阿舒尔，以及他的女奴朱如帕，在这里欠一个安纳托利亚人 1.5 磅银钱，阿希亚亚的儿子埃丁阿舒尔，已向安纳托利亚人支付了 1.5 磅银钱，并将阿舒

19　Veenhof，AKT 5, 1–5.

> 尔马里克、他的妻子乌尔西沙、他的儿子恩那姆阿舒尔（和）图腊姆阿舒尔，以及他的女奴朱如帕从安纳托利亚人的家中领出，现在他们在埃丁阿舒尔的家中工作。[20]

不幸的一家人已经获救了，但他们现在欠埃丁阿舒尔的债，只有在他们还清了债务之后，他才会把欠条还给他们。有趣的是，这个家庭成员的名字中亚述人和安纳托利亚人的名字都有，这是两个族群不断混合与融合的迹象。

费用支付者位置周边机构的性质已经相当清楚了，而且他们在司法环境中的表现似乎表明他们的权力越来越大。因此社会系统发生了变化，大人物开始主宰商港的生活。亚述社会中日益严重的不平等似乎扩大了卑微者与大人物之间的差距，我们可以假设，一小群超级富有和成功的家庭能够获得更多的权力，这一发展已经在名年官第 110 年左右开始显现（约公元前 1863 年）：当阿里阿胡姆想让卡尼什商港议事会介入他对伊图尔伊里斗争的企图失败的时候，不得不哀叹他的对手可以争取到大人物的支持，"那么我又能说什么呢？"[21]

所谓的定居者或居民（wašbūtum）的不稳定地位并不难理解。他们显然与亚述人从阿舒尔进口商品相关的基本商业活动断绝了联系，与当地居民不断通婚使他们在某种程度上已经"本土化"。后果之一是更多地暴露在地方宫廷管理权力之下，我们将在第十二章中讨论的晚期与卡尼什和哈胡姆的条约中了解到。条约提到亚述官方要求在涉及亚述人和当地人的案件中进行公正审判，要求国王不能偏袒自己的国民。这说明这些问题被认为是真实和重要的；同样，条约强调保护亚述人团体的必要性，正如韦恩

---

20 kt n/k 4.

21 参阅第十三章。

霍夫所解释的那样：

> 统治者绝不能允许，也绝不能放任他的国民和其他在他的城市里作为外国人避难的人去……亚述人的家里索要赔偿……或者通过个人的强制行动来解决冲突。统治者必须积极干预和防止这种对亚述家庭的私人攻击。[22]

此外，统治者不得贪图或侵占亚述人的财产，如房屋、奴隶、田地和花园。这也表明亚述人"居民"已经真正融入了安纳托利亚社会，参与农业活动。然而，亚述人保留了他们作为商港集体成员的地位，这样他们就不必承担当地居民对王室的义务，如劳役或可能的兵役；如果国王颁布了一项法令释放奴隶，这将不适用于亚述人的奴隶。在司法环境中他们也被允许可以在阿舒尔的神像前宣誓，而不是服从当地的习俗，比如河神审判。

我们不知道安纳托利亚人和亚述人"定居者"之间的这种区别是否能够一直保持下去，例如，当亚述人是一个混血家庭，并且只在部分程度属于商港经济领域的情况。"定居者"与费用支付者和去往阿舒尔的旅行者一起参与司法管理和类似活动，确实表明这种权力与区别总体上得到了支持。

那么被称为"前往城市的路上的旅行者"的群体就是指与阿舒尔保持密切和频繁商业联系的人。他们中至少有一些人在商港有房子，可能有家庭，有妻子和奴隶，但区别特征在于他们积极参与长途贸易，因此在商队路上来回旅行。他们的商业活动几乎完全没有文件记录。

有趣的是，这一亚述人群体与费用支付者有着如此明显的区别，这一事实让我们想到一个问题，即后者实际的存在基础是什么。重要的一点大概

22　Veenhof and Eidem 2008: 192–193.

是，他们不再返回阿舒尔，而是留下指导商港事务，我们或许可以猜测他们是长途贸易的投资者。

亚述社会性质的这些重大变化必须被理解为阿舒尔与安纳托利亚之间商业联系的动态发展以及卡尼什和其他安纳托利亚王国的社会中族群日益融合的结果。亚述人越来越频繁地参与当地社区，同时安纳托利亚人开始更广泛地接受楔形文字的书写方式。许多只牵涉安纳托利亚人的法律文件都是由当地国王和他的高级官员书写和授权的，这似乎是一个真正的革新。

我们对亚述人在安纳托利亚的最后几年的情况一无所知，但我们可以假设，一个非常急剧的变化导致了商港的终结，因为随后的早期赫梯王国的世界几乎没有保留任何亚述传统。在赫梯王国，书写实践转而倾向于依赖叙利亚—美索不达米亚综合传统，这时文件似乎主要是用赫梯语写的。第1层b时期的卡尼什国王阿尼塔的故事，以赫梯语文献的形式在博格阿兹柯伊被发现；有人认为该文本翻译自亚述语，这或许不是完全不可信的，但在该文献中没有任何东西能体现出对亚述人商港曾经存在的记忆。

第二部分

家乡

第七章　阿舒尔

我在第一章引用了阿舒尔伊迪写给在安纳托利亚的任性的儿子的一封愤怒的信,信中,他提到了他家乡的两位主神阿舒尔和阿舒瑞图姆传达给他儿子的警告。他与神灵的直接接触可能发生在晚上,在他的梦中,但他肯定定期去他们的神庙。他明显感到自己与两位神的接触都非常密切。我们从20世纪第一个十年在阿舒尔进行的挖掘中了解到这些神庙的一些情况,但遗憾的是,还不足以让我们对阿舒尔伊迪所看到的建筑有一个清晰的印象。

与尤利乌斯·莱维的猜测相反,亚述人在卡尼什定居时根本就没有亚述,只有一个相对较小的城邦阿舒尔,但在后来的几个世纪里,亚述的土地、王国以及最终的帝国都被称为 māt Assur,或"阿舒尔土地"。它的遗址位于现代伊拉克城市摩苏尔以南大约100公里处一个叫卡拉谢尔伽特(Qala Shergat)的地方,在一个布满岩石的山嘴上,俯瞰底格里斯河。城墙内的废墟和一条深护城河占地约700米乘600米,再加上向南延伸的"新城",沿着河流又延伸约700米。在这座城市最为兴盛繁华的时候,可能有超过15,000名居民,但在古亚述时期人口大概要少一些。[1]

---

[1] 关于该遗址的简介,参阅 Andrae 1977。

今天的阿舒尔满目荒芜，很难想象这儿当初作为一个鲜活的城市的画面，充满活力和喧闹声。春天的时候，两条支流的河水在岩石的下面汇合，岩石的上方就是阿舒尔神庙的所在。从这里可以俯瞰河水和平原。平原向东延伸直到扎格罗斯山脉脚下的丘陵。当河水高涨的时候，湍急的水流穿过城市，不断地发出涟漪般的低语，而对岸则是绿油油的田野。当秋天来临，河流收缩，变得细小缓慢，人们可以看到乌龟和水蛇懒洋洋地巡行在早已浸入水中的古墙之间。

阿舒尔城发掘于20世纪初的十年间。主持发掘的是当时最优秀、最细致的德国考古学家沃尔特·安德烈（Walter Andrae）。为了处理和分析该遗址极其复杂的地层学，他开发了许多精确的方法，并监督出版了一系列关于这些发现的报告。然而，当谈到古亚述时期，即阿舒尔是叙利亚和安纳托利亚许多商港的母城的时候，安德烈的考古发掘所能提供的确切信息很少。原因是多方面的。

在其存在的后期，这座古城被清晰地划分为不同的区域，在城市的北部，沿着一个高悬在河流之上20米的陡峭悬崖，有官方建筑——几座神庙、一个塔庙（ziggurat）和一座宫殿；城市的其余部分似乎在所有时期里都布满了迷宫般狭窄的街道和密集的私人住宅。在古亚述时期，这座城市的范围无法确定。根据当时的优先选择，安德烈和他的团队把精力集中在公共建筑上，对城市其余部分的考察是通过开凿一系列探坑的方式进行的。每隔100米就挖掘一个10米宽的探坑。现在的结果是，这座曾经欣欣向荣的城市，在今天的游客看来是一片荒芜、干燥之地，而那些探沟仿佛承载着佛兰德斯

（Flanders）之地的杀戮记忆。*

千百年的历史悠久而复杂，阿舒尔定然见证了其间的死亡与灾难。古亚述时期，阿舒尔是一个对它在长途贸易网络中的地位极其依赖的城邦；后来，在公元前两千纪中期的几个世纪里，它似乎在政治上被以叙利亚北部为核心的米坦尼大国或帝国所控制。目前尚不清楚阿舒尔何时获得了独立，但在公元前1350年左右的文献中第一次提到了一个叫作亚述（阿舒尔之地）的地方。这表明在今伊拉克北部建立了一个地域王国，而这个王国的政治和军事基础来自阿舒尔。

这座城市是亚述诸王居住数百年的地方——事实上，到公元前9世纪中叶，亚述国王阿舒尔那西尔帕II（Assurnasirpal II）才将其政治都城迁往一个叫作卡勒胡（Kalhu）的新城，即现在的尼姆鲁德（Nimrud），位于阿舒尔以北约50公里处。直到公元前614年阿舒尔城被米底人（Medes）征服并洗劫之前，这座城市一直是亚述富庶的宗教之都，到处都是大大小小的房子。其中居住的许多家庭似乎都是从某方面与阿舒尔神主庙有联系的。

漫长的历史给我们留下的是一片极其复杂的废墟，这对任何考古发掘者都是一个巨大的挑战。巍峨的新亚述公共建筑、宫殿和神庙构成了一连串特殊的问题。在一些情况下，后来的建筑者为了把自己的地基建造得更坚固，严重损坏或完全拆除了以前建筑的墙壁，所以早期建筑遗迹保存得非常差。因此，我们对城市刚诞生时的主要建筑知之甚少。

另一方面，探坑里总是布满房屋的残迹。但只有在极少数的情况下，挖掘者能够发现恰好位于探坑内的多个房间。于是，他们选择不深挖到中

---

* "佛兰德斯之地"典出第一次世界大战后期约翰·麦克雷（John McCrae）的诗，指代战争之地。——译者注

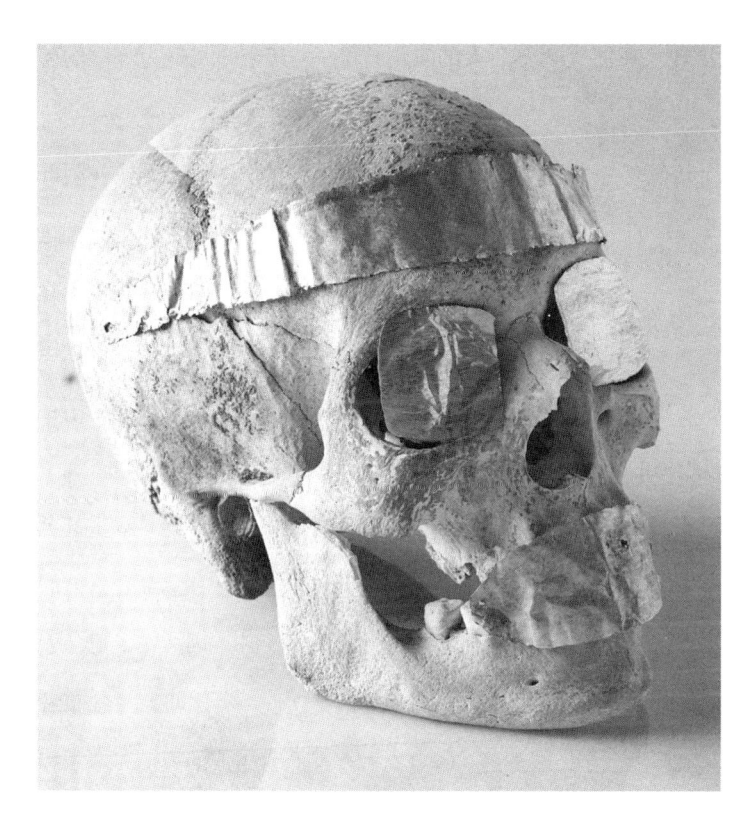

18. 屈尔台培发现的骷髅，覆盖的独特金片也发现于阿舒尔的古亚述墓穴中。屈尔台培考古发掘档案。

亚述和新亚述的地层以下。因此，我们对城市最早时期的居民区所知甚少，我们甚至不能说出围绕城市的城墙在哪里。[2]

没有挖掘出一座古亚述私人住宅，因此也没有发现能够与卡尼什档案相似的大规模文献。从来自阿舒尔的文献中，我们可以确定与安纳托利亚的商港同时期的文献数量很少（24篇）。其中几乎有一半是学校文献，显示了如何用银计算各种商品的价值，似乎也证明了当时在阿舒尔曾有

---

2 参阅大量的已出版材料：Miglus and Heidemann 1996。

一所学校,年轻人在那里学习商人的实用技能。[3] 其余的文献为分散的碎片,没有太大价值。[4]

从屈尔台培发现的大量档案中,我们发现数百封信件是由居住在阿舒尔的男人或女人写的,但他们居住的房屋仍然有待挖掘。在阿舒尔的挖掘过程中,发现了唯一一座古亚述时期的重要墓穴。城市中的许多坟墓都位于建筑物的下面,通常在建筑物存续期间人们反复使用的一种地下室中,但这座独特的坟墓似乎只是一个简单的矩形洞穴。坟墓中的尸骨已经几乎完全不存在了,但极具价值的是坟墓里面有献给死者的丰富的随葬品。一把匕首和一支青铜矛表明死者是男性。但鉴于墓中的骨骼保存不好,也可能是双重甚至多重埋葬,这或许可以解释通常与女性有关的几件珠宝的存在。最有价值的是 4 个带状头饰,放在死者眼睛、嘴巴和耳朵上的薄金片,因为在卡尼什下城房屋下的墓穴中也发现了完全相似的做法(图 18)。尸体的上身分布着各种各样的珠宝:由金子、红玉髓、青金石和水晶石等组成的项链,金子和青金石制成的耳环,还有至少 26 枚小金环和各种珠子。脚下是几只金属碗、杯子和桶,这显然是为两个人精心准备的酒水服务。最后,墓穴中还出土了 3 个滚印,都是青金石制成的。[5]

墓穴似乎属于一位富有的亚述商人。他与安纳托利亚的商港有着密切的关系。这些精制而丰富的发现向我们表明那里的财富与奢华。这些财富必然是阿舒尔在国际贸易中的优势地位带来的结果。或许这就是我们所知的老

---

3 参阅 Pedersén 1986: 75–76。他提到在伊什塔尔神庙和安努—阿达德神庙之间的一个房子中发现 14 份文献,属于称为 M7 的中亚述档案;这些文献中有 10 份是学校文献。另参阅 Miglus and Heidemann 1996: 149–151。

4 其中有两份文献是有日期的,都属于第 1 层 b 时期。

5 参阅 Harper 1995: 44–62。

阿舒尔伊迪的坟墓，随葬的物品代表着他的财富。

能够揭示这座城市的历史与宗教政治机构的文献证据几乎与关于居民个人生活的证据一样贫乏。在一些后来的官方建筑地基里，挖掘者发现了一些纪念建筑竣工的古亚述王室铭文。这些铭文让我们知道了国王的名字和他们的世系，又告诉我们哪座建筑是为神、国王和社会的更大荣耀所建。几乎所有这些铭文都很简短，能为我们提供的关于城市生活的信息极少。此外，正如我们从卡尼什文献中得知的一样，这些铭文给我们展现的是一幅当时社会政治结构的刻板而扭曲的画面。单就这些文献来说，我们不得不得出结论，当时的阿舒尔是一个微不足道的小镇，在当时的政治或商业历史上并没有发挥特别突出的作用。我们认为，国王是神庙和防御工事的建造者，阿舒尔与美索不达米亚广为人知的城市化模式并无显著区别。值得注意的是，卡尼什文献不仅完全与此图景不符，而且从诸多方面来看都与之相矛盾。由于从阿舒尔的挖掘中收集到的信息太少，这种特殊的情况使我们不得不依靠商港的文献来判断都城和家乡的状况。这种情况，在某种程度上，就像是我们在观察墙上的影子。

从城市建立到古亚述时期（公元前 2000 年左右），这座城市的早期历史都还在一片朦胧之中。目前尚不清楚阿舒尔最初是什么时候有人居住的，但德国的考古挖掘工作在所谓的早王朝第 3 期，即公元前 2600—前 2350 年之前没有发现任何痕迹。[6] 这一时期意味着南部冲积平原文明中心的许多城

---

6 然而，安德烈无法挖掘阿舒尔的土丘中央，因为上面有一个穆斯林墓地，我们不能排除在这里发现早期地层的可能性。1980 年代，阿舒尔的挖掘工作得以短暂恢复时，土丘上的坟墓已被清除，挖掘工作已然再度展开，但还没等挖到深埋地下的早期地层，便由于政治动乱又停止了挖掘工作。

市已经存在了数百或上千年的政治发展。相比之下，阿舒尔是个后来者，它的文化和宗教生活很明显受到来自南方的强大影响。在这一时期，城中建造了已知最古老的神庙，是为伊什塔尔女神所建。[7] 神庙的重建版本，即第二次建设被完好地保存了下来，其中发现的一系列献祭物品与美索不达米亚南部苏美尔神庙中发现的非常相似。神庙的祭祀厅长10米、宽6米，北端是一个升起的内殿，里面有一块画着女神像的石膏板。沿着墙的长凳上放着一些男人和女人的祈祷雕像。地上有几座黏土祭坛，形状像两层楼的房子。所有这些物品在苏美尔早王朝时期的神庙中都可以找到极为相似的发现，但是有一个破碎的石制容器非常特别，至少可以追溯到公元前3000年，也许更早。所以当最早的伊什塔尔神庙建成时，这个物品肯定已经被传承很久了。[8] 有一些其他背景的发现可以追溯到早王朝时期，但伊什塔尔神庙以外的证据确实很少。

尽管阿舒尔可能因此被视为南方城市的北部晚期版，但它在某些方面是独具特色的。这个城市的主神阿舒尔，与这个定居点或城市的名字相同。这一事实使这个遗址及其宗教传统与我们所知的美索不达米亚或近东宗教区别开来。最早的资料表明，神性与地点之间的联系被视为是不可分割的，所以更正确的做法是将它们视为同一现象的不同方面。神是地点，同时地点也是神。[9] 另一个显著特征是阿舒尔神没有家庭——他没有父母，没有妻子，没有孩子，这在美索不达米亚的众神体系中是独一无二的。实际上，阿舒尔神在后来的时期被与其他神祇联系在一起，但这些附会显然是出于政治和思

---

7 Andrae 1922.

8 参阅 Harper 1995: 27–28。

9 参阅 Lambert 1983。

想上的考虑而后来臆造的。阿舒尔城的女神被称为 Ishtar Assuritum，"阿舒尔的伊什塔尔"，但我不清楚我们该如何理解这一点；这一别称最有可能是指这个地方，而不是阿舒尔神。阿舒尔的伊什塔尔对这座城市历史的重要性，也许可以从北方的其他大城市尼尼微（Nineveh）和阿尔贝拉（Arbela）的例证中得到启示，这些城市都有女神作为它们的主要神祇：胡里人的沙乌什卡（Shaushka）在尼尼微后来等同于伊什塔尔，而且预言女神在后来的文献中被称为阿尔贝拉的伊什塔尔。

国王伊鲁舒马（Ilushuma）所建的古亚述的伊什塔尔神庙建造在一系列建筑之上，那些建筑可以追溯到公元前三千纪的早王朝时期。"E"地层的神庙显然是在公元前三千纪末的乌尔第三王朝时期建造的，后来被一座更大的、所谓的 D 层的神庙所取代。这一地区的地层学极为复杂，而且巴尔（Bär）在 2003 年对安德烈的一些解释进行了很大修订。[10] 安德烈对这一时期的建筑印象并不深刻。他指出，这座建筑的构造很不整齐，墙壁并非垂直相交，但正如巴尔所指出的，这实际上是阿舒尔历史上所建的最大的伊什塔尔神庙，它的使用寿命非常长，一直持续到中亚述时期。神庙本身似乎只有一个很大的房间，占地面积为 34 米 × 8 米。然而，保存状况很差，以至于我们对这里的宗教崇拜的组织方式毫无头绪。

与这座建筑有关的发现很少，但我们的确有一个刻有铭文的三角形铜板，通过铭文得知它与这个时期有关。上面的私人祈祷铭文如下：

> 当萨尔贡（Sargon）是阿舒尔的管理者时，贝鲁姆那达的妻子哈迪图姆（Haditum）把这个献给了阿舒尔的伊什塔尔，她的女主。

10　参阅 Andrae 1922; Bär 2003: 尤其 73–83。

她为了她丈夫的生命、她自己的生命和她的孩子的生命把 *urum* 带来了。[11]

阿舒尔神的神庙位于高悬在河流之上的岩石顶端,那块岩石很可能就是阿舒尔神。在安纳托利亚中部的阿伽姆霍愚克遗址的宫殿中,人们发现一枚重要的古亚述时期印章的印纹,印在某种货物的泥封上,印纹中的铭文表明该印章属于阿舒尔神。印章呈现了一个独特的形象,据猜测可能描绘的就是神本身:一块立在四条腿上的石头,一个公牛的头从中间凸出来。[12] 还有一幅祭祀浮雕,可能也可以追溯到古亚述时期。浮雕是在一口井里发现的,据推测可能是公元前 614 年城市被洗劫时扔在里面的,画面显示阿舒尔是一个山神。这再次表明了神与其神庙所在的岩石有着密切的关系。[13]

根据保存在公元前 13 世纪晚期的一篇王室铭文中的传说,最初的阿舒尔神庙是由某个叫乌什皮亚(Ushpiya)的人建造的。关于这个人,我们没有任何其他信息。我们甚至不能对他的年代做出合理的猜测,但最近已经确定,最初的阿舒尔神庙也是从早期王朝晚期开始的。[14] 伊什塔尔神庙和阿舒尔神庙似乎都在快到公元前 2000 年的时候被大火烧毁了。

安德烈称后期阿舒尔神庙下面发现的最早遗迹为"史前"建筑,可能是一座宗教建筑的一部分,但我们还不能完全确定。在后来的内殿下面,他发

11　RIMA 1: 46. 词语 *urum* 指的是一个女性生殖器形状的物体。

12　参阅 Veenhof 1993: 651–654, figs. 3 and 4 on pl. 124; Lassen 2012。

13　对日期的判断和对浮雕的理解是猜测性的。如果该浮雕真的是描绘阿舒尔神——浮雕中并未有任何提示——正如莱森给我指出的,这可能是该神祇的唯一一个具象化的形象。

14　参阅 Bär 2010: 1–33。

现了埋藏的宝藏，包括许多铜和青铜制的物品，可能是祈愿雕像。[15]这些雕像可以追溯到公元前三千纪晚期（公元前2300—前2000年）。但这些物品并没有给我们提供很多关于阿舒尔神庙开端的信息。或许在最初的几个世纪里，岩石本身只是一个有少量建筑的临时居住地；考古挖掘发现这里的岩石中有火坑，这也许意味着建造一座合适的神庙之前需要在这里举行某些仪式。

安德烈对阿舒尔神庙的发掘进展很不顺利。不仅是因为上面有大量的新亚述人的遗迹，还因为在神庙遗迹上有一座被摧毁的19世纪奥斯曼驻军建筑，阻碍了挖掘工作的进行（图19）。这可能是安德烈对探索神庙最早历史的努力结果不尽人意的原因之一。他不得不在后期建筑的庭院内挖掘，但遗憾的是建筑本身不可以拆除。事实上，这座建筑还在原地，现在已被修复并用作当地的遗址博物馆。

乌什皮亚的神庙依旧没有找到，安德烈发现的第一座真正的建筑可以确定地追溯到古亚述时期。从收集起来的墙体碎片看，这是一座巨大而坚固的建筑物，但具体布局还无法确定。在原址发现的铭文告诉我们，该建筑是由古亚述国王埃瑞舒姆I建造的。在卡尼什的私人房屋中发现了一份文献，在这份文献中，埃瑞舒姆告诉我们，神庙的名字是"野牛"；它的主门被称为"守护天使"，门锁的名字叫"坚固！"，打谷场的名称是"保持警惕！"。他没有透露关于这座建筑的更多细节，只说他建造了阿舒尔神庙的一系列复杂建筑：阶梯门（神庙后面一个巨大的泥砖构造，通向20米之下的河）、庭院和神的内殿（图20）等。据说还有两个叫作"双胞胎"的大啤酒缸被放置在一个大门口，旁边还有两个石鸭子，每个重30公斤，还有两个包着

15　Harper 1995: 37–41.

19. 从塔庙顶部看阿舒尔神庙废墟上面的奥斯曼建筑。拉尔森供图。

青铜的月亮。这些建筑元素和物品都没有被发现。[16]

后来的阿舒尔国王，征服者兼篡位者沙姆西阿达德 I，拆毁了埃瑞舒姆的神庙，并在废墟上建造了一个巨大的新圣所。这可能就是安德烈发现的整座建筑。在本章后半部分，我将再次谈及这个人和他的神庙。

安德烈发现了几座后期宫殿建筑，但他一座古亚述宫殿的遗迹也没有发现。这与屈尔台培的证据是一致的，因为在文献中从来没有直接提到过王宫。很明显，国王一定住在城里某个地方的一座大房子里，但那似乎只是他的房屋，而不是中央政府或行政建筑。

在北部地区后来建造的宫殿的地下，安德烈发现了可能是早期行政建筑的遗迹，可以追溯到古亚述时期。我们从卡尼什的文献中知道，城市的主要官僚机构，例如缴税的地方，被称为市政厅（bēt ālim）或名年官办公厅

16　RIMA 1, text A.0.33.1；首次发表于 Landsberger and Balkan 1950: 219–268。

20. 从河岸看阶梯门的残破表层。上部为塔庙。拉尔森供图。

（*bēt limmim*），并且有人建议，在后来的宫殿下面的建筑结构，即所谓的 Schotterhofbau（带有一个鹅卵石铺成的庭院的建筑），可能是市政厅。然而，在那里几乎没有什么发现。[17] 总而言之，这些挖掘对合理重建安纳托利亚贸易时期阿舒尔的生活，作用微乎其微。

我们从城市本身获得的文献也不包含关于早期历史的可靠信息。然而，比较明显的是，它一直是一个边境城镇，位于西部草原与底格里斯以东富饶的农业用地之间，以及北部与南部之间。虽然亚述（阿舒尔之地）以阿舒尔为名，并以其为宗教之都，但实际上阿舒尔位于亚述中心地带的最南端。在它历史的最早阶段，它似乎与美索不达米亚南方平原上发展起来的文明有着密切的关系，因此可能比北部其他城市的文明程度更高。这里的主要城市有底格里斯河上的尼尼微，在阿舒尔以北约 100 公里，还有一个城市，在其

17　参阅 Dercksen 2004: 5–13。

悠久的历史中曾被称为乌尔比鲁姆（Urbillum）和阿尔贝拉，现在叫埃尔比勒（Erbil）——伊拉克库尔德地区的首府。阿舒尔如何以及为什么会在政治和文化上统治北方还不得而知，事实上有点神秘。

如前所述，从早王朝时期的早期伊什塔尔神庙中发现的宗教用具中可以看到与南方的联系，而且阿舒尔神庙中的小型宝藏也指向同一方向。我们知道，阿舒尔在阿卡德时期（约公元前2350—前2200年）和乌尔第三王朝时期（约公元前2100—前2000年）处于南方统治者的直接政治权力之下。当冲积平原最南端的以乌尔城为中心的帝国在公元前2025年崩溃时，作为一个遥远的省级城市，阿舒尔似乎能够获得自由，而恰在此时，这座城市的历史变得隐约可见。

历史的重建必须要以一些资料为基础，这些资料的有效性有些可能存在问题。在公元前一千纪的材料中，有一份文献声称给我们提供了一份完整的阿舒尔国王和后来的亚述国王的名单，但就最早的时期而言，这份王表有严重瑕疵。在某些情况下，这份王表可以与阿舒尔各神庙和建筑的建造者的原始铭文相互印证，但并非所有留下这些铭文的统治者都出现在了王表上。在后期，甚至更晚的铭文中也提到了一位国王暗示他自己正在修复或重建的建筑是前一位建造者所建。这时候，我们可以假定这些信息是从发现的早期铭文而来。[18] 举例来说，乌什皮亚是第一位为阿舒尔修建神庙的国王，而公元前1400年左右的一份文献告诉我们，第一位在城市周围修建防御工事的国王名字叫基基亚（Kikkiya）。事实上，这两个名字都出现在了王表上，但除此之外我们对他们一无所知。

18　关于"时距"，参阅第六章。

阿舒尔与乌尔第三帝国有着密切的联系。乌尔第三帝国的中心位于美索不达米亚南部，但它参与了北方的军事行动，特别是对乌尔比鲁姆（后来的阿尔贝拉）。我们不能确切地说亚述王表上的哪个名字代表了乌尔第三帝国崩溃后北方地区阿舒尔的第一位独立统治者，但很可能名单上以第27位国王苏里里（Sulili）的名字开头的部分标志着城市历史上的重大突破，可能从乌尔的统治下获得了独立。王表该部分铭文如下：

（27）苏里里

（28）基基亚

（29）阿基亚（Akiya）

（30）普朱尔阿舒尔 I（Puzur-Assur I）

（31）沙里姆阿胡姆

（32）伊鲁舒马

　　砖块上共[发现]6个国王，他们的名年官未知。

（33）埃瑞舒姆 I，伊鲁舒玛之子，他[设立了名年官]。他作为国王统治了40年。

（34）伊库奴姆（Ikunum），埃瑞舒姆 I 之子。他作为国王统治了[15]年。

（35）萨尔贡 I（Sargon I），伊库奴姆之子。他作为国王统治了[40]年。

（36）普朱尔阿舒尔 II（Puzur-Assur II），萨尔贡 I 之子。他作为国王统治了[8]年。

（37）那腊姆辛，普朱尔阿舒尔 II 之子。他作为国王统治了[x+4]年。

（38）埃瑞舒姆 II（Erishum II），那腊姆辛之子。他作为国王统治了 [x] 年。

（39）沙姆西阿达德 I，伊鲁卡卜卡布（Ilu-kabkabu）之子。在那腊姆辛时，他去了卡尔杜尼亚什（Kardunyash）（＝巴比伦尼亚）。在名年官伊卜尼阿达德（Ibni-Adad）时，沙姆西阿达德从卡尔杜尼亚什出来。他占领了埃卡拉特（Ekallate）城。他在埃卡拉特停留了 3 年。在名年官阿塔马尔伊什塔尔（Atamar-Ishtar）时，沙姆西阿达德从埃卡拉特出来。他将那腊姆辛之子埃瑞舒姆 II 赶下王位。他夺取了王位。他作为国王统治了 33 年。

阿舒尔的这些统治者涵盖了很长一段时间，从约公元前 2025 年到公元前 1776 年，也就是沙姆西阿达德去世之年，共 249 年。如果这一部分的第一个国王，苏里里[19]，代表着与乌尔帝国当局的决裂，而基基亚则用防御工事的建设来标志着新的独立。统治者普朱尔阿舒尔 I 似乎是我们所称的古亚述王朝的创立者。后来的国王承认他是他们的第一个祖先，他的后代作为阿舒尔的国王直到王朝被篡位者沙姆西阿达德 I 推翻。王表的第一个版本是在沙姆西阿达德 I 的统治期间写成的，目的是将他自己和他的世系纳入到这座城市的传统之中。其名单中的前 26 个名字与阿舒尔没有任何关系。他们代

---

19 苏里里可能与达基基（Dakiki）之子采鲁鲁（Şilulu）是同一个人。采鲁鲁的名字出现在一枚印章的铭文中。而这枚印章在古亚述后期被另一个采鲁鲁使用，但是却是乌库（Uku）之子继续使用。一般认为，后面的采鲁鲁是前一个的后裔，使用的是从祖上继承的印章。印章上写着："阿舒尔是王！阿舒尔的传令官达基基之子采鲁鲁是阿舒尔的管理者。"这似乎表明，采鲁鲁/苏里里并非王室后裔，其王位是篡夺而来。

表着沙姆西阿达德 I 的部落祖先和直系家族祖先。

古亚述王朝传统的最显著特征之一是使用萨尔贡和那腊姆辛这样的国王的名字，这表明了一种迫切的愿望，想要光复最先使用这些名字的伟大的阿卡德国王们的时代。那些伟大的国王们以阿卡德为都城统治着一个巨大的帝国，比阿舒尔的同名者们早了大约四百年。后期留存的关于萨尔贡的传说将这位统治者与安纳托利亚中部的一次军事行动联系起来，记述他曾在那里征服普如什哈杜姆国王。这种与安纳托利亚的联系目前我们还无法评估其确切的历史相关性。虽然这种说法似乎极其可疑，但可能是古亚述人对阿卡德的萨尔贡和他的继任者那腊姆辛感兴趣的一个重要因素。这种说法在卡尼什下城的一个私人档案中发现的一篇文学文献中得到了惊人的证明。文献讲述的是关于萨尔贡事迹的传说。该文献很可能是在后来的同名统治者时期所写的。[20]

文献本身没有直接提及安纳托利亚的军事壮举，也没有提及普如什哈杜姆，但萨尔贡提到了一系列对战败的敌人实施的羞辱性惩罚，其中包括，他将阿拉西亚（Alashiya，塞浦路斯）男人的头盖起来，像是女人一样；哈图姆（Hattum）人被他剥去了头皮；卢卢布（Lullubum，在扎格罗斯山中）和哈胡姆人被他撕开了衣服。这部作品中显然留存着对古代传说的清晰记忆，尤其是乌尔第三王朝时期的，但这些惩罚措施似乎是古亚述的作者们发明的。

德尔克森认为，这篇文献与祖先崇拜有关，而这种崇拜显示古亚述王朝与阿卡德统治者之间有着强有力的纽带。这样的想法在阿舒尔仍然存在，

---

20 德尔克森（Dercksen 2005）对这篇文献进行了目前最新的编辑和讨论，他认为古亚述国王们"将他们自己等同于阿卡德人统治者，这种态度符合这个国家的精英阶层在其贸易政策成功后自信日益增强的总体画面"。

这是完全可能的，但正如我们将在对古亚述时期阿舒尔的行政结构中王室地位的讨论中指出的，阿卡德王朝的统治者与阿舒尔国王之间存在着非常现实的差异。在古亚述末期，王室的意识形态和权力发生变化仍是有可能的，但我们没有任何直接证据能够证明这种发展。

在国王埃瑞舒姆I统治初期，亚述人特有的纪年系统，通常称为名年官纪年，被引入了这座城市。这意味着从那时开始，每一年的年名都是以一位高级官员的名字来命名的。这位官员叫 limmum，在市政厅任职一年。我们有几个古亚述时期的名年官表，其中一个还提到了国王，并给出了他们统治的时间。因此，我们可以给出从埃瑞舒姆I统治开始到古亚述时期大致结束的亚述国王统治时间长度的数值。这个名年官表的最详尽版本，也就是给出了国王名字和统治时间的那个，结束于那腊姆辛统治期间，并显示他统治了至少26年。因为王表中显示他的统治持续了X+4年，这使我们得出结论，他至少在位34年，也可能是44年，甚至54年。他的儿子和继承人被沙姆西阿达德I废黜之前被允许统治多久还不清楚。[21] 在大约一千年后的文献中提到的数字的复杂算法让我们得出了以下年代学方案：

普朱尔阿舒尔 I	?
沙里姆阿胡姆	?
伊鲁舒马	?—1973
埃瑞舒姆 I	1972—1933
伊库奴姆	1932—1918
萨尔贡 I	1917—1878

---

21 参阅 Veenhof 2003。

普朱尔阿舒尔 II	1877—1870
那腊姆辛	1869—1827
埃瑞舒姆 II	1826—1809
沙姆西阿达德 I	1808—1776[22]

* * *

这些国王做了什么？这些年来发生了什么？阿舒尔的王室铭文几乎什么也没有告诉我们，而卡尼什私人档案的成千上万份文献对政治或历史根本不感兴趣，因此我们没有证据可以揭示这段漫长时期所发生的事件。提到国王建筑活动的铭文大多简短而信息量很少，尽管这些铭文让我们能够列举出主要的建筑活动：

> 伊鲁舒马为伊什塔尔建造了神庙，并开始建造城墙；
> 他的继任者埃瑞舒姆 I 继续建造防御工事，为阿舒尔建造了一座神庙，并开始为暴风神阿达德建造一座神庙；
> 他的继任者伊库奴姆完成了阿达德神庙并修建了城墙；
> 萨尔贡 I 也积极建设伊什塔尔神庙和城墙，他的儿子和继任者普朱尔阿舒尔 II 完成了城墙的修建。

所有这些都表明新王朝的建筑活动十分活跃，而不断重复的防御工事建设表明，新独立的城市需要能够自我保护，并且正在迅速扩张。建筑繁荣似乎并不局限于公共领域，还有居住区域的增长，这就需要扩大城市面积和扩建防

22　Barjamovic et al. 2012: 27.

御工事。伊鲁舒马已经在其建筑铭文中解释了他"建造了一堵新墙，并将建筑地块分配给我的城市"[23]，而埃瑞舒姆提到了与修建城墙相关的土地清理，但尽管提及了有名字的城门，遗憾的是，我们依然不可能知道埃瑞舒姆提到的那些活动到底是在哪里进行的。

正如我们从卡尼什的信件中所推断的那样，可能由于环境拥挤，这座城市的私人建筑的确非常昂贵。有一个例子，一套似乎包括了三个地块的房子以至少16磅的银价出售，但我们发现，其余房子的价格在2—6.5磅银价之间。[24] 没有从这段时期内挖掘出的房屋，因此很难对当时的居住区域形成一个清晰的概念。从城市的角度来看，大商人家庭似乎拥有大型的设施、带储藏设施的房屋、马厩和生活区。我们知道，这些地方有很多活动，有商队从安纳托利亚来，还有商队则被派出，交易涉及大量锡、纺织品和驮驴。

阿舒尔在当时国际政治体系中的作用完全不为人知，但它在国际贸易中的地位却十分明确，这一点可以从屈尔台培私人房屋的档案中看出来。两份王室铭文提供了来自阿舒尔城本身的最佳信息，铭文中提到为吸引商人把他们的货物运到城里的市场而采取的经济措施，从而生动地展示了当时阿舒尔在国际贸易中的特殊地位的至少部分背景。

在伊鲁舒马统治时期，阿舒尔通过给予来自巴比伦的商人特权，在更广泛的区域商业网络中确立了自己的地位。文献中说，国王为阿卡德人——即居住在冲积平原北部的人民——建立了免税的制度，并列举了来到阿舒尔

23　RIMA 1: 17.

24　相关材料参阅 Garelli 1963: 315. 我们不妨将这些价格与巴比伦的典型房价进行比较。虽然个别交易的重要性存在着不确定性，价格差异也很大，但是巴比伦尼亚诸城的房屋价格总体来说显然比阿舒尔低得多（关于以下细致的观察，参见 RIA 4: 222，一个例子参阅 Yafee 1988）。

的三条主要路线：第一条路线是从波斯湾沿岸经乌尔和尼普尔，也就是说，连接起我们所知道的从波斯湾地区到巴林和阿曼的商业系统，将铜通过乌尔港运到巴比伦尼亚诸城。[25] 第二条路线提到了迪亚拉平原（Diyala plain）的两个城市阿瓦勒（Awal）和基斯马尔（Kismar），因此，合乎逻辑的假设是通过后来提到的著名的大呼罗珊公路（Great Khorasan Road）与伊朗连接。最后一条路线是途经底格里斯河以东地区的城市德尔（Der），这是通往并穿过伊朗另一条重要道路的门户，与胡泽斯坦（Khuzestan）的城市苏萨（Susa）有关。[26]

阿舒尔的人清楚地知道当时的商业系统是如何运作以及应该采取哪条路线。伊鲁舒马文献中所描述的措施很可能为阿舒尔在国际体系中角色的快速增长奠定了基础。这种国际体系大概是建立在对已有联系的开发和利用上的。

下一位阿舒尔国王埃瑞舒姆 I 统治时期的一份文献表明，这些措施得到了进一步扩展。我们现在得知，"从银、金、铜、锡、大麦、羊毛到埃塔（eta）、麸皮和糠皮（的所有东西）"都实行了免税。[27] 这构成了当时阿舒尔作为主要中转中心地位的基础。南方的商人来到这里，在市场上销售锡和纺织品，然后这些商品再从阿舒尔出口到安纳托利亚各商港。这种系统维持了国际商业的存在，也将成为进一步描述古亚述时期经济、社会和政治结构的主体框架。无法解释的是，王室铭文中并没有提到纺织品。

人们不应该对这些政策背后的经济和政治合理性感到太惊讶。从我们能够在私人档案的基础上重建的日常实践来看，他们日常的经济实践是建立

25　Oppenheim 1954; Leemans 1960; Butz 1979.

26　文献为 RIMA 1, A.0.32.2, p. 18。

27　RIMA 1, A.0.33.2, p. 22。

在基于理性和逻辑考虑的经济优先原则上的。商队以一种复杂的商业循环在整个近东地区往来，而对利润的追求是每个地方商人的动机。连接阿舒尔和安纳托利亚以及叙利亚北部部分地区的古亚述网络可以理解为只是更宽泛和更广阔的网络中的一个方面。并且两个王室铭文中提到的裁决为商人们极其成功的活动奠定了基础。从屈尔台培文献中反映的这些商人的活动可以看出，阿舒尔被牢固地置于重要的中转中心位置。我们还应记住，阿舒尔远非当时唯一的商业中心。我们知道还有其他商业中心存在，例如冲积平原西北端的西帕尔（Sippar），直接作为幼发拉底河重要路线的入口。继续沿着这条路到现在的叙利亚，还有一个这样的商业中心位于古代的埃马尔（Emar）。在黎凡特（Levant）本地，我们有在贸易中发挥了强大作用的埃布拉（Ebla）城，它的贸易也以安纳托利亚为中心，因此来自埃布拉的商人肯定与来自阿舒尔的商人直接构成了竞争关系。

阿舒尔所连接的更广泛的网络达到巴比伦尼亚平原上的大城市，一路穿过波斯湾到达巴林，并且深入伊朗高原，最有可能一路延伸到阿富汗和其他地区的古代锡矿产地。然而，阿舒尔的商人们把精力集中在安纳托利亚市场上，只有少数亚述人曾到访巴比伦尼亚北部城市，并可能在那里停留了很长一段时间，尤其是西帕尔。[28] 向阿舒尔供应大宗纺织品和所有锡的路线都遭到了南方商人的盘剥。

在埃瑞舒姆 II 统治时期的某个时刻，沙姆西阿达德 I 的篡位导致了古亚述王朝终结，正如亚述王表中关于他的说明所述。他在古亚述后期统治了 33 年的时间，相当于屈尔台培的第 1 层 b 时期的一部分。他是阿摩利人（Amorites）的国王或部落首领，他真正的都城是现在叙利亚哈布尔地区的

28　Veenhof 1991. 文献列表参阅 Michel 2003: 131。

舒巴特恩利勒（Shubat-Enlil）。他掌权的时代，阿摩利人的后裔在美索不达米亚的数个城邦和王国都建立了王朝。他征服了底格里斯以东的地区，最终征服了包括阿舒尔和大城市尼尼微在内的整个北部地区，并开始建立一个疆域广大却短命的地域王国，囊括了叙利亚和美索不达米亚北部的广大地区。阿舒尔只是这个王国的几个城市中的一个，但却有着特殊的地位，因为从这个时候开始，基于阿舒尔一年一任的官员 *limmu*（名年官）的纪年系统被整个沙姆西阿达德国家所采用。

贸易可能使沙姆西阿达德从经济上得到了益处，但他似乎对经济贸易没有太大兴趣。他没有居住在阿舒尔，但确实对这座城市产生了重大影响。他在那里建造了两座高大的宗教建筑，似乎多少都与一场重大的宗教改革有关。他是第一个在阿舒尔建造塔庙的人。这座巨大的塔庙仍然昂首耸立。曾有人认为他把它献给了巴比伦人的神恩利勒。这一猜测可以追溯到安德烈，但事实上并没有确凿的证据可以证明，反之，这座塔庙起初却有可能是献给城市之神阿舒尔的。尽管如此，关于沙姆西阿达德在城市中的活动的记载的确提到了恩利勒，当这位国王为阿舒尔修建了一座新的神庙时，关于这项活动的铭文也意外地将新的圣所与恩利勒联系在一起：

> 伊鲁舒马的儿子埃瑞舒姆为恩利勒修建的神庙彻底垮了，我放弃了它。我在我的阿舒尔城内建造了我主恩利勒神的庙宇，可怕的祭台，巨大的圣堂，我的主，恩利勒神的住所，工人们用熟练的工艺坚固地建造。我用雪松为神庙盖屋顶。我在圣堂中安置了镶有银星和金星的雪松门……我在我的阿舒尔城内建造了我主恩利勒神的庙宇，并称之为埃阿姆库尔库腊（Eamkurkurra），"庙

宇，大地的野牛"，我主恩利勒神的庙宇。[29]

这段文献刻写在石板上，这些石板大部分是在阿舒尔神庙的废墟中发现的。所以很明显这座建筑被称为恩利勒神庙。在同一座神庙中，安德烈还发现了许多盖有印章的砖块，上面的铭文只是简单地声明沙姆西阿达德是阿舒尔神庙的建造者。[30]

对于这种令人费解的状况，最根本的解释是沙姆西阿达德试图将这两个神融合在一起，将阿舒尔等同于巴比伦的神。事实上，恩利勒是苏美尔人和巴比伦人整个神系的首领，对他的崇拜基于尼普尔城，在南方所有城市的宗教生活中都起着核心作用。将这两个神等同起来将确保阿舒尔在美索不达米亚宗教中的统治地位，而不仅仅是在他的城市。然而，另一种不那么激进的解释似乎更可能发生，也就是说，沙姆西阿达德打算把巴比伦人的神引入阿舒尔的宗教世界，并与该城市的传统神的地位相等。米格鲁斯[31] 提出的建议可能倾向于这种解释，即沙姆西阿达德的阿舒尔神庙实际上是一个双神庙，两个大的内殿，每个神各自一个。

另一方面，建造巨大的塔庙是一项十分浩大的工程，其中的塔一定是整个城镇中最高的，就像科隆和兰斯等规模可能与古阿舒尔差不多的城镇的大型哥特式教堂。如果塔庙真的是献给恩利勒的，这个巴比伦人的神无疑已经进入城市了。

现在还无法确定这些想法背后的个人宗教偏好，但很明显，沙姆西阿

29　RIMA I, Šamšī-Adad no. 1.

30　RIMA I, Šamšī-Adad no. 11. 安德烈以为一定有一个特别的恩利勒神庙与塔庙建在一起，但是他在可能的废墟中寻找这样的建筑却一无所获。2014 年 5 月 15 日，米格鲁斯（Miglus）普在私人信件中确信，在他看来塔庙实际上一开始是献给阿舒尔的。

31　Miglus 2001.

达德确实与恩利勒神有着特殊的关系。[32] 标志就是他将自己的都城命名为舒巴特恩利勒，"恩利勒的居所"。

沙姆西阿达德建立的帝国，控制了叙利亚和伊拉克北部的大片地区，包括幼发拉底河上的马瑞城，但这一并不稳定的政治结构在他死后迅速瓦解。他的儿子和后来的继承人只是被称为阿舒尔的国王。这个王朝继续在该城统治了几代，但最终被推翻了。一个名叫普朱尔辛（Puzur-Suen）的国王（关于他的其他信息我们都不知道，他也没有出现在亚述王表上）在阿舒尔留下了一篇奇怪的铭文。这段铭文告诉我们，在一场旨在恢复古亚述时期传统的起义中，沙姆西阿达德的孙子，某个阿席奴姆（Asinum），被推翻了。阿摩利王被称作"外国的瘟疫，不是阿舒尔城的血肉"，沙姆西阿达德被指控毁坏了城市的神殿，并为自己建造了宫殿。这可能指的是塔庙旁边建造的所谓的古宫殿。这显然是应受谴责的颠覆古代宗教和政治传统的行为，普朱尔辛骄傲地宣布，他摧毁了宫殿，恢复了旧秩序。[33]

经历了这些事件之后，阿舒尔的历史陷入黑暗。直到几个世纪之后，我们才开始对这座城市中的生活有所了解，但那些已不是本书的范畴了。

---

32 兰兹伯格提到"他对巴比伦文化的热爱和对恩利勒的狂热信仰"；Landsberger 1954: 35。
33 RIMA 1: 77–78.

第八章　阿舒尔的国王

古典作家描述希腊与波斯帝国之间冲突的角度，一方面是自由与民主，另一方面是专制与奴役。从那时起，古代近东社会便被视为东方专制国家的典型。国王是由军队和高度集中的官僚精英支撑的绝对权力中心，社会中没有强大的力量，例如世袭贵族或批判的公众，也没有其他的权威能够制衡王权机构和限制其对社会和政治生活的完全控制。这些概念已经成为欧洲中心历史观的一部分。事实上，他们的确在一些古代近东的证据中找到了支撑。与希腊民主英雄形成鲜明对比的不仅仅是专制的波斯皇帝。从各种各样的材料中可知，公元前一千纪的新亚述帝国就是这种国家形式的主要例证，希伯来《圣经》的叙述中铭记着它征服整个近东地区的凶暴和残忍。

1975 年，英国古典学家摩西·芬利（Moses Finley）在一本题为《古代经济》（*The Ancient Economy*）的书中写到，由于近东文化与希腊和罗马完全不同，因此他可以安全地忽略这一题目下的近东文化；用同样题目去分析这种不同的存在是毫无意义的。他列举这些差异："几乎足以指出，'自由'（freedom）这个词，希腊语的 *eleutheria*、拉丁语的 *libertas* 不可能被翻译成任何一种古代近东语言，包括希伯来语，而所有远东的语言亦然。"[1]

先不说芬利的说法的不正确性，他的声明是古典欧洲观点重要的当代回响。1910 年，英国保守党领袖巴勒弗尔（Balfour）勋爵在议会的一次演讲中这样解释当时英国在埃及的政策：

> 西方国家一进入历史，就显示出了初步的自我管理的能力。我承认，这些能力并不总是与所有的美德或所有的优点相关，但的确有自己的长处。西方国家从一开始，从我们所知的最早的部落起源开始，就表现出这样的美德。你可以纵观整个所谓东方人的历史，从广义上讲，就是东方，你永远找不到自我统治的痕迹。他们强大的几个世纪——他们曾经非常强大——都是在专制统治和绝对政府的统治下度过的。他们对文明的所有伟大贡献——他们曾经有很大贡献——都是在这种政府形式下做出的。征服者接下来又是征服者；一个专制接着另一个专制；但在所有幸运或不幸的革命中，你从未见过一个国家主动地建立起我们从西方的观点称为自我管理的东西。[2]

从表面上看，过去留下来的证据很容易被认为是重申并加强了这种传统观点。美索不达米亚的历史通常是以国王的活动来讲述的，这并不奇怪，因为普遍存在的所谓历史文献，与大型建筑建造有关的王室铭文，都太容易诱使历史学家产生这样一种叙述。这些王室账目似乎是可以用来书写古代近东政

1　Finley 1975: 28.

2　1910 年 6 月 13 日，在国会的演讲，来自 Hansard, House of Commons Debates, 13 June 1910, vol. 17 cc1103–1163。

治史的原材料。在学术文献中被称为"编年史"的晚期亚述版本,给出了一个有序的、按时间顺序的叙述,集中讲述国王的功绩:"在我统治的第一年,我征服了这样那样的人……"[3]

传统考古的偏好也倾向于强化这些观点。考古学家们的注意力在宫殿和神庙等官方建筑上,他们发现了地基中埋藏的王室铭文,那些是用来纪念所挖掘的建筑物的建造或修复的。并且他们还发现了中央官僚机构的管理档案。那些有可能会找到其他类型文献的简陋的私人建筑,通常都被置之不理。

最早形式的王室建筑铭文只简单地给出了王室建筑者的名字、头衔和家谱,并简要提及了建筑工程。这就是前面提到的阿舒尔的古亚述铭文所代表的风格,但该类铭文后来发展为包括统治者其他成就的信息,通常是战争和征服。国王总是最重要的,他以其社会的代表的身份与神对话。

在公共建筑的废墟本身,考古学家们自己也很有可能找到以各种方式反映宫殿和神庙力量的文献。几乎在所有时期,书写活动都主要为掌握权力的大型机构服务,因此我们使用文字材料的结果必然导致了对古代社会看法的片面性。社会中还有可能存在另一个并非直接与宫殿和神庙相联系的经济和社会层面,这些风险因此被完全忽视了。现代学者希望呈现出一个连贯的"历史"叙事,而由此产生的对王室建筑铭文的依赖并不真正尽如人意。大多数学者认为,这些文献呈现了古代美索不达米亚社会的一维形象,尽管也不得不说,这种意识形态表象下面或背后的政治现实往往很难把握。公平地说,大多数学者已经接受这些文献作为对古代社会政治结构的充分反映,毫无疑问,王室文献确实反映了中央机构并描述了真实事件,但这些

---

3 参阅 van de Mieroop 1999: ch. 2, "History from Above" 中的评论。

文献必须有其他证据来平衡。而且，人们越来越意识到政治结构更为复杂，并且在不同时期的特点也不尽相同。[4]

尽管古亚述的王室铭文从未提及战争或征服，但很容易让历史学家们认为我们面对的是一个符合美索不达米亚传统社会的政治态势，国王是政治、宗教和司法的核心人物。然而，正是屈尔台培大量私人档案的存在给了我们一个修改和纠正这种印象的机会。让我们以国王埃瑞舒姆I统治时期的一份文献为例（写在一座不知名建筑的门窝上），文献中国王谈到了他对阿舒尔神庙和城墙的建筑活动：

> 埃瑞舒姆，阿舒尔神的管家[*]，阿舒尔神的管家伊鲁舒马之子，为了他的生命和城市的生命，为他的主，阿舒尔神，建造了这神庙和整座神庙建筑。
>
> 当我开始工作的时候，城市遵从了我的命令，我建立了从银、金、铜、锡、大麦、羊毛到埃塔、麸皮和糠皮（的所有东西）的免税制度。
>
> 我每铺一层砖，都在每面墙上掺上酥油和蜂蜜。我的主，阿舒尔，站在我旁边，我清理了羊门和人门之间的空地。
>
> 我父亲曾建造了一堵墙，但我把它修得比我父亲所建的还要高，任何人若不尊重我的工作，将它拆毁，愿阿舒尔神……[5]

---

4 关于更细节的批判性观点，参阅 Seri 2005，关于巴比伦时期"地方机构的结构与功能、它们的互动以及它们与国家的关系"的研究；和 Fleming 2004，试图基于对马瑞王室档案文献的研究，勾勒出"民主的古代先驱"。另参阅 Barjamovic 2004。

* 英文 steward 此处译为"管家"，楔形文字原文为 ÈNSI。——译者注

5 RIMA 1, A.0.33.2, p. 22.

在这里，我们读到的似乎是一位充满自信的君主的话，他声称以强有力的方式履行了他对神和社会的职责。他建造了一座神庙，以保护自己的生命和城市的生命。他还强调，当他开始建设时，城市接受了他的命令，而似乎他随后给予免税是作为对人民支持的奖赏。然而，在这一施与取的过程中，有一种强烈的相互作用。后来的亚述国王几乎不会说他得到了人民的支持，这是不言而喻的或无关紧要的，表达这样的想法似乎会削弱统治者的地位。

对于古亚述文献来说，我们面对的是一种特殊的情况。可以说，我们可以从场景的背后进行观察，把国王的话放在一个更复杂的语境中。因为我们有一封来自卡尼什的信，提到了国王铭文中所说的这种情况。[6] 这是一个名为 nībum 的机构写给卡尼什商港的信。这个机构很可能是驻阿舒尔的代表商港利益的一个或几个人。这封耐人寻味的信内容如下：

> 城市因为防御工事的花销向你们征收了 10 磅的银钱。当我们向长老们恳求说"不要派任何使者，否则商港就要承担至少 1 磅银的额外费用！"的时候，他们已经选择了一个信使了。
>
> 紧急！仔细把这 10 磅银封印起来，尽快寄出，这样长老们就不会用愤怒的话来攻击我们了！你们必须注意按照城市的来信写信给其他商港，让他们付钱。让每一个商港听到国王的来信，让他们付钱。如果你们不尽快把钱寄出，我们将不得不从你们自己的资金里扣除后带到这里。[7]

---

6 应该说这封信并非直接提到埃瑞舒姆的工程，因为这封信很可能要略晚于他的统治时期。正如上一章提到，至少有 3 位国王与防御工事有关。

7 TC 1, 1；参阅 Larsen 1976: 163–164 中的讨论。

这封信提到了显然与建筑项目付款有关（大概是决策过程）的一些角色，让我们大致了解了阿舒尔修建城墙事项的审议背景。在安纳托利亚的商港应该缴纳大量的钱作为修建城墙费用的份额，而且有一个被称为"城市"的权力机构命令他们这样做。为了避免派遣（昂贵的）官方特使执行这项命令，*nībum* 随后向长老们请求。长老们要么是"城市"的一部分，要么就是代表"城市"。这样一封从该机构寄往卡尼什的信就是被称为"城市之信"和"国王之信"的文件。在阿舒尔协同运作做出决定的这三个机构就是：城市、长老和王。

下面我们回到这三个机构之间的确切关系问题上。这封信强烈支持一个初步结论，即这里的"城市"概念一定是指在各种事务中做出决定的议事会；长老们很可能是这个议事会的一部分；而发给卡尼什的信是国王所写的，这意味着他是城市议事会的主要执行官。在没有根据这些文献得出广泛结论的情况下，我将简单地坚持认为，王室铭文中贫乏的陈述肯定有着相当复杂的背景，其中城市的其他机构发挥着主导作用。

***

让我们先来分析国王、他的头衔和他在城市政府机构中的作用。提到国王，通常有四个不同的头衔：*iššiʾak Assur*，"阿舒尔的管家"；*rubāum*，"王公、国王"；*waklum*，"监督者"；*bēlum*，"主"。第一个和第三个是国王自己使用的，剩下的两个是别人用来指统治者的。这四个头衔都显示了对国王在阿舒尔的角色和职能的描述。

第一个头衔"阿舒尔的管家"清楚地表明了国王与城邦之神的特殊关系。他不仅仅是 *iššiʾakkum*，他总是"阿舒尔的 *iššiʾakkum*"。这一头衔的使用有其非常具体的语境，首先是建筑铭文。与巴比伦王室铭文的常规做法不同，我们从未发现在早期亚述铭文中国王使用美索不达米亚传统的王室头衔 šarrum，苏美尔语 lugal。因为这个术语似乎不适用于人，而只适用于神。我们从一枚印章上的文献中读到了古亚述世界对政治和宗教现实的格式化表达："阿舒尔是国王！某某是阿舒尔的管家。"[8]

事实上，这一模式并非阿舒尔所独有，从巴比伦北部城市埃什嫩那（Eshnunna）发现的同时期的王室印章中也有类似的表达："神圣的提什帕克（Tishpak）是强大的国王，瓦如姆（Warum）之王！阿朱朱姆（Azuzum）是他的仆人、埃什嫩那的管家。"[9] 主要的区别当然是，埃什嫩那的主神提什帕克，不像阿舒尔一样与城市同名。达基基之子国王采鲁鲁，印章上最初发现这种表达模式，他是古亚述王朝建立之前的阿舒尔统治者，但我们在埃瑞舒姆I统治时期的一个长篇铭文中发现了同样的语句。这段文字是关于国王在阿舒尔的法律体系结构中的作用的，遗憾的是，文字破损得十分严重。[10]

这一头衔由来已久。早在公元前三千纪的早王朝时期它就已出现在苏美尔城邦的政治词汇中，许多小邦的统治者用这一词汇来指代他们对一个城市的统治权。虽然这个名称与城邦制度有着明确的联系，但其确切含义或意义还没有很好地确立。著名的苏美尔学家索基德·雅各布森（Thorkild Jacobsen）进行了一次有趣的分析。在这个早期世界里，人和神生活在同一个物理空间之中，城市被认为是神的领地（demesne），包括人类居民，他

8　发表于 Balkan 1955: 54–55。

9　Jacobsen, in Frankfort, Lloyd and Jacobsen 1940: 141–151；参见 Balkan 1955: 55–56。

10　参阅第九章。值得注意的是，该语句并没有出现在古亚述王朝国王的印章中。

们是神的仆人或奴隶。一个人被神指定或选择来管理地产，所以他真的是神的管家，即 *išši'akkum*。[11]

从公元前三千纪后期开始，*šarrum* 这个头衔在南方被用来称呼人类统治者，后来也成为北方国王的常用术语。然而，在阿舒尔和后来的亚述，国王的称呼长期保留着 *išši'ak Assur* 模式，强调统治者作为神的助手的作用。在公元前两千纪后期的中亚述加冕仪式上，当新加冕的统治者的队伍从神庙出发穿过城市时，主祭司会喊着"阿舒尔是国王！阿舒尔是国王！"。这种仪式显然带有古亚述模式的回响。[12]

因此，就政治制度而言，古亚述时期的阿舒尔是一个非常保守的城市，其传统可以追溯到公元前三千纪后期的早王朝城邦。从王室的头衔中可以明显看出政治和宗教传统的核心依然得以保留，但要注意谨慎判断。首先，我们实际上对南方早期城市的政治制度所知甚少，因为我们的大部分信息来自文学作品。其次，虽然在古亚述的政治和宗教制度中，有着非常古老的思想的痕迹，但我们不能简单地认为其保留了原有的含义和意义。我们可以确定的是，国王所使用的主要头衔使他与城市之神之间建立了一种非常特殊的关系。

当其他人提到国王时，他们使用的是不同的称谓，*rubāum*。该词的原始词根意思为"大，伟大"，通常翻译为"王公"或"国王"。事实上，该词语是苏美尔语 *lugal* 的标准阿卡德语翻译，意思为"大人物"，但不知为什么，在阿卡德语中，这个苏美尔语词总是被翻译成 *šarrum*。古亚述语

11　Frankfort *et al.* 1949: 137–234.

12　Müller 1937.

rubāum 的对立面是 *ṣuḫārum*，表示仆人，源于表示"小"的词根。可以说，这些术语指代古亚述社会中的两端，而"大"和"小"的概念出现在其他涉及等级和地位的语境中。

想要界定亚述人头衔的社会和政治意义并不容易。基于与等级和地位的联系，可以合理地推测，被称为 *rubāum* 的人因为王室家族首领的"王公"身份而被给予这一头衔。这一头衔也被用于所有其他的国王，包括安纳托利亚的国王，而且其阴性形式 *rubātum* 则指代女王。

国王作为 *rubāum*，他的活动的部分范畴，可以根据卡尼什文献来描述。在法律语境中，他与 *ālum*"城市"有着密切的联系，这个词所指的是主要的立法和司法机构，即阿舒尔议事会。当文献提到这两个概念时，总是把城市放在国王之前。这一点非常重要，因为名字的顺序定义了所提到的人或机构的相对等级。这一原则可以从信件的开始段落中分析得出。

如果你必须在诉讼语境下宣誓，则需要"以城市的生命"宣誓，但在有些例子中，我们发现了一个扩展模式："以城市和国王的生命"宣誓。现在还不清楚这里的城市是否指的是概念中的城市，即共同体，甚至可能是议事会。我们可以简单地得出结论，国王与"城市"作为权威机构一同出现，且地位在同一水平上，有权惩罚伪证者。

bēlum（"主"）这一头衔使用的情况非常特殊。在描述进入卡尼什商港议事会之前过程的司法文件中，诉讼人有时会要求将他的案件移交给阿舒尔的高级司法部门——城市议事会。这类请求是如此措辞的："让案件被放到城市和我的主面前。"

稍后将讨论的"来自国王的信"表明国王应该确保议事会的决定得到执行。因此，他本人肯定是议事会的成员，可能会主持议事会。他对司法程序的密切参与，从卡尼什的一封私人信件的片段中可以看出。

这封信是由阿舒尔的一组人发出的，这些人代表了著名的商人沙里姆阿舒尔在卡尼什的利益，向他通报了复杂法律案件的进展情况。书写者们解释说，为了征求权威意见，他们"去向国王请教"，然后接下来复述他对他们的回答。整个事件显然非常复杂，国王的建议提到他们与议事会打交道时应遵循的正确司法程序。重要的是，国王是作为某种法规专家被咨询的。他可以向国民提供有关适当介入时机的建议，这种建议应该是公正的，并不涉及他在争议中的立场。[13]

发送到卡尼什商港的"来自城市的信"充分证明了国王和议事会之间的密切关系，而且此类信件是国王以一个新的头衔 waklum（"监督者"）发送的。这是国王给自己使用的第二个头衔，但这个头衔只在精确定义的语境中使用，即作为书信的写作者。waklum 也是在公元前三千纪的文献中就已出现的一个古老头衔，但它似乎从来没有在阿舒尔和亚述地区以外作为王室头衔出现。苏美尔语 ugula（可能是阿卡德语的借词）用于表示工头、监工，并且该头衔指的是官僚和行政体系中的一个职位。[*]事实上，这与其在古亚述社会中所指代的含义颇为符合，在这个社会中，国王使用该词语的典型语境通常是作为行政系统中的一分子，作为议事会的监督者。[14]

据我所知，发表的和没发表的文献加在一起至少有 27 封信件是由国王以 waklum 的身份所写。其中约有一半，即 14 封，是寄给卡尼什商港的。

---

13 AKT 6a, 113.

[*] 阿卡德语词 waklum 的苏美尔语对应词为 ugula。——译者注

14 在晚期亚述的文献中，该词语被用于特定的法律语境中。

信件的目的是告知该机构阿舒尔议事会所做的裁决。这些裁决要么是涉及卡尼什商港的人，要么就是涉及在安纳托利亚的其他亚述人商港的人。现举一例，从中可见这些文献的性质：

waklum 致卡尼什商港：

> 城市已经在圣区做出裁决，（声明：）对于阿舒尔贝勒阿瓦提姆之子舒库布姆（Shu-kubum）的债权人，每个人都必须通过其证人按照法律石碑上的规定证明其债权。然后，他才可以从他（即债务人的）现有资金中提取他的银钱。[15]

文献的背景很简单：一个名叫舒库布姆（沙里姆阿舒尔的侄子）的商人去世了，正在对他的财产进行清算。这种情况经常发生，但却涉及高度复杂的法律操作，而且这些问题经常会变得非常复杂，以至于它们不得不被提交到阿舒尔的高等法院——城市议事会。文献告诉我们，城市议事会在台美诺斯（与靠近阶梯门的阿舒尔神庙有关）进行了一次会议，并已做出了裁决。作为议事会的执行官，国王现在将裁决结果传达给安纳托利亚的商港，那里的商港议事会将采取进一步措施。

国王作为 *waklum* 发出的其他官方信件涉及须在议事会辩论中讨论的各种各样的主题。关于这些主题，将在下一章讨论。有时候，从国王的言辞中可以看出他可以自己直接下达命令；有时候，他使用第一人称复数（"我们已经听说了……"，"我们没有制定新的规则……"）。从整体来看，这些信件表明国王是负责颁布和执行城市议事会决定的执行官。

15　kt n/k 1925；关于法律石碑的讨论，参见 Veenhof 1995。

国王在发出私人信件时也使用 *waklum* 这个名称，这一事实给学者们造成了一些困惑，国王出现在信件提到的世俗事务中，这让他们感到无法接受。然而，这些疑虑已经不复存在，我们现在有 8 封已经确定是私人性质的 *waklum* 信件。这些信是寄给安纳托利亚人的，国王对他们参与的商业事务也很感兴趣。这里面有 3 封信与一个相当不寻常的商业交易有关。在这次交易中，"宫廷奴隶"阿布沙里姆的儿子阿斯库杜姆被指控对国王有直接的欺诈行为。年迈的国王萨尔贡 I，曾经把大量的货物委托给阿斯库杜姆，他把它们带到安纳托利亚销售。然而，他并没有把出售的收益送回来；事实上，他甚至没有给国王寄一封信来解释发生了什么。但他却在没有告知国王的情况下让自己的儿子带着 40 多磅银回到阿舒尔，而且还在城外新买了一批锡送回了安纳托利亚。愤怒的国王现在要求阿斯库杜姆把银钱送来，"否则我就写信让你在商港失信！"[16]

这封信没有产生任何效果，大概是因为寄信人国王萨尔贡死了，他的儿子普朱尔阿舒尔 II 继承了王位，所以阿斯库杜姆也许希望这件事会被遗忘，但是新国王却决心将这件事追究到底。他写了一封信给一个卡尼什的个体商人，普舒肯。这位普舒肯是在安纳托利亚的亚述人群体中最富有和最有影响力的人之一。本书将会多次提到他。此时的他已经在卡尼什活跃了二十多年，定然是商港中的一位德高望重的长者。很明显，国王知道他的重要性，并且非常尊重他，写道："如果你真的是我的父亲，如果你爱我"。

新国王在与阿斯库杜姆的冲突中需要普舒肯的帮助，他要求普舒肯根据其权限没收至少 1 塔兰特（60 磅）的银钱，"最好是更多！"然后将其

16　CCT 4, 32a. 关于所有相关文献，参阅 Larsen 1976: 132–139; Kryszat 2004a。

寄到阿舒尔。他继续说道：

> 让我高兴得像你送给我一件礼物一样！我将为你向我们的城神阿舒尔祈祷。你要像对待你自己的钱一样积极！[17]

普舒肯确实采取了行动，但另一封信表明，他未能实现国王的预期，只筹集了大约10磅的银钱。在第二封信中，国王普朱尔阿舒尔提醒他，他已经收到一封正式的信，授权他从阿斯库杜姆手中没收这笔钱：

> 你已经收到了我授权你没收（银钱）的信，那人轻蔑地对待我父亲和我。快积极采取行动，让我愉悦！他导致了我的两个仆人死亡，还带走了他们的钱。[18]

这些信显示了国王作为一个个人的角色，像所有亚述商人一样，参与安纳托利亚的风险贸易。值得注意的是，他依靠的是私人关系的帮助，而不是在安纳托利亚的官方管理机构，其信件的措辞是礼貌的请求，而不是直接的命令和指示。基于这些文献，伽瑞里得出结论，阿舒尔国王应该被理解为"一种大商人，同等级中的第一人"。[19] 尽管卡尼什档案中的文献包含了许多非常极端的商业行为和彻头彻尾的欺骗的例子，但阿斯库杜姆令人无法容忍的行为的确异乎寻常，他几乎没有表现出对国王有多大尊重。

最近发表的一些来自 *waklum* 的信件进一步表明国王至少偶尔作为交易的普通参与者。卡尼什的商人乌簇尔沙伊什塔尔给我们留下了迄今为止最大

---

17 POAT 18A, B.

18 KTS 30.

19 Garelli 1963: 199.

的私人档案。他显然是一个曾与国王通信的重要人物。[20] 他收到过几封信。信中提到了两三头驴运来的锡和150件纺织品。此外，这些信件还表明，萨尔贡I的儿子们，即便不是王储，也是王子们，负责运输和处理国王的货物。这些文献完全是普通的商业信函。写这些信件的完全可以是任何一个能够以合理的方式、无需多大规模进行经营的亚述商人。他们可以将其家庭成员作为代理人或运输者。[21]

对于阿舒尔来说，有一个不一般的现象，就是在我们现有的文献中从没有提到过王宫。当然，国王在某个地方有一座大房子，我们可以用这个词来指代，正如前文所说，阿斯库杜姆被称为"宫廷奴隶"，但文献材料的缺失让我们想到宫廷在城市的行政和经济生活中起到的作用微乎其微，或者可能没什么作用。正如我将在后一章中讨论的，这些职能与一个完全不同的建筑联系在一起，这个建筑可以称为"市政厅"或"名年官办公厅"的部门。这是缴税以及进行其他经济和行政活动的地方，而且很明显国王在那里也没有特殊的权力。

我们原本以为国王在古亚述时期是一个强大的统治者，国王的地位应该与同时期的巴比伦和亚述后期文献中所知道的国王的地位相当。然而，这种从阿舒尔的王室建筑铭文中得到的第一印象显然需要重新调整。阿舒尔的国王是行政机构的一部分，其他部分的地位同样重要；他的地位首先是建立在他与城市神的特殊关系之上的，而且是终身不变的；并且，与一个家族——王室血统——联系在一起，这意味着他的地位是世袭的。这三个特征决定了王室机构的力量。正是在此基础上，王权在古亚述时

20　关于其房屋的讨论，参阅第四章。

21　参阅 AKT 2, 22。

期之后的几个世纪发展成了颇为不同的东西。

事实证明，许多学者很难将古亚述人的情况与对亚述王权的认知统一起来，这显然是因为商业城邦阿舒尔的国王们与后来亚述王国和帝国的统治者们有着巨大的区别。有人声称，"真正的亚述文化只在公元前1500年之后才开始"。这必然导致一种普遍的先入为主的观念，即古亚述时期是无关紧要的，与后来发展起来的"真正的"亚述的概念没有什么关系。[22] 然而，如果想要真正了解亚述人的长时段（longue durée）历史，就必然要把王室机构及其角色和权力的急剧转变当成其中的一个必要组成部分。我们还必须坚持，古亚述的政治结构并非独树一帜，例如，对于在马瑞王国发现的政治架构的新解读。在金瑞林（Zimri-Lim）统治时期，部族联合与冲突已经被证明构成了国王地位的核心要素。这足以提醒我们，在青铜时代中期的近东地区还存在着政治权力的不同范例。[23]

22　Bartel Hrouda, in Andrae 1977: 12.

23　参阅 Fleming 2004。

第九章　城市政府

阿舒尔城邦是以贸易为主导的。文艺复兴时期有句俗语："一个热那亚男人，就是一个商人。"（*Genuensis ergo mercator.*）[1]这句话也适用于这座古代城市。该城中，一定有相当大比例的男性公民直接参与商业活动。事实上，在安纳托利亚的文献中，"阿舒尔之子"（*mera Assur*）、"亚述人"和"商人"（*tamkārum*）这几个名称是可以互换的。正如我们所看到的，甚至国王也想要在安纳托利亚的贸易中获取利润，让自己的家人参与其中。因此，合理的假设是，城市政府机构在很大程度上是由富有和成功的商人主导的。他们掌权的途径是城市议事会。几乎城市里所有的重要决定都是由这个机构做出的。如此说来，阿舒尔与其他时期的许多商业城邦完全属于同一类型。[2]

2010 年，阿卡德语的大部头词典《芝加哥亚述学词典》完成了 26 卷。该词典认为 ālum（"城市"）一词可以指代"一个作为行为（法）人的城市"。词典给出了许多古亚述和古巴比伦时期文献中这种情况的例子。然而，

---

[1] 参阅 Hyde 1973: 72："商业活动在热那亚的统治阶级中如此普及，以至于城市之中无需商人公会，而商人公会的职能都是由公共机构直接履行的。"

[2] 参阅 Hicks 1969："被当作具有贸易本质的城邦的核心是一个专门从事对外贸易的商人组成的集团。"亦可参阅 Hansen 2000: esp. 614–616。

没有人试图考虑这一点的真正意义。城市在调查法律事务或做出判决时，实际上发生了什么？谁参与了？同样也从没有人建议译为"议事会"。这让我们不得不问："谁是'城市'？谁做了决定？"

对于议事会，有一个专有的词语 *puhrum*。这是一个动词的名词形式，本义为"收集、集合"。然而，这个词在古亚述文献中几乎从未使用过。在这个词应该出现的地方，我们可以发现 *ālum*（"城市"）和 *kārum*（"商港"）等词。很明显，这些术语指代的分别就是维持母城阿舒尔及其商港政治和司法制度的议事会。

议事会的活动直接记录在许多来自城市的信件（国王以 *waklum* 的名义发送）和数百封私人信件中："我去了城市，并从城市得到了一封信"；"这个人是不可靠的——事实上，他向城市提及你的名字肯定事出有因"；"阿舒尔马里克家里的女人去了城市，城市做出了裁决"；"城市和我主将为我做出裁决"。几乎所有这些例子都只是提到某些案件被提交到城市面前或由这一团体做出的一些裁决，所以这些文献至少让我们对议事会的功能略知一二。然而，尽管文献的数量众多，我们却对议事会的成员构成或规范他们行为方式和达成决策的规则知之甚少。

个人显然有权在议事会上发言并提出各自的不同意见。他们可以接触议事会，并且在试图谴责或指责某人时他们似乎可以自由参加辩论。有时会出现在家乡的人与长驻安纳托利亚的商人发生抵触的情况。卡尼什的重要商人沙里姆阿舒尔就遇到了这样的情况。他与他的一个侄子卷入了一场非常复杂的诉讼。该案件的诉讼要求他必须前往阿舒尔向城市议事会阐明己方的观点。从他在阿舒尔的代表人的信中，我们能够听出他们对他很不悦，因为他似乎并没有认真对待这件事：

你不考虑你的损失。你不看看你的神的面容。事情紧急,你一听到这封信,就安排好你的泥板和证人们,动身来这里!你在圣区被指控了五次,你不觉得羞耻吗?你要等多久?³

很明显,长老们大概是城市主要宗族的首领,他们在议事会中发挥核心作用并做出裁决。然而,类似"城市已做出裁决"这样的语句,就目前的证据而言,我们还不能确定是应该将"城市"理解为全体人的会议(所有成年男性),还是理解为范围更小的群体,比如长老们。有一些例子倾向于支持更小范围,通过这些例子,我们得知人们可以像接触"城市"一样接触长老们,而且长老们可以做出裁决。

有一份尚未出版的文献特别值得关注,该文献来自一个叫阿里阿胡姆的人的相关档案。⁴阿里阿胡姆的两位在阿舒尔的代表人告知他,他们已经代表他与长老们取得了联系,当然是在议事会的一次会议上,对一些与他有业务往来的人提出了银钱主张。他们向长老们解释说,这些债务人拒绝付款,所以阿里阿胡姆出于对长老们裁决的敬畏自己把钱凑齐后送来了。不幸的是,钱在途中丢失了。他们认为,那些原来在安纳托利亚参与这些商业事务的人应该对这笔钱负责。

但是关于这一问题,"曾经注资的七八个人"在议事会(这里使用了少见的词语 *puhrum*)上站起来并拒绝了指控。他们声称阿里阿胡姆已经在安纳托利亚得到了报酬,所以他们已经与这件事无关了。因此,返回阿舒尔的运送过程应该完全由他自己负责。我们得知,在做了这些

3　AKT 6a, 75.

4　关于尚未发表的文献 kt c/k 261、273 和 288,参阅 Dercksen 1996: 109。

解释之后，长老们做出了裁决。

至少在这一案例中，议事会和长老们之间有着明确的区别。被告可以以会议成员的身份向长老们讲话，然后长老们做出裁决。我们还不能确定这是不是常规的做法，但至少有可能"城市"发布的裁决实际上是指长老们做出的裁决。安纳托利亚商站的议事会通常被称为由"小人物和大人物"（small and big）组成的全体会议，相对而言，阿舒尔的议事会则没有进一步的描述。只有一份文献提到了阿舒尔的全体会议 ālum ṣaher rabi，"城市——小和大"，但是这个有点不太确定的孤例与那些提到安纳托利亚各商港的全体会议的大量例证比起来就太单薄了。我们甚至怀疑这是不是一个错误的表达。[5]

如果所有的自由成年男性都要参加在阿舒尔举行的议事会，那么至少得有两千到三千人，但是除了与讨论的事情直接相关的几个人外，似乎不太可能有多少人对这些日常事务感兴趣。即使是几百人的集会也得需要相当大的空间。我们从几篇文献提供的信息中得知，会议是在圣区举行的，有时是"在阿舒尔神庙后面"，而且与阶梯门，即 mušlālum，有着明确的关联。从古亚述时期和后期文献的证据来看，这种结构与司法有关。

这一点在埃瑞舒姆 I 时期的一段长铭文中尤为明显。铭文刻写在卡尼什下城一所房子里发现的一份文件副本上，其中给出了坐在阶梯门上的七位司法神的名字，并提到了那里发生的司法程序：

"正义" "他听到了祈祷" "揪出罪犯！" "赞美正义！" "帮助蒙冤者！" "他的话是真实的"和"神已听见"——这是在阶

---

5 KTS 2, 64: 2′–3′；参阅 Hertel 2013: 46, 51。

梯门内的七位法官……

　　愿正义在我的城市中彰显！……阿舒尔是国王！埃瑞舒姆是阿舒尔的管家！阿舒尔是无法穿越的沼泽，不能践踏的土地，无法跨越的运河！

　　在阶梯门内说谎的人，废墟中的恶魔会占据他的嘴和他的后背。他将会打碎他的头颅，如击碎陶罐一般，他会像芦苇一般折断，他的水会从他的口中流出。

　　在阶梯门内说谎的人，他的房屋将变为废墟。

　　站出来作伪证的人，愿在[阶梯门内审判的七位司]法神，判他作伪证。愿阿舒尔、阿达德和贝鲁姆，我个人的神，剪除[他的后裔]。愿他们使他无处安息！

　　[……]听从我[的人来]到阶梯门。[让他保护]一位宫廷的审判官，[让他们带出]证人和原告，然后让法官坐上审判席，在阿舒尔[面前]做出诚实的裁决！

文献本身可能就是在这里写的，可能是在一块石碑上，但更可能是刻在两个大的壁锥（*sikkātum*）*上的。几篇关于议事会发布判决的文献中提到："城市已经在圣区中的两个巨大壁锥前做出了判决。"[6]

阶梯门是一座被称为 *mušlālum* 的巨大建筑的一部分。*mušlālum* 沿城市北边延伸过城市的大部分，高悬在河流之上，在几个世纪的时间里经历了多

---

* 壁锥是古代两河流域常见的用黏土制作或烧制的长圆锥状建筑构件，也叫"泥锥"或"泥钉"，有时上面刻有建筑者留下的铭文。　　译者注

6　例如，kt 88/k 1059: 1–4。我们并没有发现古亚述时期的此类壁锥，但是后来的亚述国王们却有数百件这样的壁锥留存下来。参阅 Pedersén 1998（"Tonknäufe"）。

次修缮和增建，现在已不可能确定古亚述时期它的外观到底是什么样。实际上，我们不知道那座重要的门究竟在何处。中亚述国王阿达德尼腊瑞 I（约公元前 1300 年）告诉我们，他曾经恢复了阶梯门：

> 那时，我主阿舒尔神庙的阶梯门，就在大地之神的誓言之门和审判之门的对面，建成日久，已经危旧、破败，并且倾颓。[7]

很明显，在阿达德尼腊瑞 I（Adad-narari I）时期，这里至少有两个大门，与审判之门仍然有明确的关联。有人认为，中亚述后期法律案件是在安努神殿和阿达德神殿附近的一座特殊的门建筑中审判的；[8] 这座门是献给正义之神太阳神沙马什（Shamash）的。这一时期的许多文献都是在这里发现的，其中也包括两篇可能是中亚述法律的主要样本。然而，在沙马什门和阿舒尔神庙之间的区域零散地发现了可能属于阿舒尔神庙图书馆的各种不同类型的文献，不能排除这些文献最初保存的地方恰恰符合"在阿舒尔神庙后面"这样的描述。[9] 阶梯门就残存于阿舒尔神庙的正后方。然而，紧挨着就有一个地方可以容纳大量人，就是现在塔庙耸立的地方。这座塔庙是沙姆西阿达德 I 在古亚述时期的繁荣阶段过后建造的。在我看来，古亚述时期的城市议事会地点很可能就在这里，但这种想法当然很难甚至不可能得到验证。

尽管在审判执行的过程中存在着明显的宗教因素，七位司法神的出现以及宣誓仪式都体现了这一点，但阿舒尔神庙似乎在司法或真正的行政体系中没有发挥任何作用。从所使用的头衔中可以推断，国王是作为城市的统治者

---

7 RIMA I: 140.

8 Weidner 1937–1939: 48.

9 参阅 Pedersén 1998: 83–84；亦可参阅 Weidner 1952–1953: 198–199。

出现的,他是作为"监督者",而不是作为"神的管家"来执行议事会裁决的。

事实证明,议事会基本上是一个司法论坛,对复杂的法律案件进行辩论并做出决定。当然,我们从卡尼什的文献中得知,这些诉讼牵涉生活在安纳托利亚的男男女女,而且针对有些典型的问题的讨论在议事会上花费了很长时间。此类案件中有一个是由一名商人在安纳托利亚死亡引起的,因为这常常会导致相关继承人的长期复杂的冲突。不仅继承人之间会相互争斗,一些对已故商人的遗产有诉求的或者欠他钱的个人或家庭也会卷入其中。在一个重要商人死亡的情况下,要想厘清债务和资产的精确情形通常是非常复杂的,因为商人必然会牵涉多方关系。可能有其他商人欠他债务,通常是进口货物的赊销带来的;他本人也可能对其他商人负有类似责任。他几乎必然会参与长期或短期的合作关系,可能既是债务人也是投资者;他的债主可能既有在安纳托利亚的,也有在阿舒尔的;他也会对阿舒尔的神庙和市政厅等公共机构负有财政义务。复杂的事情还不止如此,他还可能留下了许多文件、债务票据和契约,这些东西很可能分散在安纳托利亚的许多地方,只要他在那个地方有房产,或是可以将文件委托给合作伙伴或朋友保管。当时很可能既没有一个带有记录债务和债权的核心总账的统一会计系统,也没有适当的簿记系统。这些都会使继承人面临令人眼花缭乱的复杂任务。[10]

在继承人或他们在阿舒尔的代表人向议事会提出诉求之后,被告们通常会收到一封来自城市的信,其中规定了在安纳托利亚的法庭应遵循的程序准则;他们将有权雇一个可以信赖的人,带着这封信前往卡尼什并负责处理

---

10 相关例子参阅第十八章。

这些繁杂事务。文献中用 rābiṣum 这个词指代这个人，通常被翻译为"代理律师"。这个人将由国王授权，但费用是由继承人来支付的。他实际上是议事会和国王法律权力的延伸。我们并不真正知道这些人是谁，但可以肯定的是，他们在司法事务方面有相当多的经验，而且被视为可靠和强大的人。被允许雇用代理律师的原告从愿意并有能力的候选者之中做出选择，有一个案例是从"十或二十个人"中选出来的。[11] 然后，双方就支付服务报酬进行商谈，通常提前支付一半，案件完成后支付余款。在我们所知道的例子中，报酬通常不是很多，有时甚至不到一磅银，有一个案例中甚至有不少相关的商人"乞求"被选中，这多少让人感到有点意外。[12] 大多数情况下，原告和代理律师之间的关系似乎都没有问题，但是也有被认为不作为或不称职的律师导致冲突的情况。有一个案例中，继承人对律师的表现并不完全满意，他提醒他当初的指示："像我的兄弟一样对我吧！谨慎些，千万别对城市来函中的条款疏忽大意！"[13]

这样的法律问题似乎需要耗费阿舒尔议事会的大部分时间，但它不仅仅是一个高等法庭，也负责处理其他一些事务。我们的证据当然是片面的，因为我们所有的文件都来自安纳托利亚。我们可以从国王写给卡尼什商站的一封信中看到，统筹贸易方式和与其他族群关系的指导性方针都是在这里制定的：

> 我们曾寄给你们一封关于黄金的城市裁决的信，那封信已经

---

11 AKT 3, 88: 3–4.

12 AKT 3, 89: 3–6. 根据雇佣合约来看，代理律师的报酬通常在 40 舍克勒银至 60 舍克勒银之间，再加上些花销，等等。参阅 Hertel 2013: 95–96。

13 AKT 3, 88: 5–7.

无效。我们没有规定任何有关黄金的（新）规则。与黄金相关的情况与过去一样，即任何同胞都可以将黄金出售给任何其他同胞。按照石碑上的规定，亚述人绝不可以把金子卖给阿卡德人、阿摩利人或苏巴如人。这样做的人将被处死。[14]

黄金扮演的是一个特殊的不太能被理解的角色，似乎是储藏在阿舒尔。我们还知道，某些核心程序，如股份合作伙伴关系，通常是以黄金为标准来衡量的。很明显，有一条旧的规则禁止亚述商人向非亚述人出售黄金，这条规则曾被短暂取消，后来又恢复了。这一例证告诉我们政府在阿舒尔推行的商业政策取向。

另外还有一种贵重的商品，通常被认为是陨铁，也是议事会判决的主题。过去的做法是在阿舒尔对这种商品征收特别税，但安纳托利亚的铁贸易不断发展，因此一封来自城市的信被寄到卡尼什，命令该商港机构开始征收税款。这大概是因为这种商品的交易几乎总是发生在安纳托利亚。这就有了一封从卡尼什商港到其他所有商港和商站的通函，通知他们这一新措施，同时也强调建立适当的官僚程序的绝对必要性：

> （卡尼什商港写道，）一旦你听到了我们的信——所有人，不管是曾经把它卖给那边的官廷的，卖给官廷官员的，还是持有尚未卖出的——必须把每一块陨铁的确切数量、该人的名字和他父亲的名字都登记在泥板上，然后交给我们的信使一起送到这里。将我们信件的副本寄往每个商港和所有商站。即使有人通过商业

14　kt 79/k 101；关于黄金角色的讨论，参见 Dercksen 2004: 81ff。

代理销售了陨铁，也要登记那个人的名字！

一个库里亚档案的发现使我们幸运地得到了一份有关这一事件的信件卷宗。[15] 这位库里亚是驻卡尼什商港的特使，他在家中留存了所有官方信件的副本。

这些例子说明了城市议事会是如何对以安纳托利亚为中心的贸易的各个方面进行控制的。一个众所周知的案例涉及在卡尼什的一些重要的亚述人，他们极为喜爱安纳托利亚产的某种被称为 *pirikannum* 和 *saptinnum* 的纺织品，并开始对这种织物进行广泛的贸易。这样做的结果，显然对阿舒尔进口来的纺织品形成了不必要的竞争。城市议事会适时进行干预，对许多商人处以重罚（每人10磅银），并禁止了这些纺织品的贸易。家乡城市的老板和金融家们显然拥有权力和意志来保护自己的利益，即便对方是那些与他们有着密切关系的远在安纳托利亚的同胞们。[16]

议事会向所有前往安纳托利亚的商队发布的另一个命令是：在所有运输货物中，锡必须占总投资额的三分之一。有关这一问题的信件是由在阿舒尔的代表写给卡尼什商人的；为了投资于商队，商人们把大量的银钱运到都城，但是在阿舒尔的人解释说，市议事会已经下令商队投资额的三分之一必须是锡，而目前城市的市场上并没有锡。因此，他们无法派出商队，只能等待新的锡货源从南方运达。[17]

这些文献为我们提供了一个明确的例证，说明议事会当时执行严格的商业政策。有人猜测商贩们可能总是试图尽量多给他们的驴子装载纺织品，

15　参阅 Veenhof, AKT 5: 65–90。

16　VS 26, 9；参阅 Veenhof 1972: 126–127; 2003: 90–94。

17　亦可参阅 Dercksen 2004: 28。

这却与市政厅的利益相冲突；安纳托利亚诸王国对战略物资锡的兴趣很可能要大于贵重的纺织品。锡的来源是巴比伦尼亚北部，如果城中的锡贸易不再活跃的话，阿舒尔与这些南部"低地"城市的关系也可能会恶化。如果出于某种原因，锡的供应链中断了，那么就会出现糟糕的连锁反应，阿舒尔的商人们本来已经备好了大量的纺织品，却无法让他们的商队出发。

国王写给卡尼什商港全体会议的另一封信详细记述了一个最为极端的情况。亚述人在安纳托利亚的瓦赫舒沙那（Wahshushana）城有一个非常重要的亚述商业定居点，城市在一场当地人的战争中被洗劫，亚述商人们都逃走了。现在，阿舒尔当局听说一些当地的安纳托利亚人和亚述的"小人物"们抢劫了商人们遗弃在家中的档案，并且这些人正在忙着出售这些泥板。对于债务票据来说是可能发生的，因为这种票据中所代表的债权可以以各种方式转移，从而可以最终落到持有该文件的人手中。卡尼什商港现在收到了紧急的具体指示：将这些泥板买回收集起来，然后让这些泥板的原主人从当局买回去；每个案件中补偿的额度须根据城市的判决来决定。

议事会干预经济事务的最后一个例子来自一封私人信件。某个普朱尔伊什塔尔（Puzur-Ishtar）从阿舒尔写信给他在卡尼什的两个兄弟和为他的消息做见证的三位代表人。

> 你们一定从多方听说了，在过去的三年里，你们父亲的家产和我们的房子都被典当银钱了。因为这还不够，我自己所买的房子，我和我妻子的家产，都卖了银钱来偿还你们父亲的债。但是你们不仅没有送来你们依然拖欠的银钱，帮助你们父亲的家庭，从而拯救你们祖先的灵魂，你们却什么都不做，只是一味写信向我诉

说你们的争斗!

　　现在,阿舒尔对他的城市施恩,所以如果一个人已经卖掉了房子,他可以先还一半的房钱,然后他可以回到他的房中。余下的定好分三期(偿还)。因为有陌生人觊觎我们父亲的房产,所以我进了一个放债人的房子,借了5磅银钱,我付了银钱作为房子的价银,现在我们又搬进去了。至于新房子的价款,把你们能筹到的每一磅银都交给我。然后我们将全额支付房屋的价款。问问我的代表们,看看他们怎么说。[18]

偶尔有文献提到在阿舒尔生活的艰难,尤其是在女人信件中,而这篇文献清楚地说明,即便是对于一个稳定的家庭,情况也可能会变得糟糕。父亲去世了,留下了一大堆债务,阿舒尔的儿子面对这种情况不得不卖掉几乎所有的东西,甚至是属于他妻子的家产。当他疲于应对的时候,他在安纳托利亚的两个兄弟却一直在互相争斗,很可能是为了逃避对父亲的责任。在这种情况下,突然出现了一线希望,因为阿舒尔神对他的城市施恩(人们相信是神下令让城市议事会采取措施),并引入了应急法案来保护陷入困境的家庭。如果他们能只筹集到他们父亲房产出售价格的一半,他们就有权搬回去居住,并且偿还房价的后半部分的条款也设置得相当宽松。

　　正如我之前所说,大约在名年官第110年(公元前1860年)的时候,亚述人的商业社会遭受了一场严重的危机,简言之与几个重要商人的死亡有关。[19] 信中所说的那个父亲叫欣那亚,他无疑就是其中之一,他的死亡引起

18　TPAK 46.

19　参阅第十六章。

了诸多麻烦。他给儿子们留下了麻烦重重的烂摊子，使他们苦不堪言。[20] 虽然我们不能准确地断定这封信的日期，但这似乎不只是一个仅仅涉及个别家庭的现象，很可能反映的是当时社会的一场普遍的危机。如果这只是牵涉一个倒霉商人的个案，市政厅绝不可能会干预。

理想的状态当然是刚好能有一些来自阿舒尔城本身的文献来验证这些议事会的活动，但是在都城没有挖到文献的情况下，我们想要分析城市议事会的结构和功能的话，就只能依靠来自安纳托利亚的证据，而且这些例子的确提供了关于该机构大量活动的信息。议事会发布的"裁决"在大多数情况下都与法律事务有关，在这些事务中，它的职能相当于高等法院，但同样清楚的是，议事会在阿舒尔和安纳托利亚都有权管理和控制古亚述人商业和社会生活的方方面面。

20　更多讨论参阅 Veenhof 1999: 599–606。

第十章 名年官

据传统观点对美索不达米亚历史的解释，在几千年来的王国和帝国中，"伟大的机构"，宫殿和神庙，是政治、司法和行政结构中无可争议的中心。国家事务的日常管理正是在这些机构中得以开展的，这些机构的日常运作掌握在一个官僚机构的手中，为我们留下了数量惊人的行政文件，可供我们研究。即便没有阿舒尔的行政档案做印证，我们也很明显地看到古亚述的情况是独树一帜的。在我们的文件中，宫殿和神庙都不是中心角色。实际上，王宫从未被提及，也没有作为经济或行政中心出现。神庙在社区的经济生活中显然起到了一定的作用，文献中有时隐晦地提到阿舒尔的大金库，以及当时商人们日常运作中经常有大量资金被献给神庙，用来支付 *ikribu*，但除了这些常见的做法外，这些机构的参与几乎完全没有被记录下来。但是，对 *ikribu* 一词的另一种解释认为它是指神庙对个体贸易商的投资（temple investments），[1] 如果这一解释是正确的，那么这些机构似乎在阿舒尔经济中发挥了相对重要的作用。同时，没有迹象表明神庙在城市的行政生活中起着重要作用，相反，城市经济的管理却是由一个专门的部门

1　参阅 Veenhof 2010b: 78。

"名年官"来执行的，该职位任期一年，执掌阿舒尔城市的主要管理机构：市政厅或名年官办公厅。

名年官、议事会和国王是三个相对独立的部门，议事会的作用相当于高级法院和决策机构，是城市的最高政治权力机构，国王是议事会的执行官。这三个部门通过各自掌管城市的政治、司法和行政生活，实现错综复杂的权力平衡。

亚述人的名年官是美索不达米亚的一个独特的官职。名年官表显示，这一职位是在公元前1970年埃瑞舒姆I统治初期创立的，但很可能是建立在更古老的基础上，然而这种传统已无法追溯。名年官系统一直延续到公元前612年亚述帝国的灭亡，但在这1300多年的时间里，这一机构的性质发生了明显的变化，最后成了国王授予其帝国最高官员的荣誉。但即便作为一种荣誉，也一定保持了很高的威望。考古工作者在阿舒尔的城墙外发现了两排石碑：其中一排的一块石碑上刻着每个名年官的名字，另一排石碑是国王们（和一些王后）的。我们不知道这种纪念碑是什么时候开始建立的，因为后期的修缮和重建将最早的石碑毁掉了，得以留存的最早石碑是从公元前14世纪开始的。因此，还不清楚古亚述时期是否就开始建造了如此令人印象深刻的纪念碑，但留存的石碑说明了贯穿亚述人历史始终的名年官制度的重要性。一年一度的石碑的竖立标志着新年的开始，一定是一件意义重大的事件，很可能充满了各种庄严的仪式。[2]

我们不知道阿舒尔人在引入名年官制度之前是如何为他们的文献标记日期的。在南部，在巴比伦尼亚的城市和城邦有一个古老的传统，用一个重

2　参阅 Reade 2004。

大事件来为一年命名,这些事件一般都直接与国王有关。年名可能来自一场胜利的战争、一个重大的建筑工程或者可能是一场祭祀活动——但这些年名所提到的行为通常都是统治者所为。这种做法是否曾存在于阿舒尔,我们还不得而知,但重要的是,在公元前 1970 年首次引入名年官制度,并不是基于任何形式的王家特权。这一新的机构是掌握在贵族手中的。

名年官任期只有一年,担任名年官的人不可能一直在办公厅中使之成为其个人的职业。反之,当他必须下台的时候,如果在任期内有任何滥用职权的行为,那么他几乎肯定会受到制裁。此外,最初担任名年官的人似乎不是由国王或议事会以某种方式选举或选择出来的,而是由抽签决定的。虽然古亚述文献中没有明确提到过这样的做法,但从很久以后的公元前 9 世纪,也就是卡尼什文献一千年后的时间,我们发现了一个真实的签。这个签是一块四面都刻着文字的 3 厘米大小的泥板,上面写着:

> 阿舒尔,伟大的主!阿达德,伟大的主!
> 这是,基普舒尼城、屈美尼之地、美赫腊尼之地、乌齐之地和雪松山的统治者,亚述王沙勒马奈塞尔(Shalmaneser)的大管家,亦即关税之首,亚哈鲁(Yahalu)的签。
> 愿亚述,在他的 *limmum*,他的签中,庄稼丰收,一切如意!
> 愿他的签在阿舒尔和阿达德面前被抽中![3]

国王沙勒马奈塞尔 III 在位的第一年时亲自就任名年官,这在当时已成为惯例。当国王在其统治的第 31 年第二次"抽签"的时候,我们确信,结

---

3 YOS 9, 73; Larsen 1976: 211–212.

果必然是预先设计好了的,但即便程序本身有可能偶尔遭到窜改,在那些思想不甚活跃的年代里,抽签的过程应该不会被人为操纵。在后来的几个世纪里,名年官的职位由最高王室官员按照固定时间表轮流担任。

古亚述的历代国王中从未有人担任过名年官。然而,我们知道,某个伊什美达干,沙姆西阿达德之子,的确担任过。[4] 这个人肯定要么是王,要么是王储,我们乍一看,一定会想到那个征服了阿舒尔、终结了古亚述王朝的人的儿子。然而,由于伊什美达干并没有出现在古亚述的名年官表中,因此文献所说的必然是一个后期有同样名字的国王——亚述王表中的第57位,统治时间约在公元前16世纪。第一位在自己统治期间担任过此职务的国王是恩利勒尼腊瑞,他统治的时间是公元前1329年至公元前1320年。然而,即便是一位王储担任了名年官,也标志着与旧传统的严重断裂,这必然被理解为亚述王权集权发展的反映。

名年官表涵盖了从埃瑞舒姆 I 统治初期到沙姆西阿达德王朝被逐出阿舒尔之后共约250年的时间,这份长长的名单必然会给我们透露有关这个职位的更替的一些重要信息。一个合理的假设是,名年官应该是从一个有限的群体中选择的,但事实上我们对此一无所知。从卡尼什的文献中得知的名字只占名单中的一小部分。当然,如果这一职位只有在阿舒尔的精英阶层才能担任的话就符合预期了,因为他们很少涉足安纳托利亚。

名单中的大多数名字都缀以父名从而区别同名的人,还有一些则给出了昵称或者职业。我们发现了一个船长、一个奶油商和一个甲胄师,有一个来自迪亚拉地区奈腊卜图镇的人,还有一个被称为 *hapirum* 的人,这个词

---

4 参阅 Veenhof 1982。

指逃亡者或雇佣兵。这些标签不太可能指的是有关个体的实际社会角色，或许是他们本人的昵称，又或许是很久之后才有的关联。有明显的迹象表明，至少有一些担任名年官的人属于阿舒尔社会中的精英阶层：埃拉里（Elali，名年官第91年）是祭司之首（*sangūm*），伊丁阿舒尔（Iddin-Assur，名年官第24年）是一个祭司（*kumrum*），恩那辛（Enna-Suen，名年官第106年）是月神辛的祭司之子。

虽然很少有名年官在卡尼什文献中非常活跃，但我们确实发现有人在安纳托利亚居住多年后，回到阿舒尔担任名年官之职。其中有人曾在卡尼什某种按周运作的与商港中央办公厅有关的机构担任过行政职务，在安纳托利亚的亚述人历法系统中，这一周就以这些被称为 *hamuštum* 的人的名字来命名。

厄兹居奇在屈尔台培下城最初开始挖掘工作的几年中，发现了一座据称属于某个布朱塔亚（Buzutaya）的房屋，从遗址中出土了档案文献（未出版，确切规模未知）和一个地下埋藏十分丰富的墓葬。此人分别在名年官第89年、第90年、第94年和第96年期间，在卡尼什担任过名周官，几年后，即在名年官第102年（公元前1871年），他成了阿舒尔的名年官。这似乎表明他在安纳托利亚做了很多年的商人后，最后回到了家乡，但是在他下一年担任名年官的商人却似乎在一年的名年官任期结束后回到了卡尼什生活，这个人叫因那亚（Innaya），阿穆腊亚（Amuraya）之子，他在接下来的十年中，至少有三次以名周官的身份出现。不巧的是，他的房屋是被当地村民盗掘发现的，早在正式挖掘工作开始之前就被洗劫一空了，所以我们对此人掌握的信息不太乐观，但他显然是商港社会的一个富有而且重要的成员。[5]至于布朱塔亚的档案，我们只能等待早日发表了，关于此人，我们只知道，在他回到阿舒尔之前也是一个卡尼什的富商。

我们可以看到，其他还有几个在阿舒尔的名年官，在被委以重任之前，曾有过在安纳托利亚生活的经历，所以当时的社会在一定程度上存在着阶层流动性，个人可以从商港的商人升级为真正的大人物。然而，这种情况并不是很常见，而且似乎大多数有资格获得名年官职位的男性都是阿舒尔上流社会的一分子。尤其有一个在名年官第99年担任名年官的乌库之子采鲁鲁，在名年官第82年至第90年曾在安纳托利亚多次作为某些事件的证人出现。但他也出现在国王萨尔贡 I 所写的一封信中，信中提到，他将把一小批锡从国王那里运到卡尼什；还有，他有一个兄弟叫阿舒尔丹，是一个重要的商业家族沙里姆阿舒尔家族在阿舒尔的代表人，而且在一份文献中，他被称为"特使"，这表明他至少是半官方职位的身份。

所有这些证据加在一起表明，阿舒尔的名年官职位通常由该城最高社会阶层的人担任，他们可能是长者，或许类似于罗马元老院的成员。我们对都城社会制度的了解有限，无法进行更多推断，而且有一些迹象表明，地位稍微低一些的人也可能被委任这一职位。古亚述名年官表显示，在少数情况下，同一个人可以多次担任这一职位。布朱（Buzu）之子屈喀杜姆（Ququdum）在名年官表第12年和第26年担任名年官，贝旮亚（Begaya）之子恩那姆阿舒尔在名年官表第19年和第37年担任名年官，而他的兄弟美那奴姆（Menanum）则在名年官表第29年担任此职。有趣的是，有一个被

5　参阅 Michel 1991。

称为美那奴姆之子的苏卡里亚（Sukkalliya）在名年官表第 80 年担任名年官，此时距前面的美那奴姆（可能是他的父亲，因为这个名字不太常见）担任这一职务有 51 年。这几个例子表明，当时存在着一个有影响力的家族集群，他们的成员成了理所当然的职位候选人，但要想对这一方面进行深入解读，我们需要更为细致的人学研究。

术语 limmum 或者可能是 līmum 的词源学并不确定，尽管可能与西塞姆语起源的一个表示社会群体的词语有关，如氏族或世系，而且在来自幼发拉底河中游的马瑞文献中，该词语指一个神的名字。[6] 古亚述文献中对该词语含义的最为明确的指示来自卡尼什的一些文件，这些文件与商港办公厅开展的业务有关。这些文件显示有一个或两个人，有时是三个人，代表商港进行活动时被称为 limmu。当商港办公厅账户有一笔预存款需要确认的时候就会发生这种情形，如一笔贷款涉及商港机构时，或商港将某些文件交给某人委托其运输时，此时这些人的角色无疑被指定为 limmu："代表商港（三个人的名字）作为 limmu 收到了银钱"或"PN[*] limmum 代表商港将锡委托给 PN2"。[7]

我们不妨假设，该词语是表示在商港必须作为法人出现的某种特定情形下，代表共同体的权力，毫无疑问，对于在都城担任 limmu 的人，也可以得出同样的结论。如前所述，他们掌管那里的办公厅，与商港办公厅相当，有时被称为市政厅，有时被称为名年官办公厅。

我们不知道这座建筑的确切位置，但一定是一个相当高大的建筑。有

---

6 参阅 Durand 1991: 52–53; Fleming 2004: 58–61。

7 TC 3, 213: 42–44; kt a/k 489: 5–8.

* 指人名，下同。——译者注

一种解释认为，这座建筑可能是一栋多层的房子，从在建筑物中的多种不同的活动来看，肯定包括办公厅、各种货物的储存设施，可能还有城市的大金库以及商店。[8]

我们有两枚古亚述时期的印章，据称属于市政厅。其中一个，发现于阿伽姆霍愚克宫廷档案中的一块泥封上，其中含有印文：

> 属于阿舒尔神；用于市政厅进口税。[9]

泥封上的文字告诉我们，这枚印章是由被称作 *nibum* 的官员使用的，据我们所知，他曾作为个人或机构向卡尼什商港写了一封信，涉及支付阿舒尔防御工事的款项问题。根据德尔克森的说法，*nibum* 可能负责征收应向市政府缴纳的进口税，并且该术语可以表示"市政厅内专门管理财政事务的官员群体或其办公厅"。

提到市政厅的第二枚印章被发现印在公元前672年国王埃萨尔哈顿（Esarhaddon）颁布的诸侯条约上，时间是在古亚述时期一千多年后。该印章属于古巴比伦风格，上面有印文：

> 属于阿舒尔神；用于市政厅。[10]

埃萨尔哈顿使用了这枚印章，它显然是一件非常重要的古代物品，在条约

8　Dercksen 2004: pt. 1.

9　N. Özgüç 1980; Veenhof 1993: pl. 124; 更多讨论参阅 Dercksen 2004: 62–65，和 A. Lassen 2012: 223–228。印章上描绘的场景，很可能显示了阿舒尔作为一块长着公牛头的岩石的形象，参阅 Lassen 2012。

10　参阅 Wiseman 1958。

中使用这一印章意味着协议得到了神的直接认可。这枚印章并没有见于任何古亚述的文件上。

有一名工作人员负责名年官办公厅中的许多活动。事实上，被冠以 *limmum* 头衔的不止一个人，因为我们得知有"上级"和"下级" *limmum*、"银" *limmum* 和"谷物" *limmum*，在某些情况下，称呼代表市政厅的人使用了 *limmu* 的复数形式。这些含义似乎表明，该部门工作人员的职责范围有着精细的专业化区分，而且其中提到了一个与粮食有关的 *limmum*，这意味着市政厅是一个储存并可能销售农产品的地方。

排在名年官之后的、第二重要的官员的头衔似乎被称为 *laputtā'um*，这个称号大概应该译为"军尉"（lieutenant）。我们知道十多个拥有这一头衔的男子的名字，其中有一个不太确定的例子，可能有一个父亲和他的儿子都担任过这一角色。[11] 但是涉及这些人的文献很少提到他们的职责和权力。关于一个叫作 *mūṣi'um* 的官员的情形也是这样，尽管这一词语的表面意思与市政厅征收的出口税 *waṣītum* 有关，因为这两个术语都源自动词"离开"。似乎比较清楚的是，这一税款的征收至少是 *mūṣi'um* 官员职责的一部分。[12] 对于最后一个头衔 *birum*，我们所知甚少，只能说这一职位指的是市政厅中较低级别的官员，可能附属于被称为 *mišittum* 的中央仓库。

尽管有关市政厅工作人员具体活动的证据相当少，但该机构很明显有着非常大的权力，"在城邦经济中起着关键作用，对安纳托利亚的出口贸易

11　关于这些官员的名单，参阅 Dercksen 2004: 65–69。

12　这一头衔在安纳托利亚似乎有着不同的含义。来自普如什哈杜姆的一个叫作乌西那拉姆（Ushinalam）的人拥有这一头衔，但使用这一词语背后的真实含义尚不清楚。

和当地经济"。[13]这里可以买到奢侈品,如陨铁和青金石,还有最重要的出口商品——锡和纺织品。商人甚至可以赊购商品,这样他们就欠了当值的名年官债务,这一点将在稍后讨论。市政厅似乎管理着粮仓和中央金库,有证据表明这里对金属的成色进行鉴定,还保存着标准砝码。某些税款被付给市政厅,比如,对去往安纳托利亚的商队征收的出口税,还有对带回来的银钱征收的进口税。

市政厅肯定是一个在城市商人的生活中占有重要地位的繁忙的地方。在那里,他们购买商品并纳税,其中许多人因为赊购并延期缴纳税款对名年官欠了相当多的债务。然而,并没有迹象表明,个人可以借钱,即银子,以抵销市政厅的利息。

名年官及其下属掌握着相当大的权力。有一些信件,尤其是一些女人写给她们在安纳托利亚男人的信,表明如果不遵守市政厅的命令,偿还所欠债务,那么房子就会被扣押,男奴和女奴会被当作质押带走,家庭中的妇女们可能度过非常艰难的时光,常常以泪洗面。卡尼什最有影响力的商人之一,著名的普舒肯,在名年官第104年去世后,他的遗产似乎引发了麻烦,他的女儿阿哈哈(Ahaha)在阿舒尔与名年官产生了纠葛。她在写给卡尼什的兄弟们的一封信中解释说,为了偿还对市政厅的债务,她筹集了多达26磅的银钱,但是还欠着2磅银钱的出口税未付,欠着"下级名年官"8磅银钱,还欠了2磅银钱的投资款。她在给兄弟们的另一封信中说,他们的事务已被冻结,任何人都不能承担或索要任何债务;他们的房子和所有家具都已被当作抵押。她在给父亲的一个叫普朱尔阿舒尔的合伙人的信中写到,两个名年官对她很

13　Dercksen 2004: 39.

不好,把她的房子作为债务的抵押。她哭着向她父亲在阿舒尔的官方代表求助,但他们却拒绝帮助,所以现在她已经身无分文。在给兄弟们的另一封信中,她写道:"这个名年官让我感到害怕,而且他总是把我的女奴当作质押。寄去大约10磅银钱,让你的代理人给他,为我支付我欠的债务。"[14] 这便是官员们如何对待重要的成功家族的,他们在收取债务时似乎丝毫不留情面。这些威胁并非危言耸听,被名年官没收的房屋有时真的会被市政厅卖给其他人。

事实上,名年官们对待欠债者如此苛刻,这一点也不奇怪,因为似乎可以肯定的是,办公厅的负责人个人对提供给债务人的信贷负有责任。在有些情况下,我们可以看到,债务在被收缴之前可能拖欠了许多年,因为它们仍然被称为前任名年官的债务。在债务人死亡的情况下,他的继承人将马上收到命令,立即清理所欠阿舒尔当局的债务。普舒肯死后就发生了这样的情况,这是前一个名年官在任期间放出的债务,他应对此负责,保障银钱得到偿付。在安纳托利亚的商人如果忘了这些义务,可能会为其继承人带来灾难性的后果,而且在缺乏复杂的簿记方法的情况下,对各种各样的债务和债权的追溯可能是一个非常麻烦的问题,因此人们似乎更加倾向于关注没有问题的现金流。这可能掩盖并隐藏了家庭财务状况的潜在危机。

名年官在其任期内显然可以通过任由债务拖欠从而偏袒他亲近的人和家庭,仅此一项就给名年官带来了相当大的影响力。另一方面,他们必须理智地做出判断,不要把银钱借给信誉不好的商人,如果那样,他们最终将会为债务负责。在某种程度上,这种风险实际上并没有那么大,因为按惯例市政厅将要求担保人偿还债务。

---

14 见文献 Ankara 1938; CCT 5, 8a; BIN 6, 178; TC 2, 46。

＊＊＊

  名年官是阿舒尔政府机构的重要组成部分。这一系统建立得相当完备，其中宗教权威、司法权和城市经济生活的管理嵌在不同的机构当中，起着复杂的平衡作用。这些机构之间当然有着密切的联系——国王属于城市议事会的一部分，是该机构的领导者，可以担任名年官，而且很可能名年官办公厅是和神庙联系在一起的，但是各个机构却又都有其实际的自主权，独立于其他部门。

  古亚述的名年官是古希腊和罗马社会的古典学证据之外所知此类系统的最早例证。雅典人的名官系统与之极为相似，阿舒尔和雅典之间的直接联系几乎无可辩驳。当公元前一千纪亚述人与希腊人开始接触时，阿舒尔名年官的性质已经改变，不再是王权之外的独立机构了。

第三部分

安纳托利亚

第十一章　安纳托利亚人和他们的土地

外来的亚述人与安纳托利亚当地居民之间的互动，不仅仅停留在商业与政治活动层面，更深入到最亲密的私人生活领域。然而，文献为我们提供的了解安纳托利亚社会与文化的资料非常有限，尽管有些亚述人肯定对自己身处的新世界产生了浓厚的兴趣，但他们几乎没有将其写下来的动机或理由。我们的确从一些安纳托利亚家庭居住的房屋中发现了档案，但遗憾的是，这部分档案大部分尚未发表。

这片土地本身就是一个高原，冬天寒冷刺骨，山上有雪，与亚述人的家乡大不相同。尽管我们对当时的物质世界知之甚少，但我们可以假设，如今几乎是光秃秃的起伏的高原上，当年曾被绿树覆盖，开阔的森林可能以橡树为主。甚至在亚述人看来可能还长满了许多奇异的花。

安纳托利亚是一个充满反差的地方。通过南部的陶鲁斯山口，道路向北延伸到一个丘陵地带，广阔的平原上点缀着许多小山，那里就是安纳托利亚中部高原（图21）。在黑海更北的地方，你会进入一个对比更为鲜明的区域；C.W. 塞拉姆（C. W. Ceram）所写的畅销书，英文版被译为《赫梯人的秘密》（*Secret of the Hittites*），德文版书名为 *Enge Schlucht und Schwarzer Berg*，意即"狭窄的谷地和黑色的山峦"，虽然反差极为鲜明但完全符合事实，

21. 从克尔凯奈斯（Kerkenes）向阿里沙尔方向看安纳托利亚中部高原。拉尔森供图。

对这片赫梯人土地的概括恰如其分。北部的山脉沿着黑海海岸延伸，除了仅有两处沿海平原外，其余则直接没入海中，主要的交通线通常是东西走向。上面是大片的森林。整个安纳托利亚中部地区的景观、植物和动物的多样性是如此突出，以至于邻近的生物集群为生活提供的条件甚至完全不同。

亚述人仅仅渗透到这片广阔土地的某些局部区域，他们的大部分活动集中在中部高地上，那里是东部一片海拔1500米的高原。中部地区冬季寒冷，夏季炎热。这里的土地靠着几条大河的滋润，其中最大的一条是克孜勒厄尔马克，这条红色的河流在该地区的一个巨大弯道中流过，然后注入黑海之中。河的西面是广阔的盐湖图兹湖（Tuz Gölü），再往西则是吉汉贝伊利高原（Gihanbeiyli plateau），一个没有青铜时代土丘的巨大干旱地带，我们可以明确地断定,道路交通避开了这一地区。盐湖以南是这一时期的另一个主要遗址——阿伽姆霍愚克。再往西是博尔瓦丁地区(the region of Bolvadin),还有埃贝尔(Eber)和阿克谢希尔(Akshehir)两个湖,这里可能就是普如什哈杜姆的重要中心所在。这里已经接近主要的分水岭,大河开始向西流去,穿过被群山环绕的河谷,流向爱琴海。亚述人从来没有从普如什哈杜姆往西到达更远的地方。

南部辽阔的康亚平原,现在是一个主要依赖深井水灌溉的农业区,亚述人似乎很少去往那里,但在巨大的土丘卡拉霍愚克康亚却发现了后期的遗迹,大致与卡尼什的第1层b属于同一时期。该平原通过高高的陶鲁斯山脉的重要山口与西里西亚平原(Cilician plain)相连,康亚平原显然在大多数时期都受到西里西亚和叙利亚中心的深刻影响。[1]

卡尼什以北的土地,位于克孜勒厄尔马克的大拐弯处,在青铜时代人口稠密,我们不仅在这里发现了阿姆库瓦(阿里沙尔)和哈图什(博格阿兹柯伊),而且还发现了亚述人贸易期间的几座土丘(图22),当时一定是有人居住的。文献证据点明了这一地区几个城镇的位置,还有亚述人网络中的次要地点的位置,如卡腊赫那(Karahna)、库布尔那特(Kuburnat)和哈那克那克(Hanaknak)等,也可能是在这里。重要的河流,如戴利斯(Delice)、切凯雷克(Çekerek)和耶希尔厄尔马克(Yeshil Irmak)等,在这片富饶的宜耕之地上流过。

在卡尼什东北,现在的锡瓦斯方向的东面,在克孜勒厄尔马克河岸上,我们在卡亚勒皮那尔(Kayalıpınar)发现了一个真正巨大的土丘,几乎可以

1　Yakar 1985 将康亚平原与西里西亚一起合称为"南安纳托利亚"。

22. 博格阿兹柯伊（古代哈图什）地貌。拉尔森供图。

肯定这就是赫梯帝国时期非常重要的城镇沙穆哈（Shamuha），而且在古亚述时期也发挥了东部路线站点的作用，即所谓的苏基奴路（*sukinnu* road）（通常被称为"窄道"），从埃尔比斯坦平原（Elbistan plain）地区通往杜尔胡米特镇周围的铜矿产区。[2]

在西部，河流转弯处有个地方，塞尔柱桥（Seljuk bridge）依然挺立，标志着这条道路的重要性，有一个定居点建在一块突出的巨大岩石上，扼守着穿过河流的通道。这个定居点被称为卡帕里卡亚（Kapalıkaya）（阻塞的岩石）或布克吕卡勒（Büklükale），后一个名字的意思是指河流在这里急剧转弯（图

---

2 参考第十四章。

23）。巴尔雅莫维奇认为该遗址是就是古代的瓦赫舒沙那，是从杜尔胡米特到普如什哈杜姆的铜贸易路线上的主要站点。一个日本团队当前的考古挖掘表明，当时这里是一个重要的定居点，但其古代名称还有待确定。

现代的安纳托利亚中部地图可能会给人对古代情况的印象带来些许误导，尤其是在道路交通网方面。现代的高速公路不再按照传统路线展开，古代旅行者需要绕开困难和障碍物，这使得他们不得不选择与现代不同的路线。一个明显的例子是从安卡拉向南通往康亚市的主干道，因为这条高速公路穿过盐湖西部，跨越了驴马都无法长期生存的无水区域。但我们还必须考虑到我们目前还一无所知的青铜时代存在的其他交通障碍，就比如，如果沿途有大片的森林的话，他们肯定会选择避开。

要想将有关安纳托利亚地区中部政治地理的许多不同信息组合起来是十分困难的。即使是对于赫梯时期的政治地理，学者们也花了很长时间才就最重要的政治单元达成了共识，而且在几个重要城镇和地区位置的问题上仍然存在很大的不确定性。[3] 事实上，古亚述的证据更加复杂，而对这一时期遗址的挖掘工作十分薄弱，这使得对政治地域版图的重建更加困难。

可以肯定的是，该地区由几个大小不同的城邦组成，每个城邦都以一个重要城镇为中心。亚述人把他们的各个商港和商站都安置在这些主要城镇之内或附近。巴尔雅莫维奇用表格形式给出了已知在古亚述贸易中发挥了重要作用的39个地方的名字，其中有20多个地方有商港，大约11个地方则是商站，这提示后者的地位至少在贸易方面的重要性稍弱些。在古亚述贸易期间，可能有多达8个地方的地位从商站转变为商港。据巴尔雅莫维奇的估

3　因为涉及的文献太多，此处无法一一列出；关于这方面的简要介绍及参考资料，参阅 Barjamovic 2011: 61–63。

23. 克孜勒厄尔马克河上的布克吕卡勒，位于塞尔柱桥的正后方，河水向右转向一条狭窄的谷地。这就是巴尔雅莫维奇建议的古代瓦赫舒沙那遗址的地点。此处显然在所有历史时期都是可以监控渡河的战略要地。拉尔森供图。

计，这些地名中只有 6 个与已知的考古遗址有着确定的关联。[4]

换言之，可以得出这样的结论：在这一时期，安纳托利亚中部是一个人口稠密的城市化地区，而且这一地理位置相当有限的空间被划分为许多大大小小的城邦。然而，对文献的分析进一步表明，在已知文献中只有 4 个地名出现的次数超过 160 次，第二组只有 3 个城镇，出现超过 110 次；剩下的地名在文献中分别出现 10 到 80 次不等。这一简单的统计分析表明，古亚述贸易集中在极少数城镇：第一组中的四个地名，卡尼什、普如什哈杜姆、杜尔胡米特和哈胡姆极其突出，显然是安纳托利亚中部的主要市场；第二组中的 3 个城镇应被视为主要的中转站：扎勒帕（Zalpa）、沙拉图瓦尔（Shalatuwar）和提美勒基亚（Timelkiya）；其余的是对亚述人不太重要的地方，亚述人只

---

[4] 参阅 Barjamovic 2011 最后一章"地理学之外"（Beyond Geography）。

是偶尔造访,并没有或只有少数人在那里定居。我们应该记住,那些出现频率不高的地名并不一定意味着就一定是小地方或没有大的政治体,只是从商业角度来看,不那么受人关注。

要想对安纳托利亚中部的种族分布进行详细描述是非常困难的,亚述人并没有这样做的意图,他们提到安纳托利亚人时只是使用一个专有词 *nuā'u*,这可能只是一个拟声词,意思是听不懂的言语,就像是希腊语中的 *barbaroi*。后来赫梯时期的证据表明,当时存在的族群被称为赫梯人(奈沙人〔Neshites〕)、卢维人、帕莱人、哈梯人和被亚述人称为苏巴如人(Subareans)的胡里人等。前三个族群所讲的语言属于印欧语系;哈梯语的证据不多,而且与其他任何语言都没有关系;小亚细亚的东南部地区普遍都讲胡里语,这种语言与后来在凡湖地区(Van region)发现的公元前一千纪的文献中出现的乌拉尔图语族中的一支有着亲缘关系。

卡尼什人的名字主要由赫梯语构成,由此可见,他们大多数人说的都是赫梯语。[5] 我们还知道,卡尼什后来被称为奈沙(Nesha),并被视为叫作 *nešumnili* 的赫梯语的故乡。该名称后期的形式表明这个城市实际上应该叫 *knesh*,这种形式无法用楔形文字系统来准确表达。[6] 古亚述文献中的人名显示,当时存在几个不同的语言群体,但根据我们的材料,不太可能将语言与地域进行一一对应。

这里许多城镇和王国的政治制度与亚述人在自己的家乡所接触的完全不同。后文将要详细讨论的一篇条约文献显示,其中的一个重要城镇哈胡

---

5 关于讨论,参阅 Garelli 1963: ch. 3; Yakubovich 2010。

6 Nesha 与 Kanesh 这两个名称的相关性最初在 Güterbock 1958 中证实。

姆可能发生了某种叛乱，从而引入了寡头统治，[7]然而我们发现，在所有其他安纳托利亚城邦中，政治系统都是以王室夫妇为首的中央集权君主制。有一些文献还提到了王后统治所做的决定，而且显然是独自统治，对这一现象的合理解释是，国王和王后夫妇共同统治，当他们中的一个去世之后，另一个继续执政。

尽管人们对城镇考古挖掘中宫殿的实际布局知之甚少，但很明显，在安纳托利亚，宫殿是由大量工作人员管理的中央行政和经济机构。亚述文献中提到了将近50个不同的头衔，他们负责管理各种活动和人员，其中至少有一部分与宫廷管理密切相关。[8]执杯者之首就是这样的官员，一起的大概还有大管家（*rabi bētim*），执王杖者之首，仓库之首，桌子之首（当然是负责王室餐饮的人），维齐尔之首，还有可能是负责管理奴隶的人。

出土于第1层b后期涉及安纳托利亚人事务的文件需要得到国王和他的首席官员的授权，首席官员的头衔是 *rabi simmiltim*，"阶梯之首"，我们对这个奇特称号的背景一无所知。有人认为这一称谓指的是王储，但还不明确；担任此职的人后来成了国王的例证只有一个，即皮特哈那的儿子阿尼塔。在屈尔台培土丘上的宫殿里发现的少数文献之中，有一份属于图如帕尼（Turupani）的人员名单，他就拥有这个头衔。这份文件中总共列出了40个人的名字，其中提到一些人是仓库之首的随从，还有一些则是来自不同的村庄，其中有一个木匠、一个信使和两个铁匠，最后的总结说："他们都是阶梯之首图如帕尼的仆人。"[9]

7　参阅第十二章。

8　参阅 Veenhof and Eidem 2008: 219–233。

9　Bilgiç 1964.

在主要时期的文献中，安纳托利亚国王偶尔会和一个被称为 *rabi sikkitim* 的人出现在一起，这一头衔可能是最高军事长官。所有的大城市都有一个拥有此头衔的人，而且他们都具有很大的影响力和权势。沙里姆阿舒尔曾卷入一场诉讼中，对方是一名重要的安纳托利亚人，该案件的裁决是国王和一个名叫瓦里什腊（Walishira）的 *rabi sikkitim* 共同做出的。[10] 在另一篇文献中，我们得知这位官员必须联系地位非同小可的安纳托利亚人物：普如什哈杜姆国王，有些神秘色彩的乌西那拉姆[11]，和瓦赫舒沙那国王，让他们起誓，然后将一个亚述人安全地送往瓦赫舒沙那。[12] 从一封信中可以看出，这一官员在宫廷与亚述人的关系中扮演了重要角色：

> 一场大火烧毁了这里的宫殿，而且完全吞噬了整个庭院，所以现在向 *rabi sikkitim* 索要银钱有些不适宜，他把他所有的钱都为国家花掉了。我要亲自来见你，然后等国家恢复正常，我就带上 5 件王室品质的纺织品，和商港使节们一道前去，那个人就会为我要给他 5 件纺织品而羞愧，那么我就可以收回我的银钱。[13]

阿里阿胡姆写给他的合作伙伴达米可皮阿舒尔的一封信，显示该官员的死亡会对整个国家的情绪产生不安的影响；我们不知道信的接收者此时在哪里，但他被要求在收到信后立即去当地的宫廷并满足官员的要求，因为"（这里的）*rabi sikkitim* 死了。在全国都听到消息之前，快点离开！"[14]

10　AKT 6a, 197.

11　参阅第十五章。

12　AKT 1, 78.

13　BIN 6, 23.

14　AKT 6c（待出版），537。

还有其他一些不那么重要的官员,实际掌管着王国行政与经济的所有部门:这些首脑们负责掌管城市大门和门卫、打谷场、市场、木材、武器、葡萄酒、油、大麦、蔬菜、洗衣工、警卫、铁匠、花园、园丁、牧羊人、工人、翻译官、母狗、公牛、骡子和马。这些职位是君主授予的,通常会换得昂贵的礼物。从一位高级的安纳托利亚绅士写给他的亚述朋友的信中,我们读到:

> 现在统治者给我的职位不少于两个,一个是 *allahhinnum*(管家),另一个是 *šinahilum*(副统领)。我答应给国王一个礼物,一个大礼物。[15]

写信者,名字叫胡哈瑞马塔库,给出这个信息是希望收信的亚述人员能给他一头骡子,一种非常昂贵的牲口,那样他就可以体面地加入军队了,他写道:"我是你亲爱的儿子,你让我走着去吗?"他有机会成为一名重要的宫廷官员这一消息肯定会让他的亚述朋友更感兴趣。

德尔克森对安纳托利亚社会的分析表明,君主与土地占有及相关义务等事务有关。国王赐予的房屋附带为国家做某种工作的义务,王国的下层人民必须要服某种劳役,但似乎与土地占有无关。军事性质的特殊责任与其他被称为 *tuzinnum* 的王室封赐有关,而另一个相当模糊的词语 *ubadinnum* 被解释为王室向高级官员提供的土地封赐。许多这样的官员似乎也直接占有土地,有时候是拥有整个村庄。德尔克森所描述的情况是君主和宫廷发挥了重要作用,尤其涉及对上层官员分配土地。[16]

15　Veenhof 1989: 523.

16　Dercksen 2004.

有一位高级官员，牧人之首，名叫培如瓦，他的大部分档案尚未发表，其中没有提到国王的封赐或宫廷的干涉。文献显示，他主要是一个放债人，买卖奴隶，还与一个叫塔勒瓦赫舒沙腊的村庄有特殊关系。一些文献提到他借给这个村庄的人银钱和粮食，村民通常在收获时偿还。这个村庄中似乎存在着一种土地的集体所有制。

另外一个叫图姆里亚的村庄与沙里姆阿舒尔和他的家人有着密切的联系，他们从这个村庄中购买了大量的大麦和小麦。培如瓦与多个村民有着直接联系，但沙里姆阿舒尔家族却只与村中的少数几个人联系，这几个人可能是村里的首脑，也可能是这些土地和村民的主人。这些零散的观察表明，卡尼什王国的社会结构相当复杂，而且农业部分显示出多样化的所有制模式。[17]

尽管我们对宫廷的日常生活知之甚少，但我们对国王和王后在其中所扮演角色的重要性毫不怀疑。在许多例子中，当要制定或更新条约的时候，或者有时是要解决法律或外交问题的情况下，君主就会直接参与对亚述人的所有谈判。

亚述人存在期间的安纳托利亚经历了一个政治变革和动荡的阶段。除了有证据表明屈尔台培地层的破坏肯定是由军事征服造成的，文献中也提到战争导致了王朝更替，我们经常读到文献中提到该地区各国的动荡。如果这些事件不对贸易构成障碍，就不会引起商人们的直接关注，所以我们通常会发现环境的动荡对商队构成影响，使旅行变得危险。

有一个至关重要的词语 *sikkātum*，学界对此已多有论述，关于政治形势的分析在很大程度上取决于对这一术语的理解。有人认为该词语指的是

17　参阅史孝文（哥本哈根大学博士论文，2013）。

战争，也有人认为指的是宗教节日。[18] 之所以存在这两种截然不同的解读，部分原因是没有真正能够揭示其含义的文献，部分原因是缺乏令人信服的词源学以及来自其他时期的证据。关于节日的想法在很大程度上建立在赫梯人的证据上，因为我们从赫梯文献中得知在一些此类的宗教事务中，国王和朝臣们会到全国各地巡游，拜谒圣地。有人认为，在古亚述时期也有类似的做法，在这种节日的时候，不仅是朝臣们，大部分人口都会离开城市到郊外去。例如，有人认为，这就解释了为什么亚述人多次提到，当 *sikkātum* 事件发生时，市场会关闭，贸易会中断。另外，文献中还经常提及人们预期这种情况会在几天内结束，如果是指战争的话，就无法或至少是很难解释的了。

这一问题还不能说已经完全厘清了，但在我看来，对这些文献最令人信服的解读是它们所指的是敌对和战争的状态。在涉及瓦赫舒沙那地区某一时期局势的几封信中，有一封信使用了 *sikkātum* 一词，而另一封信中提到同一事件时则提到该地处于"动荡状态"（*mātum sahi'at*）。[19] 也许最清楚的例子是两个亚述人之间的一封信：

> 在这里，国王已经在 *sikkātum* 中倒下了，城市内部存在着一种反抗态势，所以我们恐怕有性命之忧。在一个半小时的行程中，敌人已经不见踪影，没有人能到郊外去。甚至有人试图让我们和他一起出发作战。在此期间，不要签订任何契约，以免我们因此而欠下投资者们将近 1 塔兰特银钱的债务。当局势恢复平静，国

18　Kryszat 2006. 关于该词语是指城市之外的金属市场的观点，参阅 Brinker 2010。
19　参阅 Barjamovic 2011: 32。

王将与他签订协议时，信件将再次发出。[20]

不管怎样，这些使我们得出局势动乱和战争结论的消息来源并非只是使用模棱两可的术语，大量的文献表明，这一时期充满了各种暴力冲突事件，因此我们可以从中建构出一系列战争景象，显示了一个领土兼并的政治过程，政治单元随之越来越少，体量越来越大，附庸制逐渐取代了先前众多独立的小城邦。最终的结果当然是赫梯古王国的诞生，而过程中扮演了关键角色的是公元前17世纪的阿尼塔、拉巴尔那 I（Labarna I）和哈图西里 I（Hattushili I）。

影响最大的战争发生在亚述人商业网络的西部地区，涉及普如什哈杜姆、沙拉图瓦尔、乌拉马和瓦赫舒沙那。[21] 沙拉图瓦尔商站给瓦赫舒沙那商港的一封信中说，普如什哈杜姆国王命令沙拉图瓦尔攻击瓦赫舒沙那，否则就将成为他的敌人。沙拉图瓦尔国王显然拒绝了，他的城市面临着普如什哈杜姆的攻击。我们在亚述人的通信中得知，那里的商站被转移到了瓦赫舒沙那，肯定是预见到了来自强大敌人的毁灭性打击。这场战争大概可以追溯到名年官表的70年代，也就是公元前1895年左右。

大约20年后，公元前1873年左右，瓦赫舒沙那与普如什哈杜姆再次进入敌对状态。在这一事件中，前文提到的乌西那拉姆与沙拉图瓦尔发生了冲突；另一篇文献提到该城内发生了暴动，显然牵涉到当地议事会，我们还有材料提到瓦赫舒沙那发生了叛乱；最后，似乎也提到了盐湖南部的乌拉马

20　kt 92/k 526；比较 Çeçen 2002: 67f。亦可参阅 Veenhof and Eidem 2008: 173。正如韦恩霍夫指出，词语"和他"指的是谁并不清楚，并且如果我们不是翻译成"国王已经倒下了"，而是选择另一个可能的含义"国王已经到达了"，那么词语 sikkātum 的确切含义就更不清楚了。同时，如果国王真的死了，那么文中的后一段话我们又该如何解读呢？

21　关于这些战争，参阅 Barjamovic et al. 2012: 44–52。

也卷入了战争。伊里维达库（Ili-wedaku）曾经告知普朱尔阿舒尔，在普如什哈杜姆城宣誓，即与乌拉马签订了条约之后，现在普如什哈杜姆局势已经稳定。[22]

所有这些事件可能看起来毫不相干，但它们似乎发生在同一时期，这一事实表明，这是一场将安纳托利亚中西部地区所有重要力量都卷入其中的重大战争。

韦恩霍夫编辑的库里亚档案来自较晚的时期，是名年官表第110年左右哀落时期之后唯一的一组广为人知的相关文献，时期涵盖了名年官表第124—136年（约公元前1849—前1836年），这组档案中有一封信提到了瓦赫舒沙那发生的事。我们通过这篇文献得知居民已经离开了城市，大概是因为预见到可能会发生战乱；这一信息继而可以与阿舒尔国王写给卡尼什商港的一封信联系起来，我们在信中读到：

> 我们听说安纳托利亚人和本地商贩把商人们的有效记录带出了瓦赫舒沙那，而且"小人物们"正在城外大批购买。[23]

我们可以得出这样的结论：瓦赫舒沙那遭受了一场严重的灾难，这使得亚述人不得不丢弃了他们的档案匆忙逃离，这些档案随后遭到了安纳托利亚的民众和当地商贩的哄抢，因为这些有效的契约是有价值的。事态如此严重，就连阿舒尔当局都不得不介入处理，并为确保商港系统的正常运行颁布适宜的规则。瓦赫舒沙那被重建起来，并在古亚述后期发挥了作用。

安纳托利亚中部地区也有战争和动乱。在一个破损非常严重的文献中，

22　KTS 2, 40.

23　参阅第九章。

我们得知，西那胡图姆（Shinahuttum）、阿姆库瓦和卡皮特腊（Kapitra）等小城邦开始与哈图什国王为敌，而且似乎卡尼什也卷入了这场战争，[24] 但我们所能说的是，在安纳托利亚的这一区域似乎少有和平时期。这些事件累积，在后来的古亚述第 1 层 b 时期，导致了政治格局的彻底改变。一个明显的印象是，早期亚述人面临着数量众多的小公国，与这些小公国都必须签订条约，但在后期，形成了一些大的邦国。卡尼什曾一度被来自库沙腊城的皮特哈那征服，他的儿子阿尼塔则开始了大规模扩张，最终征服了安纳托利亚中部的大部分地区，包括沙拉图瓦尔和哈图什。甚至在卡尼什向四方扩张之前，南部的马马国就征服了深入叙利亚北部的地区。[25]

在卡尼什上城的宫殿里发现的所谓瓦尔沙马信件，向我们清楚地描述了当时的政治局势，这封信是马马国王阿奴姆黑尔比写给卡尼什的瓦尔沙马的：

> 你曾写信给我，说："台伊沙马（Taishama）之人是我的奴仆。我应该亲自处理他，那么你自己也要处理你的奴仆席布哈（Sibuha）之人。"
>
> 因为台伊沙马之人是你的狗，他居然和别的王密谋！我的狗，席布哈之人，和其他国王密谋了吗？台伊沙马王可以成为和我们平等的王吗？
>
> 当我被敌人打败的时候，台伊沙马之人入侵并毁坏了我的 12 个村庄，带走了他们的牛羊。他说："国王已死，所以我现在可以随便狩猎了。"他不但没有保护我的土地，也没有支持我，反

24　Larsen 1972.

25　Miller 2001.

而烧毁了我的土地，留下了恶臭的烟。

你父亲伊那尔围困哈尔萨姆那城的九年间，我何曾侵入你的领土，杀死牛羊？……

现在你写信来说："让我们宣誓吧。"但先前的誓言难道不够吗？你的使者应该到这里来，然后我的使者会到你那里去。[26]

卡尼什向南扩张到了陶鲁斯山脉，及至与马马国接壤，在群山之中，两国都有附庸——轻蔑地称之为须用皮带牵着的"狗"。这大概就是在亚述人存在的最后时期整个安纳托利亚中部的情况。要想写出该地区的详细历史是不可能的，我们只能在偶然间获得一些零散的信息。有一封最近发表的信件，确切时间恰好是公元前1776年，即沙姆西阿达德去世的那一年。我们从信中得知，当时的哈尔萨姆那国王，名叫胡尔美里，正在与邻国的扎勒帕交战，他曾写信给阿舒尔城市议事会，抱怨他们的国王派军队帮助扎勒帕：

太阳，我们的主人，给我们写了一封信，并把你的使者哈扎拉姆（Hazalam）和胡杜尔拉（Huducrla）送到我们这里。因为道路封锁了，你给我们发了一条长长的消息，表达了你的不悦。然而，在你的信还没有到之前，我们的主人沙姆西阿达德王就已经去世了，直到他的儿子伊什美达干坐上他父亲的王位，直到今天，我们才派使者到你那里去。

你曾写道："你们的主人，将军队交给扎勒帕之人的时候，你们为什么不伏在他脚前，求他别把军队交给扎勒帕之人呢？"

26　Balkan 1957.

然而,即使在太阳,我们的主人,给我们写这封信之前,我们在这里也从未怠慢。我们屡次匍匐在主人的脚下,说:"不要这样!不要把军队交给扎勒帕之人,以免惹恼你的兄弟,哈尔萨姆那之人,伟大的王!"

我们向我们的主人乞求,俯伏在他脚前,但他回答说:

"你们这些商人,你们是我的奴仆,还是哈尔萨姆那之人的奴仆?你们真的会拿起武器跟着我吗?不,你们是商人!在商队的路上,全力追求你们自己的生意!你们为什么干涉我们这些大王们的事务?"[27]

这封信还表明,城市的长老们对安纳托利亚国王的态度非常谦卑,这与第2层时期的信件大不相同。他们称哈尔萨姆那国王为"太阳,我们的主人",他们称自己为"你的奴仆",最后他们抗辩说,他们"为你的生命和哈尔萨姆那的福祉"向阿舒尔祈祷。显然,亚述人和安纳托利亚的大王们之间的关系发生了巨大的变化。由于他们无法劝说沙姆西阿达德结盟,只能转而为这位国王送上一份"精美的礼物:80件阿舒尔产织物和20件阿卡德产织物",并表示希望对方能重新开放道路。

27　Günbattı 2005: 450. 文献为 kt 01/k 217;参阅 Günbattı 2014: 16–18。

第十二章　商港系统

在叙利亚北部、安纳托利亚中部建立商港系统肯定需要一定的时间，它的形成过程目前还不清楚。阿舒尔西北部广阔的大草原是一片肥沃的农田，点缀着许多村庄和城镇，我们有时会在前往安纳托利亚的商队费用清单中发现其中一些村庄和城镇的名字。可惜的是，我们对公元前19世纪叙利亚的历史和政治局势知之甚少。在幼发拉底河中游的马瑞的宫殿里发现了一些书写于公元前18世纪后期的文献，直到这些文献问世的时代，这一地区才登上历史的舞台。这些文献显示了一个由多个小王国和城邦组成的发达体系，以及一个在联盟、战争和征服中不断变化的政治格局。马瑞宫廷文献所描述的情形必然是由上一个世纪发展而来，但我们也不能确定，从马瑞文献中所获得的认知与亚述驮驴商队不绝于途的公元前19世纪在所有方面都有关联。

大概在公元前21世纪末的乌尔第三帝国时期，阿舒尔就已经是一个贸易城市了。在该时期的文献中出现了一些个体，从名字来看是亚述人，他们到访过南方的城镇，从对他们的描述来看，其中至少有一部分是商人。[1] 这

---

[1] Barjamovic 2011: 4–5.

座城市不仅与南方有着紧密的联系，我们猜测阿舒尔的商人与西部草原的游牧族群也有着特殊的关系，有人认为该城是这些族群生活的中心点，是朝圣之地，也是适宜部落首领们过冬的地方。[2] 因此，与西部地区和叙利亚草原上的许多发展中城镇的紧密联系可以上溯到史前时代。

伊鲁舒马和埃瑞舒姆 I 统治时期进行的经济改革，似乎是为了吸引商人从南部，从巴比伦尼亚来到阿舒尔，从而与连接阿舒尔及西方的现有网络建立商业联系。但此处有一个疑团，在古亚述贸易的全盛时期，来自阿舒尔的商人似乎并没有与草原诸城进行任何大规模或正式的贸易。从阿舒尔出发的商队所携带的包裹是被封印的，装有锡和纺织品的包裹直到商队抵达安纳托利亚或越过幼发拉底河才会打开。商队中的人员在途中的确也进行少量锡和纺织品的贸易，但那是他们顺带赚取利润的个人行为，没有证据表明，从阿舒尔出发的商队的贸易目的地是叙利亚北部城市。位于土耳其东南部幼发拉底河的一个主要渡口附近的哈胡姆是一个边境重镇，从商业上将安纳托利亚与叙利亚分隔开来，商队的货物在这里可以被拆分成较小的包裹批量运送。旅途的花销通常是将整个旅程分成两部分来计算：从阿舒尔到哈胡姆和从哈胡姆到卡尼什。[3] 为什么会发生这种情况呢？

事实上，在草原地区有几个亚述人的商港和商站，不能排除我们所掌握的证据从本质上来说完全基于在卡尼什居住的男男女女们的喜好，对他们来说，叙利亚北部的活动可能无关紧要，因此材料所呈现出的是一幅不完整的，甚至扭曲的亚述人贸易图景。从另一方面来说，难道我们真的可以假设在卡尼什和安纳托利亚其他商港的人不会参与对叙利亚草原的富饶土地和

2　参阅 Oates 1968: 20–21；亦可参阅 Oppenheim 1964: 99–100。

3　Barjamovic 2011: 87–95。

城镇的商业开发吗？至少偶尔会有一个商队前往那些城镇，如果条件允许的话，那里肯定会出现一个充满需求和增长机会的市场。

为什么前往安纳托利亚的商队在到达幼发拉底河之前不能拆包？关于这个问题，文献中没有给出丝毫解释。我们必须从整个地区的地缘政治格局中去寻找原因，而且最有可能的是，起码在贸易的全盛时期，亚述人是被禁止在草原城镇进行贸易的。在当时的商业体系中还有别的重要角色。其中有一个是位于幼发拉底河沿岸的埃马尔城，[4] 另一个是高墙拱卫的城市埃布拉，位于现代的阿勒颇以南50公里。这两座城市都是当时重要的商业中心，然而埃马尔因为幼发拉底河上建了一座大坝而无法挖掘，埃布拉已经被一个意大利考古队考察了很多年。[5]

埃马尔显然是一个非常重要的商业中心，很可能在叙利亚北部大部分地区的贸易中占据主导地位，亚述人必然与这座城市签署了协议，在我看来，部分协议可能是关于前往安纳托利亚的商队通过埃马尔领土时的规则，这才是埃马尔人关注的范畴。另一方面，众所周知，虽然只有几次提到，埃布拉也派商人前往安纳托利亚。想要搞清阿舒尔与埃布拉划分势力范围的可能方式，我们应该注意，据知阿舒尔的商队没有到访或途经叫作西里西亚的地区。当然，从商业角度来看，这个富饶的农业区会更值得关注，因为这里有像塔尔苏斯（Tarsus）这样的重要城市。此外，西里西亚山口是穿过陶鲁斯山脉的主要道路，商人们通过这里会直接到达重要的康亚平原。巨大的卡拉霍愚克土丘是这一地区的一个主要遗址，考古挖掘的证据表明，

---

[4] 关于该遗址的综合信息和详细的参考书目，参阅 http://www.uni-tuebingen.de/emar/en/index.html。

[5] Matthiae and Marchetti 2013.

这里与叙利亚有着密切联系，例如在滚印的设计风格方面；但亚述商人却很少提到康亚平原地区，而卡拉霍愚克本身，在古代可能被称为乌沙，在文献中似乎只被提到过几次。因此，最合理的结论必然是，他们在某种程度上被禁止参与该地区的贸易。

因此，这一青铜时代的世界似乎被划分为不同的商业利益范围，我们从亚述人与陶鲁斯山区某个不知名小王国之间签订的条约草案中看出，控制这一系统的规则是非常严格的。在条约中，当地国王发誓，他将不会允许任何一个阿卡德商人（即来自巴比伦尼亚的商人）进入他的土地；一旦他们来了，他必须逮捕他们，并将他们交给亚述人，"然后我们将杀死他们"。[6]

* * *

目前，我们知道大约有 40 个亚述人建立的机构，其中大多数被称为 *kārum*，通常被译为"商港"，少数被称为 *wabartum*，我们称为"商站"（trading station）。后一个词与对外国人的称谓有关；另一个源自相同词根的词是 *bēt wabrim*，"客人房"或"客栈"，指过路的商队可以过夜的地方。

kārum 这个词由来已久。在苏美尔和巴比伦尼亚的广阔冲积平原上有许多河流和运河，每个城市都有一个港口或至少一个码头。从其他城市和国度运来粮食和货物的船只在那里靠岸，当地商人在那里有仓库。[7] 这些地方都很繁忙，通常都位于城市的郊区，因为商业和所有与贸易有关的东西都必须

6　参阅本章后文。

7　参阅 Stol in Charpin et al. 2004: 895–896；关于普遍性考察，参阅 Oppenheim 1964: 90–91, 115–116。

保持距离。[8] 贸易活动有很大的不确定性和风险。财富的得失都有可能在一天之内发生，商人和商业活动可能会威胁到地位、等级和传统的稳定性——今天富有而强大，明天也可能会破产。显然，商人们为社会提供了必要的支撑，但最安全的做法是不把他们直接纳入城市的生活秩序中。众所周知，这种模式在全世界都有，我们经常会发现双城结构，一个是为了谋求统治的稳定，另一个是为了商业发展——想想伦敦被划分为威斯敏斯特（Westminster）和城区，再想想特诺奇蒂兰（Tenochtitlan）和特拉特洛尔科（Tlatelolco），或者开罗和福斯塔特。

码头或港口成了商人的住所，便出现了 kārum 这个词，代表当地的商人社区，这样的社区有别于其他社区并拥有一定程度的自治权，社区的领导者是 wakil tamkārim，"商人的监督者"。当然，这个词语在阿舒尔被用作国王的头衔之一，waklum。

因此，我们发现，在巴比伦尼亚具有一定规模的城市中，都有一个 kārum，这是城市布局的一般特征。住在某些城市的商人难免在其他社区发展商业利益，有的个人或团体甚至会在其他城市开设店铺。这种城市之间频繁的商业联系最终导致在外国的城市建立了一种商港，因此我们在文献中读到了"设在马瑞和米什兰（Mishlan）的西帕尔的 kārum"，而在西帕尔，我们发现了一条"伊辛人的街道"。[9] 在巴比伦尼亚发现的文献表明，来自南部拉尔萨城的商人在迪亚拉地区的埃什嫩那和胡泽斯坦的苏萨都有代表人，

---

[8] Oppenheim 1964: 114 指出"由于地位原因或为了维持社区的特定经济和社会氛围，必须将城市内和城市间的经济分开"。

[9] IM 49307, 该信件发表于 Leemans 1960: 106–107, 是由 "kārum Sippar ša ina Mari u Mišlan wašbu" 写给个人的；关于伊辛人的街道，参阅 Harris 1975: esp. 11。

他们显然或多或少地长期居住在国外，但他们继续用自己的方言和历法系统书写他们的文件。[10]

阿舒尔的人使用不同的术语，城市本身也遵循不同的政治和商业模式。它的起源是一个商业社会，是一个因其在国际贸易中的作用而兴起的城邦，从这方面来说，我们应该把它与文艺复兴时期的意大利城市佛罗伦萨、卢卡（Lucca）或热那亚进行比较。阿舒尔就像这些城市一样，是由商人组成的商业贵族统治，那么如果把公元前19世纪的阿舒尔本身描述为 kārum 似乎也不无道理。但是，亚述人并没有把他们在卡尼什的商港称为"设在卡尼什的阿舒尔的 kārum"。他们称之为卡尼什的 kārum（kārum Kanesh）。

米歇尔（Michel 2014）认为将 kārum 一词翻译为"殖民地"（colony）恐有误导之嫌，她指出这一术语通常意味着政治控制。吉尔·斯坦因（Gil Stein）也曾强调了这一点，[11] 他建议我们应该使用贸易移民（trade diaspora）模式，从而更好地理解屈尔台培文献。他强调，在政治和司法独立的同时，保持独立的文化特性是这种结构的一个决定性因素，他还主张"贸易移民的本质就是与众不同"。[12] 在我看来，他的模式与理解古亚述人在安纳托利亚出现的各方面有关：强调商港的商业基础和对特定文化传统的保留。然而，这种模式可能会淡化可以直接观察和描述的社会和文化关系的复杂性。我认为，强调亚述人与安纳托利亚人之间互动的差异而不是沟通与操作的过程，是对一个处于变动发展中的局面的片面呈现。[13]

10　比较 Leemans 1960。

11　Stein 2008.

12　Stein 2008: 31.

13　Larsen and Lassen 2014. 亦可参阅 Veenhof 2010b: 46 中的评论，他指出在第 1 层 b 时期能够看出这种"移民特征"的变化，表明"阿舒尔商人们与故乡的联系不断削弱"。

米歇尔接受了他对使用"殖民地"一词的批评,但她发现,"贸易移民"的概念也不尽人意。这一时期与西欧扩张和征服全球广大地区的殖民主义时代有相似之处,但强调这种历史相似性对理解青铜时代中期安纳托利亚的史事并无益处,这当然是非常值得肯定的。不过,在我看来,我们可以有效地区分"殖民主义"和"殖民"(colonisation),其中第一个词表示对被征服人民的政治和军事控制的建立与扩张,这些特征不一定与第二个词有关。因此,我认为,"殖民地"一词在对亚述人与安纳托利亚人之间关系进行确切描述的情况下仍然是可取的。事实上,使用"殖民地"一词来表示在外国土地上建立的商业机构的传统由来已久。因此,经济史学家传统上把中世纪在地中海地区建立的意大利商业聚落称为"商业殖民地";这些聚落像古亚述人一样与当地统治者订立条约。这样的聚居区有时只是一条街道,也可能是城镇的一个区域。伊斯兰国家的外国人聚居区通常最后会建立一个高墙环绕的封闭的方达科(*fondaco*),这些机构通常由母城派出的官员来管理。[14]

亚述人把他们的世界分成两个单位:*ālum*,"城市",即他们的故乡阿舒尔,和 *eqlum*,表示一个区域或一块土地,广义上来说意思是"国外",在某种意义上说即是"非城市"。在屈尔台培第2层文献所描述的高度发达的体系中,亚述人定居点,即叙利亚北部和安纳托利亚的20多个商港,是以阿舒尔为中心的紧密联系的行政体系的一部分。体系的顶端是城市,上文已经阐述了阿舒尔的官僚机构;下一个层面,所有亚述人在国外的定居点都归卡尼什中央商港管辖,各种较小的商站由最近的商港负责。上文提到的信件中的证据就证明了这种严格的等级制度的存在。在信中,城市命令卡尼什

---

14 de Roover 1965: 59–63.

商港为阿舒尔的防御工事支付款项，然后再确保其他所有商港都发送了各自的份额。还有一个已经提到的例子是卡尼什商港给"所有商港和商站"的信，通知城市颁布的对陨铁征税的新政策。[15]

在叙利亚北部城市乌尔舒（Urshu）建立的商港曾一度遭受过十分严重的犯罪侵害，当时窃贼闯入了当地一个专门供奉阿舒尔神的小神庙，偷走了所有的贵重物品，包括装饰在神像上的神圣饰品。这一事件发生后，人们并没有马上向都城的阿舒尔神庙当局报告，而是报告给了卡尼什商港，这又给出了一个当时的政令系统的例证，所有海外商港都要听令于中央商港，中央商港很可能会立即通知阿舒尔的有关人员。[16]

很明显，卡尼什商港密切关注着与叙利亚北部和安纳托利亚地方当局的关系，并最终汇报给阿舒尔市议事会。有一些资料提到城市议事会的特使来到了卡尼什，甚至可能在那里待了很长时间。他们代表城市议事会的利益，似乎只要有涉及与安纳托利亚当局的关系问题的重要交涉，他们都会参与。有的时候甚至会干涉亚述人个体与地方官员发生的冲突，但最重要的职责必然是监管最终与安纳托利亚国王达成条约的一系列交涉。最近发表了两份这样的条约，一份是与哈胡姆王国签订的，另一份是与卡尼什签订的，但这两份条约都来自第 1 层 b 时期的后期，因此可能并非各方面都与前期文献记录比较丰富的第 2 层情况反映的一样。[17] 但换一个角度来说，我们起码不再完全依赖于私人信件中关于此类谈判时的某些晦涩说法。

15　参阅第九章。

16　SUP 7；比较 Larsen 1976: 261–262。

17　与卡尼什的条约的日期貌似可以被定位于"公元前 1750 年至公元前 1720 年之间"；参阅 Veenhof 2013: 25。

提到哈胡姆王国问题的信件是这些信件中最广为人知的一封,该信件可能会给上述条约背景带来一些实际启示。我们从信(来自第 2 层时期)中得知出现了严重的麻烦,据说国王"犯下了血腥的罪行,他的王位即将不保"。亚述人尝试与当地贵族进行谈判以确保自己的利益却徒劳无功,但他们没有试图继续深入沟通,可见当时局势非常不稳定,这在亚述人的商业网络中是至关重要的一环。这封信并没有告诉我们哈胡姆事件最终的结果,但在条约中根本没有提到当地的国王,这很可能是一个非常重要的信息。协议的安纳托利亚方用复数被简称为"你们",并称只有三位要人对一定数量的进口纺织品行使优先购买权。一个合理的结论是,信中提到的危机结束于一场变革,国王被废黜,贵族掌握了政权。[18]

整个商港和商站体系是建立在亚述商人和地方统治者之间的协议基础上的,当然,从协议的内容来看双方是互惠互利的关系。亚述人可以提供他们的产品,而锡作为制造青铜必需的原料之一,无疑具有重要的战略意义。数千件进口的豪华纺织品对当地的精英阶层来说明显具有吸引力,是他们在社会中优越地位的体现。条约中明确规定了税收水平和宫廷的优先购买权,统治者就有了稳定的供应,或许也获利不菲。反过来说,他们给予商人们在城市里居住的权利,亚述人的社区享有治外法权,包括自治权和自己的司法机构。更重要的是,安纳托利亚的统治者确保了道路交通的安全,并有责任对袭击和抢劫亚述人商队的强盗进行抓捕和审判,有的时候,甚至赔偿损失。现存的条约中保存了这些协议的内容,并且能够在处理这些问题的许多信函中得到充分的印证。宫廷在其领土

18　CCT 4, 30a; CCT 6, 15b (CMK nos. 98 and 99). 关于韦恩霍夫的建议,参阅 Veenhof and Eidem 2008: 194–195。

的战略要地设有卫兵,我们有时读到,商队发现向驻扎在哨所的士兵支付少量费用是明智的做法。

有一个与该地区东南部的一个未知小王国的统治者所签条约的草案,该文献可能属于第 2 层时期。草案是以亚述人谈判代表对国王以及与其一起宣誓的要员们声明的语气书写的:

> 在你的国家,亚述人的财产不会有任何损失,无论是绳子、钉子还是任何东西。
>
> 如果在你的国家损失了东西,你应该寻找(失物)并将其还给我们。
>
> 如果在你的国家发生了流血事件,你应该把凶手交给我们,这样我们就可以杀死他们。
>
> 你不能让阿卡德人来到这里。如果他们真的来到你的国家,你必须把他们交给我们,这样我们就可以杀死他们。
>
> 你不能向我们索取任何东西。像你的父亲一样,你可以在去安纳托利亚的商队里,每头驴的荷载量(donkey-load)抽取 12 舍克勒的锡。你可以像你的父亲一样,在去的路上每头驴的荷载量用 $1\frac{1}{4}$ 舍克勒的银子。你不能抽取更多。
>
> 如果因为发生了战事而没有商队到来,他们会从哈胡姆给你送来 5 磅的锡。
>
> 他举起他的手,向阿舒尔和阿达德神,向冥界与他父亲的灵魂祈祷;他掀翻桌子和椅子,斟满杯子,再倒出来。国王说:"愿他使我化为乌有……"他们(要员们)说:"如果我们违背你的

誓言,愿我们的血如这杯中的(酒)一样抛洒!"[19]

这是与系统中的一个小角色达成的一项协议,这个小王国在亚述商队来回穿过陶鲁斯山脉的通道中获利有限。该条约显然是因为新王因其父亲去世而登基制定的。他征收的12舍克勒的锡税只是每头驴的荷载量的一小部分,[20]但似乎很明显的是,每年的总额能够达到几磅,因为即便是道路关闭,他也能得到至少5磅的保证金。相应地,他必须确保自己的领地内的道路安全,并负责抓捕小偷和杀人犯。关于阿卡德人(即来自遥远的巴比伦尼亚的商人)的段落可能反映了该土国位于陶鲁斯山区,离叙利亚草原不远。没有任何迹象表明巴比伦尼亚人走得更远,渗透到了安纳托利亚地区。但即便他们来到了山区,也没有权利通过,可能会被交由亚述人处置。

现存的还有另外两份条约[21],是与更重要的安纳托利亚国家卡尼什和哈胡姆签订的,亚述人在那里建立了长期的居住区,文献中诸多方面都反映了这一点。这两个地方都收取常规税费,而不是第一个文献中提到的过境费,此处使用的很多经典术语都与大量商队贸易文献中使用的相同。

我们掌握的条约中从未提及亚述商人和当地国王之间关系的某些基本要素。由于这些条约都不完整,因此不能排除我们所没有找到的特征可能存

---

19 kt n/k 794;比较 Çeçen and Hecker 1995,和 Veenhof and Eidem 2008: 186–187。

20 1舍克勒(*Shekel*)大约为8克,1马那(*mana*)的$\frac{1}{60}$,1马那大约等于1磅。韦恩霍夫(Veenhof and Eidem 2008: 187)讨论了这些规则,他认为虽然给出的比率是每头驴的荷载量的0.04%—0.08%,但是如果这个王国位于商队的路线上的话,那么统治者会赚取更多。哈胡姆征收的5磅应该相当于不到25头通过其境内的驮驴。

21 Günbatti 2004. 我暂不分析保存较差的来自雷兰丘(Tell Leilan),即古代阿普姆(Apum)的条约,该条约发表于 Eidem 1991, 2011;关于评论,参阅 Veenhof and Eidem 2008: 184–185;韦恩霍夫在该书中进行了详细的研究。亦可参阅 Veenhof 2013。

在于破损部分，但在安纳托利亚城镇生活的基本权利，诸如拥有房屋和与家人定居的权利等，还有与当地居民进行贸易的特权和治外法权，可能被认为是理所当然的，不必特别声明。这些条约所关注的是这些权利可能受到质疑或限制的情况（见图24）。

例如，统治者必须同意不觊觎或夺取属于亚述人的房屋、田地、花园或奴隶，他必须认可亚述人没有义务服劳役（corvée），在王室工程中被迫劳动，以及其他通常与土地所有权相关的责任。对亚述人来说，另一个极为重要的领域是保持和使用他们自己政治、行政和法律机构的权利。从私人档案的信件和司法文件中我们知道，各个商港的议事会处理几乎所有的法律冲突，包括亚述人和安纳托利亚人之间的法律冲突，但是，这些条约要解决的是某些细节上的特殊情况：因为亚述人当局由于某种原因无法完成，所以国王和他的官员们才积极参与的情形。我们不知道安纳托利亚国王为什么会处理一些冲突，但在大多数情况下，这些冲突可能涉及当地知名人士，最有可能是王室官员。亚述人使用自己司法机构的权利也有可能在后期受到某种程度的削弱。哈胡姆的统治者必须同意不得

> 支持你的士兵、女奴和奴隶或哈胡姆市民中任何人，做出反对亚述人或哈胡姆商港的行政裁决。你必须不得根据特别协议做出裁决，但你务必根据哈胡姆的正常司法实践做出公正的裁决。[22]

条约进一步规定，如果亚述人宣誓，应允许他以自己神的象征物起誓。这也意味着，专门对安纳托利亚人的河神审判惯例不能被强加于亚述人。

22　Günbatti 2004: 256–257.

24. 与哈胡姆统治者订立的条约。屈尔台培考古发掘档案。

有一个非常特殊的情况,一个商人被逮捕了,被指控服务于另一个安纳托利亚国王从事间谍活动,当地商港派出代表与国王和王后交涉,在这种万不得已的情况下,他们宣布愿意让这个人"像你们城市的公民一样到河里去"。[23] 另一篇文献告诉我们,一位当地国王和他的首席官员对涉及一位重要的亚述人和一位当地要员的案件做出了裁决。所给出的解决方案是派一名亚述商人的代表去接受河神审判,但亚述商人显然不会接受这一点,因此他成立了一个调解小组,包括四名安纳托利亚人和四名亚述人,最终搁置了国王的裁决,并在支付一些银钱的基础上给出了一个不太极端的解决方案。[24]

哈胡姆王国控制了幼发拉底河的一个主要渡口,条约在一段涉及损失和赔偿规则的段落中直接提到了这一点:

> 你一定不能授意渡船人,要求他们假装或恶意让船沉没,从而使商品丢失。任何损失,无论是沉船造成的,还是在河流、山区或你的土地上的任何地方造成的,所有损失你都必须赔偿,甚至是绳索、钉子或棍子。

当然,比盗窃更具戏剧性的是谋杀,这是经常独行或只有一两个仆人陪伴的亚述商人面临的危险。据推测,劫匪大多是村民,他们专门寻找远离主要城市、深陷山谷或穿过森林的小路上经过的小规模商队为对象,觊觎他们所携带的财富。然而,似乎很明显,在大多数情况下,劫匪会后悔自己的行为,尽管这些条约对地方当局在抢劫和谋杀发生时应该做什么有非常明确的规

---

23 参阅 Günbattı 2001。

24 参阅 Larsen 2007a; AKT 6a, text no. 197。

定,但似乎没有必要经常执行这些规定。一些书信中当然偶尔会提到谋杀和抢劫,但亚述人显然认为这一风险相对不大。

我们更经常遇到的情况是,由于战争或地方暴动,路途很危险;商队贸易可能会被封锁一段时间,这对商贩意味着严重的问题。他们可能会被困在远离卡尼什的一个小镇,无法寄出货物或金钱,可能会因为冬季的到来无法穿过陶鲁斯山口,而错过了与返回阿舒尔的长途商队的重要联系。似乎在亚述人进行贸易的时期,安纳托利亚正处在一个动荡的阶段,权力不断集中于更少、更大的政治单元,这种局势导致了许多大小战争,一些小的城邦和正在拓展领土的国家都卷入其中。显然,这些条约无法防范此类突发事件,亚述人所能做的就是与这些敌对行为划清界限,并试图继续其商业活动。这虽然危险,但并非不可能,像大草原上的贝都因游牧民族一样,商人"可以穿越战争与和平"——就像一百年后,一位酋长在与马瑞国王的特使交谈时所解释的那样。[25]

当然,商人的风险是真实存在的。我们得知在一个叫瓦赫舒沙那的城镇有一个重要的亚述商港,遭到了袭击、占领和摧毁。[26] 我们还知道,卡尼什下城在其繁荣阶段,即第2层结束时,被摧毁了,这必然是战争的结果。

第2层时期是贸易的全盛时期,平日里频繁有商队带着他们的货物到达卡尼什,我们有许多由负责货物销售的人写的账目,以及他们逐项列出各种费用的文献。因此,他们也告诉了我们亚述商人向宫廷缴纳的税款,条约规定的税收制度。遗憾的是,我们的条约文献有破损,所提供的关于税收的信息有限,而且,这些文献来自晚期,因此可能反映

---

25 Charpin and Durand 1997: 378.

26 比较第九章。

的是一种改变后的制度。然而，我们可以看到，宫廷保留了一种叫作 nishātum 的税收的权利，字面意思是"被扒下的东西"，我们称为关税或进口税。在常规制度中，这相当于带入宫廷的纺织品的 5%，每头驴荷载的锡（130 磅）中的 4 磅；除此之外，宫廷还有优先购买权，以优惠价购买多达 10% 的纺织品。

总的来说，尽管我们没有条约中的确凿证据，但我们可以假定，这些规则或类似的东西在后期依然存在。我们得知，在哈胡姆，"当一个商队从阿舒尔城到来，在 50 头、100 头或更多的驮驴被清关之后"，也即缴纳了适当的税款之后，城市的三个主要官员被允许以折扣价购买 5 件、2 件和 1 件纺织品。

贸易为宫廷及其主要官员带来了巨大的财富，必然促使统治者们促进贸易的愿望更加强烈，并且保持道路、卫兵、桥梁和堡垒等系统的安全，从而保护亚述商人。而且，至少在贸易的繁荣时期，这种做法对所有相关各方都有利。同时，这些宫廷可以利用这些基础设施的要素密切监视亚述商人的活动，尤其是防止走私。商队要交税，必须得进入安纳托利亚许多城邦的都城。往来的商队在城门口接受检查，随后直奔宫殿，宫殿通常位于土丘之上，在高处俯瞰整个城市。有一些亚述人非常善于欺骗当地政府，其中就有一个人，普舒肯的儿子布扎朱（Buzazu），他常常与自己的家人和生意伙伴搞一些投机钻营的生意，他非常明确地指示他的伙伴们，去胡腊马城组织走私活动：

让他们把锡带到胡腊马，然后让胡腊马的一些当地人把所有的锡都用 60 磅的袋子运进去，或者准备 10 到 15 磅的包裹，让商队的人员把包裹藏在衣服里。一定要先安全地运进去 60 磅后,再运下一批 60 磅。[27]

目前还不知道这一策略是否奏效,但还有另一种走私方式。似乎在穿过幼发拉底河后不久,商队就可以离开通往安纳托利亚中部和卡尼什的主要路线,转而沿着一条名叫苏基奴路的路线向北行进,最终到达最重要的商业中心之一,杜尔胡米特城。该城是铜贸易的主要市场,亚述人在那里购买了大量的金属铜,再将其运到第三大中心,普如什哈杜姆城。走这条路线,商队显然不仅可以避开卡尼什,而且可以避开其他大多数需要缴纳税费的城市。不利的一面是,这条路会经过非常危险的地区。因此,这是一场赌博,可能有很大概率能够成功,但我们的确了解到,即便是非常有地位的亚述人也可能在这里被抓住。我们还得知,有时安纳托利亚的国王们会搁置他们的争端,并组织队伍积极有效地巡逻,从而可以拦截商队并没收其物资。我们有一封警告信,上面写着严厉的命令:

> 此处的国王和王后已经写信给公路卫队,告诉他们有关走私的事情,说:"抓住所有在这片土地上携带纺织品和锡的人,扣留锡和纺织品,把罪犯带到我这里。"此外,他们还写信给苏基奴路上的人。事情紧急!不要走私锡和纺织品,也不要往苏基奴路运送任何物品!事情紧急!命令非常严格!什么东西都不要送!否则你会后悔的![28]

27　BIN 4, 48: 17–26. 比较 Veenhof 1972: 312。

28　AKT 6d, 771(待出版)。

亚述人商港系统的建立基于一系列国际协议网络，例如被我们恰巧发现的条约，以此为基础成功形成的日常实际操作保证了交易顺利进行和两个群体之间关系的稳定。繁荣的贸易显然给多方带来了可观的利益，安纳托利亚的国王们必然意识到了这对他们本身的地位和社会财富的重要性；这种情况长期持续必然会对安纳托利亚社会产生深远的影响。这一系统中第二重要元素是亚述人自己建立的精妙而高效的法律和政府机构。这是通过对卡尼什商港的分析得到的最佳答案。

第十三章　商港的行政机构

卡尼什商港的主要行政机关被称作 *bēt kārum*，"商港办公厅"。只要还没有找到该建筑本身，我们就必须得承认，我们没有描述商港管理和统治方式的准确文献基础。该办公厅很可能是参照阿舒尔名年官办公厅建立的，需要具有各种必要的功能，以便妥善处理经济、司法和管理事务。然而，由于没有这个办公厅的档案（或许有一天会出现），我们必须依靠来自其他语境的其他类型的文献来构建我们的理解。

事实上，有数百份文献能够说明卡尼什商港的日常运作，这些文献主要是司法文件，提到了该商港的各种活动，例如指定或核验证人，或对具体案件做出裁决。然而，虽然这些文献数量众多，但通常只是使用某些程式化的语句，很少提供关于行为人实际行为的信息。例如，我们读到，"PN 抓住了我们，对 PN2 进行指控，PN 对 PN2 说的话如下"，接下来给出双方当事人的陈述；文献末尾的句式是："卡尼什商港让我们见证了这些陈述，我们在阿舒尔神之剑前作证。证人：PN3、PN4 和 PN5。"[1]

该文献显然是以证人的口吻书写的，这些人是被商港"给出"并被原

---

[1] 关于此类和其他类型法律文件的详细讨论，参阅 Hertel 2013: esp.ch. 6。

告"抓住"的,是口述者。这种私人传唤案件的要点是以书面形式记录具有法律约束力的主张和对此类主张的回应。在许多情况下,原告会收到对主张的确认函和处理主张的承诺,但原告的主张同样也经常被驳回、反对或直接斥责。不尽人意的事实是,我们从这些文件中很少看到商港直接参与的情况——证人是如何被选出来的,所涉及的官员又是如何参与起草最后文件的?据推测,最终文件是由一个被称为"商港书吏"的人写下来的,此人必然在场见证了讨论的过程,而且他很可能需要删去一些可能繁冗的口头表达,而只保留几个重要的中心句子。此人可能还会在庄严的"神之门"前正式组织证人们的宣誓仪式。从信件中我们通常可以获得很多关于事件的实际细节,但这些司法文件对于更准确地了解商港的结构方式作用有限。想要了解商港是如何运作并做出裁决的过程,我们不得不依靠三块曾经破损相当严重的泥板残片,将这些残片补充完整后发现,内容类似商港的章程,通常被称为卡尼什商港法规(Statutes of the Kanesh colony)。

这些残片来自最早发表的一批泥板,我们不知道这些泥板的出土环境;鉴于它们包含了在商港议事会中进行交涉和决策的适用规则,所以可以合理地假设,它们应该是在官方建筑中被发现的,也许就是人们长期以来一直寻找的"商港办公厅"。但从另一方面来说,许多其他官方文件,如条约、国王和城市议事会的信件,都是在私人房屋的商业档案中发现的。

这三份文献中有一份现藏于卢浮宫,是一块很大的泥板的残片,标题为 tašīmtum,这个名词来源于动词,本义为"反省,深思熟虑"。没有 tašīmtum 的人行为愚蠢,没有理智或判断力,因此该名词中明显有理性甚至智慧的内涵。有鉴于此,我们也许可以把它翻译成"法律"或"法令"。其他的两块泥板没有标题;第二块泥板的第一行完全损毁了,而第三块泥板是一个非常残破的碎片，只断续地保存了不到七行。由此可见，我们获得的显然只是一套曾经详尽而复杂的规则的一小部分。

前面提到的许多实践文件表明，商港的亚述人被分为两个群体："大人物"和"小人物"。有时文献中提到证人们是由"卡尼什商港，小的和大的"所"给出"的，法律判决等决议也使用这样的术语。在这些语境中，到底是什么因素导致一个人"大"，目前还不完全清楚，但值得注意的是，法规文献中还提到了"有账户的人"，[2] 即每年向商港办公厅支付款项因而形成的一种商人群体的精英阶层，这一群体很可能就是有时被称为"大"的人。

第一份法规文献向我们表明，这种等级区分是在两个不同的机构中制度化的，一个是大人物议事会，一个是大人物和小人物的全体会议。文献涉及这两个机构之间的关系问题，尤其是在什么时候和什么情况下应召开全体会议。

> 他们调查他们的案件，如果案件涉及召开全体会议，他们就命令书吏进入他们的委员会，由书吏召集全体会议。如果没有多数大人物的同意，一个有账户的人不能命令书吏召开全体会议。书吏未经大人物议事会的同意，只凭一个人的要求就召集了全体会议，他须缴纳 10 舍克勒银子的罚款。
>
> 小人物中的任何人，都不得接近有账户的人，也不得偷偷在商港的门口抱怨。如果有人真的偷偷在商港的大门里抱怨……[3]

该残片中提到了大人物议事会和书吏的职能，书吏似乎是负责商港事务实际

---

[2] 或者更准确地说，是"核算账目的人"，德尔克森用了一个比较繁琐的语句，"参与账目结算的人"。

[3] KTP 19; 比较 EL nos. 288–290; Larsen 1976: 284–285; Hertel 2013: 115–121。

组织的并领取薪酬的工作人员。由于安纳托利亚的大多数成年商人都识字，所以"书吏"一词被用来指代社会中的此类官员；其他的法规文献进一步阐明了他们被赋予的实际职责。

第一份文献中给出的规则表明，议事会有权决定是否召开全体会议，这种情况类似古希腊雅典宪法中所见的一种被称为"预案"（*probouleuma*）的制度。该制度是一种两院制，一个议事会（*boulē*）和一个全体大会（*ekklesia*），而相关的规则规定，只有在议事会做出决定的情况下，才能召集全体会议。这使得议事会在公众不知情的情况下就能够轻而易举地对重大提案做出否决。[4] 我不清楚卡尼什商港是否非常看重这方面，因为相比之下，这一规则似乎更关注议事会内部的冲突，而不是对其他亚述民众的权力。然而，透过这一法规，我们可以看到这些商人们的日常生活很可能充满了分歧和矛盾，利益冲突可能使他们的生活非常艰难。

尽管这一点在信件中很少明显体现出来，但对于一个特权等级较低的商港成员来说，他的个人利益被更重要的人置之不理这样的事情并不鲜见。我们在一个叫阿里阿胡姆的人的信件中发现了这样的一个明显的例子，这个人是沙里姆阿舒尔的儿子，恩那姆阿舒尔的弟弟。我们稍后将要谈论的是，哥哥恩那姆阿舒尔在卡尼什以北的一个叫塔乌尼亚的地方遭到了抢劫和谋杀，而阿里阿胡姆为了从责任方获得赔偿金（blood money）[*]进行了一场漫长而显然徒劳的斗争。

起初，卡尼什商港支持他让塔乌尼亚国王寻找并逮捕凶手，但他不愿

---

4 参阅 Larsen 1966: 16–17。

* 亚述商人在安纳托利亚遭遇人身伤害后，地方当局或事故责任方对受伤害者及其家属赔偿的银钱。——译者注

意卷入其中，于是商港代表空手而归。接下来阿里阿胡姆继续他的斗争，转而将注意力集中在某个伊图尔伊里身上，这个人是沙里姆阿舒尔家族成员多年来的合作者，并且牵涉到了导致恩那姆阿舒尔死亡的那桩生意当中。在阿里阿胡姆看来，他对损失的钱负有责任，但真的没有理由认为他是谋杀案的嫌疑人。阿里阿胡姆在卡尼什继续为这件事奔走，但这一切都徒劳无功。他和一个可信的合作者一起寄给他在阿舒尔的姐姐一封信，我们从中得知，他们催促她向都城的议事会提出他们的案件，目的是从城市获得一封信，并指定一名代理律师来卡尼什帮助他们与伊图尔伊里斗争。写信者在一个段落中解释说，他们已经想尽了各种办法，也无法在卡尼什获得申诉的机会：

> 恩那姆阿舒尔已经去世三年了。伊图尔伊里在这里像狮子一样挡住了商港的大门，我们无能为力，无法为这个人召集证人们。我们孤立无援，所以我们无法履行我们对这个人的义务。我们正在等待城市和代理律师的来信。[5]

过了一阵子，阿里阿胡姆又给他姐姐写了一封信：

> 商港支持他。他将以商港为证人。如果他真的有大人物作见证，那我还能说什么呢？[6]

阿里阿胡姆显然没有继承死去的父亲沙里姆阿舒尔的地位，因为在这件事上，他属于那些潜伏在商港大门前的"小人物"，试图获得议事会中有权势的"大人物"的倾听和支持。在这种情况下，他只能寄希望于说服在阿

5　AKT 6c, 528: 13–23.

6　AKT 6c, 530: 25–29.

舒尔城市议事会中更有影响力的人对此案件负责，显然，他认为在阿舒尔的城市议事会不太可能会屈服于在卡尼什的人。

第二份法规文献也涉及议事会和全体会议的决定，但是这些规则具有更强的技术性，说明了投票的适当程序和书吏的实际作用。不幸的是，文献保存状况很差，其中能够解读的部分如下：

> 法令：
>> 书吏将……分成三组，他们会做出裁决……
>
>> 当他们到场的时候，书吏会把他们分成三组，他们将解决问题。如果他们无法解决问题，那么将召开全体会议；书吏将把他们分成七组，他们将以多数决定解决问题。[7]

第一句话中指的是哪些人不太清楚，但我们应该可以将其读作"商人们"。这不是指代议事会的词语。同样，也不清楚术语"做出裁决"与"解决问题"之间有多大意义的差别。如果第一次提到的群体指的是议事会，那么召集全体会议的决定似乎是自动的，是否召集全体会议取决于议事会是否能够达成决议。文献的其余部分还有一些破损的段落提到"坐着"的人，这可能与提到其他人"站着"相对应，但这一区别的意义也无法确定。然而，我们可以说的是，控制管理商港事务各机构做出决策的规则是细致且精心构思的。

同样值得注意的是，规则直接提到了多数人做出的决定。这显然被视为最后的办法，因为首先，某个分为三组的成员构成的一个不明的群体必须设法找到解决方案；只有证明如此不可能达成解决方案，才会召集全体会议，

---

[7] TC 1, 112. 比较 Larsen 1976: 285–286; Hertel 2013: 121–122。赫特尔也详细地讨论了被译为"解决问题"（*awatam pašārum*）的这一短语。

全体成员被分成七组（可能是因为该机构由更多的人组成），然后由多数人得出结果。在许多传统社会中，当多个群体召开会议要解决一个问题的时候，会预期商谈达成一致的决定才能结束，如果不能达成一致就继续谈判直到有可能达成一致。人们会尽量回避投票和多数决议的情况，因为只有达成共识才能保持秩序，同时不让任何人或群体成为明显的输家。首要目标是恢复社会和谐。这显然不是古亚述商人社会的现实目标。

在证人见证下的许多诉讼当事人的会议都由阿舒尔城市议事会做出的裁决加以规范，因此，要有议事会的一封信和一名负责处理此案的"代理律师"出席。在某些案例中，文献描述规定，商港应为"代理律师的执行力量"，表示"权力"或"武力"的词语为 emūqum。但并没有文献明确告诉我们这是如何实现的。

"大"人和"小"人之间的区别显然是非常显著的，这一定是基于简单、容易识别的标准，但这些标准究竟是什么还不完全清楚。不太可能仅仅是年龄差异的问题，青年和老人，或年轻者和年长者，即便有人针对这两个术语给出了这样的翻译。如前所述，我同意韦恩霍夫和德尔克森提出的建议，即大人物与"有账户的人"相同，而且他们还可能与一群被称为"支付费用者"（fee-payers）的人联系在一起。但是，目前无法对这一说法做出准确解释。[8]

不过，的确有些商人显然在商港办公厅有账户，他们在主管官员许可的某些时候向该账户付款。这几乎可以肯定是被称为支付"费用"的复杂难解的做法的一部分。词语 dātum 用于两种不同的情况：一方面是指商队在从阿舒尔到卡尼什的途中支付的各种数额或大或小的款项，支付给客

8　更多讨论参阅 Hertel 2013: 103–107。

栈、官员等的"费用";另一方面,该词还指个体商人向商港办公厅支付的大额款项,这些个体商人于是后来成了"费用支付者"(*šāqil dātim*)。这反过来又赋予这些人某些特权,其中就可能包括他们在商港社会中的"大人物"地位;我们还知道,他们免缴一种特别税,"卡尼什商港的 *šaddu'utum*",商港办事处对所有大篷车征收这种税。这项税的税率是多少我们还不太确定,可能是5%。[9] 支付费用肯定有其他好处,但目前我们还无法确切描述。

"费用支付者"并不都住在卡尼什,因为阿舒尔的商人也可以担当此任。据推测,都城的人选择在卡尼什支付费用,是因为他们在那里有代理人和代表,通常是他们的儿子,负责管理其家族在安纳托利亚的事务。在有些案例中,这些"缺席者"可能年轻时住在卡尼什,并且早期就有账户。我们的老朋友阿舒尔伊迪支付了这些费用,并在商港办公厅有一个账户,但他的财力似乎一直在全负荷运转,因此发现这些费用对他来说太高了。他在写给他在卡尼什的代表的一封信中,要求他们接触商港官员,请求高抬贵手,这样他付款的税率就可以比正常低一些:

> 如果他们不同意你的意见,那么就向他们请求允许我只代表一个人的一半份额。你没意识到我的存款有多少吗?我还需要再追加存款吗?我已经向账户支付37磅了。帮我个忙。努努力,那样我就可以占一个人的一半份额。[10]

对于发现自己不能满足商港办公厅要求的商人来说,将要面临地位的丧失肯

---

9 TC 2, 26; BIN 4, 33;比较 Dercksen 2004: 117。

10 OAA 1, 1.

定是极其不愉快的，但还不清楚只有半个人的份额意味着什么。

上述与向卡尼什商港支付费用有关的数额通常非常可观，从12磅银到27磅银不等。并非所有这些数额（例如，阿舒尔伊迪提到的37磅）都对应每年支付的款项，但付款数额表明，只有非常富有的个体才能参与，而且他们一定通过这样做获得了实质性的利益。

这些巨额的银钱用来做什么，完全不清楚。德尔克森认为，公共机构的商业企业是建立在这种存款基础上的，他分析了一些提到"某人的商队"（*ellat* PN）的文件。他的观点是，付给商港办事处的费用中，至少有一部分投资给了公共商业企业，尤其是那些与羊毛贸易有关的企业。然而，商港办公厅直接参与这些事务的证据并不充分，这可能是因为还没有找到这幢建筑，所以弄清与费用支付的关系仍有待新记录的发现。此外，有一个清楚地证明许多商人合伙经营羊毛贸易的案例，似乎是在没有商港办公厅参与的情况下进行的，沙里姆阿舒尔家族档案中的乌西那拉姆的羊毛的案例就是这样。德尔克森的观点为我们部分解释了为什么涉及金额较大，以及在安纳托利亚和在阿舒尔的人都把这视为优势的原因，但是，这一机构的运作还有许多方面并不清楚。[11]

前文引述了 *nibum* 给卡尼什商港的信，内容是为阿舒尔修建城墙的支付款项，信中显示卡尼什商港作为一个共同体在都城储存了资金，但我们不知道目的是什么。办公厅里有诸多金融和商业交易，但我们居然对负责办公厅日常事务的人一无所知，这一点的确值得关注。也许我们只能设想这样一种情况：大人物做出了所有这些决定，然后让书吏来执行。如果有一天这座

---

11 关于这些问题的详细探讨，参阅 Dercksen 2004: chs. 6 and 7。

建筑本身被发现并被挖掘了，我们目前对该办公厅及其职能和工作人员的理解将无疑会有所改变。

我们不知道全体会议在哪里举行，但这个机构的潜在规模，当然间或约有100人，表明其活动一定有一个特别指定的地点。大人物议事会似乎是在商港的办公厅内或附近召开会议的，商港的大门大概就在那里。[12] 大人物议事会的成员到底有多少，无法确定，但在安纳托利亚的另一个重要城市普如什哈杜姆的商港，有证据表明，一个由15人组成的团体做出了重大决定；有一处提到该团体"坐在普如什哈杜姆商港的议事会"，并对某位安纳托利亚的高级官员实施贸易封锁。[13] 有可能，这个安纳托利亚人是王储，因此，亚述人共同体对他实行的贸易封锁表明了问题的严重性。在这种情况下，商人们显然必须要聚集在一起，商港的领导者们必须采取行动。

值得注意的是，我们还有另一份这样的文献，其中提到15个人的名字，据说他们在商港办公厅的议事会工作；文献中这一次称他们"站着"，显然是为了见证涉及两名亚述人的房产交易。该文件记录了较晚时期在卡尼什发生的情况，可能是从第1层b时期的第一个十年开始的。事实上，我们这两份文献中出现的人数相同可能是偶然现象。[14]

很少有文献提到商港机构做出类似政治性决定的情况，这些机构似乎是基于处理亚述商人与安纳托利亚贵族之间的商业和法律冲突而建立的。被提交给商港议事会和全体会议的事项大多具有司法性质。

12　参阅 Dercksen 2004: 99–103。正如阿舒尔的城市议事会一样，卡尼什的议事会是在神圣的围墙（*hamrum*）之内召开的。

13　AKT 6a, 111.

14　kt 87/k 324; 比较 AKT 5: 108–109。

我们掌握的文献中保存了大量反映或涉及司法案件的文件，人们很容易就会产生这样的印象：古亚述人特别爱打官司。托马斯·赫特尔对当时社会的法律程序进行了细致的研究，他将不少于 463 份文献归类为"证词"文件，即记录证人见证的声明的文件；1994 年，沙里姆阿舒尔家族的私人档案在其房屋中被发现，其中据说有不少于三分之一的文献与处理法律纠纷的研究有关。[15] 然而大多数家族都比这个家族更热衷于斗争。在我们现有的文献库中，有 19 份由阿舒尔城市议事会做出的裁决，82 份由各商港机构做出的裁决，29 份据说是由指定法官做出的裁决。托马斯·赫特尔告诉我，据他估计，目前已知的所有城市议事会所做出的判决共涉及大约 50 个不同的法律案件。[16]

所有的案例中，都涉及两人或多人之间发生的冲突，而文件的存在则表明各商港机构进行了干预。议事会和全体会议大概很少直接牵涉私人纠纷，但商港办公厅在日常司法活动中必然起到了核心作用。

这个办公厅是商港的行政中心，但遗憾的是，我们对这里发生的活动知之甚少。如前所述，我们甚至不确定掌管这里事务的人的身份。众所周知，在阿舒尔，名年官主管市政厅的事务，鉴于都城的情况，我们可以合理地假设，在安纳托利亚为周命名的人，即"名周官"（*hamuštum*），在商港办公厅事务中的角色也应该差不多。这个词语本身就有疑问，因为其本义应该是"五分之一"，但果真如此的话，我们就不知道它是什么的五分之一。有人提出过一些猜测，但遗憾的是，都没有确凿的根据让我们相信。根据统

15　Hertel 2013: 421–424.

16　在书信和法律文件中，大约有 100 份材料提到了城市的判决。参阅 Hertel 2013: 88; 425–432。

计研究，最有说服力的估计是一周实际上有七天——这无法对 *hamuštum* 一词做出解释。[17] 我们发现，在第2层早期，经常有两个人作为名周官一起工作，但在文件记录崩溃的时候，这种方式发生了变革，只有一个人担任此职。

此外，几乎没有证据表明担任名周官的人在行政管理上扮演了什么角色，那么人们不禁要问：究竟是谁在掌管商港办公厅？有趣的是，我们有几篇文献将商港视为一个经济人或法人，可以欠债或收取款项；在这些案例中，我们发现有一个、两个或三个人代表商港出现，在这种身份下，他们被称为 *limmum*，这是在阿舒尔的名年官所使用的称谓。一开始这些文献引起了一些误解，后来人们发现以此为名工作的人实际上在卡尼什，与阿舒尔的名年官没有关系。因此，这个词语必然指的是个人代表共同体行动的权利，但这些材料毕竟太少，只能让我们对管理商港所涉及的行政程序略见一斑。德尔克森认为，商港的名年官们在一定期限内（几天、几周或几个月）以行政身份供职。[18]

商港办公厅与当地宫廷保持着经常的联系。税款的收缴经常包括结余付款，比如，涉及少量纺织品时，这种款项似乎是通过办公厅支付的。但处理与宫廷的其他关系也会通过商港机构进行。一份文献中描述了宫廷与商港之间最具戏剧性的一次事件，一名亚述商人因涉嫌参与了一个安纳托利亚敌国的间谍活动，被宫廷逮捕并关进监狱：

> 当阿舒尔塔克拉库被宫廷逮捕两个月后，商港来到宫廷，对国王和王后说："这个人没有犯罪或过错。释放这个人，因为他与我们一起在这里有一所房子，他将和我们一起遵守你们的愿望。"

17　Veenhof 1996b.

18　Dercksen 2004: 243–244.

国王夫妇表示愿意释放他，但条件是商港要把一个从塔乌尼亚王国寄信来的人交给他们，倒霉的阿舒尔塔克拉库就是带着这封信来到了事件发生的城市。他们声称，这封信表明写信的人是塔乌尼亚的支持者，并在谋求该国国王的领导。商港进行了进一步的谈判，但是即便商港代表提议通过宣誓证明他们的同事与指控无关，国王和王后似乎也丝毫没有让步。[19]

本章前文讨论过的阿里阿胡姆追寻赔偿金失败的例子也提到了类似的情况。在该案例中，卡尼什商港的代表团去了塔乌尼亚，试图说服那里的国王尽力保证支付赔偿金。

关于与当地国王谈判修订条约的问题，商港在多大程度上直接参与了交涉，还不十分清楚。出现在卡尼什的神秘的"城市的使者"显然与这方面活动有关，有几封关于此类外交事务的信是写给城市的使节和卡尼什商港的。[20] 我们不知道这些使节是常驻安纳托利亚还是被临时派去处理出现的问题，但前者的可能性更大。

19　参阅 Günbattı 2001。

20　Larsen 1976: 247–254.

第四部分
经济与社会

第十四章　长途贸易

想象一下，一天清晨，年迈的阿舒尔伊迪牵着两匹满载货物的驴子，穿过阿舒尔城狭窄的街道，向城门走去。此时，一大群人和驴子正在城门内等候，一支商队正准备出发，长途跋涉前往安纳托利亚。带着沉重负荷的驴子被驭者最后一次检视，以确保挽具和鞍袋已经固定妥当。市政厅的官员在驮驴中间走来走去，查看货物打包得对不对，是不是漏了封印，并记下有没有缴纳出口税。一些驮驴的驭者看起来老迈而粗犷，那是多年旅途奔波、饱经风霜的见证，另一些则是新来的年轻人，他们紧张地试图让自己看起来有经验一些。

迷蒙的晨曦中，人群熙熙攘攘。有些人在向即将离开数月或数年的朋友或孩子告别。家人在为一个年轻的女人送行，她要去卡尼什与一个可能素未谋面的男人结婚。她要过好几年才能回到她在阿舒尔的家；实际上，她可能再也回不来了。驮驴驭者们被反复叮嘱着重要的命令和指示，封在封套里的信件被委托给可靠的旅行者即刻递送出去。

驴子们安静地站在那里，等待日出时城门开启。背上满载着锡和纺织品，每头驮驴都有两个封印的鞍袋和一个较小的顶包。装锡的袋子每袋重65磅，所以包括上面的袋子在内，总重量约为160磅。装纺织品的袋子，用特殊的布包裹，有时是防水布，每袋里有25到35件纺织品，总重量和装锡的差不多。整个商队有大约20头驴子，人员的数量也差不多一样，但货物分别属于阿舒尔的几个不同的商人，他们每人派了几头驴子。这些货物价值不菲，物主们的经济生活都指望着商队交易的顺利完成。货物必须尽快完好无损地运到卡尼什，以合理的价格出售，赚取利润，所得银钱必须得寄回阿舒尔。

阿舒尔伊迪把一批130磅的锡、30件叫作 *kutānu* 的纺织品、4件用来包裹 *kutānu* 纺织品的黑色防水纺织品，以及路上花销的17磅的锡带到了城门，这些东西都是由两头驴子运来的。眼看太阳就要出来了，阿舒尔伊迪赶紧抓紧时间达成协议，他发现城门内有一个人正带着一批货物要运往卡尼什，这个人叫沙如姆阿达德，他表示也愿意接受阿舒尔伊迪运送货物的委托。这个运输者在去卡尼什途中写给阿舒尔那达一封信，信中陈述道：

> 我正要出发时，阿舒尔伊迪在城门口委托给我2塔兰特10磅加印的锡、两头黑色驴子和一些 *kutānu* 纺织品。

他接着解释说，他们已经达成协议，当他到达一个亚述人商港时，他应该从包裹里取出纺织品委托给一个代理人，然后写信给阿舒尔那达，告诉他相关纺织品的数量。他还说，由于纺织品在他收到之前就已经打包好了，他实际上不知道有多少，所以他什么也没做。

因此，在匆忙中，阿舒尔伊迪似乎没有向沙如姆阿达德清楚地解释驴背上的鞍袋里装了多少纺织品。老人当然知道确切的数量，运输者可能也不是完全坦诚，但匆忙之中，他们似乎并没有真正明白对方的意思。[1]

1　OAA 1, 39, 102.

一千公里外的安纳托利亚中部，人们正等着商队的到来。他们通常都做好了准备，因为信件是从阿舒尔以更快的速度送来的，寄信人在信中提前告知了货物即将到达。这些信件还有详细的指示，告诉卡尼什的人，货物到达后应该如何处理。

阿舒尔伊迪给他的儿子阿舒尔那达就寄了这样的一封信，告诉他有三批不同的货物正在路上。他以为交给沙如姆阿达德的那批货物已经到了，除此之外，他还委托给一个叫舒奴奴的人一头驴，驮着26件纺织品和一些锡，第三个叫库如卜伊什塔尔的人带着两头驴，驮着65公斤锡、35件纺织品和作为开支的一点锡。这三批货物显然是从阿舒尔一个接一个地发出的。

显然，沙如姆阿达德运输的货物肯定是在其他两批货物之前从阿舒尔发出。不幸的是，目前还不完全清楚商队在路上是如何组织的，是相当多的人和动物组织在一起上路，还是正常只要有几头驴就随时出发。这种情况无疑经常发生，但更大的商队对于增强安全性可能很重要，大多数商队可能会将单独的货物合并在一起运送。在第1层b后期，一封来自马瑞皇宫的信中提到一支由300头驴和同等数量的人组成的亚述人商队，途经叙利亚北部，[2]但早期的商队是否也是这样的规模尚不能确定。

从规范商队程序的文献中得知，在贸易繁荣时期最大的商队是由沙里姆阿舒尔家族组织的。由34头驴子运送的货物包括：

> 603件 *kutānu* 纺织品，其中100件为二等品
> 35件上好的 *kutānu* 纺织品，其中3件由伊里维达库封印

2　ARM 26, 432; 关于来自那胡尔/尼赫瑞亚（Nahur/Nihriya）的亚述人商队信息，亦可参阅 Guichard 2008。

64 件阿巴尔尼（Abarnian）纺织品

20 塔兰特加印的锡（600 公斤），加上零散锡

34 头驴子和它们的挽具

12 件纺织品

1 塔兰特碎金属

600 个钉子

25 升油，12.5 升一级油

22 舍克勒的红宝石（约 175 克）

100 颗宝石

文献中还列出了各种物品的名称：青铜别针，方木料，60 升藏红花，30 磅雪松香。[3] 有 4 份不同的文献提到了这支庞大的商队，这可能意味着这次商队的规模和复杂性都非同一般。这些文献的另一个非同寻常之处是提到许多奢侈品、宝石、油和香水，我们或许可以假设，这些商品通常会与锡和纺织品附在一起发送，但很少有资料明确提到。沙里姆阿舒尔此时正在阿舒尔，他对在卡尼什接待商队的人的指示是详细而清楚的。这些纺织品中，有 181 件一定要通过走私的途径并存放在提美勒基亚城；其余的将被带到卡尼什，然后货物在宫廷里将以正当的方式清关。商队中的驭者将帮助沙里姆阿舒尔的两个儿子恩那姆阿舒尔和阿里阿胡姆，"在通往普如什哈杜姆、杜尔胡米特或提什穆尔那（Tishmurna）的路上，在那里你可以获利，所以至少给我赚 10 磅银钱，并尽快把它们送到卡尼什。不要让代理商们赊欠 1 舍克勒银钱"。

---

[3] AKT 6a, 143–145, 172.

从阿舒尔出发的商队，收税时价值是按锡计算的，这里用了一个晦涩的词语 awītum 来表示一批货物申报的价值。从卡尼什到阿舒尔的商队的价值都是用银钱申报计算的。我们有 3 份来自阿舒尔的商队价值清单，涉及巨大的数额和规模庞大的商队。一个案例涉及"普舒肯商队"，我们从文献中得知，这支商队总共有 74 塔兰特（或称 2 吨 220 公斤）的锡加上 121 件纺织品，分别属于 8 个不同的亚述人，如果这是一支商队，那么至少得有 35 头驮驴。[4] 还有一批规模更大的货物，据说是"伊姆迪伊鲁姆商队申报的价值"，包括价值不低于 410 塔兰特 11 磅锡（至少 12 吨的货物）。每个人的额度从大到伊姆迪伊鲁姆本人的 47 塔兰特（1410 公斤）至小到大约 55 磅，这些货物都分别属于很多的个体。如果这的确是一个由著名商人伊姆迪伊鲁姆组织的商队，那么它将包括将近 200 头驮驴。[5] 韦恩霍夫在发表该文献时的评论中指出，这些数字出奇地高，所以他认为，该列表可能指的是在较长一段时间内所进行的活动，而不是单指一个商队，而且很可能与股份合作有关。相反，德尔克森认为，这些文献实际上指的是被称为 ellutum 的个别商队，这种商队应理解为一种"因联合运输商品和特定的贸易机会"形成的合作关系形式。[6]

关于阿舒尔伊迪寄出的一小批货物，大英博物馆的一个抽屉中放着一封信，是他写的，他告知他的儿子阿舒尔那达和阿舒尔塔克拉库，来自阿舒尔的货物即将到达。[7] 这封信就是我所说的"告知函"的典型例子。在信中，

4　BIN 4, 168. 亦可参阅 VS 26, 154, 该文献中为 125 塔兰特 21 磅。

5　VS 26, 155. 更多讨论参阅 Veenhof 1972: ch. 11; Dercksen 2004: ch. 8。

6　关于韦恩霍夫的评论，参阅 VS 26: 29–30；亦可参阅 Dercksen 2004: 148–180。

7　CCT 3, 4.

告知有货物发出，并指示货物到达后如何处理。在这个具体案例中，信中的指示主要是下达给共同收信人中的弟弟阿舒尔塔克拉库的，命令他将沙如姆阿达德带来的第一批货物送到宫廷清关，然后将评估的银钱数额立即报回阿舒尔，而不要等到货物真的卖出去才报。至于第二批和第三批货物，则由阿舒尔那达奉命向宫廷清关，缴完税后，他必须把货物交给他的弟弟，带到普如什哈杜姆重镇。他的弟弟显然要在那里把锡和纺织品卖掉，在这一过程中速度依然是至关重要的：

> 如果阿舒尔塔克拉库不在，那就送到他所在的地方。寄给我一封信，告诉我有多少货物被清关，并告诉阿舒尔塔克拉库，不要在普如什哈杜姆商港停留太久。他到达后不可逗留超过十天。

在大多数案例中，无论是在长途贸易中还是在安纳托利亚境内的贸易中，运输人员要么是家庭成员，要么是亲密的伙伴，因此能够最大程度上避免像沙如姆阿达德案例中的这种误解风险。发生了这种情况，毫无疑问会耽误时间，从而造成资金上的损失，因为当沙如姆阿达德写信给阿舒尔那达的时候，应该仍在路上，尚未到达卡尼什。他或许旅途经验丰富，只是途中遇到了麻烦。很多商业家族的创立者在年轻的时候都是从商队头领做起的，但多数情况下，我们在文献中遇到的都是经历多次旅行的运输者，有丰富的经验，知道如何处理旅途中肯定会出现的大大小小的问题，知道哪里是最快和最安全的路线。

我们对亚述商队行进的路线已经比较了解了。从阿舒尔出发，开始的一段远路向西北部延伸，进入茫茫的叙利亚草原，那里是一片富饶的适宜农耕的土地，有许多城镇和小王国。向西400多公里处奔腾着一条大河——

幼发拉底河,河流穿过陶鲁斯山脉,从安纳托利亚高地通过一系列狭窄的峡谷下降到叙利亚北部平原。在到达那座巨大的屏障之前,商队大约已行至半途,来到了哈布尔河流域的富饶土地。商队应该有好几条路线可以选择,要想指出确定是哪一条路线是不太可能的。[8]沿途有一些客栈可供他们使用,他们可以在那里暂避风雨,牲口也可以补给饲料和水。商队的账目中经常出现某些重要的城市,那些都是沿途的必经之地,商队的头领不得不向地方官员支付少量费用。驭者们从阿舒尔出发的时候收到一笔锡,就是为此准备的。

从阿舒尔到卡尼什的直线距离约为 750 公里,但实际上的行程约为 1000—1100 公里,大致相当于从华盛顿到芝加哥之间或从巴黎到巴塞罗那之间的距离。现在的旅行者借助汽车和高速公路大约可以在 12 小时内到达,但四千年前,当他们用双脚跋涉在荒野的道路上的时候,速度可能大不相同。罗马的道路通常每隔 25—30 公里就建有 mansiones,一种路边旅店,[9]甚至今天在欧洲许多地区,城镇之间的距离也都大约是 30 公里,这一距离在青铜时代也就是一天的路程。对公元前 19 世纪和公元前 18 世纪古代近东商队的研究得出了同样的结果:徒步旅行者每天行进 6 小时,速度是每小时 5 公里。装卸货物很费时,还必须给这些动物饮水和喂食,因此即使商队行进的距离不超过 30 公里,一天的劳动时间一般也都很长。因此,从阿舒尔到卡尼什,一个商队正常情况下要花上 6 个星期的时间。

---

8 参阅 Naschef 1987。

9 关于这一主题的大量文献无法在此处评论,但应注意,30 公里是各站点之间的一般距离,具体路段长度的不同说明各段路况变化很大。

当然，行进的速度可能更快。[10] 从信件中可以清楚地看出，商人们常常表示希望以最快的速度行进。我们反复读到，一有可用的运输途径，货物或信件将马上发出，而且旅行者往往被告知，到达目的地后一晚也不要逗留——他们必须马上再次启程。许多信件提到一种称为 bātiqum 的货物，所指的一定是轻便帐篷；这个词来源于一个动词，意思是"拆卸（帐篷杆）"。[11] 在许多案例中，信件的传送速度显然比普通商队更快。急需用钱的商人通常会要求卡尼什的收信人不要等到从阿舒尔发出的商队到达，而要在读了信后立即发送银钱，数额通常相当于货物预期价值。这肯定意味着，这封信顶讯会比商队快得多。

漫漫旅途必然消耗大量体力，就算是那些意志坚强的旅行者也会筋疲力尽，尤其是在炎热的夏天，无边无际的草原上，正午的酷热常常会让人举步维艰。对于那些没有采取必要预防措施的人来说，随时可能有中暑的危险。在 18、19 世纪，沿着同样路线行进的商队也面临着经常被贝都因人抢劫和袭击的问题。然而，对古亚述商队来说，这样的问题并不严重，我们从来没有读到过向跟随货物运输的保镖付款的信息。很明显，商队成员都是全副武装的，但刀剑似乎只是起到普通防卫的作用。旅途的安全是与当地国王达成协议的结果，这显然是在 200 多年的时间里有效进行长途贸易的一个先决条件，即商队途经的地区有稳定和组织良好的政治环境。我们很少读到抢劫案件，但这一定是旅行者们一直关心的问题。如果人死了的话，按照条约归还赃物也毫无意义可言了。每个人可能都听说过有人旅途不幸的故事，旅行最终没能到达目的地。还有

---

10 斯特拉特福德（Stratford 2010）认为，就算是载货的商队，也有可能在 3 个星期内走完全程。
11 关于帐篷与货物的讨论，参阅 Veenhof and Eidem 2008。韦恩霍夫更倾向于译为"特别运送"。

人懂得应对一种不同危险的咒语:

> 血,哦,血腥!黑狗潜伏在一个土堆上,等待着分散的商队,寻找一个好人。[12]

文献中接下来祈求神的保护,人们怀疑这是狼或更可怕的东西,一个巨大的像黑狗一样的恶魔,潜伏在路旁的一座山上,准备扑向一个与同伴分开的、落单的旅人。人们可能会把一只羊敬献给神,诵念咒语,以避免这种可怕的威胁。每次临行前,人们都会祭奠诸神,有时在某些危险的地方,例如在穿越大河时,也会杀羊祭祀。[13]

叙利亚和土耳其东南部的草原,河流纵横,平原一望无际,穿越这片土地无疑需要付出巨大的体力,但真正的困难还在前头。到达土耳其南部现代的尚勒乌尔法(Şanlıurfa)附近地区后,人们需要做出一个重大的决定:在面前的两条路线中选择一条。继续向西走,最终会到达幼发拉底河,而幼发拉底河必须坐渡船过去,过去之后,这条路向北进入巍巍的陶鲁斯山。这条路线上的主要站点是一个名为马马的城市,位于现代卡赫拉曼马拉什(Kahramanmaraş)附近地区。从这里开始,狭窄的道路穿过一系列山口,穿过陶鲁斯山,安纳托利亚高原就在眼前(图25)。

另一条更常用的路线是向北,选择这条路线能够在幼发拉底河从山巅倾泻而下之前到达较为平缓的河段,在一个叫哈胡姆的城市附近,坐渡船过河(正如我们在与哈胡姆统治者的条约中读到的)。由于阿塔图尔克大

---

12 kt a/k 611; Veenhof 1996a; 咒语的开头是一些无意义的词汇,血是 *damum*,但是第二个词 *damāmum* 并不存在。

13 比较 Barjamovic and Larsen 2008。

25. 一条通过陶鲁斯山脉的道路，胡尔门苏山谷。拉尔森供图。

坝（Atatürk Dam）的修建，这里的整个地区现在都已被水淹没，古代的道路至此再也无迹可寻了。但从这里直到亚述人拥有重要商港的埃尔比斯坦平原之前都是崇山峻岭（图 26）。人们必须穿过狭窄的山谷和一些山口，才能到达卡尼什。

穿越陶鲁斯山与文艺复兴时期意大利商人必须穿越阿尔卑斯山所面临的困难并没有真正的可比性，但困难是非常真实的。在许多地方，在狭窄的山谷深处仍然可以看到古代道路的痕迹，而现代铺设的平整道路则挖在高悬的山腰之上。商队周围的山峰高达 3 至 3.5 公里。因此，陶鲁斯山对再强壮

26. 辽阔的埃尔比斯坦平原。拉尔森供图。

再无畏的旅行者来说都是一个有着巨大挑战的障碍,而驮驴商队也不可能行进得很快。这些山谷里似乎人烟稀少,村庄寥寥,所以商队不太可能有温暖的房子过夜。从 12 月的第一个星期到次年 4 月初,寒冷和积雪经常导致道路封闭,被恶劣的天气困在那里可不是开玩笑的事。人们可能要等几个星期甚至几个月才能有机会继续前行。这种事情在一些试图在正常季节以外的时间通过的倒霉或鲁莽的旅行者身上一定发生过;我们偶尔会读到此类情况,但在许多案例中,甚至连派一个信使带信出去解释人在哪里并寻求帮助或金钱,可能都无法做到。

阿舒尔那达曾写信给他的安纳托利亚人妻子解释过类似的情况:

> 我曾写信对你说,我会在初春再给你写信,然后你就可以来这里了。别生我的气——我们赶上了冬天,本来想收的钱没收到,

所以我没有给你写信。[14]

即使在崇山峻岭当中，商队也面临着许多路线的选择，但多数人会选择继续沿着前往卡尼什最近的路线行进。安全地通过了最后一道山口后，他们沿着传统路线穿过安纳托利亚高原起伏的山丘和宽阔的山谷，终于有一天，卡尼什平原出现在眼前，这是一片界限分明的绿洲，旅程的终点就在这里——大土丘上的宫殿和下城，家人、朋友和老板们在那里焦急地等待着驮着货物的驴子、带来旅途账目的人以及来自阿舒尔的消息和信件。

然而，商队选择走另一条路线也并不罕见。从埃尔比斯坦平原出发，向北穿过一片人口似乎不太稠密的更崎岖的地带。商队走这条路可以避开那些要缴税的大城市，所以这条路线经常被用来走私。商队在某个时刻穿过现在被称为乌兹尼亚拉（Uzunyayla）的一个人迹罕至的山区牧场，没有武装卫兵的保护，选择这一路线必然会有点冒险。这条路线的终点是重要的商业中心——杜尔胡米特，可能位于现代梅尔济丰（Merzifon）附近地区，是安纳托利亚地区铜贸易的主要市场。亚述人在他们对安纳托利亚的商业渗透过程中，在这一区域内开发了有利可图的铜贸易，自那以后，这座城市的地位似乎越来越重要。事实上，一些像沙里姆阿舒尔这样的商人已经选择离开卡尼什下城，永久定居在了杜尔胡米特，他们在那里可以组织购买、提纯和运输铜。因此，沙里姆阿舒尔的许多从阿舒尔来的商队绕过卡尼什，直接前往杜尔胡米特。

当商队到达最后一座小山，在上面眺望肥沃的卡尼什平原，人们一定不禁松了口气又满怀着期待。平原上，那土丘就像小山一样在下城与周围的

14　OAA 1, 50. 在信件 kt 94/k 375 中，我们读到，严寒肆虐，驮驴无法上路。

田野上赫然出现。土丘中央的巨大宫殿清晰可见，彰显出权力和财富的气息。下城的周围和土丘顶部都有围墙环绕，围墙的几道大门有人把守。

商队通过城门进入下城后，立即被带到土丘上的宫殿中，以便为货物通关。接下来，商队的成员肯定会与下城里要接收货物的商铺人员会面，在他们的帮助下将货物运送过去。比如，沙如姆阿达德最终到达卡尼什的时候，去迎接他的应该是阿舒尔那达，那位在安纳托利亚负责家族事务的儿子。尽管税收和惠购政策并不复杂，而且在与当地国王签订的条约中都已明确做了规定，但是，宫廷的程序可能依然会相当复杂。宫廷官员将货物拆包，从而确定要收取多少税额。我已经讨论过关于税收制度的基本要素，其中最重要的一项是进口纺织品的 nishātum 税，税率为 3:60；我们也可以说是 "5%"，而且事实上，在某些情况下，亚述人就是用这种方法来表达税（mētum hamšat）的含义的，但美索不达米亚的数学体系是以数字 60 为基础的。在许多案例中，这种税的计算结果是按照纺织品的一定比例，官员们会根据市场价格计算这部分比例的价值。有时候，余款会由承运人支付；有时候，宫廷的人取走了所有物品后，通过商港办公厅支付余款。锡的税率是每袋 2 磅，每袋的标准重量为 65 磅。

根据第 2 层时期的条约，宫廷享有惠购额，能够以合理的价格优先购买商队 10% 的纺织品。宫廷对这一权利似乎十分在乎，很可能国王需要用这些精美的纺织品作为礼物送给他的官员和盟友们。宫廷的人很可能也是卡尼什市场上商业活动的积极参与者。宫廷的事结束后，运输者最终便可以把他的驴队带到下城阿舒尔那达的家中。

这时该对货物进行检查和称重。运输人必须如实上报他在旅途中的费用，然后一封详细列出费用和销售收入的信件将被起草并寄回阿舒尔给阿舒尔伊迪。据我们所知，他已经下达了指示，要求在货物实际售出之前，把相当于沙如姆阿达德带来的货物价值的银钱寄回去。

到达卡尼什的货物通常会有两种不同的处理方式。如果阿舒尔的人急需现金的话，他们通常会把货物运到普如什哈杜姆之后，尽可能在市场上直接销售。某个胡萨如姆写信给普舒肯说：

> 当货物从宫殿里运出时，舒库布姆（运输者）一天也不能耽搁，但让他把我的货物运到普如什哈杜姆，交给你的代表和阿里阿胡姆的儿子阿舒尔杏卜，货物到达后直接卖掉就换成现金，价格能卖多少算多少。指示他们不得将货物赊销给代理商！[15]

有些写信人甚至更加严格，下达指示："在收到银子之前，你不能交出锡和纺织品！让银钱送到，只有这样，锡和纺织品才能离开你的手！"[16] 有些商人更喜欢这种程序，伊姆迪伊鲁姆就是一个突出的例子，这显然是为了确保快速周转，由此阿舒尔的商人可以尽快得到他的钱。有时，急于变现也可能有特殊原因——伊姆迪伊鲁姆在给出现金出售的指示后写道：

> 我在这里盖了一栋房子，我花掉了我拥有的10磅银。我没有可用的资金了。[17]

现金销售可能是在市场上进行的。卡尼什的市场还没有找到，但是在下城有几个小广场可以进行商业活动。如前所述，卡尼什的市场可能在土

15　TC 2, 13.

16　CCT 2, 46a.

17　LB 1202.

丘上面,在第2层时期那里有一个很大的广场。这也可能与王室有一个专门负责市场的王室官员 rabi mahīrim 有关,所以一定存在某种形式的管理和控制。

虽然阿舒尔的一些商人坚持在出售货物时不给任何人赊账,但也有人采用了不同的方法,赊账销售,即当地的一个亚述人获得全部或部分货物;商定货物价格和付款期限,这意味着货物的主人要等几个月才能收到他的银钱,但他也可以借此开出一个更高的价码。记在债务票据中规定的赊账交易期限可能长达数周至数月,有时甚至长达70周,也就是说,超过一年。[18] 如果能在最后的商队返回阿舒尔之前完成销售,那么老板就可以在同一个商队季内拿到钱,这样做显然更为可取。据我们的观察,通常结款必须在三个月内付清,然后商贩或信贷代理人将利用这段时间前往安纳托利亚各地,在许多城镇兜售这些商品,从而可以卖到更好的价钱。接受这类任务的代理人所支付的费用似乎比在卡尼什常规市场的价格高出50%,因此这种模式对大家都很有好处。这显然有一定程度的风险,在卡尼什的人被反复地命令要找一个真正值得信任的代理人,"一个像你一样安全的人!"

这一模式有大量的文献可以证明,因为阿舒尔的某些商人显然很喜欢这种模式。其中有一个重要的商人叫沙里姆阿胡姆,在卡尼什为他工作的代理人叫普舒肯。一份文献显示,他接到指示:

> 只要能保证利润,就把锡和纺织品整批(赊销)出售,短期或长期皆可。尽你所能把它卖了,然后写信告诉我银价和期限。[19]

---

18 例如,AKT 6a, 182, kt n/k 145。

19 TC 3, 21.

沙里姆阿胡姆在其他信中也做了类似的指示，他经常强调委托进行赊销的代理人的可靠性十分重要；代理人要"像你自己一样可靠"，显然，找到合适的人选比一味要求高利润要重要得多："一两个月内，不要太贵！"

在大多数情况下，这些代理人很可能与他们代理销售商品的家族早有长期合作，而且他们常常就是家庭成员——比如，阿舒尔伊迪的儿子，阿舒尔塔克拉库。然而，我们看到这些信件中充满了抱怨和指责，因为事实上，这些信贷业务经常出问题。人们甚至怀疑，是不是所有在卡尼什的人都曾与不能或不愿及时付款的代理人打过交道，这种人有的在受到质疑的时候总是会满嘴借口和子虚乌有的谎言，也有的人只是暂时消失了一段时间。在卡尼什的人有一项基本任务：向代理人讨回那些都已经到期数周或数月还没有偿还的债务。亚述语词语 ba'abtum 指的就是这种未偿还的债务，这是系统中不断的财政压力的标志之一，而且由于每个人都总是不断在各地活动，使得这种情况更严重。很明显，卡尼什的人在很多时候都完全不知道他们的代理人身在何处。即使他们知道，事情也很难妥善处理，因为那样肯定需要在信贷代理人可能会去的每个城镇都有一位值得信赖的代表人，这个代表人能够带他去见证人，让他解释原因；这些代表人当然不会有原始债务票据，因此代理人只需要否认或编造一个解释以逃脱惩罚。

因此，信任是这一系统中的重要组成部分，虽然我们在这些信中读到许多纠纷，但我们可以假设，在大多数情况下，交易是顺利进行的。我们知道的所有案例都是出了问题的，但如果一切顺利的话，就没有必要写下来。这些文件确实生动地描述了一种商业和司法实践，这种实践对人们的诚实提出了相当高的要求，而这种诚实可能会被无耻的人滥用。这不禁让人想起阿拉伯语中的一句话："彼此相爱，但要互相算账。"即使一切顺利，这一制度也有一个后果，即卡尼什的商人们通常同时进行很多桩生意，事实上他们把大部分资产都交给了别人，而且缺乏极为完善的簿记系统意味着他们对自己的业务和财务状况的认识相当模糊。

这种情形并非唯一，从意大利中世纪早期的贸易活动中也可以看到这种现象。正如克罗斯比（Crosby）所指出的，从佛罗伦萨庞大的达蒂尼档案获得的证据显示了复式记账法的发明和应用对原有记账系统的改变：

> 我们有一整套从1366年到1410年的连续的达蒂尼账簿，1383年以前的都是采用了叙述模式。读者或审计员可以从中了解到达蒂尼在1383年之前的业务信息。但最重要的信息是，很难确定在某个特定时刻，企业是否有偿付能力。

当达蒂尼的公司在1383年开始采用复式记账法时，这种新的做法"使欧洲商人……能够了解，从而掌握其经济生活中的诸多细节"。[20]

我们很可能低估了古亚述簿记系统的复杂性，主要是因为大部分相关的程序和文件要么是在阿舒尔建立的，要么被发送到了阿舒尔。很多相当常见的关于贷款、债务和类似交易的长表单，是原始合同文本的或多或少的简化重复，这些表单从未得到深入研究。其中许多表单的结尾注明是"已核验文件的副本；它们已发出"，这表明原始的泥板已被发往阿舒尔用于结账。[21] 备忘录文件肯定是在卡尼什整理档案的时候为了提醒一些具体交易而建立的。在阿舒尔，人们将基于这些文件概述代理人在安纳托利亚的活动。可惜的是，我们不可能对这些会计程序本身进行

20　Crosby 1997: 205–208.

21　关于一些例子和对这些文献的评论，参阅 EL 1: 215ff。

重建，尤其令人遗憾的是，对于商人们是如何彼此区分各自职责的，我们没有任何迹象可循：合伙基金、对神庙的供奉和涉及自己资金的日常交易。事实上，他们肯定是这样做的，而且这个过程本身显然从未造成任何问题，这表明他们一定建立了有效的程序。

1967年，当我发表关于商队程序的研究时，我试图表明，长途贸易是基于一系列文件，这些文件共同对这些典型的交易进行了完整的描述。第一种是运输合同，这是一种至少有时用来规范发货人和运输人之间关系的文件。显然，当运输人与发货人是相互信任的同一家庭成员的时候，就不必书写这样的文件，而且，不管怎样，在阿舒尔订立的契约会留在阿舒尔的档案中，因此在卡尼什找不到。第二种是我所说的告知函，即发货人给收货人的一封信，信中告知他们有关货物的情况、谁负责运输，并详细说明他们应该进行或监督的销售和订购活动。当然，在卡尼什发现的这类文献，几乎所有的案例都是从阿舒尔发出的信件，因为从卡尼什发出的信件最终都会被放在都城的档案室中。最后，第三种类型的文件是收货人发出的账目，是他们详细汇报所购货物价格和数量、缴纳的税款等情况的信件。此类文献大部分反映了阿舒尔的交易，但实际上我们并没有对卡尼什和安纳托利亚的活动进行详细描述的文献，只有少量从卡尼什发出的向阿舒尔投资人汇报的存档副本。

一个从卡尼什发出的告知函的存档副本提到了一个可能有点非典型的情况，涉及某个恩利勒巴尼（Enlil-bani）和他的运输者库库拉奴姆。我们得知这个人在路上带着30磅的银钱和税金，他和运输者在上面都加了印，恩利勒巴尼接着说：

我已经说明了我对银钱用途的指示。在这里的一个商人的办公室里,我被正式指定为库库拉奴姆的担保人,我已经说明了我对 30 磅银钱用途的指示。

在那里,你应该站在库库拉奴姆旁边,让他用一半的银钱买纺织品,另一半的银钱,根据他的估计,按照对他有利可图的方式去买锡。

然后用你的印封起来,委托给库库拉奴姆。

我亲爱的兄弟们,就像我在这里说明我对银钱用途的指示一样,那么在把银钱委托给库库拉奴姆之前,你必须代表我在城门内说明你们用途的指示,这样他才能把商品带给我。[22]

从商队离开阿舒尔后写给恩利勒巴尼的一份商队报告中我们得知,这些指示都是按信件意思执行的。[23] 文献中解释说,这 30 磅银子已经按时收到,并缴纳了相关税款;我们还读到,在查验货物重量时,发现丢失了 $\frac{2}{3}$ 磅银钱。因此,在阿舒尔的人用这 $29\frac{1}{3}$ 磅的银钱购买并支付了各种费用和杂项费用。

这封信的内容如下:

这是皮拉哈亚、伊尔马阿舒尔和马奴姆巴鲁姆阿舒尔的话,对恩利勒巴尼和库库拉奴姆说:

库库拉奴姆带了你加了印的 30 磅银,已加上了进口税。我们检查了银钱,发现少了 $\frac{2}{3}$ 磅银。

具体为:

22　TC 3, 67;参阅 Larsen 1967: 10–11。

23　CCT 3, 27a: KTS 38a, 亦可参阅 Larsen 1967: 11–14。

114 件 *kutānu* 纺织品——它们的银价为：$7\frac{1}{2}$ 磅，$4\frac{1}{4}$ 舍克勒；

2 塔兰特，15 磅加印的锡，价率为每（舍克勒银）$13\frac{1}{4}$ 舍克勒（锡）；

40 磅加印的锡，再加上 8 磅加印的锡，价率为每（舍克勒银）13 舍克勒（锡）——它们的银价为：$13\frac{5}{6}$ 磅，3 减去 $\frac{1}{6}$ 舍克勒；

6 头黑驴花费了 2 磅，8 舍克勒银子；

它们的挽具：16 舍克勒银子；

37 磅锡，按每（舍克勒银）13 舍克勒（锡）计算费用——其银价为：$2\frac{5}{6}$ 磅，$2\frac{1}{6}$ 舍克勒；

两个驭者的工作资本：1 磅银钱；

他们的衣服：4 舍克勒；

我们给那比辛加了 7 舍克勒银，作为他的工作资本；

$12\frac{1}{2}$ 舍克勒："额外费用"；

$2\frac{1}{2}$ 舍克勒为 *sa'utum*；

15 舍克勒：出口税；

我们给了阿舒尔马里克 6 舍克勒银：

库库拉奴姆拿走了 $\frac{5}{6}$ 磅银，他说："如果商人不让人把银子送到我这里，我就从这银钱里拿走它！"

除了一些细微的不太明确的地方（没有明确的"额外费用"和词意不清楚的 *sa'utum*），这份文献很是直白。关于给驭者的所谓工作资本，可能有必要说明一下，这些人应该是协助库库拉奴姆并实际负责照看牲口和货物的。他们每人得到了半磅银钱；这笔钱叫作 *be'ūlātum*，即"你所掌握和控制的"，因此称为"工作资本",这些钱必须在雇佣期限结束时归还。因此,可以说,工资包括在商队在途期间管理这笔钱的权利,在这一过程中,驭者可以用这笔钱投资并获取利润。这种款项的支付是商队程序中的典型特征,但在雇佣契约中也明确规定了,在此类合同中,个人可以在不丧失自由和成为奴隶的情况下为其他家庭服务。

这种制度强调个人的主动性,让我们想起了《圣经》中委托塔兰特币的寓言。[24] 寓言中说,一个主人在即将远行的时候,分别给了他的三个仆人5个、3个和1个塔兰特币。前两个仆人"拿去做交易"了,资本翻了一番,但第三个仆人害怕了,把钱藏了起来。两个成功的人被允许继续掌管这部分钱,并因为他们的勤奋而受到表扬,但是第三个被骂了,失去了分给他的塔兰特币,并被告知他应该"把我的钱拿去贸易,然后我回来的时候,我会连同高额利息一起收回我自己的钱"。我们确信,在古亚述社会中显然也有类似这样的原则,在离开阿舒尔之前,驭者会聪明地将半磅银子投资在纺织品上。然后在前往卡尼什的路上经过的许多城镇和村庄里出售。

只有驭者,负责实际运输的人,才能得到这样的工作资本,其他人员有的是奴隶,他们当然不会得到任何报酬,有的是因为特殊目的而雇用的人,例如在困难或危险的地方的向导,这些人为他们提供的服务获得适当的工资。

账目中包含的一些较小的物品可能就是用所谓的杂项费用支付的,将信中的信息归纳起来,我们可以将支出分类如下:

24　Matthew 25:14–30.

购买	银钱	
114 件 *kutānu* 纺织品	$7\frac{1}{2}$ 磅	$4\frac{1}{4}$ 舍克勒
3 塔兰特 3 马那锡	$13\frac{5}{6}$ 磅	$2\frac{5}{6}$ 舍克勒
6 头驴	2 磅	8 舍克勒
投资合计	$23\frac{1}{2}$ 磅	$5\frac{1}{2}$ 舍克勒
工作资本	1 磅	7 舍克勒
其他花销		
驴的挽具		16 舍克勒
零用锡	$2\frac{5}{6}$ 磅	$2\frac{1}{6}$ 舍克勒
驭者的衣物		4 舍克勒
杂费		15 舍克勒
出口税		15 舍克勒
花销合计	4 磅	$9\frac{1}{6}$ 舍克勒
非商业花销		
给阿舒尔马里克		6 舍克勒
给库库拉奴姆	$\frac{5}{6}$ 磅	
额外费用合计	$\frac{5}{6}$ 磅	6 舍克勒
总计在阿舒尔花费	$29\frac{1}{3}$ 磅	$\frac{1}{4}$ 舍克勒

投资费用占库库拉奴姆带来的白银的 $\frac{2}{3}$ 以上。支出费用占全部资金的 12.5%，如果算上支付给阿舒尔马里克和库库拉奴姆的款项，大约占 16%。总数略高于在阿舒尔实际收到的数额，但差异太小，代表们选择忽略这一点。事实上，1 舍克勒仅仅重约 8 克，人们不禁感到奇怪，他们是如何处理小到 $\frac{1}{6}$ 舍克勒这样的数量的。

这样一批货在卡尼什值多少钱？*kutānu* 是以每件不到 4 舍克勒的价格购买的，在卡尼什，这种普通纺织品的标准价格约为 10—12 舍克勒；如果通过信贷代理人销售，价格往往会更高，大约在每件 15—20 舍克勒之间。锡是按 $13\frac{1}{4}$:1 和 13:1 的价格购买的。在卡尼什，正常的价格是 7:1，也就是说，只要 7 舍克勒的锡，就能卖到 1 舍克勒的银。因此，从阿舒尔发出的货物在卡尼什的价值在 45 到 50 磅之间，利润超过 50%。从这些利润中，我们还得扣除卡尼什的税收和其他费用，但鉴于我们掌握的其他文献，估计此类交易的利润为 50%，似乎是合理的。如果在安纳托利亚的销售是通过信贷代理人进行的，利润可能会更大，整个过程可能会持续 3 到 6 个月，甚至更长。因此，根据一年中货物到达卡尼什的时间，安纳托利亚交易产生的白银可以在陶鲁斯山脉的道路被大雪封锁之前送回阿舒尔。

这个商业体系所依赖的基本特征是，"货币"，即银钱，在安纳托利亚比在阿舒尔（和据我们所知的其他近东地区）便宜；这意味着在阿舒尔市场上购买的商品可以在卡尼什和该地区其他城镇以可观的利润出售。卡尼什的许多商队账目为我们提供了可靠的信息，而这些账目对阿舒尔的老板来说确实是必不可少的，他们希望详细说明他们的货物在运输途中是如何处理的，特别是在安纳托利亚的市场。

第十五章　数量与来源

我们从重建的阿舒尔伊迪档案文献得知，多年来，他至少向卡尼什发送了 34 塔兰特 10 磅锡（约 1 吨）和 $1651\frac{1}{2}$ 件纺织品；实际上，这些货物中有一些不属于他或他的家庭成员，而只是由他经手的，所以属于他的数字应该会有所减少，那么他自己的货物大概有 21 塔兰特锡（630 公斤）和 1000 件纺织品。这是我们在他的信中能够查到的数字，然而鉴于他的书信中很可能有相当数量的文献已经不复存在，那么这一数字肯定又会再增加，但即使增加一倍，得到的数字也不会太多：或许在 30 年的时间里能够达到 1.5 吨锡和 2000 件纺织品。他的家庭每年的商业活动运输的货物量不超过 50 公斤锡和 70 件纺织品，或许每年可以组织 3 批驮驴运输，但我们必须注意，我们的证据可能涵盖了不到 30 年的时间。如果这近乎真相，我们必须得出结论，前一章讨论的提到三批货物的文献所述的情况，是非正常的。

韦恩霍夫将要发表的埃兰马档案中包含了一些传统的商队文件，这些文件中提到了 46 塔兰特锡（约 1.4 吨）和 1350 件纺织品被送到卡尼什。据韦恩霍夫的估计，这些活动涵盖的时间"不太长"，但这些数字与阿舒尔伊迪的数字相当。[1]

1972 年,韦恩霍夫发表了一份当时他所掌握的发送到卡尼什的所有商品的清单,计算了锡和纺织品的货物量,最后他得到了以下数字:

14,500 件纺织品和 27,000 磅锡。[2]

这些数字是从他当时掌握的 3000 份文献中的不到 200 份文献概括出来的,因为他只选择了直接描述阿舒尔与卡尼什之间贸易的文献,即构成常规商队程序的部分文献。在他掌握的数千封信件中,提到了更多的货物,但很难确定这些信件中提到的货物是否与商队文献中提到的货物重复。如今,古亚述文献工程在电脑数据库中有将近 10,000 份文献,其中大约有一半尚未出版,而在安卡拉的安纳托利亚文明博物馆(Anadolu Medeniyetleri Müzesi)的抽屉里有 13,000 多份文献,等待着获得许可能够阅读它们的人。再没有人像韦恩霍夫那样,计算现有文献中提到的所有货物。如此一来,以安纳托利亚为中心的亚述人的贸易量就几乎不可能确定了,这意味着我们所有关于统计数字和数量的推测都是不精确的。[3]

假设韦恩霍夫当时掌握的文献约占目前出土样本的 12.5%,那么只要将他的数据简单地转移到新的语境中,我们就能估算出在 30 年的时间里约 110 吨锡和 115,000 件纺织品,或者说,每年大约有 4 吨锡和 3800 件纺织品。这相当于大约 110 头驴荷载的纺织品和 55 头驴荷载的锡。这些数字似乎代

---

[1] AKT 8, 待出版。

[2] Veenhof 1972: 79.

[3] 阿格奈特 • 莱森曾经简单计算过她所掌握的所有材料中提到的十分普及的 *kutānu* 纺织品,最后得出的数字超过了 30,000 份。

表着最低量，略去了已经消失和尚未出土的文献，因此这些数字很可能轻易就可以翻倍，而不会有太大的错误。根据不同的计算方式，其他人得到的数字要大得多，但即便此处提出的保守估计也可以看出，我们面对的是一个规模非常大的商业系统。

重建的阿舒尔伊迪案卷中的文献涉及运回阿舒尔的银钱约为40公斤，这表明该家族在当时的商业体系中的确是一个次要参与者。根据韦恩霍夫的计算，在他的清单上的货物中，阿舒尔订购货物的银钱价值约为52塔兰特，即超过1.5吨；我根据掌握的更大的数据库和安卡拉博物馆中的未被读取文献的数量进行了修订，估计每年将近12.5吨银，约400公斤。但这给了我们一个数字，即在前往卡尼什之前，在阿舒尔的货物的价值，因此，在货物售出并扣除税款和其他费用后，寄回的白银数量显然会更高，我认为，白银总额可能至少是每年大约18吨，或600公斤。

假设在安纳托利亚销售的纺织品的平均价格为15舍克勒，那么每年进口的3800件纺织品的价值大约为950磅银，即475公斤。锡的平均售价为7舍克勒锡1舍克勒银，相当于总共570公斤银。因此，我们得到的结果是达到1吨多的白银，但我们还必须从中减去税款、运输和其他费用，因此不同的计算方法得出的结果差距并不太大。前一章中指出，与第1层b同时期的来自马瑞的文献，提到了叙利亚的亚述人商队，其中有一支商队由300多头驴组成。这些数字支持这里提出的推测。

必须强调的是，这些原始的统计工作只能提供一个关于古亚述贸易规模的非常笼统的概念，但这仍然使我们不得不考虑生产和消费问题。此外，这些结论也牵涉我们对古代近东其他地区经济的理解，因为以安纳托利亚为中心的贸易显然是更广泛的贸易体系中的一个环节，从波斯湾到黑海海岸和

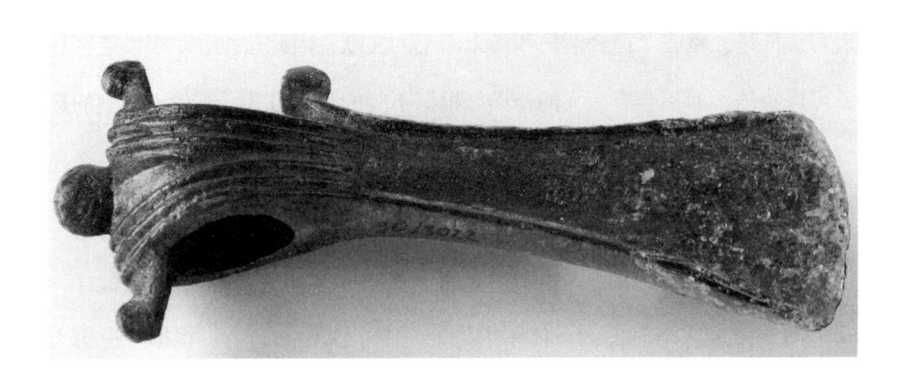

27. 屈尔台培发现的青铜斧。屈尔台培考古发掘档案。

地中海,很有可能涉及更遥远的地区:东达中亚和西至爱琴海。

每年向安纳托利亚输送 4 吨锡,只有在当地存在市场和大量生产青铜的潜力的情况下才有意义。锡在青铜成品中所占比例不超过 10%,因此,另一种必要成分铜的年消耗量将接近 36 吨,青铜的总产量接近 40 吨(图 27)。

我们知道,亚述商人在安纳托利亚境内进行了精心布局、规模宏大的铜贸易。几吨重的货物从北部的庞蒂克地区用车沿着一条已有的路线运送,终点可能在安纳托利亚中部偏西的普如什哈杜姆城。据推测,其中一些铜可能会向西运往更远的地区,到达爱琴海,但据我们所知,亚述商人几乎从未将铜从安纳托利亚运回阿舒尔。铜的单位价值较低再加上地理的局限,需要穿过狭窄的山间道路和陶鲁斯山脉的山口,这些都将使旅途困难重重,而且花费巨大。有人在对安纳托利亚的古亚述人进行综合研究之后,认为亚述人出现在安纳托利亚是为了给阿舒尔采购铜,这种观点是完全错误的。[4]

然而,从阿舒尔和尼尼微顺着底格里斯河向西北方行进,会到达盛产铜

---

4 Orlin 1970: 56:"卡帕多西亚贸易的主要目的似乎是为亚述人的政府采购铜。" Polanyi et al. 1957: 18 建立在同样的基本错误之上。

的区域，位于陶鲁斯山麓的埃尔加尼矿产区（Ergani Maden）。阿舒尔的铜肯定是从什么地方运来的，虽然文献和考古方面都没有任何证据，但是不能排除此处是铜的来源之一。伊鲁舒马在描述他的改革时声称，他"洗了阿卡德人的铜"，但这到底意味着什么还不确定，可能指的是从南部进口了原产于阿曼矿山的铜，也可能在夸耀阿舒尔可以向南部提供铜。如果亚述人真的利用了埃尔加尼的铜矿资源，或者至少在那里购买了补给品，那就说明存在一条连接阿舒尔至叙利亚北部草原某些城镇的贸易线路，而这条全新的贸易路线在屈尔台培文献中竟完全没有被提到过，这在我看来似乎是不太可能的。

尽管安纳托利亚这一时期实际使用的铜矿尚未找到，但很明显，肯定是在一直有铜矿在开采的庞蒂克地区。我们确实有很多关于铜贸易的信息。铜矿似乎分布在一大片地区，不同种类的矿石与位于或靠近铜矿的特定城市名称经常一起出现。大部分铜来自杜尔胡米特城附近地区，该城是这种金属贸易的主要中心，还有确切位置未知的提什穆尔那城。正如德尔克森所展示的，这些城镇是炼铜的冶金中心，亚述商人在那里购买他们所说的好的或高质量的铜。在庞蒂克地区的许多地方都发现了熔渣堆，有些可以追溯到公元前四千纪，这证明在当时那样很早的时期这里就已经存在了"近乎工业规模"的生产。[5] 通过熔炼过程从矿石中除去铁等杂质，将"劣质"铜转化为"精"铜。

大量的铜从杜尔胡米特经瓦赫舒沙那城，运往大的中心普如什哈杜姆，最终在那里换成了银钱。货物是用牛车进行长途运输的。关于古亚述文献中提到的几乎所有城市和国家的确切位置，各种学术研究文献提出了各种

---

5 Dercksen 1996: 27.

各样的建议。在我看来，巴尔雅莫维奇提出的地理方案最具有说服力，但还必须通过考古发掘加以验证。巴尔雅莫维奇将铜产区定位在现代的梅尔济丰周围地区，位于或靠近克孜勒厄尔马克河渡口的重要商路城市瓦赫舒沙那，那里是亚述商队向西到达的最后一站，靠近现代城镇博尔瓦丁。[6]

许多文献提到的铜的数量都非常大，往往多达几吨，人们不禁想知道这些货物后来都变成了什么。巴尔雅莫维奇在阐述普如什哈杜姆位于西边很远的地方的论点中指出，该城镇实际上是通往另一个商业圈的门户，那个网络沿着河谷向西延伸直达爱琴海海岸的城镇，而亚述商人从未直接到达那里。对于亚述人来说，普如什哈杜姆是他们的最终目的地，商人们在其商业知识的基础上，在安纳托利亚利用北部的铜资源开发了一个新的网络，并开辟了一条通往西南部的铜贸易专属路线。原则上来说，这一路线是独立于连接阿舒尔和安纳托利亚的商路的，尽管它是基于锡和纺织品的稳定输入，并最终获得了大量的银。可以合理地猜测，这些程序应该是在亚述人贸易的形成时期逐步发展起来的，在亚述人贸易体系充分发展的三十年中变得越来越重要。在第2层的后期阶段，一些亚述商人选择在杜尔胡米特永久定居下来，他们在那里可以控制铜的贸易，而且我们必须假设，从阿舒尔来的许多商队直接前往这个城镇，而不是卡尼什，这样就可以用带来的锡和纺织品购买铜。

德尔克森分析了几个档案，并描述了铜贸易的机制。[7]如前所述，他还建议，一些涉及庞大数量的铜贸易的文献可能与商港办公厅的事务，特别是与在该办公厅开设账户的程序有关。我将集中讨论另一组反映大量铜贸易的文件，但那些文件似乎与商港中央办公厅没有任何关系。沙里姆阿

6　Barjamovic 2011.

7　Dercksen 1996.

舒尔家族的档案中有一系列与贸易风险有关的文献，其中涉及大量的铜和羊毛。这些文献让我们对一些可能类似的程序略见一斑，但记录该程序的文献可能在杜尔胡米特和普如什哈杜姆而不是卡尼什的档案中。然而，我们之所以获得了有关此类交易诸多信息的主要原因是——通常是这样——发生了意外的情况。

在我看来，这种经营开始于在卡尼什建立的、以前往杜尔胡米特收购大量铜为目的的短期合作关系，然后把铜运到普如什哈杜姆，在那里换成羊毛；再将羊毛换成白银，利润由投资者分享。沙里姆阿舒尔在一个财团里召集了另外15名商人，他肯定是该财团里的主要投资者，也是对合伙人负责的人。

在我对该档案的编辑中，我把相关文献称为"乌西那拉姆事件"，因为在这些事情发生的过程中，一个名叫乌西那拉姆的人在活动中发挥了核心作用。[8] 他是普如什哈杜姆的高级官员，也许是王储，显然并非等闲之辈。我重建这一特定交易所依据的文献储存在卡尼什档案的一个盒子或篮子里，盒子或篮子上附有一个标签，上面写着："关于乌西那拉姆羊毛收益的证人备忘录"。15份这样的小文件规定了对投资者的结算，上面简单地声明了这15个人已经收到了因出售乌西那拉姆羊毛而产生的白银收益。这笔款项总数将近148磅银，此外，我们还必须加上核心人物沙里姆阿舒尔的投资和利润。[9] 他将处理整个事件的任务全权交给了一个叫阿布沙里姆的人，这个人一直被称为他的"奴隶"。在铜运达普如什哈杜姆以前，似乎一切进展顺利。乌西那拉姆代表王宫参与铜交换羊毛，但后来他声称没有得到

---

[8] AKT 6a, texts 89–111.

[9] 沙里姆阿舒尔本人的份额预期为5塔兰特银，即150公斤；参阅第104号文献。

他应得到的铜。

沙里姆阿舒尔写信给他在卡尼什的代表和那里的全体会议以及城市特使,详细叙述了这件事。乌西那拉姆肯定向普如什哈杜姆商港议事会进行了投诉,结果普如什哈杜姆的亚述人议事会出具了正式信函,与商港官员和代表乌西那拉姆的人一同抵达卡尼什。全体会议获悉,这名奴隶现在欠普如什哈杜姆宫廷16,040磅铜(约8吨)的羊毛价款;除此之外,还欠了30,000磅铜,乌西那拉姆显然坚决要求归还全款。据普如什哈杜姆的消息,沙里姆阿舒尔被正式逮捕并"戴着镣铐"带走,去清理他的奴隶留下的烂摊子。他在普如什哈杜姆向宫廷支付了15,000磅铜,显然希望这件事能结束,但乌西那拉姆声称,他还欠了40磅的银,并将沙里姆阿舒尔交给了宫廷官员,因此他实际上相当于是一名囚犯。

可以假定,就在此时,普如什哈杜姆的15名亚述人以当地亚述人议事会成员的身份发布公开声明,大意是任何人都不得再向乌西那拉姆出售纺织品,也许正是这种压力最终解决了冲突,使沙里姆阿舒尔得以返回卡尼什,并向财团中的合伙人支付合理的投资回报。档案显示了铜与羊毛贸易的密切关系,但首先说明了新贸易路线的存在,这是亚述人在贸易的这一阶段创造和利用的。所涉金额非常可观,因此即使货物本身不是很值钱,但亚述人从事铜和羊毛贸易也变得非常有利可图。遗憾的是,案卷中的文献并没有提到这15个合伙人最初的投资额,因此无法确切地知道他们在此事件中的盈利情况。

案卷还表明,宫廷是这些大批量铜的主要甚至唯一买家。由于没有来自安纳托利亚宫廷的官方或行政文献证据,无法进一步推论,但可以理解的是,这些机构能够组织大规模的生产设施。阿伽姆霍愚克的发掘表明,当时存在着冶炼铜的设施，显然在宫廷管辖之下。[10] 在对屈尔台培下城的挖掘中，人们发现了许多工作间，那里是冶炼和制造铜和青铜物品的地方。这些作坊显然是私人所有，但土丘上有足够的空间容纳宫廷的设施；大多数提到金属工匠的文献资料中的工匠都具有安纳托利亚人名字，但我们知道，有些作坊是属于亚述人的。在这些房子里发现了炉子、风箱、吹管、烤炉和坩埚，以及模具和石器。[11] 在一些并非作坊的私人房子里发现了各种斧头、匕首、凿子、锉刀和戒指的模具，这表明主顾们至少有时会把自己的模具带到金属工匠那里。

尽管在屈尔台培的挖掘过程中发现的青铜和铜制物品相对来说并不多——大概是因为这些物品比较值钱，所以在下城被摧毁之前被带走了，但有文献描述了一个家庭的物品库存，其中列出了青铜物品。有一份文献提到了1塔兰特17磅（约40公斤）的青铜物品，另一份提到1塔兰特40磅（约50公斤）；除了列出的物品（有壶、灯、碗、量杯、各种容器、小勺、长勺、刀子、镜子和罐子），厨房里至少还有一个水壶和一个用来做饭的大锅，通常每个锅重10—25公斤。因此，一个典型的家庭会有大约50—75公斤重的青铜物品。[12]

我们显然无法根据这些参考资料得出关于安纳托利亚青铜物品生产和消费的令人信服的结论。这种金属被用于各种用途，例如制造武器、农具和用来装饰，即使大约有50%的铜是要从安纳托利亚出口到爱琴海，先前给出的关于锡进口的估计只能说明我们对其在安纳托利亚的消费模式能够确

10　Dercksen 1996: 28–29; 71, n. 233.

11　Dercksen 1996: 72.

12　Dercksen 1996: 76–80.

定的很少。如果如塔赫辛·厄兹居奇所说，卡尼什拥有 2 万到 3 万人口，那么这对我们了解贸易所涉及的安纳托利亚中部地区的人口有什么启示呢？光是在卡尼什的人就要消耗多少青铜呢？

对锡和青铜的观察与安纳托利亚每年数千件昂贵纺织品的销售和分配问题有着同样密切的关系。锡主要被宫廷消耗，而纺织品很可能也卖给私人家庭和个人。我们有几份文献提到有商人去"村庄"[13]销售纺织品，那些富有的村民无疑会很乐意购买这些非常适合炫耀财富和地位的奢侈品。一件质量好的纺织品很轻松就能卖到与奴隶或驮驴一样的价钱。

应该注意的是，在当时的环境下，纺织技术已经非常普及；事实上，安纳托利亚的纺织工使用的是一种直立织布机，这在某些方面要优于美索不达米亚使用的水平织布机，并且我们知道，当地确实出产许多羊毛纺织品。一些亚述商人似乎对这类安纳托利亚产品产生了兴趣，甚至有迹象表明，卡尼什的亚述人家庭的妇女也参与了纺织生产。然而，安纳托利亚的纺织品价格通常比进口的便宜，似乎只用来做仆人穿的衣服，而亚述人从来都不穿。[14]

有一群亚述商人，其中有在卡尼什非常杰出的人，在某个时候由于从事安纳托利亚的纺织品贸易而被阿舒尔城市议事会处以重罚，因为这些纺织品看起来有点像亚述人主要的出口商品——*kutānu* 纺织品。阿舒尔的大人物显然不愿意让亚述商人们为发展这种具有竞争性的产业推波助澜。[15]

进口纺织品的名称很多，令人眼花缭乱，有一些似乎指向原产地。从

13　AKT 6c, 601: 14–17.

14　比较 Larsen and Lassen 2014。

15　参阅第九章。

这些名称可以看出，各个地方都存在纺织品生产，但有时候，肯定表示纺织品是按照某个特殊地方的风格或技术制造的。[16] 例外情况是"阿卡德的纺织品"，显然来自美索不达米亚南部，与锡一起被带到阿舒尔的市场。这一点不仅从所使用的词汇（阿卡德是美索不达米亚冲积平原北部的通用名称）能够得到明确说明，还有几封信也提到了这种纺织品的来源。书信中，在阿舒尔的人向他们在安纳托利亚的通信者解释，由于南部的商队还没有到达，他们无法发送这种纺织品。[17] 相对来说很少有纺织品被称为阿卡德人的纺织品，但很可能许多其他名称的纺织品事实上也是从南方运来的。在美索不达米亚南部一个城市生产的布料最终可能会在黑海沿岸的一所房子里，想想就觉得神奇。

阿舒尔当然也出产纺织品，我们从那里的家庭妇女来信中就能够看出来。这些文献非常有价值，有时会详细说明要生产的纺织品的类型，[18] 但这也表明这种家庭手工业的局限，因此也无法解释运往安纳托利亚的纺织品的庞大数量。城市里可能有纺织机构，也许是在市政厅的管辖之下，在阿舒尔周围的村庄里也可能有生产线，但所有这些推测都缺乏文献支撑。[19]

哥本哈根纺织研究中心的测试表明，生产一种纺织品所涉及的几步程序——清洗和梳理羊毛、纺线、设置织机和最终织造——非常耗时。生产一种古亚述文献中标准尺寸（4米×4.5米）的纺织品，一名妇女大约需要150天，因此在阿舒尔，这种织布工的年产量将不超过2.5件。米歇尔认为，

---

16 关于古亚述贸易中纺织品的术语，参阅 Michel and Veenhof 2010: esp. 225。

17 VS 26, 17; 比较 Veenhof 1972. 98–103。本章后文将进一步讨论这一问题。

18 参阅 Michel and Veenhof 2010: 251–252。

19 参阅 Dercksen 2004: 15–17。他倾向于市政厅组织生产的观点。

在阿舒尔，一个拥有奴隶并且家庭中的女眷也参与工作的大家庭，每年能够生产 25 件纺织品，其中家庭本身所需至少要 5 件。因此，在这样一个大家庭里，最多可以生产 20 件纺织品。[20] 由于进口到安纳托利亚的纺织品通常尺寸和重量都是标准规格的，所以这些文献很少涉及此类问题。唯一详细的信息来自普朱尔阿舒尔写给一位名叫瓦库尔图姆的妇女的信，他在信中要求她生产薄纺织品：

> 让他们漂洗织物的一边，不要让它起绒，翘曲的地方要封闭，这样与你以前送的织物相比，每件织物要多加一磅羊毛——但要还是一样薄。另一边应该轻轻地漂洗。如果他们想拉起些细绒，他们应该像 *kutānu* 一样拉绒。[21]

普朱尔阿舒尔坚持说，他不想再买像她早些时候寄给他的那种阿巴尔尼纺织品，如果她不能生产出想要的薄纺织品，就建议她买一些，因为他听说"那里有很多东西在出售"。最后，他希望纺织品为 9 肘长、8 肘宽，即大约 4.5 米 × 4 米。[22] 纺织品的重量很难判断，但韦恩霍夫认为标准重量大约为 5 磅。很多织物都是用来做衣服的，商人们买卖的织物似乎通常都是标准尺寸的，从而方便用来做成衣物。

在巴比伦尼亚南部，我们有大量关于纺织品生产的信息，特别是在之前的乌尔第三王朝时期，政府运营的生产系统给我们留下了非常详细的行政

20　米歇尔即将出版的有关阿舒尔和卡尼什的女人们的著作的第 4 章。关于技术问题的各种报告，参阅该中心网站：http://ctr.hum.ku.dk/tools/。

21　TC 3, 17: 11–22；这里我用了莱森的翻译，Lassen 2010: 274；它与米歇尔和韦恩霍夫的译文稍有不同，参阅 Michel and Veenhof 2010: 251。

22　Michel and Veenhof 2010: 255.

档案，其中包括成千上万的文献。该领域的权威专家认为，在乌尔政府管辖下的那些城市，年产量"巨大，肯定超过 6 万件"，[23] 并且我们有证据显示，行政部门向参与纺织各方面工作的妇女与男子支付了款项，数据显示，在一些城市，工作人员达到数万人。这一时期的官僚档案所包含的信息确实非常丰富：我们能够知道，一名妇女需要多少天（有时是几个月）能够完成各种纺织品的生产，羊毛和织物的种类和质量，系统中各个职位的工资等级，甚至从事这种大规模生产的许多人的名字。[24]

当乌尔的中央政府垮台后，南方的政治权力转移到几个较小的国家，这个时期以两个主要的政治力量命名，称为"伊辛—拉尔萨"时期。我们没有从这个时期获得类似的集中生产系统的证据，但情况不大可能有大的变化。这个地区羊毛产量的巨大潜力当然没有改变，纺织生产的作坊虽然可能在规模上不一定一样，但一定还存在，并且和前一时期一样受到行政管理的重视。我们确实有来自马瑞宫廷后期的证据，表明存在由战俘妇女组成的大规模生产机构。[25] 南方能够生产大量纺织品的能力是毋庸置疑的，从阿舒尔到安纳托利亚的大部分成品似乎都来自那里。

如前所述，那些货物是由南方人带领的商队运抵阿舒尔的，没有证据表明大量来自阿舒尔的商人定居在生产纺织品的城市。普舒肯在阿舒尔的老板给他的一封信使我们得知：

  关于购买你写到的阿卡德人的纺织品，自从你离开后，阿

---

23 Waetzoldt 2010: 201.

24 Waetzoldt 1972.

25 Dossin 1964.

卡德人就没有进城了。他们的国家正处于叛乱之中,但如果他们在冬天之前到达,而且如果你的买卖有利可图,那么我们将为你买一些。[26]

正如我们从其他信件中所知,锡和纺织品是在阿舒尔的市场上买的,但关于购买行为的确切信息我们不得而知。运往安纳托利亚的货物通常被说成是在某些人的房子里获得的。最有可能的是,在阿舒尔的重要商人有大房子,他们在那里可以储存货物,可以拴驴子。

由于阿舒尔的商人只需等待商队从南部抵达,而他们无需亲自去那里取货,所以以安纳托利亚为中心的古亚述贸易在某种程度上与美索不达米亚南部的生产和贸易并不直接相连,然而我们确实有一些零散的证据表明,一些亚述人在南部平原的城市里定居。他们似乎与幼发拉底河上的城市西帕尔建立了某种联系,这是一个位于平原边缘的商业城市,可能起到了与阿舒尔相仿的功能。我们从那里发现的几封信中得知,一位西帕尔妇女住在阿舒尔,据推测她嫁给了一位当地的亚述商人,她经常与南方的家人联系。[27] 新的发现可能会扩大我们的视野,也许会显示出更广泛的联系,既有商业的,也有私人的。

如前所述,锡和阿卡德人的纺织品一样从南方运到阿舒尔。在一些相关文献中,我们得知,人们预期有锡商队从"低地"来,德尔克森认为这个短语指的是埃什嫩那以南的土地,即美索不达米亚南部的冲积平原,这似乎

26　VS 26, 17.

27　ABB 12, 59–60. 这些信件来自一个名叫辛埃瑞巴姆(Sin-erībam)的商人的小型档案,这个商人与阿舒尔和埃马尔都有日常商业联系。

是有道理的。[28] 据说商队被耽搁了，但没有迹象表明这是出于政治原因。

虽然阿卡德人的纺织品的原产地在南方，但锡并不是，我们也不清楚确切是从哪里运到巴比伦尼亚来的。读者应该还记得，第七章中讨论的非常古老的伊鲁舒马铭文提到了从南部到阿舒尔的三条道路：一条是经波斯湾附近的乌尔和巴比伦尼亚中部的尼普尔；另一条是经过阿瓦勒和基斯马尔两个城镇，两者都位于底格里斯河东部地区，通过扎格罗斯山脉与哈马丹路相连；第三条是通过德尔城，位于底格里斯河下游巨大沼泽的东部，是已知通往胡泽斯坦的苏萨城道路上的一站。

第一条道路一定通过乌尔越过波斯湾地区，从海路分别与迪勒蒙（Dilmun）、马干（Magan）和麦鲁哈（Meluhha）相连——这些地方分别是巴林岛、拥有大量铜矿的阿曼和印度河文化。所以，伊鲁舒马似乎一直在考虑阿舒尔市场铜供应的问题。

第二条路线与迪亚拉地区的重要城市埃什嫩那相连（在伊鲁舒马时期显然没有政治意义），因此可以合理地假设，这条道路专门用于从南方进口纺织品，但不能排除从迪亚拉地区通往伊朗高原的道路已经投入使用，这意味着运送锡的商队可能是来自更远的东方。在马瑞后期的文献中，我们读到运送锡的商队实际上来自埃什嫩那。

最后，从苏萨经德尔的第三条路线无疑与通往伊朗高原更东的道路相连，我们知道，大量的锡通过苏萨进入巴比伦尼亚的城市。遗憾的是，无法对埃兰或巴比伦尼亚消耗的锡做出有意义的估计，但似乎不太可能将大部分从东部进口的锡运往阿舒尔。

28　Dercksen 2004: 28–29；比较 Veenhof 2010: 82–83。文献为 AKT 3, 73 and 74，是在阿舒尔的沙里姆阿胡姆发给他的代理人普舒肯和沙里姆阿胡姆的儿子丹阿舒尔的。

锡到底是从哪里来的？目前，学术界似乎倾向于认为，阿富汗东北部、乌兹别克斯坦和塔吉克斯坦是最有可能的发源地。在那些地方发现了大量的古代采矿活动的遗迹，这些遗迹似乎可以精确地追溯到青铜时代中期，即公元前两千纪上半期。古亚述文献中多次提及的半宝石青金石，在古代近东非常流行，这种石头产自阿富汗东北部的科克查山谷（Kokcha Valley），即使在正常的、和平的条件下，那里也是一个偏远、基本上无人居住的地区。在达雷朱（Darreh Zu）发现了一个非常大的矿场，现在已经枯竭，主矿场现在称为萨尔埃桑（Sar-e-Sang），那里显然仍蕴藏着相当数量的矿藏。我不清楚目前的确切情况。[29]

无论如何，美索不达米亚大规模进口青金石，使大量锡也很有可能来自这个遥远的地区，甚至更远的地方。然而，青金石最多只能以磅计算，而锡贸易的前提是能够运输重达数吨的大批货物，而事实是，我们对这个所谓的商业体系的东段一无所知。锡只有在进入泛美索不达米亚地区（可能是苏萨城）时才能被观察到。我们从古亚述文献中有关贸易的证据中知道，如此大量的运输不仅涉及数百头牲畜和数百人的商队，而且还涉及相当大的基础设施，如道路、桥梁或渡船、客栈和城市，以及约束沿线的条约关系。很难想象从塔吉克斯坦到苏萨的长途跋涉是以一种完全不同的方式组织起来的，而且令人费解的是这种想法完全找不到考古或文献证据的支持。[30]

29　关于该地区当前政治局势的描述和当地战争领导者们对矿藏开发的方式，参阅 http://www.afghanistan-today.org/ article/?id=226。

30　在伊朗中部的吉罗夫特（Jiroft）主要考古发现的初步报告，参阅 www.penn.museum › Our Research › Near East Section。

另一方面，距离也许并不那么重要，事实上，最近的一篇文章表明，锡可能来源于哈萨克斯坦东部一个更遥远的地方，因为特洛伊的锡与来自该产地的矿石具有相同的冶金特征。[31] 那些让人期许的证据似乎支持古亚述商人买卖的锡来自中亚，但是，我们必须等待更详细、更科学的考古和冶金分析，才能确信这些想法。到目前为止，还没有找到令人信服的其他产地的说法，尽管有人提到伊朗扎格罗斯的锡矿的说法。[32] 虽然在有关地区目前的政治条件下，无法得出明确的全面的解答，但我们至少可以说，只有把古亚述贸易看作是更广泛网络的一部分的时候才合乎逻辑。

---

31 Stoellner et al. 2011.
32 古代大不里士（Tabriz）东部的锡矿可能是古亚述贸易中锡的产地这个说法并没有说服力。事实上，锡似乎是从苏萨运抵美索不达米亚的，这使得北线的可能性也不太大。

第十六章　家族与银钱

由于我们的所有文本都来自私人住宅中的档案,所以这些材料主要围绕家庭活动也就不足为奇了。此外,具有可比性的历史证据也倾向于强调家庭纽带作为长途贸易的构建原则的重要性。正如经济史学家弗雷德里克（Frederic C. Lane）所指出的:"在大多数社会中,大的家族通常会以其财富、权力、威望以及长盛不衰的预设而成为私营经济企业中的杰出机构。"[1] 一个人在社会中的定位首先来自他或她的家庭,古亚述社会生活的一个基本要素就是祖居之地,bēt abini,"我们父亲的家"。另一方面,像文艺复兴时期的意大利城市中所见的家族企业模式,不能简单地照搬到古亚述的材料中。二者之间存在着显著的差异,在许多例子中,由于相关的商业或金融手段尚未发明,后期结构中的一些特征在阿舒尔和安纳托利亚并不存在。我们还必须考虑到古亚述时期前后的重大差异,预先考虑到我们前面在探讨亚述人在安纳托利亚存在的250年间的年代学时所指出的发展和变化,另外,从共时的角度来看,我们可能会发现,并非所有家庭的运作方式都是一样的。

1　Lane 1966: 36–37.

首先,我们必须面对的主要问题是,我们掌握的所有文献都来自卡尼什档案。这意味着我们对住在阿舒尔的人的了解尚不充分,他们可能从未想过要踏足安纳托利亚,其中许多人显然属于精英阶层,是贸易的主要资助者,在安纳托利亚的人为他们充当代理人、代表、下属,甚至有时是合作伙伴。这些人确实多次向安纳托利亚写信、下达命令或提出要求等,因此我们知道许多重要人物的名字,但在大多数情况下,我们无法确定他们与通信者之间的确切关系。由于他们很少作为证人或契约当事人出现,他们的父名很少被提及,我们就无法知道他们与卡尼什的代理人是不是亲属关系。我们可以构建出在安纳托利亚的主要群体的详细的家族谱系,但在这些亲缘群体中,我们通常对居住在阿舒尔的人以及他们与安纳托利亚通信者的关系知之甚少。这一巨大的缺失使得商港的人和家乡的老板之间关系的本质更加扑朔迷离。

本书附录中的家族树显示出了相当大的差异。就阿舒尔伊迪家族而言,我们发现一位父亲住在阿舒尔,他的三个儿子在安纳托利亚做他的代理人,但我们无法确定阿舒尔伊迪是否在阿舒尔还有近亲;我们不知道他父亲的名字,我们也不知道他本人是否去过安纳托利亚,甚至可能在安纳托利亚住过很长一段时间。[2] 从我们掌握的证据来看,阿舒尔的阿舒尔伊迪经营着一家组织严密的企业,他是三个儿子阿舒尔那达、阿舒尔塔克拉库和伊里阿鲁姆(Ili-alum)的老板,但这个核心家庭是否以及在多大程度上与其他个人和团体相联系尚不清楚。他当然和卡尼什的其他人有接触,尤其是某个叫阿里阿胡姆的人,但我们不知道他和这个人的关系的基础是什么。

---

2 与德尔克森(Dercksen 1996: 111)相反,我们必须等到被委托给他的阿里阿胡姆档案被发表,才能确定他所主张的阿舒尔伊迪是某个舒里(Shuli)的儿子的观点是否正确。

从沙里姆阿舒尔家族的档案来看，即便我们拥有了多达1200多份文献的完整档案，阿舒尔和安纳托利亚之间的联系也还是不太清楚。我们知道，沙里姆阿舒尔的父亲伊苏阿瑞克曾经住在卡尼什的一所房子里，就像他在哈胡姆也有房产一样，但他最后回到了阿舒尔，似乎不久就去世了。沙里姆阿舒尔本人在他最后的几年里住在杜尔胡米特镇，但在卡尼什的家族档案中也有一些写给他的信，表明他至少偶尔会住在那里。从阿舒尔给他寄信的人当中，最主要的是舒塔穆孜，但关于他与沙里姆阿舒尔的家族的关系，我们没有任何信息。档案中还有几封来自沙里姆阿舒尔的信，这与他生活在别的地方的事实相符；这些信表明，他在卡尼什有两组代表，并显然从事着同一类型的事务，两组代表与他的两个儿子都有合作，尤其是长子，恩那姆阿舒尔。因此，很明显，他有记录的商业关系几乎只与他的家庭以外的人有联系，两个儿子显然在帮助和协助父亲的代表们。值得注意的是，沙里姆阿舒尔的大哥阿舒尔贝勒阿瓦提姆在阿舒尔市政厅担任 *laputtā'um* 的要职，除了投资他弟弟的股份基金（joint-stock fund）外，他几乎没有在档案中出现，似乎也没有参与家族的经济生活。

他的二哥伊丁阿布姆只在档案中留下了一小部分文献，主要是关于他试图说服卡尼什的一些人对他的股份合作进行投资。[3] 其余的都是处理他去世后与债权人、客户和投资者事宜的文件。伊丁阿布姆临终前躺在哈胡姆的床上的时候，指定他的这个弟弟做他的遗产执行人：

> 伊丁阿布姆临终时住在（他的兄长）阿舒尔贝勒阿瓦提姆的家里，伊里巴尼（Ili-bani）的代表们、瓦尔杜姆和其他顾客进来了，

3　关于这一程序的讨论，参阅下一章。

伊里巴尼的代表们说："跟我们结账。"

但伊丁阿布姆回答说："把你的泥板拿好，因为我自己的泥板已经写好了，就在手边。我的弟弟沙里姆阿舒尔应该会来，然后你们可以和他结账。到时候我本人的代表舒恩利勒和阿穆尔伊什塔尔（Amur-Ishtar）可以协助我的弟弟。但在我的弟弟来之前，不许打开我的泥板。"[4]

伊丁阿布姆有三个儿子，有人可能会想，为什么他们的父亲没有把财产委托给他们。的确，他们和叔叔之间不久就爆发了性质相当严重的冲突。在伊丁阿布姆死之前，沙里姆阿舒尔并没有到达哈胡姆，事情刚一发生，一群投资他的合伙基金的人，包括他的侄子阿舒尔的阿舒尔贝勒阿瓦提姆的儿子，就封了他的房子，扣押了他的奴隶，作为投资的质押。沙里姆阿舒尔本人的代理人当场支付了相关款项，并在他来之前才又打开房屋并将奴隶收了回来。

随后发生的事件让我们对家庭亲密成员之间的关系有了非常重要的认识。很明显，每个人都有他（她）自己的私人基金，但却没有家庭基金，因此，债务和投资使家庭成员圈内部和外部的利益产生了捆绑和连带责任。[5] 沙里姆阿舒尔和伊丁阿布姆的儿子之间的冲突是基于几年前他们父亲伊苏阿瑞克还活着的时候，以父权强加的安排。伊丁阿布姆在其职业生涯的早期似乎陷入了严重的麻烦，于是沙里姆阿舒尔的父亲伊苏阿瑞克就命令他，必须帮助他的哥哥，沙里姆阿舒尔只得出手帮其解脱困境。

4　AK1 6a, 40.

5　参阅 Larsen 2007。

关于他在安纳托利亚对他哥哥的遗产进行结算的安置活动，他显然必须也要保护自己的利益，他依据早前的债权对伊丁阿布姆的遗产提出了主张。因此，他在证人面前与侄子对质，要求他们调查伊丁阿布姆留下的文件，找到对沙里姆阿舒尔所负债务的证据。侄子们指出，他们父亲所有的泥板当时都在阿舒尔，将在那里进行最后的统计核算。可问题是，这时候沙里姆阿舒尔自己却无法拿出一块泥板来证明伊丁阿布姆确实欠他钱，在稍后的证词中，侄子们在证人面前正当地问他到底欠了多少钱，他含糊其辞地回答：

> 我依照经认证的泥板，扣留你 1 或 2 塔兰特银，这是我为偿还你父亲的债务所付的钱。现在，加上利息，已经变成了 5 塔兰特银！[6]

显然，这种空洞的声明无法构成有力主张的基础，因此，在安纳托利亚的各种法庭举行数次会议并做出一系列决定之后，沙里姆阿舒尔最终不得不指望他在阿舒尔的代理人给出了一份具有法律约束力的文件，希望事件的原始证人将解释所发生的情况。他的代表阿达德腊比终于寻找到了证人，他在给沙里姆阿舒尔的信中解释说：

> 关于你写的有关伊丁阿布姆的泥板，我问了阿舒尔马里克和沙里姆阿舒尔（住在阿舒尔的同名的人），说："当伊苏阿瑞克分别结算伊丁阿布姆与梅腊尼、与伊什塔尔的祭司以及与扎克塔亚的企业的时候，给了他一笔无息贷款——当时他付了他能付的

---

6 AKT 6a, 59.

银钱——他们有没有为剩下的银钱出具认证的泥板,声明是伊丁阿布姆欠的钱,而沙里姆阿舒尔做的担保?"

他们回答说:"没有任何经认证的泥板。他把银子交给我们,我们就把银子交给了那些人。"他们接着说:"伊苏阿瑞克的确在我们面前和他讨论这事,他说:'把你哥哥在国内外的债还清,然后从你哥哥的基金里取。如果你哥哥的钱没有了,你就必须用你自己的股份支付。'"

为了这个伊苏阿瑞克在他们面前与你交谈的声明,我将带他们到神之门,并取得一块泥板。[7]

最初见证伊苏阿瑞克发号施令的证人愿意对主张的正确性起誓,如此一来,沙里姆阿舒尔将最终获得一份具有法律效力的文件,用来证明这件事。这笔钱最初在兄弟之间转移时,人们显然觉得没有必要写一份文件,但却导致了复杂的局面。有人还指出,上面没有提到确切的数额,因此可能必须要仔细查阅伊丁阿布姆留下的记录各种付款的档案才能确定。于是,这件事最终还是没有得到解决,因为伊丁阿布姆的长子坚决反对沙里姆阿舒尔的主张,并质疑他作为伊丁阿布姆遗产执行人的行为,因此整个事件最终在阿舒尔城市议事会得以了结,我们可以看到,这场冲突至少持续了三年之久。

尽管伊丁阿布姆和他的弟弟在最初交易时都已成年,管理着大规模的合作基金,但他们显然是在父亲的控制之下,父亲可以命令沙里姆阿舒尔从自己的股份中提取资金,并将其用于偿还他哥哥的债务。人们一定会觉得奇怪,这是不是有点不合情理,因为他的资本肯定是为了支持他自己的

---

[7] AKT 6a, 115.

商业活动。换句话说,这里存在着潜在的冲突,一方面是资金属于个人而非家庭这一基本概念,另一方面是家长的权威。

在安纳托利亚长期驻扎的商人们建立了一张人际关系网,有时候这种关系变得相当密切。沙里姆阿舒尔在卡尼什的代理人和代表们的档案尚未被发现或发表,因此我们无法详细描述他们之间的联系。然而,我们从这些同事和合作伙伴的非正规发掘的档案中找到了相关证据。

非正规发掘的档案中最有名的人,就是普舒肯,村民们盗掘的大量档案中一定就有他留下的。当然,这些档案现在分散在世界各地的博物馆和收藏品中,到目前为止,还没有人试图对其中的档案进行重建,想必剩下的只是原来数目一小部分。爱德华·斯特拉特福德分析了现存信件的一小部分,即与阿舒尔的某个沙里姆阿胡姆往来的信件。[8] 从这些档案中可以看出,普舒肯多年来一直在卡尼什作为代理人为此人服务。沙里姆阿胡姆派出了一队满载锡和纺织品的商队,普舒肯负责安纳托利亚的销售以及与信贷代理人和客户的所有复杂关系。材料中没有任何迹象表明这两个人是以家庭关系为纽带的,但是,他们当然可能拥有共同的祖父,或者有其他关系,只是我们无法在文件中看到。

普舒肯的家族与另一位著名的卡尼什商人及其家族有着密切的联系,这个人叫伊姆迪伊鲁姆,是舒拉班(Shu-Laban)的儿子,阿穆尔伊里(Amur-ili)的孙子。他的房屋遗址部分是被屈尔台培村民们盗挖的,部分是被赫罗兹尼挖掘的,遗址中发现了非常大的档案。这个家族的谱系已经被重建起来,能够追溯到不少于五代人。[9] 在档案所涵盖的时间内,祖父阿穆尔伊里并不在世,父亲舒拉班也只出现过几次,但在阿舒尔发来的信中,他用典型的父

---

8 Stratford 2010.

9 参阅 Ichisar 1981; Larsen 1982。

亲般的话语告诫年轻的伊姆迪伊鲁姆:"事情紧急!当心点!给我表现得像个绅士!"[10]父亲去世后,在阿舒尔的主要通信人是伊姆迪伊鲁姆的两个叔叔阿舒尔伊米提(Assur-imitti)和舒胡布尔(Shu-Hubur),[11]后者与普舒肯也有密切的通信往来。

在伊姆迪伊鲁姆的家族树当中,可以确定的名字不少于26个,其中我们知道有几个人是住在阿舒尔的。从特征上看,这些人,即叔叔和其他人,比伊姆迪伊鲁姆的社会地位更高,似乎拥有更大的权力。然而,他还有一个叔叔,名叫阿穆尔伊什塔尔,在安纳托利亚活动频繁,主要从事铜和羊毛贸易。

有一份文件是在阿穆尔伊什塔尔和普舒肯两人都去世后,为了解除两人之间的合作关系而建立的,其中最清晰地描述了伙伴关系内涵。[12]双方签订了一份详细的协议,涉及的人有阿穆尔伊什塔尔的家族指定的代理律师、他在安纳托利亚的四个儿子、住在阿舒尔的一个女儿和另一个儿子,加上普舒肯在卡尼什的三个儿子,以及住在阿舒尔的一个女儿和一个精神上似乎有点问题的儿子(有其他关于此人的文献中使用词语是"不同的"),双方宣誓并在终止合伙关系的文件上印章。文献告诉我们,这种合作关系中的两人可以互相作为对方的代表人;可以互相发送预付款,可以为对方收取债务;可以为对方保存债务票据和法律文件,并接受投资。很显然,伊姆迪伊鲁姆肯定和普舒肯也有着相似的关系。

伊姆迪伊鲁姆有三个兄弟和一个姐妹,他的档案显示,他与家里所有

10　CCT 3, 34a.

11　参阅 Hecker, K. et al. 1998: xiv. 我自己猜测性的建议,见于 Larsen 1982: 221, 但是舒胡布尔实际上到底是不是伊姆迪伊鲁姆的叔叔还不能确定。

12　ATHE 24.

成员都有密切联系。伊姆迪伊鲁姆的兄弟们都在安纳托利亚处理商业流通和法律的各方面事务。这些兄弟中最年长的叫恩那姆贝鲁姆（Ennam-Belum），他曾多次带领商队前往阿舒尔，收取债务并与客户沟通，显然他也有自己的个人利益需要照顾。他自己的档案很可能就在下城的一所尚未被挖掘的房子里。伊姆迪伊鲁姆搬回阿舒尔退休后，正是这位兄弟接替了他的位置，以卡尼什为基地成了家族在安纳托利亚的主要代理人。

伊姆迪伊鲁姆的职业生涯可能持续了大约20年，从名年官表80年代初到名年官表第103年（约公元前1888—前1870年）。他大部分时间都在卡尼什处理自己的事务，但他后来搬回了阿舒尔，那时候大概是因为叔叔们的去世让他成了家族的高级成员。他的档案（尚待编辑），[13] 跟普舒肯文献结合在一起研究，表明在卡尼什的一群知名人士之间有着密切合作。

婚姻显然是将这些家族联系在一起的重要联盟模式之一，这一点从舒胡布尔给普舒肯的一封信中可以看出：

> 沙里姆阿胡姆的儿子，恩那姆阿舒尔，必须随商队离开。他将在这里要娶那个女孩。在那里如我亲临一样对待他，别让他不高兴。我女婿不是你女婿吗？你要尽快打发他去，叫他带那姑娘走，因为你是我的兄弟，我的女儿不是你的女儿吗？善待他且派他来。[14]

因此，伊姆迪伊鲁姆的叔叔，普舒肯的亲密伙伴，舒胡布尔把自己的女儿（名

13　布拉格卷（the Prag volume）发表后，伊池萨尔（Ichisar 1981）的编辑便不够完整了，需要重新编辑。

14　VS 26, 64.

叫奴赫沙图姆，"美人"）嫁给了普舒肯在阿舒尔的老板，沙里姆阿胡姆的儿子，这笔交易显然是为了加强这些家族之间已经很密切的联系。至少有些家族是通过婚姻和其他经济关系紧密相连的。伊姆迪伊鲁姆的姐妹，塔腊姆库比（Taram-Kubi），嫁给了一个著名的卡尼什商人因那亚，普舒肯的姐妹塔瑞什马图姆（Tarish-matum）是阿舒尔马里克的妻子。普舒肯、伊姆迪伊鲁姆、因那亚以及他们在阿舒尔的老板和家族都是明显的例子，从中可以看出一些家族之间密切联系的方式。但值得注意的是，这些人似乎与沙里姆阿舒尔家族都没有特别近的关系，沙里姆阿舒尔的家族依靠的是一个完全不同的群体来帮助照顾利益。我们迫切需要从下城挖掘的房屋中获得更多的家庭档案，以便对阿舒尔和卡尼什男男女女们生活的社会模式得出更清晰、更持久的结论。

伊姆迪伊鲁姆的妻子名叫西马特阿舒尔（Shimat-Assur），和塔腊姆库比一样住在阿舒尔，这两个女人给他寄了几封信。值得注意的是，在这些文件中，塔腊姆库比的名字总是排在前面，这标志着她的地位更高。这与人类学家对男性长期在外的情况所做的观察是一致的，我们发现在这种情况下，女性作为男性权益的载体和监护人的作用更加突显；这种关系的特点是，在外男性更加看重他们的姐妹，而不是妻子，因为妻子来自其他人的父系利益集团（图28）。[15]

两位女士的一封信中有一段话概括了阿舒尔许多女性的感受："你只爱钱！你恨你自己的生活！"这封情感强烈的信，通过短短的一句指责，反映的潜台词一定是，伊姆迪伊鲁姆在某种程度上忽视了他对阿舒尔神庙的责

15　Larsen 1982: 220.

28. 一张来自卡尼什的脸。屈尔台培考古发掘档案。

任,招致了疾病和苦恼:

> 我们在这里祈问那些解释神谕的女人们,那些从内脏和祖先的灵魂中解读征兆的女人们,阿舒尔给了你警告:你爱钱!你恨你自己的生活!你没有让城市的阿舒尔满意。紧急!当你听到信后就赶回来,看看阿舒尔的眼睛,挽救你自己的生命! [16]

从塔腊姆库比写给丈夫因那亚的信能够看出,她是一个性格刚强的女人,不

16　TC 1, 5. 塞西尔・米歇尔(Cécile Michel)正在撰写关于古亚述女人生活诸方面的著作。

愿意低头默默忍受苦闷和烦恼：

>你写信说："看住你的手镯和戒指，应急的时候可以买食物用。"
>
>事实上，你让伊里巴尼给我带来了半磅金子，但是你留给我的那些手镯是什么？你走的时候，连一舍克勒银子都没有留下。你把房子收拾了个干净，都带走了。从你离开后，城中一直处于困苦和饥饿之中。我一直买大麦做我们的食物……
>
>你为什么一直给我写信说浪费？我们连吃的东西都没有。我们生活奢侈吗？我把我所有的东西都收拾了寄给你。现在我住的是一座空房子！
>
>一年过去了。你必须得从你现有的资金里寄给我相当于我纺织品价值的钱，这样我就可以买 10 罐大麦了。
>
>关于库拉之子阿舒尔伊米提持有的有证人的泥板，他给家里带来了麻烦，还抵押了女奴，但这件事你的代理人已经处理了，我不得不付了 $\frac{2}{3}$ 磅银子。在你来之前他不会提出任何主张。等你来的时候，你必须去交涉。
>
>你为什么老是听信流言蜚语，给我写那些情绪激动的信？[17]

这封信过后不久，她又写信说：

>紧急！你一听到信就来！亲自面见阿舒尔，你自己的神，和你的家人！那么我就能在我还活着的时候亲眼看到你。我们的心

---

[17] CCT 3, 24.

里悲伤极了!」[18]

这封阿舒尔的女人所写的激情洋溢的信,只有放在亚述人对安纳托利亚和卡尼什的介入不断发展的特定背景下才能理解。沙里姆阿舒尔、因那亚、普舒肯和伊姆迪伊鲁姆这一代人是在卡尼什定居下来的第一代,在他们的生活中,生存方式经历了剧烈的变化。他们祖辈生活的家乡,他们的妻子和孩子,突然成为一个遥远的地方,只在出于商业活动允许和需求的时候才会去那里。不难想象这些环境的变化给他们的家庭关系带来的压力多么沉重,尤其是留守在阿舒尔的妇女,定然感到被遗弃和失落。就拿普舒肯来说,他年轻时似乎游历了很多地方,但在贸易鼎盛时期的文件中,他显然与卡尼什有着密切的联系。因此,他的妻子拉马席和她的孩子们被留在阿舒尔待了好几年,我们从她的一些信件中得知,她抱怨这种状况,要求她的丈夫摆脱在卡尼什的事务,来阿舒尔探望他最亲近的家人。一封典型的信表明了她诸多方面的担忧:

> 正如你所听到的,人类已经变得邪恶。兄弟时刻准备吃掉兄弟。为我违背你的承诺,让我以此为荣!把女孩放在阿舒尔的膝上!
>
> 羊毛在城里很贵。当你准备下一磅银(的货物)时,把它放在(一包)羊毛里。mūṣi'um 官员要求从你的出口税中扣除每一磅银子,我很害怕,什么也没给他。我说:"让名年官自己来把房子翻个底朝天吧!"
>
> 你的姐妹卖了一个婢女,我却用14舍克勒赎回了她。

18　CCT 3, 25.

> 自从你离开后，沙里姆阿胡姆已经盖了两栋房子。但对于我们来说，什么时候才能建造呢？阿舒尔马里克刚给你带去了纺织品，你为什么不把银子送来呢？[19]

这是一个伤感的、富有理性的女人，当普舒肯在卡尼什忙碌的时候，她不得不在家乡处理各种各样的问题（图29）。要放在神膝上的女子，名叫阿哈哈。她成年后，成了女祭司。这封信提到的似乎是一个入门仪式，拉马席显然觉得父亲的出席是必要的。她还受到名年官办公厅的纠缠，要求支付普舒肯商队的出口税；她为什么赎回普舒肯的姐妹塔瑞什马图姆卖掉的一名女奴还不清楚，但她提到他的阿舒尔合伙人的建筑活动则很容易理解。总之，这封信表明，这一代妇女肩负着沉重的责任，在丈夫在外的情况下，独自在阿舒尔掌管着自己的家庭。

这些女性的来信表明了她们情绪紧张，我们可以肯定，孤独和渴望也是身在安纳托利亚的男人们日常生活的一部分。因此普舒肯和伊姆迪伊鲁姆这一代的儿女们并没有继续沿着这条路走下去，而是创造了解决这一困境的新办法。他们中的许多人娶了安纳托利亚妇女，这些妇女被安置在卡尼什的家庭中，负责家庭事务；还有人则有从阿舒尔送来的合适的新娘，在安纳托利亚与他们一起生活。阿舒尔那达是阿舒尔伊迪的儿子，他在安纳托利亚管理着父亲的事务，娶了一个当地的女人，名叫西沙赫舒沙尔（Shishahshushar），我们有好几封他们之间往来的信件，书写的语气通常都比较平静而克制。沙里姆阿舒尔的长子恩那姆阿舒尔也以同样的方式娶了一个名叫安那安那（Anna-anna）的安纳托利亚女人，而他的弟弟阿里阿胡姆则娶了一个亚述

---

[19] RA 59, 159.

29. 一个精明的商人？屈尔台培考古发掘档案。

妻子，名叫伊什塔尔拉马席（Ishtar-lamassi）。然而，她住在卡尼什，而不是阿舒尔；普舒肯的儿子们也差不多是这样；布扎朱的妻子是一位亚述妇女，名叫拉马沙，而他的哥哥阿舒尔穆塔比（Assur-muttabbil）勒娶了一个安纳托利亚女人库那尼亚（Kunaniya）。

伊姆迪伊鲁姆的孩子们，两个儿子和一个女儿，出现在一系列的文献中。大儿子普朱尔伊什塔尔，他父亲在阿舒尔期间，他曾一度在卡尼什负责家庭事务；他的弟弟阿穆尔伊里经常以在卡尼什负责人的助手和运输者的身份出现，他似乎让父亲有点操心。在写给他的女儿伊什塔尔巴什提（Ishtar-bashti）和阿穆尔伊里的信中，伊姆迪伊鲁姆向他的女儿强调，当她的兄弟来帮助她的时候，要盯紧他：

> 告诉阿穆尔伊里，他必须学会服从！他绝不能只沉醉于面包和啤酒！应该表现得像个男人！[20]

阿穆尔伊里一度觉得有必要对他父亲明显不断的抱怨做出有力的回应，就写了一封长信，辩解自己的无辜：

> 你为什么不停地写信给我，说："你发送银钱总是欺瞒，让其他商号征收进口税！你犯了那么多错误，对你的担忧都快要把我吞噬了。"
>
> 什么钱属于我，你不知道，难道属于我的钱应该给别人？你想让我去哪儿我就去哪儿，你想让我带什么东西我都带给你，让你满意！我看到，有时有些人从他们父亲的钱里拿走了10磅银子，

20　CCT 4, 28a.

在他们父亲的眼皮底下拿去买东西,当他们的父亲发现时气得不得了——但我什么时候做过这样的事?

你要想,他们一直这样做,他们的父亲对他们发火,他们的父亲就在他们的神前诅咒!让他们自己想办法!阿舒尔神和曼扎特(Manzat)神不会让我卷入这样的事情。

我发誓,从我小的时候,从我来帮助你的时候,就从来没有做过任何错事或无礼的事。但今天我真的成了你的小兄弟,尽管我们都是男人。我可以忘记你对我说的和写的那些(严厉的)话,也可以忘记这里有五六个同事被派来检查我的账户。我真的不应该受到这样的对待,或者如果那不是事实,那就让我中风吧!

你是独一无二的,我的神,我的信任,我的守护天使!愿你的父亲欢心!请为我祈祷,让我能看到阿舒尔神和你的眼睛![21]

有人怀疑伊姆迪伊鲁姆是否只是一个多疑的人,无法真正信任自己的儿子,或者这是不是阿穆尔伊里昧着良心说的话。古亚述经济和社会制度在很大程度上是建立在信任之上的,不用说,在家庭内部,人们必须毫无保留地依赖兄弟、儿子和姐妹的诚实。

另一个儿子,普朱尔伊什塔尔,娶了某个伊什塔尔拉马席,她是阿舒尔那达和他的安纳托利亚妻子西沙赫舒沙尔的女儿。[22] 还有伊姆迪伊鲁姆早年住在阿舒尔的女儿伊什塔尔巴什提,来到了卡尼什,在那里嫁给了一个亚述人,名叫阿勒沓卜(Al-tab)。当伊姆迪伊鲁姆年老,回到阿

---

21 KTS 1, 15; Michel 2001: 246–248.

22 参阅第十九章。

舒尔那里管理家族事务时,她似乎已经掌管了这所房子和她的两个兄弟。我们有一封伊姆迪伊鲁姆写自阿舒尔的信,信中他再次暴露了那令人不快、喋喋不休的个人性格:

> 当我把你嫁给阿勒杳卜时,我花了5磅银子。你的丈夫阿勒杳卜死后,你嫁给了一个安纳托利亚人,我又不得不花5磅银子。
>
> 我本人和我的儿子们,在你眼中我们都无足轻重!如果我和我的儿子们在你眼里很重要的话,我会把你当成我的女儿!
>
> 当我离开,去阿舒尔后,我遭受了经济损失,但你根本毫不理会。[23]

这不是一个和谐友爱的家庭。对伊姆迪伊鲁姆来说,他女儿的婚姻似乎只是他自掏腰包的钱,也许实际上他的恼怒是因为她那身为安纳托利亚人的第二任丈夫。

伊姆迪伊鲁姆档案显示,一个家族企业的运营,几乎所有成员都参与了持续的互动。但很明显,一些在企业中扮演重要角色的人实际上并非家族成员,也没有迹象表明他们是签约的合伙人。他们之间到底是基于什么建立了密切的合作,就我们所能观察到的来说并不明确,但重要的是,在沙里姆阿舒尔家族的案例中,也可能观察到类似的模式。在这些事件中出现过几次的人,曼马黑尔或伊图尔伊里,在沙里姆阿舒尔家族中具有各种身份,但通常都是相对可信的角色。他们显然是自由代理人,而不是奴隶或受法律、债务约束的人。我们不能肯定他们是否有自己的经济和商业活动,但可能性

---

23 VS 26, 33.

似乎很大。人们应该记得，当沙里姆阿舒尔的小儿子阿里阿胡姆试图让卡尼什商港对他向伊图尔伊里的主张感兴趣时，我们发现这个人可以阻止他接触当局，并得到大人物委员会的支持。换句话说，他是商港社会中比阿里阿胡姆更有影响力的一员。

另外还有一些人反复在档案文献中出现，他们显然不是独立行动的人，但大多是运输者。阿鲁瓦、沙里姆瓦尔迪和埃瓦瑞穆沙等人的角色我们可以称为雇员，他们接受命令，为家族从事各种工作。他们的地位和职位是什么？

就像其他古代社会一样，古亚述社会也是建立在奴隶制的基础上的。奴隶的身份被认为是理所当然的；他们严格听从命令，但由于很少被提到，所以他们的状态很难描述。古亚述的术语中有三个词指代非自由的男性：subrum、wardum 和 ṣuharum。前两个通常被认为是"奴隶"，第三个则被当作"仆人"。《芝加哥亚述学词典》（见词条 ṣupru B）中的条目显然表明了 subrum 一词所指的人地位低下，条目中说"价格和数字"排除了这个词指奴隶的可能性；相反，应该指的是家畜。事实上，这个词指的是古亚述社会的最底层，即作为财产的奴隶，他们没有名字，被当作动物一样数来数去。在一封信中，一位名叫阿舒尔马里克的人抱怨说，他受了严重的风寒，说："我身上裹着破布，像个 subrum。"[24] 我仅知道有一个所谓 subrum 被提到名字的例子，但甚至也不能确定，似乎有两个人，叫阿舒万（Ashuan）和阿布那（Abuna），被称为"你的 subrum"。[25]

相比之下，我们知道有几十个提到名字的人属于 wardum 的范畴，所以很明显，这实际上意味着社会差别。这些名字中既有亚述人名，也有安纳托

24　CCT 4, 45b. 关于该词语的讨论，参阅 Hirsch 1966。
25　kt 94/k 1783.

利亚人名,似乎这些人拥有这种身份的方式有多种,有时是债务奴隶,而且很可能还可以通过别的经济交易的方式。

可以安全地假定,所有这些人都在家族之外。他们不是亚述商业系统内的某个亲属集团的成员。我们必须问,如果这些人想获得自由,可以通过什么样的途径?显而易见的答案是通过所谓的 be'ulātum 契约。在前面讨论商队贸易的时候我已经提到了这个程序,在商队贸易中,"驭者"在旅行开始时得到一笔钱,通常是 0.5 磅银子,这笔钱必须在合同结束时归还。报酬就是将这笔钱投资于能够产生盈余的商品的权利,为驭者获取利润。

然而,很明显,这种契约也适用于其他情况,这使得雇用人员的时间可短可长。我们有许多此类契约的例子,既涉及亚述人也涉及安纳托利亚人,说明这种程序非常普遍。文献中说,一定数量的白银已经给了某某人,此人"持有"这笔钱,同时被这笔钱"约束"。有规定涉及逃跑的可能性,如果逃跑的话,钱的所有者有权雇用一个人替代,工资将由逃跑的人支付。还有进一步规定,一旦还清了钱,此人就可以自由离开,并且我们读到一个例子,有人在服务 12 年后,即使不偿还债务,也可以自由离开,而在另一个案例中,说到钱只有在服务三年后才能归还。[26]

被钱约束的人听命于付钱给他的人,这样他就在父权的支配下成为这个群体中地位很低的成员,却依然保有自由人的地位。在某些案例中,我们发现受合同约束的人被称为 wardum,也就是我们说的奴隶。如此一来,我们就能够理解,为什么沙里姆阿舒尔可以将一桩巨额商业交易委托给一个总是被称为 wardum 的名叫阿布沙里姆的人,这桩交易在普如什哈杜姆最终导

26　ICK 4, 729; kt a/k 433.

致与乌西那拉姆发生灾难性对峙。此类责任显然不能交给一个 *subrum*，但 *wardum* 这个群体中的人显然确实存在着很大的差异，既有可信的人也有卑微的劳动者，这一词语似乎与 *ṣuharum* 一词的范畴存在着一定程度的重叠，但准确含义仍无法确定。这一词语的阴性形式 *ṣuhartum* 似乎总是指一个年轻的女人，一个"女孩"，而且并不意味着非自由的状态。

最后，*amtum* 可以指一个普通的女奴，但亚述人用这个词来表示亚述商人的安纳托利亚妻子，这种特殊用法表明语义的边界有些模糊。

商业活动的积极核心是亲近的家庭成员，因而我们注意到，在商业活动中还有相当多的人参与了不同层次的活动：代理人或代表人通常是有亲属关系的人；助手和帮手都是与家庭有着长期合作关系的自由人以及通过 *be'ulātum* 契约雇用的人员，后者可能属于 *wardum* 和 *ṣuharum* 的类别；最后，所有实际的日常活动都必须在很大程度上依赖常规奴隶 *subrum* 的工作，*subrum* 的数量肯定很多。在沙里姆阿舒尔档案的一篇文献中，我们得知有 28 个 *subrum* 属于某个马尼亚，21 个属于阿舒尔巴尼，8 个半属于朱那奴姆，还有少数几个属于舒腊马。另一份文献中提到至少有 96 个 *subrum* 分别属于 13 个不同的人。[27]

---

[27] kt 94/k 1785; kt 87/k 398. 有些奴隶显然是由两位或多位主人共有的。

第十七章 钱是哪儿来的？

阿舒尔那达的儿子伊丁伊什塔尔（Iddin-Ishtar）性情似乎有点暴躁，正如我们在第一章中看到的那样，他与阿舒尔的祖父阿舒尔伊迪断绝了关系，后来还被祖父指控闯入阿舒尔的办公厅偷了钱财。[1] 当他在安纳托利亚参与经营的时候，在卡尼什、杜尔胡米特和另一个铜贸易中心库那那美特陷入了一系列债务，他的父亲不得不干预。阿舒尔那达不得不与沙里姆阿胡姆的长子丹阿舒尔坐下来当着证人们的面结账，丹阿舒尔显然是唯一或主要的债权人。他的父亲不得不替儿子偿还他欠的大约10磅银子。作为交换，他与伊丁伊什塔尔签订了一份契约：

> 阿舒尔那达将向伊丁伊什塔尔提供10磅精炼银，（一笔贷款）为期一年；伊丁伊什塔尔将在这10磅银上扣除用于支付进口税和运输税的额度；对于阿舒尔那达向伊丁伊什塔尔提供的银钱资本，他们将写一块泥板，说明伊丁伊什塔尔欠了29磅，这笔钱将两次送往城市，然后阿舒尔那达将拿走他的29磅银。如果有剩余，伊

---

[1] OAA 1, 37, 此处我们读到：" 抓住伊丁伊什塔尔，让他从他自己的口袋里付3磅银，然后发送给我——那我对他的怒气就可以消了！"

丁伊什塔尔会取走，如果少了，伊丁伊什塔尔将补足……。来自卡尼什、杜尔胡米特和库那那美特的已认证泥板，包括沙里姆阿胡姆之子丹阿舒尔的泥板——所有关于此前伊丁伊什塔尔债务的已认证泥板都被丢弃。[2]

父亲的确帮助了他不幸的儿子，但他要求为他的服务支付适当的费用。伊丁伊什塔尔不得不同意，这笔钱——虽然可能不是他自己做运输人——必须两次送到阿舒尔再回来，然后他必须偿还给他父亲29磅银，给他带来将近200%的利润。如果儿子能赚到更多的钱，他就可以把多余的拿走，但如果少了，他就得找到钱来还给父亲。

这种关系其实很普遍。前几章中关于家庭成员之间经济关系的例子非常清楚地表明，尽管父权在家庭中享有基本的权威，但每个人对资本都具有个人所有权和责任，而且没有共同的家庭基金供成员使用。还有其他的例子，父亲会借钱给儿子，甚至妻子把钱转给丈夫收取利息。[3] 伊丁伊什塔尔可能很幸运有一个愿意并且能够帮助他的父亲。

当然，个人所能积累的财富是有限的，我们可以假设，在卡尼什的商人很少能够独自从事大规模的长途贸易。一支商队的资本支出相当可观，需要大量银钱。像阿舒尔伊迪这样的商人，运作的规模似乎应该合乎个体商人经营，但我们知道，他管理着一笔股份制基金，可能与其他商人合伙经营过更大的商号，但这些在他的信中几乎没有痕迹。其他人，如伊姆迪伊鲁姆和沙里姆阿胡姆运转的资金会更多。

---

2 OAA 1, 142.

3 参阅 Larsen 1982: 220。

建立合伙关系是一种筹集大量资金的方法，既可以是一次商业活动的短期合作，也可以是超出一个商业项目之外的长期合作。前面一种情况有两种不同的程序：一是一群商人各自出资或将货物全权委托给一个人，负责完成交易；二是一个人出资，其他合伙人出力开展业务。

我们经常读到一种企业，称为"*ellat* PN"（"某人的商队"），这一短语既可以指阿舒尔和卡尼什之间长途贸易中的商业事务，也可以指安纳托利亚境内的企业。词语 *ellutum* 的语义范围很广，从"氏族"到"集团""船员""商队"，甚至"狗群"，其基本内涵似乎是一些个体（或动物）结合在一起，形成一个有明确界定的群体。有一个人被指定与其他投资者/合伙人一起组织企业，这个人负责总体指导，并承担（大部分）风险。鉴于古亚述商业体系的性质，总是涉及货物的装卸和运输也就不足为奇了。

前面第十五章中讨论过的"乌西那拉姆事件"就是这种合伙关系的一个例子。沙里姆阿舒尔成立了一个由15个亚述商人组成的财团，他们各自贡献了不同数量的银钱，目的是去杜尔胡米特购买铜，然后在普如什哈杜姆将铜换成羊毛，再将这些羊毛卖成银钱。在这一案例中，我们可以得出这样的结论：一批投资者出资，由一个人——沙里姆阿舒尔负责管理并圆满完成这件事。这类交易无疑相当普遍。

第二种短期合伙关系被称为 *tappā'uttum*，我们所知的例子，又是出现了非正常状况，还诉诸了法庭。这个名称来源于指代伙伴的词语。一个明显的例子是关于购买 *amuttum* 金属的，通常被认为是陨铁。这是一种非常昂贵的商品，深受当地宫廷的追捧，人们可能用这种金属做珠宝和各种形式的观赏品。当时正处于青铜时代的中期，那时的铁是非常稀有的。关于卡尼什国王阿尼塔的功绩的文献，描述了屈尔台培第1层b时期发生的事件，其中提到普如什哈杜姆国王非常富有,坐在一个铁制的王座上。[4]

有关 amuttum 合伙关系的后续遗留问题的一份文件,在开头首先解释了合伙关系的建立:因那亚和其他三个人联合在一起,因那亚拿出了20磅银子,另外三个人打算用这笔钱去买 amuttum;他又加了半磅银子作为开销,文件规定未经其他人同意,任何合伙人不得擅自行事。然后我们得知,其中两个合伙人买了 $15\frac{1}{2}$ 舍克勒的 amuttum,并把它交给了来自卢胡扎提亚(Luhuzattiya)城的叫萨哈亚的第三个合伙人,并知会他应该把货物带到卡尼什给因那亚。

由于我们不知道的某种原因,但很可能不是因为生意,而与企图走私货物有关,因那亚此时被囚禁在宫廷里,萨哈亚因此无法联系到他,便利用这个机会进行了欺瞒。他和一个代理人做了一笔销售这种金属的交易,然后从基金里拿出了多余的钱自己用。其他合伙人都没有注意到这件事,也不知道他不久就又回到了卡尼什,不幸的因那亚在宫廷里受尽折磨后,已经卧床不起;萨哈亚不知用什么办法骗走了生病的老板更多的钱。文献中提到的诉讼是说,因那亚的代理人想要收回至少资金的一部分。[5]

这份原始契约是合伙协议的一个典型例子。此类契约中,一个人承担资本,其他人提供他们的劳动,与"乌西那拉姆羊毛"的例子恰好相反。由于我们所掌握的文献不是合同本身,因此我们不了解交易利润的分配方式,但由于所有合伙人都是个体商人,我们似乎可以确定他们实际上是按照股份分成的。在大约同时代的巴比伦的《汉穆腊比法典》中,专门有一段是关于这种合伙关系的,我们读到"如果一个人为了合伙关系把银子给

4　CTH 1.

5　ICK 1, 1. 参阅 Michel 1991: 171–174。

了另一个人，他们将在神的面前平分利润或损失"[6]。

我们有许多来自巴比伦尼亚的所谓 *tappûtu* 契约，即规范合作条件的文献，通常是一人出资，而一个或多个合伙人承担实际外出的业务。[7]一般来说，投资者在收到支出报告后，似乎也会分得赚取的利润。这种类型的合同可能是灵活的，投资者和经理人之间的关系可以采取不同的形式；此类的程序在古亚述时期是经常出现的。[8]

在古亚述商业实践中，还有一种不同类型的合伙关系，使得有能力的商人手中可以长期集中大量资金——前面多次提到这种契约，称为股份公司或股份合作。我们知道，这种组织形式早在贸易全盛时期之前就已经存在了，因为我们从一个文献案卷中得知，早期有一个不太幸运的商人，名叫伊丁伊什塔尔，最早提到这个人的有日期的文件时间为名年官表第48年（公元前1925年）。[9]在贸易的鼎盛时期，这种组织方式似乎已成为筹集资金从而进行高层次长途商贸活动的标准途径。

事实上，我们对这种股份合作关系的确切性质所知不甚了了，主要是因为与之相关的所有核心程序肯定是在阿舒尔被执行和记录的。合作契约本身的例子不多，有一个尚未发表，有两个已经发表，但这两个已知的例子至少为我们呈现了此类协议的基本特征，开始都是列出了基金投资者的名单，就是所谓的 *naruqqum*，该词语的意思其实是"袋子"。可以想象，最开始的时候，投资者们可能会把他们的份额投进这样一个袋子里。文献中提到的所有

6　Driver and Miles 1955: 2: 43.

7　Dole 1965 关于新巴比伦时期的情况，参阅 Jursa 2010: esp.56–58。

8　参阅 Charpin, Edzard and Stol 2004: 880–888。

9　参阅 Michel and Foster 1989。

的份额，通常为 1 磅或 3 磅，都是黄金，在投资者构成上，似乎家庭成员和外部人士都有。在一份契约中，基金总额为 $27\frac{5}{6}$ 磅；另一份契约中，基金总额为 30 磅。黄金与白银之间的正常汇率为 1 磅黄金兑换 6 至 8 磅白银，但就 naruqqum 契约而言，是 1 磅黄金兑换 4 磅白银。这种设置能够确保投资者能从他们的钱中获得丰厚的回报，因为他们实际投资使用的都是白银。

这份契约将基金委托给了一个叫埃兰马的人，契约先是列出了各个投资者的名字，接下来规定：

> 共计 $27\frac{5}{6}$ 磅，1 舍克勒黄金进入埃兰马的股份基金。利润的 $\frac{1}{3}$ 将归他所有，他将担保另外 $\frac{1}{3}$。
>
> 他将在 10 年后给出账目。在到期之前要求撤回投资的人（每 1 马那黄金）只会得到 4 磅（白银）。
>
> 1500 罐大麦、2 个奴隶、（继承权）份额和各种"罐子"里的东西——都是我的实物资本。[10]

另一份已知的契约与某个阿穆尔伊什塔尔的基金有关，其中的规定非常相似，但在这一案例中，契约的有效期为 12 年，而文中指出，过早退出投资意味着投资者将不能分得利润。关于埃兰马个人资产（šalṭum）的最后一段有点奇怪。这可能是埃兰马在其私人契约副本中增加的内容，也可能表明投资者在决定是否将股份基金委托给他之前，对他的经济状况进行了详细的盘点。

埃兰马的契约中提到了 13 个名字，阿穆尔伊什塔尔的契约中提到了 14 个名字。有的声明十分简略，如"一个商人"所做的投资，可见有的投资

10　Veenhof 即将出版的著作。奇怪的数额可能是由于债务转移的结果。

是匿名的。这种方式使得投资者如果愿意的话,可以把契约当成票据进行转让,从而可以出售他们在基金中的股份。有时候可能是出于保密的需要,还有的时候资金的所有权可能并不清楚,例如当时该商人可能身陷继承冲突。有几份文献显示,人们可能会知道,至少有时会记下来,谁是背后的匿名投资者。埃兰马的契约显示,其中两名投资者是埃兰马的兄弟,另外两人是他最亲密的商业伙伴。

契约中提到了利润分配和股息支付的简要规则,这必然意味着,会有账目定期核算,也许是在完成每一笔商队交易,从阿舒尔到安纳托利亚再回来的时候,也许是每隔一段时期,比如每年一次。据规定,基金管理者可以拿走三分之一的利润,然后必须担保三分之一的利润,这可能是投资者的中期股息。目前尚不清楚剩下的那部分利润会怎么样——可能是留出来为了补足损耗,也可能是作为再投资进入了基金。由于所有账户清算程序肯定都是在阿舒尔进行的,因此我们对利润分配的监管方式几乎没有具体信息,这也在情理之中。[11] 沙里姆阿舒尔档案中,有一份文献列出了数额共 $98\frac{1}{2}$ 磅银的清单,据称这些银钱是"我的股份基金,加上我的投资者从他们的无息贷款中委托给我的"。清单中所列的名字可能都是居住在安纳托利亚的人,而这些"无息贷款"似乎有可能被理解为该基金中期股息的再投资。[12]

我们不清楚什么样的人有资格管理这样一个合伙基金,但常识告诉我们,这个人必须让人认为他是一个能干、精力充沛并且值得信任和投资的商人。我在前一章中提到了沙里姆阿舒尔的哥哥伊丁阿布姆的死亡,从关于这个人的一小部分文献中,我们可以获得股份基金建立过程的一些信息。

11　参阅 Dercksen 1999: 94–96。

12　AKT 6a, 207。

他在卡尼什的弟弟家中留下了少数契约，这些文件在建筑被烧毁时显然已经非常陈旧了，不知道为什么没有扔掉被保留下来，却被我们幸运地得到了。这些文件告诉了我们在安纳托利亚发生的事情，当时伊丁阿布姆还是一个年轻的商人，为了说服他的同事和朋友投资于他希望得到的股份基金，四处奔走。这些文件只是简单的债务票据，上面规定了还款日期和逾期不还的利息，但也有部分段落解释了贷款的目的：

> 从哈皮阿赫舒和苏卡里亚的那一周算起，他必须在25周内来到城市，他必须与其他投资者一起，在库拉的名下记上2磅黄金。[13]

他从5个不同的人那里得到了17磅黄金的委托，其中包括，他的哥哥阿舒尔贝勒阿瓦提姆投资了不少于24磅银，相当于6磅黄金。第二大的投资是20磅银（5磅黄金），来自舒恩利勒，这个人是他的亲密伙伴，伊丁阿布姆死后他还活着，当伊丁阿布姆躺在哈胡姆的病床上时，委托此人去协助沙里姆阿舒尔。[14] 他带着所有这些钱（其中一份契约清楚地表明，银钱实际上已经交给他了），随后去了阿舒尔，试图说服更多的投资者投资他设立的股份基金。虽然我们没有他的实际契约，但我们可以确信他最后成功了。

这种模式是古亚述人的一项发明，是对巴比伦文献中所知的合伙关系类型的拓展，我们必须要在以安纳托利亚为中心的贸易扩张的背景下去理解，贸易扩张要求在商业交易中投入大量现金。股份合作制在卡尼什档案文献迅速增多之前就已经存在了，但它的模式的演变过程还无法确定。很明显，在接下来的贸易最为频繁的时期，股份伙伴关系在经济和社会结构中发挥了

13　AKT 6a, 23.
14　比较第十六章。

至关重要的作用。毋庸置疑，naruqqum 契约的发明主要归因于这种模式能够使得个体商户进行大规模经营，从而使贸易实现更大利润。

一位名叫拉齐坡的投资者向一位名叫阿舒尔塔克拉库的人支付了一笔款项，从他给后者的信中我们能够看出，得到了这种投资，一个人就成了社区中值得信赖的和有价值的成员。信中描述，当他把钱拿出来的时候，憧憬着美好的未来：

> 他的存款将定期送到我父亲的家里，这所房子将得到尊重；我也将在城门受到尊重，他本人也将在商港受到尊重；此外，他将建造一所房子，抚养孩子——让他履行城市赋予的责任！……
> 当我给你合伙投资时，你没有儿子、女奴、奴隶或房子。[15]

赫特尔研究了所有已知的关于股份合作的资料，他告诉我，我们所知道的此类投资关系大约有 100 个，日期在名年官第 66 年至第 110 年之间。我们不妨假设，在贸易的鼎盛时期，在阿舒尔，总是同时有 50 至 100 个富裕家庭在直接参与股份合作。

根据早先的观察，资本的所有权属于个人，而不是与一个家庭联系在一起，因此，从逻辑上说，被委托了基金的商人将独自对资金的操作承担责任。基金经理人的职位无疑在一定程度上隐含着社会威望，但这种威望到底通过什么样的方式表现出来，我们还无法确知。经理人或许借此能够接触到在商港管理中扮演重要角色的"大人物"群体。阿舒尔伊迪在写给在卡尼什的儿子的信中鼓励他把在卡尼什能找到的所有资金

15　Sever and Çeçen 2000: 170–171.

凑起来，从而能够获得管理这个基金的许可：

> 那些地位还不如你的人管理了股份投资，而那些地位不如我的人投资了多达10磅的黄金。来吧，不拿到股份基金就别离开！还有，如果还有人给你任何东西，那就拿去吧！

不出所料，这个老头接下来尖厉斥责，声称"神对你充满了愤怒"，我们知道他需要儿子为诸神献上祭品，包括献给阿舒尔神和伊拉卜腊特（Ilabrat）神的太阳圆盘。[16]

阿舒尔伊迪的信件让我们得知，在有些案例中，基金显然出了些问题。他在一封信中写到，他必须在某个月内向股东付款，因此他迫切需要儿子们给他送来20磅银。[17] 当然，由于一点钱都没有收到，他便就此事再次致信，要求儿子们赶紧采取行动，并且补了一句话，显示情况相当不妙："那些人就站在我的后面！"这表明有债权人正在缠着他讨债。[18] 他写给儿子的另一封信似乎提到了这件事的后续发展情况：

> 我将与我的投资者沟通。别给我送银钱来了！在（沟通）后五天内，我将向你发出指示。如果有人抓住你说："告诉我关于你父亲银钱的事！"（那么就回答：）"好吧，当城市审判我时，我就告诉你。"[19]

16　OAA 1, 19.

17　OAA 1, 34. 提到的月份是一年中的第2或第3个月，有人猜想这有可能是对所有股份合作基金进行普遍账目核算的时间。

18　OAA 1, 35.

19　OAA 1, 29.

不让发送银钱的指令有点不寻常，这显然意味着他不愿意把他可能会收到的任何东西交给他的投资者。他似乎希望能达成一项协议，以对他有利的方式解决投资者们的诉求，但他需要儿子们对一切缄口不言。

我们还有其他此类合伙交易遇到问题的例子，原因是安纳托利亚的商人不作为或不称职，因此他无法在账目评估时满足投资者的要求，而账目核算必须定期举行，也许每年一次。不幸的商人伊丁伊什塔尔，并不是阿舒尔那达的儿子，而是在几份早期文献中出现的一个人，他收到了他在阿舒尔的投资者寄来的一封措辞严厉的信，投资者和他的代表们一起写道：

> 你写信关于我们的银钱的事，你让我们宣了誓，但你还是没有存过钱，也没有亲自来到这里。于是我们与城市议事会取得了联系，并获得了一封信，但是恩那姆阿舒尔、伊里亚和拉齐普姆向我们请求，因此我们没有发出这封信。如果你还是不存钱或不亲自来，我们就要从城市议事会和国王那里取得一封信，寄给你，使你在商港蒙羞。

伊丁伊什塔尔在之前的一封信中曾要求他的代表们召集投资者们开会并让他们宣誓，现在代表们恳求他认真对待这一情况，因为投资者们发出威胁，可能要在商港的议事会上使他失信，如果那样的话，可能会毁掉他作为一个商人受人尊敬的形象。[20]

当然，即使是有能力、有经验的商人也会遇到麻烦，但并不是所有人受到的对待都是一样的，正如我们从普舒肯写给他的投资者舒胡布尔和他

20　TC 2, 41; BIN 6, 187. 参阅 Michel and Foster 1989。

的代表们的信中看到的那样：

> 我向神祈求了三整年。我说："我要做生意，清理我的资产，不管是多是少，把所有的东西都放在他们面前。"
>
> 舒胡布尔给了我五年，你们也同意了。但我没有接受这个提议。我说："我不会等五年。在我向神请求的时间内，我将去清理我的资产。"
>
> 我所依赖的代理人之中，有两三个没有什么头脑，很多钱都收不回来了。我不该把他们的名字告诉你们。我对自己说："他们一走，（还没有付钱的）商人就会把每一舍克勒银子给他们，然后他们就会把所有能给我的都交给我。"
>
> 愿阿舒尔和你们自己的神为我见证：已有大约2塔兰特的银钱收不回来。不能再多了！
>
> 亲爱的主人们，请三思，看在我的投资者家里已征收了多少进口税！请出具一份备忘录，说明在没有人拿到银钱的三年内会有多少存款，然后写下你们令人愉悦的回答，交给我将要到来的仆人，然后我将在收获季节将我所有资产中的每舍克勒银钱收集起来。[21]

我们从这封信可以得知普舒肯和他的投资者之间关系的一些细节。从信中读到的情况来看，他当时已经是一个成年人了，一些不太聪明的代理人使他遇到了一些麻烦，使他损失了高达2塔兰特的银子。出于这个原因，他

21　BIN 4, 32. 关于不同的看法，参阅 Garelli 1963: 233–235。

向神请求，正如德尔克森所建议的那样，这可能是指城市议事会，将他对投资者的付款延期三年。鉴于他们对他的信任，他们建议他应该花五年时间，但他急于收拾烂摊子，觉得三年就够了。他的代理人们能够将愚蠢地投在风险中的钱收回，而他似乎非常渴望摆脱投资者的控制。另一方面，他们肯定很看重这位非常成功的卡尼什代理人，正如他自己所指出的，他已经为他们实现了巨大的利润。

普舒肯本人代表他在阿舒尔的老板，尤其是舒胡布尔，直接参与了萨马亚之子伊库奴姆的合伙基金的解约。这位伊库奴姆在某个时候无法实现他向投资者保证的三分之一利润，他在安纳托利亚的生意似乎陷入了非常严重的麻烦。舒胡布尔认为有必要让城市议事会介入此事，他收到了一封信，并获准聘请一名代理律师前往卡尼什。普舒肯被要求协助这名律师，尽快取得结果，然后写信给舒胡布尔，以便他可以"从伊库奴姆拥有的财产中索要'那三分之一'并拿走它"。最后双方达成了妥协，解除股份合作关系，正如舒胡布尔的另一封信中所述：

> 你给我的信中这样写道："伊库奴姆的投资者们每磅黄金的投资都实现了 2 磅白银（的利润）。"
>
> 如果你发现他每磅黄金可以给 2 磅以上，比如说 3 磅，那么就和他做交易。如果他出价不能超过 2 磅，那么就写信给我，我会在这里向他收取"三分之一"的费用，并在城市达成一项有约束力的协议。[22]

22　VS 26, 65；其他文献是 CCT 4, 9a, 10a, CCT 6, 47c 和 CCT 3, 22b。关于译文，参阅 CMK nos. 243–246，讨论见 Larsen 1977。

就我们所见，股份合作关系很少会失败，但如果发生经理人或其中一位或多位投资者死亡等事件的话，则当然会受到影响。我们从普舒肯的家庭所知，投资是可以被继承的。普舒肯死后，他对其他商人合伙基金的投资被分为 4 份，分给他的儿子们。大儿子买下了弟弟们的份额，以便能够完全控制。[23]

当普舒肯说到"清算他的资产"时，显然包括了对其合伙基金的投资和他所赚取的利润。[24] 有意思的是，他能够非常清楚地区分这种合伙基金和另一个术语 šalṭum 所指的款项，这一术语可以翻译为"准备好的、未委托的货物"或"手头现金"，这一术语在埃兰马的股份基金契约中被用于表示流动资金，该资金显然是他在缔结契约时所拥有的。我们根本不知道个体商人，或者他的投资者是如何将不同的资产区分开来的，但很明显，事实就是如此。我们想起了沙里姆阿舒尔不得不救助他的哥哥的情形，他父亲当时命令他如果没有足够的现金就动用部分股份基金。就拿伊库奴姆不成功的合伙基金来说，舒胡布尔显然想要从经理人可能拥有的资产中收回利润，而不仅仅是投资于其基金的资金。

这些案例表明，投资者通常既有来自安纳托利亚的也有来自阿舒尔的，因此商港的许多人既是他人合伙基金的投资者，又是其本人基金的经理人。当我们在已发掘档案的基础上，找出更多家庭的谱系学细节时，我们就有可能通过描述商港错综复杂的商业和社会生活关系网，充实这里提供的一般性观察。契约明显加强了同一家庭成员之间已经存在的关系，但它的独特魅力，或许是它的力量，在于它在来自不同家庭的商人之间建立了紧密

23　EL 310–311; CCT 5, 22a.

24　Dercksen 1999: 88.

的联系，从而扩大了基金经理人的业务领域。契约规定了在某种意义上的陌生人之间的义务，并使他们作为合伙人、代理人和代表人被纳入了基金经理人的个人关系网。

在许多案例中，也许是所有的，此类基金的经理人都与阿舒尔的一所房子或一个家庭有着特殊的关系。正如舒胡布尔写给普舒肯的一封信所见，他在信中提到，某个拉齐坡的儿子们是普舒肯的亲密伙伴，而普舒肯与沙里姆阿胡姆和舒胡布尔都有着密切的商业联系。普舒肯早些时候曾在信中写到，这两个儿子现在已经长大成人，可以管理股份基金了，舒胡布尔写道：

> 阿舒尔沙姆西（其中一个儿子）答应我在这里拿到一个股份基金，这笔基金将进入我们的房子。至于他的兄弟阿舒尔马里克，我和阿舒尔沙姆西给他寄了一封信，阿舒尔沙姆西在信中写道："我已经答应舒胡布尔管理一个股份基金。不要向别人许任何诺言，免得使我蒙羞。你一定要到这里来，让舒胡布尔替你处理你的事情。"
>
> 我亲爱的兄弟，代我对阿舒尔马里克说："在你父亲和祖父都穿过衣服的这所房子里，你也应该拿到一个股份基金，穿上自己的衣服。"[25]

从这份文献可以看出经理人与主要投资者之间的关系有多密切，这种组织形式有可能将几代人在商业关系中联系在一起。

---

25 Adana 237D. 参阅 Larsen 2007b: 99–100。

这种组织模式在名年官表第 110 年前后的系统崩溃之后便消失了。后期文献中没有提到任何此类关键术语，由此可以得出结论，古亚述股份合作关系只是一个短暂的存在。当商队贸易不再依赖严密的代理人和代表人的网络之时，商业模式就回到风险贸易的模式，而这种长期伙伴关系便失去了存在的基础。很可能对活跃商人所支配的大量资金的需求已经不复存在，整个贸易也已收缩。

第十八章 法律与死亡

阿舒尔塔克拉库是阿舒尔那达最小的弟弟，年纪轻轻就死了，那时他的父亲阿舒尔伊迪在阿舒尔，仍然健在。他有自己的家庭，娶了一个名叫伊什塔尔乌米（Ishtar-ummī）的女人。这个女人被称为他的 *amtum* 妻子，似乎住在阿舒尔。同时，他还有一个未具名的正妻，他的婚姻生活似乎有点问题。[1] 他的档案很可能留在卡尼什的一所房子里，但目前还没有被发现。他的早逝导致了阿舒尔城市议事会的干预，一封来自国王的信记录如下：

> 城市已经通过了一项裁决，关于阿舒尔伊迪的儿子阿舒尔塔克拉库，如果在国家之外有人给了他股份资本或投资贷款，根据证人的证词，他将和他在城市的其他投资者一起接受（银钱）。如果他在国家之外许诺了任何银钱，他必须按照法碑上的规定，用证人证明这一点，然后他才能在那里得到他的钱。任何人都不得挪用银钱。银钱将在城市被收集。[2]

阿舒尔塔克拉库的投资者和他的父亲阿舒尔伊迪，以及在阿舒尔的其他 7 个

---

1 关于复杂的信件，参阅 OAA 1, 134。

2 kt a/k 394.

人向卡尼什的一群同僚写了一封信，从中可见上面这些指示是根据这封信给出的。在信中，他们解释了当时发生的事情，以及关于如何处理阿舒尔塔克拉库遗产的问题：

> 我们在这里了结阿舒尔塔克拉库的事情，所有的钱都已用银子全额支付。我们以城市宣誓。在那里，无论银钱、泥板、驭者的工作资本、房屋、女奴或奴隶的流动资金——无论阿舒尔塔克拉库留下了什么，都属于阿舒尔伊米提。任何东西都不得被侵占！如果你们已经拿走了属于这个人的任何东西，那么把它交给阿舒尔伊迪的代表。[3]

古亚述法律制度的复杂性体现在许多实践过程中，这些过程既涉及阿舒尔的机构也涉及商港的机构，而且产生了各种各样的文件。在本章中，我将通过详细分析由一个商人的死亡所引起的单一法律冲突来说明这种制度的一些基本实践、思想和目标。[4] 显然，对于涉事家族和社会上其他的许多人来说，这是一个重大事件。一些相关文献构成的案卷使我们得知了关于此事后果的详细信息。在前面简短讨论沙里姆阿舒尔的哥哥伊丁阿布姆去世后相关法律事宜的时候，我已经谈到了这个问题。这里我将进一步讨论一些例子，尤其是沙里姆阿舒尔本人去世后发生的事情。这些问题占用了各司法机构大量的时间和精力，为我们了解当时的法律系统提供了依据。

---

[3] kt a/k 534. 对阿舒尔伊米提的识别是很模糊的，在阿舒尔那达的档案中并没有一个身居要位的人叫这个名字。

[4] 参阅 Hertel 2013: 337–346, "一个商人的死亡——冲突的源泉" 一章。

从阿舒尔塔克拉库的案件可以看出，首先要采取的行动是谁来负责以及在哪儿处理遗产问题。城市议事会的决定提出应遵循的正确程序，并且规定了他的资产必须要送到阿舒尔，进行最后的核算并向债权人支付款项。这种常规程序旨在防止当地的债权人出手干预当地资产，从而扰乱了对遗产的正常分割。普舒肯的姐妹塔瑞什马图姆和一个叫贝拉图姆（Belatum）的女人一起写了一封信，从信中我们可以清楚地看到这一点：

> 我们已经派了一名代理律师，他持有一封来自城市的信，信中说，无论是在城市还是在国外，任何人都不得干涉，舒奴奴的钱必须都被集中到城市。他们要在那里按他们本人的遗嘱分割财产。如果有任何人在国外干涉，每一舍克勒银钱都将被视为是他偷的。[5]

从这些文献可以看出正常的程序是什么样的，一切过程都要在阿舒尔进行，这是可以理解的，因为死去的商人必然有股份基金在那里被监管着，他的家人和他的许多合伙人、代理人和债权人都会住在那里，他的商业活动的复杂性意味着可能在很多情况下城市议事会必须得介入。另一方面，这一系列繁琐的程序，可能会一拖再拖，而这却是继承人希望避免的情况。如果是一个不太重要的商人去世了，他的资产将由其他人监管，但显然有时手段不太光明正大。如果是一个大商人死了，他在商港的债务人和债权人会试图获得他的档案，从而确保涉及他们自己利益的文件不被损坏。除非有一个真正被认可的人来掌管这些钱和泥板，否则财物库房里的物品将会

5　TC 2, 21; Larsen 1976: 181–182; Michel 2001: no. 326.

交给一个可靠的人保管,并最终被送到阿舒尔。

如果遇到一个过于精明算计的人插手,即便启动了正确的程序,有时也可能出现问题。有一位"普舒肯家族的合伙人"普朱尔阿舒尔,他在名年官表第 110 年左右去世后,资产落到了一个叫布扎朱的显然不太道德的人手中,从而引发了一系列争议。[6] 作为普舒肯的合伙人,普朱尔阿舒尔留下了相当多的信件,显示他们之间有着密切的关系,他们之间的关系也包括彼此在对方的股份合作基金中进行投资。从一些信件来看,他比普舒肯多活了几年,尤其与普舒肯的儿子布扎朱和某个伊里维达库有牵连。这两个年轻的伙伴似乎相处不太好,他们在通信中总是充满了相互指责和抱怨。普朱尔阿舒尔死后,这种关系变得更加恶化。

普朱尔阿舒尔还没去世的时候,存放在瓦赫舒沙那镇的大批铜就出现了问题。布扎朱声称,伊里维达库实际上控制着货物,自己囤积了起来,而有人在给老板普朱尔阿舒尔的信中恰恰也是这样说布扎朱的。[7] 很难确信到底该相信谁。直到普朱尔阿舒尔死后,这件事仍未解决,两名代理人的分歧转移到如何正确处理他留下的贵重物品的问题上。

马上发生的事,是普朱尔阿舒尔的投资者们进入了他的储藏室,拿走了里面的东西,把所有东西都交给了某个恩那辛来保管。恩那辛被告知,只要投资者们和客户们没有达成一致,就什么东西都不可以动。有人认为,下一步将是把所有的货物运送到阿舒尔。

然而,布扎朱作为投资者之一,却介入了这件事,索取了贵重物品送到阿舒尔用于采购货物;结果,普朱尔阿舒尔的儿子们在阿舒尔雇了一名代

---

6 参阅 Matouš 1969。

7 CCT 3, 32. 关于这些人经营铜贸易的讨论,参阅 Dercksen 1996: 131–139。

理律师,和他一起去了卡尼什,当着证人们的面与恩那辛对质:

> "上天不遂人愿,我们的父亲去世了!当我们的父亲去世的时候,他的投资者们取走了 12 箱泥板、加印的银子、加印的金子和 2 袋铜。银、金和铜都放在库房里,加了我们父亲的封印。我们父亲房子的投资者们进去把库房托付给你了。你把这些都给了谁?"

> 恩那辛说:"你们父亲的一个投资者从瓦赫舒沙那来了,我把这一切托付给了布扎朱。他对我说:'我用金银支付了你父亲的必要费用,剩下的 37 磅银,我托付给了阿舒尔沙姆西。他带到城市,货物运到这里,已交给库鲁马亚。去拿你的货吧!'"

> 恩那辛接着说:"不要对我提出任何诉讼!"

> 代理律师和普朱尔阿舒尔的儿子们回答说:"我们不会对你提出诉讼,我们将起诉你委托的人,布扎朱。"[8]

布扎朱越权了,不知用什么方法说服了恩那辛,被允许继续进行普朱尔阿舒尔的活动,而此时其他投资者们已经明确表示,在达成和解之前,资产将被冻结。这不仅导致了两个儿子的行动,而且伊里维达库进行干涉并把布扎朱带到证人面前,声称他侵占了从阿舒尔回来的货物,而这批货物的一部分实际上是他个人的。布扎朱坚持说,这件事是他无法控制的,伊里维达库应该去找普朱尔阿舒尔的儿子们讨论这一问题。

目前还不知道这件事是如何收尾的,但我们可以猜测普朱尔阿舒尔的继承人们最终拿回了他们的遗产。这可能是一个非典型的案件,不仅是因为

---

8 BIN 6, 220 和 Landsberger 1940: 7–8。

布扎朱的介入和伊里维达库的说法，而且特别是因为档案中的泥板似乎并没有被带到阿舒尔，那里的城市议事会也没有参与争议的最后过程。从另一方面来说，儿子们在后期阶段向议事会提出的上诉和从阿舒尔派遣代理律师则是常规程序。

我们可以在关于沙里姆阿舒尔之死的极为详尽的文件中看到一些相同的元素，沙里姆阿舒尔是我正在整理发表的 1994 年发掘的档案中的核心人物。其中有 100 多份文献分别提到了这件事，开始是一个相当简单的问题，但很快发展成涉及继承人的高度复杂的诉讼案件。[9] 如前所述，沙里姆阿舒尔在杜尔胡米特镇度过了他的最后几年时光，他参与了安纳托利亚境内利润丰厚的铜与羊毛贸易。他在卡尼什的房屋里有一个包括 1200 多份文件的真正的大型档案，然而关于他最后几年活动的文件则一定是存放在他在杜尔胡米特的家里的。他的长子恩那姆阿舒尔和他的安纳托利亚妻子安那安那一起住在卡尼什的家族住宅中。弟弟阿里阿胡姆似乎长期在外，他的房子在哪里，他的亚述妻子伊什塔尔拉马席住在哪里，目前都还不清楚。

最早提到父亲之死的文献之一是阿里阿胡姆和他们家族的一个朋友写给恩那姆阿舒尔的一封信：

> 上天不遂人愿！我们的父亲去世了！
>
> 我们的父亲不再是沙里姆阿舒尔，现在你是我们的父亲了。
>
> 处理好我们父亲的事情，把一切料理清楚。不要把我们父亲的生

---

9 该案例的讨论见 Hertel and Larsen 2010。关于兄弟间冲突的详细分析，参阅 Hertel 2013: 287–298。

意转移到这里。有一两个我们的投资者正在这里。

我们亲爱的父亲和主人!请把事情料理清楚。[10]

显然,小儿子很高兴承认他哥哥是新老板,他放心地把卡尼什的家族事务交给他来处理。这封信是从杜尔胡米特寄来的,尽管不想把任何东西送到杜尔胡米特的表达似乎意味着他们不想把什么东西交到那几个投资者手中,但他们的存在似乎也没有引起多大恐慌。

接下来,阿里阿胡姆似乎去了卡尼什帮助他的哥哥,他们一起与商港取得了联系,要把两个欠沙里姆阿舒尔钱的人引渡到卡尼什,以便当着证人的面回答问题。其中一个案例涉及一个股份基金的投资,他们希望把这笔投资转到一个在阿舒尔的前名年官的名下,沙里姆阿舒尔欠他的债。这两兄弟似乎相互合作,试图搞清楚父亲还剩多少钱,有哪些债务需要他们偿还,以及遗产中还有谁可能欠的钱没有收回来。与铜有关的各种交易存在着许多不确定性。阿里阿胡姆与家族的一些密切商业关系人一起,设法与杜尔胡米特的投资者达成一个初步协议。

然而,一切都不尽如人意,因为恩那姆阿舒尔担心自己的弟弟受到外人太多影响:"紧急——不要总是听别人的!为什么你总是听陌生人的话?"[11]

一年过去了,杜尔胡米特和卡尼什的投资者和客户们扣押了大量铜,并根据对财产的主张拘留了兄弟俩。这一切显然还不算完,两兄弟因此向他们在阿舒尔的代表人们求助,让他们得到城市议事会的许可,聘请一名代理律师来安纳托利亚帮助他们渡过难关。有一个严重的问题是,

---

10　AKT 6a, 209.

11　AKT 6a, 224.

沙里姆阿舒尔欠阿舒尔神庙和一个名年官一大笔银钱,这肯定意味着,把对股份制合伙的投资当作付款转给名年官的建议并没有实行。卡尼什的投资者和债权人显然不同意在他们得到任何东西之前先还所欠资本当局的债务。

看起来代理律师的确是被派出来了,而且事实上,也确实帮助继承人解决了与投资者之间的冲突,但此时,兄弟俩已经闹翻了,他们对达成最终和解的想法截然不同。恩那姆阿舒尔一再要求弟弟安排与同事和朋友见面,以便达成一个折中的解决方案,但遭到了阿里阿胡姆的拒绝。恩那姆阿舒尔主张他们应该去找他们父亲在安纳托利亚的合伙基金的四个投资者:"我们去安抚他们,我们去取悦我们父亲的客户,然后我们去城里找我们的姐姐,女祭司,让我们根据我们父亲在城市的意愿来澄清自己。"[12] 恩那姆阿舒尔仍然希望有一个折中的解决方案,让代理律师做见证。

然而,阿里阿胡姆另有计划。恩那姆阿舒尔从杜尔胡米特那边收到的第一份报告,是其他争论中也曾出现的伊图尔伊里发来的,他被告知父亲"说出了他的意愿",[13] 很明显,他的这些话后来当着阿里阿胡姆的面被记录在一块泥板上了。另一方面,父亲在阿舒尔也留下了一份遗嘱,现在的问题是,到底该按哪一个文件来分割遗产。

这时家族的许多亲密伙伴都在同时为这兄弟俩办事,他们越来越面临着不得不选边站的压力。其中最突出的一位名叫曼马黑尔,这个人居住在出产铜的区域,他写信给恩那姆阿舒尔说:

12　AKT 6a, 228.

13　AKT 6a, 208.

阿里阿胡姆写信给我说:"如果我父亲给你的任何东西还在你手里,不要把它交给我哥哥。如果你真的给了,我和我的姐姐将就此事对你提起诉讼。"而且,他的代表们已经安排了证人指证我。[14]

恩那姆阿舒尔的妻子安那安那的信中也提到了阿里阿胡姆的可疑行为,阿里阿胡姆得到了他们在阿舒尔的姐姐拉马席的支持;据说她把家里的贵重物品都交到了阿里阿胡姆手中,实际上是,交给了他在都城的代表们。但是,对恩那姆阿舒尔来说,一封来自阿舒尔的一位朋友的信起到了关键作用,信中写道:

阿里阿胡姆已经写信给他的代表们说:"请在城市为我雇一位代理律师,这样我就可以在口头辩论中质问恩那姆阿舒尔,看看泥板上写着我和我的哥哥各自欠我们父亲多少。"

有人告诫恩那姆阿舒尔,要在律师到达前撇清自己并离开卡尼什,但他觉得有义务给阿舒尔的几个熟人发一封自己的信,要求他们代表他与城市议事会取得联系:

取得一块写有市政府裁决的泥板,上面声明委托给伊里亚(在杜尔胡米特)的泥板已失效,并且叫沙里姆阿舒尔的儿子们与代理律师一同前往城市,根据他们留在城里的遗嘱进行辩论……

如果议事会中出现了和你抗辩的人,那就把掌握我父亲的遗

---

14 AKT 6a, 249.

嘱并且在文件上施了印的舒塔穆孜、伊里亚和阿迪达找来，来到议事会上，那样他们可以向城市陈明实情。[15]

那三个被称为掌握遗嘱的人，是沙里姆阿舒尔在阿舒尔的常任代表人，现在情况很明显，那边的所有家族成员都选择了与弟弟结盟。因此，恩那姆阿舒尔不得不依靠外人的帮助，如果不是这种特殊的情形，这些人一般不会出现在档案文献中。这对恩那姆阿舒尔来说，一定是一个非常不开心，甚至是令人担忧的局面。

城市议事会现在必须做出判断，两兄弟中到底谁是对的，遗嘱的哪个版本将成为进一步谈判和裁决的基础。阿里阿胡姆曾派一位同事前往阿舒尔给他姐姐送信，从此人的一封来信中我们得知，议事会的判决十分明确，没有含糊其词：

> 如你给我的指示那样，我们帮助了你姐姐，与城市议事会对质，并根据我们当时收到的城市的泥板。沙里姆阿舒尔的女儿将聘请一名代理律师，关于那些银钱、泥板，投资者们在杜尔胡米特委托给伊里亚的沙里姆阿舒尔所写的关于恩那姆阿舒尔和阿里阿胡姆债务的那块泥板——恩那姆阿舒尔和阿里阿胡姆必须按照沙里姆阿舒尔所写的那块泥板偿还债务，把银钱交给律师，让他带进城去。现在，泥板的第二份副本（已经制作好了），我们聘请了阿巴巴作为代理律师，我作为证人。[16]

15　AKT 6a, 241, 242.

16　AKT 6a, 243.

此时，当哥哥的似乎被打败了，看起来非常颓废沮丧。四个合伙人，包括他的弟弟，写了一封信让他振作起来，面对现实：

> 你为什么待在没有父亲和母亲的地方，使疾病恶化？你不到这里的神庙来祈求神的仁慈，向你的神不断地祈祷，让弟弟和朋友给你鼓励，而是像一个空的躯壳，待了一整年，没有目标和没有奔头。
>
> 你们父亲的投资者们在这里把这些东西给了你的弟弟，这是你早些时候经常主动要求的，但由于你的弟弟孤身一人，他显然不能什么事都代表你。[17]

父亲去世已经两年了，律师阿巴巴来到卡尼什，传唤兄弟俩在证人面前回答问题。城市议事会给他规定了一个明确的议程，他向二人进行了传达，他们应该根据沙里姆阿舒尔所写的备忘录，将所欠的债务交给他。我们有一系列文献记录此类事件，表明了在卡尼什办理此类案件的方式。我们可以看到，经过了很长时间的交涉，但依然没有达成令人满意的解决方案。最早的一次会议记录如下：

> 沙里姆阿舒尔企业的代理律师阿巴巴抓住了我们（作为证人），让我们与恩那姆阿舒尔和阿里阿胡姆取得联系。他说："根据城市的泥板，我必须把沙里姆阿舒尔留下的所有东西收集起来，带到城内。现在你来，把你父亲遗留的尚未收回的欠款和他留下的任何东西给我看，我会帮助你，让他们把它交给你，

---

17 AKT 6a, 287.

我们就可以去往城市。

"昨天我问你说：'把你父亲所记的你欠的银子都交出来，然后我们就前往城市。'

"你弟弟阿里阿胡姆回答说：'好吧，让我把我父亲写在备忘录的银子交出来，然后我们就去往城市。'

"但是你一直不交钱，却对我回答时态度蛮横，而且事实上拒绝付款。不要妨碍我，只要告诉我你父亲的未偿欠款在哪里。让我来帮助你，让我们把钱付清，这样我们就可以去城市了。你弟弟阿里阿胡姆把他父亲在泥板上写的银子给我看，你却不肯把你父亲在备忘录上写的银子交给我，这样就妨碍了我。

"现在赶紧！按照城市的泥板的规定，偿还你父亲在泥板上所写的你欠的所有债。我们去城市吧！不要妨碍我！"

恩那姆阿舒尔回答律师阿巴巴："我服从城市的泥板和我主的律师。昨天你问我，我回答你说：'我父亲在杜尔胡米特去世时，我不在场。我弟弟阿里阿胡姆在场侍奉我们的父亲。他们非法侵占了我的东西，我父亲写了很多关于我的东西。但我不欠我父亲那块泥板上写的任何东西。'

"现在，让我们一起去我父亲的资产所在地杜尔胡米特，让我们按照那块泥板所言，把这些资产拿走，然后和你一起进城，让我们使名年官满意，让我和我的兄弟姐妹们一起讨论我们父亲在城市的遗嘱。

"如果你说'我不去杜尔胡米特'，那就正式地告诉我，然后我们今天就动身去城市。不要在法庭上质问我。我没有拒绝去的想法。"[18]

显然，弟弟比较好说话，他表示愿意遵守律师的指示和命令，这并不奇怪，因为这些命令的制定完全符合他自己的意愿。恩那姆阿舒尔的立场很有问题，他拒绝按照律师的要求行事，因此事实上来说，他拒绝遵守城市议事会制定的框架。他每次都声称服从城市的信和国王指定的律师，但他对所发布的命令的执行总是不那么痛快。

另一方面，他认为他们应该去杜尔胡米特，因为在那里他们可以对父亲的生意状况有一个清晰的认识，这是完全合埋的。他好像在暗示，从法律上来说，阿巴巴拒绝前往杜尔胡米特是不正确的，最终，律师认为除了这样做之外别无选择。阿里阿胡姆拒绝前往，所以在那里进行的谈判是由他的当地代表代替他参加的。

在杜尔胡米特，律师与一个名叫伊丁阿舒尔的人进行了多次会面，投资者们早些时候曾将属于已故父亲的大量铜委托给他，他与曼马黑尔对质，证明后者在遗产中欠了铜和青金石。这些事情的进展似乎很顺利，但这方面的文献资料较少。等到沙里姆阿舒尔去世三年后的夏天，灾难再次降临。首先，恩那姆阿舒尔给他的朋友们写了一封信，兴高采烈地宣布自己已经实际赢得了诉讼，但这一成功的喜悦转瞬化为悲剧，他在去塔乌尼亚镇经商的过程中，遭到了抢劫和谋杀。随后发生的关于为此支付赔偿金的冲突前面已经讨论过了。[19] 深秋的时候，阿里阿胡姆给他在阿舒尔的支持者写信解释案件的进展时，他说，甚至恩那姆阿舒尔去世后，

18　AKT 6a, 264.

19　第十三章。

他的债权人仍扣留他。他总结道:

> 当我哥哥去世时,我们把城市的泥板和代理律师阿巴巴送回去了。亲爱的弟兄们,阿巴巴曾带来一块城市泥板的副本,你们要让他们将城市的泥板废掉,然后到议事会那里,让城市听这信并采纳它。
>
> 我将在六个月之后来,关于他们扣留我的事以及我的未偿欠款,我将在澄清自己后赶来。[20]

这封信将成为城市议事会的官方档案,可能会保存在市政厅,所以阿里阿胡姆写得相当正式,他显然知道这份文档可能会成为案件的最后陈词。阿巴巴因其工作被支付了2磅15舍客勒银子,并被打发回家了。

很多文献都记载了这一连串的事件,而实际上的相关文献显然会更多,因为还有一些记录关键时刻的文献并没有被发现。一些描述卡尼什事件的文献实际上并非原始文件,而是档案副本,这让我认识到,所有的司法证据都从杜尔胡米特的沙里姆阿舒尔档案中收集起来,连同泥板一起被送往阿舒尔。

这部分档案是因著名商人死亡引发的一系列程序的一个典型例证,其他还有几个类似的文件档案,尽管对这种情况引起的法律冲突的记载没有那么详尽,但也可与之形成对照。遗产清算的一般框架如下:

---

20 AKT 6a, 294.

0： 写了正式的遗嘱，或是口头说了遗愿

1： 准备工作——初步法律安排

    A. 承认新家长

    B. 指定遗嘱执行人（*bēl šīmātim*）

    C. 债务与债权评估

    D. 冻结资产和资产的转移

2： 资产集中（清算）

    A. 收回的债务

    B. 安纳托利亚的资产以银价出售，并被送往阿舒尔

    C. 所有资产集中到阿舒尔

    D. 继承人享有的债权人权利替代特权

    E. 判决和指定代理律师

3： 与债权人的最终协议

    A. 根据不同地位被支付的债权人：

        i. 公共机构和官员

        ii. 股份契约的投资者

        iii. 其他债权人

4： 遗产分割 [238]

    A. 由遗嘱执行人监督，按遗嘱结算

    B. 立即分配遗产中的份额

    C. 暂停分配份额

        i. 直到遗嘱中的特别规定得到满足

        ii. 直到与债权人达成特定协议

这一方案显然并非在所有案例中都会得到严格执行，而且在这些程序的执行

过程中，往往会出现特殊情况导致债权人急于兑现他们的钱。

当兄弟俩第一次与投资者谈判时，他们可以利用继承人享有的特殊权利，即"已故人的儿子"（mer'u mētim）。这意味着，他们有权从程序上延缓长达一年的时间，其间他们可以把外边欠的债务收回来，收集证据来证明所收到的诉求已得到满足，有时他们可以聘请代理律师并从城市议事会获得裁决。不知何故，兄弟俩似乎丧失了这些权利，可能是因为时效已过，也可能是因为他们开始争吵，立场不再统一。因此，他们面临的一种选择是在"兄弟和朋友们"的帮助下进行调解，这些人是与家族事务有关的内部人员；抑或他们也可以引入外部人员，这些人员与有关当事方都没有利益关联，因此可以保障公正。这正是恩那姆阿舒尔几次三番提出的策略，从许多文件中都能够看出，调解是一种常见的程序。这是一个自愿的非正式程序，在调解期间，双方都有权退出谈判。

下一个步骤应该是仲裁，即当事各方必须服从一些人的权威，这些人拥有强制力，可以被看作正式法律系统的延伸。即便不是在这种特殊情况下，这一程序也普遍适用。

当这些策略在冲突中都被证明是不可能的时候，剩下的唯一选择就是求助于阿舒尔城市议事会，它的裁决将最终确定解决方案的所有细节。在安纳托利亚也可以做出许多决定，但重要的决定必须是由阿舒尔当局做出的。兄弟俩可以向卡尼什商港上诉，要求强制传唤某些债务人，使其出庭并回答问题。商港可以为许多谈判指定证人，所有这些程序都是没有问题的。从一些城市信件的声明中，可以明确看出阿舒尔当局和商港当局之间的关系，我们在信中读到"商港将是代理律师的执行机构"。

代理律师是一种重要的制度，这种做法可以上溯到乌尔第三帝国时期，这些人似乎是中央政府派来的某种解决问题的人。[21] 在古亚述模式下，这种制度表现出了公共与私人特征的巧妙融合。聘请代理律师的权利是基于城市议事会的裁决，任命他的人是国王，但他的薪资是由他所代表利益的人支付的。有的时候，律师与他的雇主可能会发生争执，我们甚至知道有一起诉讼是对一名代理律师发起的，理由是处理问题的方式不够得当。[22] 这里分析的诉讼案例表明，两位继承人都正式承认了代理律师的权威，但是，许多文献中记录了他对兄弟俩的质询，这表明其权力的局限性，他不能强迫哥哥遵守城市裁决中的命令，值得注意的是，他最终选择接受恩那姆阿舒尔提出的观点，尽管这与城市议事会的指示背道而驰。

在一个著名的商人死后，这种复杂诉讼可能通常都是要由城市议事会来处理的，因为在这种情况下，同时涉及安纳托利亚和阿舒尔的男男女女直接利益的情况，要比在安纳托利亚主要涉及商业和法律问题的普通法庭案件中多得多。已故者大家族的首脑成员应该住在都城，那里有祖居之地，bēt abini，他可能有一直在阿舒尔被监管的股份基金，大多数投资者也都是住在阿舒尔的。

城市议事会的绝对权威使在安纳托利亚的人强烈需要得到都城中地位优越的伙伴和朋友的支持。在谈判的早期阶段，兄弟俩写信给以姐姐为首的家族代表们，但当冲突升级，这群人决定支持阿里阿胡姆时，恩那姆阿舒尔被迫求助于家庭圈以外的人和同事。很明显，正是因为这个原因，他的信以这样的请求结尾：

21　比较 Falkenstein 1956: 1: 47–56。

22　AKT 3, 89。

> 小心协助拉凯普，从城市获得一块泥板。我们也是有能力帮忙的人，到时候我们会让你看到！

个人关系和地位显然在这种冲突中起着核心作用。与卡尼什发现的许多其他文献一样，这套卷宗显示了界定法律系统的一些基本结构，可以说，公平正义始终是不懈的追求，即便每一个具体案例的确切形式都会各有差异，寻求一个基于传统和法律习俗的解决方案，可能是整个社会所有成员的共识。

第五部分

文化

第十九章 文化的互动

卡尼什下城看起来仿佛是一个大熔炉,那里的男男女女有着不同族群背景,多种语言交织,服饰风格各异,不同的文化和宗教传统不断地相互作用。这些文献,尤其是物质文化,只能给我们一个模糊的印象,仿佛行走在人流拥挤、牲畜遍地、充满喧闹的街头巷尾间。卡尼什是一个国际交汇之地,亚述人在安纳托利亚的存在肯定对当地各国的生活都产生了超越区域的深刻影响,这一事实肯定影响了当时区域内的所有势力。当地城镇和村庄与亚述商人的接触必然是不平衡的,但权力的集中和建立更大政治单元的进程,似乎很有可能在若干方面受到各个城邦在贸易网络中所起作用的影响。卡尼什王国、杜尔胡米特王国和普如什哈杜姆王国肯定从亚述人的商贸中获得了经济利益,这种经济优势可能至少在一定程度上转化到了政治统治当中。从另一方面来说,像卡尼什这样富裕的大城市也必然是首先被商业活动选择的目标。

亚述人和安纳托利亚人之间的关系受到权力、经济、文化和社会传统等复杂因素的多重支配。在某些区域,外来力量的影响非常强大,他们对文字技术的掌握也许是最明显的例子。安纳托利亚人可能有他们自己的书写系统,一种原本写在木板上的象形文字,[1] 但却转而使用亚述人的楔形文字来书写他们的行政文书,撰写他们的外交信函,这种外交信函不仅有与亚述人当局的,也有安纳托利亚国王之间的,安纳托利亚人还用楔形文字来记录许多只涉及当地人之间的契约关系。同时,他们还采用了美索不达米亚人风格的圆柱形滚印,这种风格比该地区以往使用的传统印章更受青睐。

目前还不能确定,这在多大程度上同时反映了安纳托利亚当局内部运作方式的改变。安纳托利亚官员的头衔几乎都是用阿卡德语给出的,我们尚不知道这些职位是否也有当地的词汇。抛开这些术语,从政治制度的根本差异性来看,安纳托利亚王国的政治和行政结构一定不是从亚述人那里学来的,但也不能排除来自叙利亚—美索不达米亚地区王国的影响。还应引起关注的是,考古学正在慢慢扩大我们对早期青铜时代之前的政治结构的理解。在安纳托利亚中部的一些地方发现了大规模的宫殿,这些宫殿显然都是被大火烧毁的。[2] 人们不禁要问,造成这一现象的原因是大规模的人口迁徙,还是当地的政治结构的崩溃。不管怎样,我们知道安纳托利亚中部从前肯定经历过政治传统的重大改变。

本书所阐释的内容归纳起来可以清楚地看出,亚述人和安纳托利亚人的遇合并不是以过去所谓的文化适应为特征的,即一方大量吸收另一方带来的文化传统。安纳托利亚王国并没有被亚述化,反之,我们应该把这种情况看作是所谓的"杂合"的一个例子,即两个不同的文化、社会和政治单元之间

---

1 参阅 Waal 2012。关于"安纳托利亚人从来没有学会楔形文字书写"的主张是无法被接受的。
2 关于屈尔台培的建筑物,参阅 Ezer 2014。小村雅子女士在离基尔谢尔不远的亚斯霍愚克(Yassı Höyük)进行的一次考古发掘中发现的大规模建筑,亦可参阅。

的相互作用，它们以深刻的方式相互影响，从而最终产生新的和不同的结果。[3]

塔赫辛·厄兹居奇所做的多次考察表明，亚述人在卡尼什的存在从物质文化层面上几乎看不到什么痕迹。除了泥板和印章，在物质文化各方面居然无法察觉到亚述人，这的确令人不可思议。卡尼什下城的房屋一直被描述为典型的当地建筑风格，在泥砖的房屋中使用大量木材，其中发现的物品同样具有当地而非亚述传统的特点。在建筑物和坟墓中发现的陶器，起源于当地的早期青铜时代，亚述人离开后，通过各种不同的途径演化为典型的赫梯陶器风格。也许没发现此类具有亚述背景的物品并不奇怪，因为商人从阿舒尔长途跋涉而来，带着锅碗瓢盆到安纳托利亚的住地，从经济上讲根本没有任何意义。我们还知道，按理说所有的厨房里都应该发现许多青铜和黄铜的器皿，但此类用具在房屋被烧毁之前就都被带走了。有意思的是，有文献提到金属加工，安纳托利亚生产的黄金日盘作为神庙的献祭礼物被送回阿舒尔。[4]

陶器本身的造型变化丰富，令人难以置信，显示出对大胆造型和优雅特征的青睐（图30）。一些罐子的造型显然很幽默，还有一些则指向宗教目的，可能是某种仪式当中使用的。值得关注的是，在亚述人家庭居住的房屋地下的坟墓中发现了许多极为漂亮的罐子（图31）。但是，如果把这些造型奇趣的陶器和稍后即将讨论的印章放在一起，看作是多元社会中知识发酵的反映，就不会感觉那么奇怪了。在这个多元的社会中，人们说着各种各样的语言，不同的服饰、发型和佩戴的珠宝，表明他们来自不同的民族（图32）。

考古学的发现必然无法完全抹杀亚述人和安纳托利亚人之间存在的真正差异和文献证据中显现出来的反差。比如从对时间的划分方式就可以看

3　关于此类互动的各种可能模式的讨论，见 Larsen and Lassen 2014。

4　OAA 1, 19.

30. 屈尔台培陶器艺术的优雅型代表。屈尔台培考古发掘档案。

出当地社会是以农业为基础的。商业头脑敏锐的亚述人有精心设计的时间系统——星期、月、年,从而为经济关系的精确规划奠定了基础。安纳托利亚人的历法是基于播种、收获、采摘葡萄之类的农业事件,此外再加上数量有限的宗教节日;他们没有使用按月计算的历法。[5] 亚述人的系统主要用于确定债务及其偿还的准确日期,而在其他所有情况下,都将时间称为五天或十天,用来不太精确地表示"很快""几天内"将要发生的事。许多向安纳托利亚人提供的借贷都使用当地的历法,但后来一些当地人也开

5　所有相关文献,见 Veenhof and Eidem 2008: 219–233。

31. 屈尔台培发现的典型陶罐。屈尔台培考古发掘档案。

32."请给我们点儿吃的!" 屈尔台培考古发掘档案。

始使用亚述人的系统。

安纳托利亚当局显然有效进行了武力管控,一些选择无视既定规则的亚述人都遭受了惩罚,有的因走私被捕,还有的因各种违法行为被关进了宫廷的监狱。但亚述人的地位也并不是软弱的,因为统治者不仅需要商人们给他们带来战略商品锡,而且还要仰仗着他们获得那些使他们在安纳托利亚社会中彰显威望和权力的重要标签(奢华纺织品)。税收带来了大量收入,有助于加强统治者和支持他们的统治精英们的力量。因此,这种情形可以被描述为一种权力平衡,使双方都从贸易网络的持续存在中获得丰厚的利益(图33)。

然而,这种平衡必须始终保持着;亚述人必须纳税,安纳托利亚宫

33. 屈尔台培发现的诸多陶杯之一。屈尔台培考古发掘档案。

廷必须避免干涉商港的行政和司法，双方必须尊重对方在更大系统中的作用。因此，当一个安纳托利亚人吹嘘自己成为一个商人时，亚述人觉得不能袖手旁观：

> 在这里，卢赫腊赫舒举杯对 *rabi sikkitim* 说："你会看到我将成为一支商队中的商人！"
> 当 *rabi sikkitim* 告诉我这些话时，我说："如果他真的那样说，我就要写信给长者们，这样他们就会把这件事追究到底！"
> *rabi sikkitim* 说："我亲爱的儿子，什么都不要写。"他为了

> 让我高兴些就向阿舒尔和沙马什敬酒，并和我一起喝了 20 杯。[6]

一个安纳托利亚人开始要与亚述人竞争的威胁，即便是喝醉的话，也至少有一半被写信的人当了真，当地官员不得不连敬数杯酒来安抚他。卢赫腊赫舒可能是安纳托利亚的一位贵族，[7] 很明显亚述人必须保护他们的商业优势。正如我们之前所看到的，与陶鲁斯山中的一个小王国签订的条约规定，不允许来自巴比伦尼亚的阿卡德人到访该地区，当然更不允许安纳托利亚人去阿舒尔进行长途贸易；甚至安纳托利亚区域内利润丰厚的铜和羊毛贸易也掌握在亚述人手中。一些安纳托利亚人可能被允许参与实际运输，但只是作为亚述人管理的群组内的下属成员。

虽然许多异族通婚事实上往往会使界限变得模糊，但在商业和政治问题上，亚述人似乎严格坚持这一规则，将这两个群体区分开来。我们从一封写给著名商人因那亚的信中读到，恩那姆阿舒尔的某个儿子卡朱瓦（Kazuwa）带着大量货物去了北部城镇库布尔那特，写信的人对他的意图深表怀疑，这样表达他的疑虑：

> 这个人与官廷关系密切，而且他经常表现得像一个安纳托利亚人。[8]

信中建议因那亚给他在库布尔那特的代表人写一封措辞强烈的信。从另一封信中我们可以看出，事实上，卡朱瓦挪用了一批据估计价值 10 磅银的货

6　kt m/k 14.

7　一个叫这个名字的人数次作为证人与王室官员一同出现：kt a/k 805; Chantre 2。

8　TC 2, 27. 米歇尔在编辑文献时（Michel 1991: 38）译为："他做事总是倾向于本地人的利益。"

物,这批货物是他刚去世的兄弟为因那亚掌管的。[9] 抛开卡朱瓦令人担忧的不诚信行为,从卡朱瓦的兄弟和父亲的名字来看,这里涉及的人都是亚述人,安纳托利亚人充当亚述人家族运输者或代理人的例子并不多。但在某些情况下,密切的关系有可能会因家庭纽带的拓展而得到延伸。

正如前文已经指出的,亚述人与安纳托利亚人的跨族群婚姻在商人家族后几代中很常见。要跨越文化、宗教、社会和语言传统的根本差异,建立这种最亲密的关系绝非易事,在这种关系中,男人和妻子不仅同床共眠,而且共有财产、子女和家庭。米歇尔考察了一组小规模的文献档案,该档案涉及一位名叫库那尼亚的安纳托利亚女人,她嫁给了普舒肯的儿子阿舒尔穆塔比勒。婚姻似乎存在了一段时间,然而她的丈夫年纪轻轻就去世了,库那尼亚本人的处境开始非常艰难。普舒肯的家族似乎不愿意支持她在丈夫去世后提出的体面解决方案,更糟糕的是,她自己的家人不但没有给她任何支持,反而还利用了她身处困境之机,趁她不在的时候侵占了她的房子。她最后给她的姐妹写了一封信,从中可以看出她的悲伤:

> 如果你是我的姐妹!真的,如果你真的爱我——我再也无法,我就要死了,我的大地将不存在。早些时候没有我的信寄到你那儿,但今天你已收到了我的消息。所以,请给我回句话,我就会来。[10]

也许她对自己在婚姻中的角色的理解与她的结亲的对象的想法完全不同。在安纳托利亚王室中,国王和王后似乎是平等的,从这一事实可以明显看出,在这两个社会中,妇女的社会地位完全不同。我们没有关于这些婚姻

---

9 TTC 10.

10 Michel 1998;文献为 KTH 5。

背景的谈判和协议的信息，但从亚述人的角度来看，显然安纳托利亚的妻子与亚述的妻子并不平等。他们使用一个不同的词语，正常表示妻子的词语 aššutum 指的是亚述妇女，然而，亚述男子的安纳托利亚妻子则被称为 amtum，意思是"女奴"。

来卡尼什的第一代亚述人，他们的妻子住在阿舒尔，为了填补与妻子多年分居两地的空虚，便与家中的女奴建立了性和情感上的联系，这个貌似贬义词语的由来肯定就是因为这一事实。然而，后期的 amtum 妻子，或他们的儿子的次妻，显然不是奴隶。在我们熟知的几个这样的跨族群婚姻的例子中，我们看到安纳托利亚妇女在各个方面起着正常配偶的作用。

阿舒尔那达在卡尼什娶了一个女子为妻，名叫西沙赫舒沙尔，他们一起生了一子一女，都取了典型的亚述名字。我们发现了她丈夫写给她的 9 封信，从信中可见她负责照料卡尼什家中的事务，看管仆人和牲口（牛和驴），负责管理仓库，供应粮食，生产啤酒和油，并帮助朋友和代表们收取到期债务。他们的儿子名叫阿舒尔奈美迪（Assur-nemedi），确实在档案中出现过几次，但阿舒尔那达在阿舒尔也结过婚，正如第一章所述，他在那次婚姻中的孩子是由孩子的祖父阿舒尔伊迪抚养长大的。阿舒尔那达与亚述妻子所生的儿子，名字不详，后来来到了安纳托利亚，似乎从父亲手里接管了买卖，但是我们对他与安纳托利亚妻子所生的儿子一无所知，由此可见，与安纳托利亚女人所生子女的地位很可能低于与亚述女人结婚所生的子女。阿舒尔那达与西沙赫舒沙尔的女儿伊什塔尔拉马席以 amtum 的身份与富商伊姆迪伊鲁姆的儿子普朱尔伊什塔尔结了婚，也表明了这一点。该婚姻契约订立于阿舒尔那达去世后，行文如下：

普朱尔伊什塔尔娶了阿舒尔那达的女儿伊什塔尔拉马席做 *amtum*,无论他走到哪里,普如什哈杜姆或哈图姆,他必须把她带在身边;但他必须把她带回卡尼什。

如果他离开她,他必须付 5 磅银。如果是她走了,她必须付给他 5 磅银。

此外,除了他在阿舒尔城的妻子外,他不得与其他人结婚。

如果伊什塔尔拉马席在三年内没有生下一个孩子,他可以买一个女奴并娶她。

阿舒尔奈美迪、阿尼那和她的母亲送出了她。[11]

该契约对 *amtum* 一词做出了明确的解释,因为普朱尔伊什塔尔在阿舒尔已经有了一个"真正的"妻子,但他无法经常见到这个女人。美索不达米亚人通常实行一夫一妻制,一个男人不可以同时有两个被称作 *aššutum* 的妻子。这三年的限制还表明,伊什塔尔拉马席在婚姻中的地位有些特殊和不稳定,她的未来地位取决于她生育子女的能力。这种规定的另一个版本出现在关于埃尼沙如的女儿胡瓦塔拉与亚述人拉齐普姆的婚姻契约中:

拉齐普姆不得在安纳托利亚娶另一个 *amtum*。他可以在城市,娶一个 *qadishtum*。如果在两年内她没有为他生孩子,她自己将买一个女奴,然后,在她生了孩子之后,她可以在她愿意的地方卖掉她。[12]

---

11 OAA 1, 176.

12 ICK 1, 3. *qadishtum* 妇女的地位比较特别而且不太明确,与某些神庙和生育能力有关。

我们从一些离婚协议中得知,有的丈夫向被其抛弃的妻子支付了银钱。支付的金额是否像婚约中提到的 5 磅那么多是值得怀疑的,但是另一个亚述人皮拉赫伊什塔尔和他的安纳托利亚 amtum 瓦拉瓦拉之间的离婚,使我们得知了一些在这种情况下的做法:

> 皮拉赫伊什塔尔离开了他的安纳托利亚 amtum 瓦拉瓦拉。她共收到了 1 磅银的离婚费。皮拉赫伊什塔尔、瓦拉瓦拉和她的母亲沙特伊什塔尔——她的兄弟奴奴和阿穆尔阿舒尔帮助她——以阿舒尔、安那和国王之名宣誓,他们不得对皮拉赫伊什塔尔、他的儿子或他的任何财产提起诉讼。如果他们提起了诉讼,他们必须支付 10 磅银。
>
> 皮拉赫伊什塔尔返回城市的时候,必须带上女儿拉马席。他们已经全额支付了她的抚养费和食物费。他们不得再向他要求任何东西。[13]

亚述人丈夫有权得到孩子,并将他们带回阿舒尔的规定,在这里并非唯一例子。另一份文献规定了亚述人阿舒尔阿马如姆与他拥有典型安纳托利亚名字的妻子孜贝孜贝的离婚;[14] 她也是收到了 1 磅银作为离婚补偿,但规定丈夫有权带上他的三个儿子。后面这份文献是非常晚期的,属于第 1 层 b 时期的档案。有趣的是,这些女人有着安纳托利亚名字,她们的家庭成员却有着典型的亚述人名字——瓦拉瓦拉的母亲和兄弟实际上就是这种情况,孜贝孜贝的父亲叫阿舒尔贝里。仅此一点就表明,在古亚述晚期,还有在文献记录充

13　ICK 1, 32.

14　TMH 1, 21d.

分的第2层时期末,确实存在着很多跨族群婚姻,以至于我们无法再根据姓名来确定个人的族群属性。在混血家庭中,给孩子取名并没有明显的模式,孩子们有的取了安纳托利亚名字,有的取了亚述人名字。

这一观察与我们对安纳托利亚许多商港和商站所发生的文化遇合的各方面的理解有关。在这些商港和商站中,日常生活中的互动必然导致新的、相互妥协的关系和做法的产生。这种趋势在物质文化的某些方面是可以观察到的,因为尽管我们必然永远不了解日常生活中许多或大或小的身份标记和文化符码,但在某些方面我们可以观察到变化的过程正在进行。其中最重要的也许就是研究在卡尼什的许多泥板上发现的印章图案(图34)。这些印章的一个惊人特点是,它们可以被相当清晰地划分为不同的风格组,表明几种不同的艺术传统被同时使用和呈现,并且有明确的证据表明,这些风格之间存在着相互影响。[15]

在亚述人在安纳托利亚活动极为活跃的短暂时期,圆柱形滚印成了既定的规范,无论是亚述人,还是安纳托利亚人,至少是与商人有着经常联系的那部分当地居民;宫廷管理部门的成员们似乎依然经常继续使用普通印章,当亚述人活跃时期过后,安纳托利亚人使用滚印的情况变得非常少见了。美索不达米亚人的这一项独特发明源于最初在泥板上书写的文字,在风格上,在某种程度的图像学上,我们可以追溯这种发展长达几千年之久。古亚述时期,滚印本身是一个由坚硬的石头制成的小圆柱体,通常高2—3厘米,被刻上很深的刻痕,这样当滚印在软黏土上滚动时,就会出现一条人物或符号的雕痕带。在许多情况下,滚印上刻着一段简短的文字,

---

15 关于屈尔台培印章的总体讨论,参阅 Teissier 1994。

34. 尚未打开的带有印纹的封套；上面的地址告诉我们，这是一封舒贝鲁姆（Shu-Belum）写给某个阿里阿胡姆的书信。滚印为古亚述风格。拉尔森供图。

给出主人的名字以及他或她的父名（图35）。

滚印中蕴含着丰富的微型艺术资源，艺术史家进行了大量的研究。这些滚印在雕工上有很大的区别，从粗犷豪放到高雅精致。从古亚述材料中识别出了这些滚印的一些风格组，研究著作中通常以族群命名：古亚述风格、叙利亚风格、叙利亚—卡帕多西亚风格、巴比伦尼亚风格和安纳托利亚风

35. 一枚滚印和现在的印痕。我们虽然有来自卡尼什的数以千计的印痕,但只发现了数量很少的滚印;这些滚印可能都戴在服饰和脖颈上,当居民们在毁灭下城的大火中逃跑的时候被带走了。屈尔台培考古发掘档案。

格。印章显然是重要的个人物品,用来印在文件上,像我们今天的签名一样,并且在许多情况下,印章是父子相传的。一些遗嘱中,明确地规定了哪一个继承人将得到已故父亲的印章。因此,有些古亚述文件上使用的印章是上代流传下来的,显现出的风格在当时其实已经不再流行,这一点也不奇怪。一些原本属于乌尔第三王朝时期的印章,在卡尼什使用的时候已经流传了大约150年之久了。此外,还有一些在埃布拉等叙利亚地区的大城市中心制造的印章,显然是久负盛名的手工艺品。前文多次提到的沙里姆阿舒尔的儿子恩那姆阿舒尔,就拥有一枚精致的叙利亚风格的滚印,而阿舒尔那达拥有的滚印,根据上面的原始铭文来看,原本属于埃布拉市政府的一位高级官员。[16]此类印章显然被视为奢侈品(图36)。

古亚述时期制造的印章有三大类,通常称为古亚述风格、安纳托利

---

16 比较 Teissier 1993。

36. 伊苏阿瑞克之子，沙甲姆阿舒尔之兄，伊丁阿布姆的滚印。该滚印为经典叙利亚风格，其原始铭文显示，原属于一位叙利亚男士，称为伊腊哈达德之子，伊腊杜穆。后来伊丁阿布姆将此铭文除去，刻上了他自己的名字，正如图中所见。虽然从图画上看来颇为清晰，但要仔细研究其风格和图像学还要依赖照片。拉尔森和屈尔台培考古发掘档案供图。

亚风格和古叙利亚风格。莱森的研究已经表明，古亚述风格组的印章可以再分为两个大的亚组，其中一个被称为"经典"的亚组，使用者主要是居住在阿舒尔的人或移居安纳托利亚的早期的杰出商人。[17] 这些印章头

17　Lassen 2012.

际上显然是在阿舒尔生产的，然后被都城投资者派往卡尼什做代理的人带到了那里。从现代审美来看，这一类印章并不具备特别的吸引力，塑造身体或面部的方式比较抽象；面部常常只是三角形的大鼻子，手的形状像是三齿叉。

目前可以确定，大约有四十多个人拥有此类经典古亚述印章，所有这些人都有亚述名字。本书中多次讨论的两个人物普舒肯和沙里姆阿舒尔的印章都属于此类，沙里姆阿舒尔的女儿拉马席的印章也是，她是阿舒尔的女祭司。与都城精英阶层的联系是显而易见的，因为古亚述鼎盛时期的国王萨尔贡 I 的印章也是此类雕刻风格的。

另外一个可以被描述为古亚述风格的亚组的特征在于身体和衣服的刻画较为典型，而且人类都被赋予了矮壮的身体。恩那姆阿舒尔的安纳托利亚妻子安那安那使用的是这种风格的印章，此类印章似乎在与商人社区关系密切的安纳托利亚人中相当流行，尽管可以看到，大多数此类印章的所有者都曾是亚述人。卡尼什当局的一位显赫官员，舒皮伊卜拉的儿子培如瓦，是牧人之首，他给我们留下了一个大规模的档案，尽管该档案的大部分文献都尚未发表，但尼梅特·厄兹居奇已经发表了在他的房屋中发现的文献上的所有印章。[18] 培如瓦使用的印章也属于这种风格。

经典古亚述印章与阿舒尔有关联，它们一定是在那里制造的。第二亚组在印章图案的场景中包含了一些非美索不达米亚元素，如供桌、战车和站在动物身上的人物造型。这些都是传统的安纳托利亚图案，因此，结论毋庸置疑，这种类型的印章实际上是在安纳托利亚的作坊里制造的。莱森甚

---

18 N. Özgüç 2006.

至发现了一些几乎完全相同的印章，这些印章上只有刻画痕迹的细微差异，而且似乎在卡尼什有一家作坊制造专供当地市场消费的印章。

在安纳托利亚某个地方的另一个作坊里制造的是极为不同的一种印章，属于所谓的安纳托利亚风格。在现代人看来，这种风格的印章融入了许多风趣而富有新意的主题，比古亚述风格的更加符合审美。人物造型细腻，各种各样的物体的描绘极为注重细节。这种印章风格尤其注重文化的多元互动，展现出滚印这种来自外邦的新媒介是如何将对场景处理独具风格的美索不达米亚传统图像学整合到安纳托利亚艺术门类中的。

印章向我们展现了数以百计的神像，其中许多构图是传统风格的，神像坐在宝座上，一组人像在他面前，一位保护女神带领印章的主人作为祈求者进入神的所在。这种场景设置的起源非常古老，是典型的古亚述印章的特征。然而，神和女神们也有其他状态的呈现，其中的很多神可以通过美索不达米亚文献的描述轻而易举地识别出来。在安纳托利亚风格的印章上，我们发现了智慧之神埃阿（Ea），宝座之下是他的动物们，山羊鱼和公牛，在他的周围，还有一大群令人眼花缭乱的其他的神和形象：坐在战车里的安纳托利亚风暴神，一个身上射出光芒的神，一个河流从肩膀上喷涌而出的水英雄，一头狮子，一只猴子，还有两个人首牛身者举着一个旗帜。当然，这是一枚安纳托利亚滚印，场景的构成不受美索不达米亚传统的限制，但人物都是广为人知的（图37）。

除了前文提到的上面有铭文说明那是神本身的一个印章之外，亚述人的最高神，阿舒尔，无法在任何印章上被识别出来。到底为什么，现在还不清楚，只能说这是这位相当神秘的神祇的另一个独特之处。在古亚述和安纳托利亚风格的印章图案中，反复出现的图案之一是祭坛上的公牛形象，

37. 一个名为阿达德埃拉特（Adad-ellat）的亚述人的滚印。完全是发展后的安纳托利亚风格，显示出美索不达米亚与安纳托利亚图像学的结合。屈尔台培考古发掘档案。

但我们能从这个图案中找到阿舒尔本身的可能性微乎其微。

莱森在安纳托利亚风格组中分出了不少于五种亚组，每个亚组代表了一种独特的发展风格，可以看出大部分的主题和构图都是从巴比伦尼亚传统中借鉴而来的，但同时又增加了明显的当地元素，并以精湛的技术和艺术技巧加以完善。简单起见，我们可以将五个亚组概括为两个，一个是美索不达米亚灵感的再开发，运用与巴比伦尼亚和亚述相同的场景，但或多或少加入了变化。印章展现了美索不达米亚的著名神祇，却穿着安纳托利亚的服装，

38. 一枚晚期安纳托利亚风格的滚印，展示出动物和人的带状图案。屈尔台培考古发掘档案。

戴着当地版本的神冠和其他标志物，经常与纯粹的安纳托利亚形象并列，如风暴神和他的战车。另一个亚组显然是安纳托利亚作坊中最晚开发出来的，这种风格从美索不达米亚的影响中解放出来，以非常自由的构图风格展现了动物和人类的带状画面。有趣的是，这类滚印与晚期相同场景的按压印章（stamp seal）有着鲜明的关联，几乎可以肯定是同一个作坊制造的。第一亚组的安纳托利亚风格印章在亚述人中非常流行，而第二亚组的印章则全都是由安纳托利业人使用的（图38）。

叙利亚印章在安纳托利亚相当常见，这表明两个地区之间有着密切的文化联系。虽然目前关于这些印章的产地问题尚无定论，但很可能是从叙利亚地区的不同区域进口的。它们的特点是对人体的自然主义呈现——与古亚述风格的印章形成鲜明对比——经常展现人物的动态形象；服装描绘得非常细致，面部呈现出精细的鼻子和圆圆的眼睛。叙利亚风格的印章还有一些独特的肖像细节，比如直接呈现人物的正面而不是侧面，有一个常见的裸体女神和一个戴着特殊尖顶帽子的人物，可能是统治者。

人们通常认为印章所有者和使用者的族群属性与他们持有印章的风格肯定有着密切的关联，但即便是粗略看看这些证据，马上就会知道这种预设是十分可疑的。以沙里姆阿舒尔家族为例，我们可以看到，在整个家族的五代人中，我们可以识别出拥有印章的个体，列表如下：

第一代：
伊苏阿瑞克   早期古亚述

第二代：
伊丁阿布姆，伊苏阿瑞克之子   叙利亚风格
沙里姆阿舒尔，伊苏阿瑞克之子   经典古亚述风格

第三代：
舒贝鲁姆，伊丁阿布姆之子   叙利亚风格
恩那辛，伊丁阿布姆之子   地方古亚述风格
阿奴里，伊丁阿布姆之子   叙利亚风格
拉马席，沙里姆阿舒尔之女   经典古亚述风格
恩那姆阿舒尔，沙里姆阿舒尔之子   叙利亚风格
阿里阿胡姆，沙里姆阿舒尔之子   安纳托利亚风格
莎特安那，沙里姆阿舒尔之女   叙利亚风格
安那安那，恩那姆阿舒尔之妻   地方古亚述风格
曼马黑尔，莎特安那之夫   古巴比伦尼亚风格

第五代[19]：
库库瓦，曼奴姆基伊里亚之子   叙利亚风格

这一家族中至少有 6 枚印章可以归类为叙利亚风格，这表明了叙利亚和安纳托利亚这两个地区之间密切联系的重要性，值得注意的是，到了很晚的时期，叙利亚风格的印章占据主导地位。这其中有一个地理逻辑，因为亚

19　我们无法识别出与该家族第四代有关联的印章。

述人来自遥远的地方,他们对安纳托利亚的商业渗透很可能被视为一个历史上的反常现象,阿舒尔人想要去做生意的地方,如果以叙利亚大城市商人的身份会显得更自然。

从使用这些不同风格的印章就可以直接感受到卡尼什社会的多元性质,尤其是当地安纳托利亚风格的发展构成了一个值得关注的现象。精巧的安纳托利亚风格在这个家族中只出现了一个例子,[20] 即阿里阿胡姆的漂亮印章,但值得注意的是,很多卡尼什的亚述商人都选择了这一类印章。

20　Lassen 2012: 115, fig. 90.

第二十章 宗教

有关青铜时代宗教仪式的诸多方面特征,如庙宇中的祭祀、庆典和游行,我们的文献中完全没有记载。一些信件和其他文献中偶尔涉及的情况表明,当人们需要直接向神求助或祈求宽恕时,他们会去拜访神庙,但我们对这些建筑中发生的其他事情一无所知,神庙对社区的重要性仅仅从其巨大的规模和力量就可见一斑。古亚述文献中的所有内容都是从个人和家庭的角度出发的,[1] 因此,我们没有发现像赞美诗或神话这样的宗教文献,而只是在一些房屋的私人档案中发现了一些咒语。我们必须假定,这些咒语是一些简单实用的文件,可以而且肯定曾被居住在发现这些泥板的房子里的人使用过,但囿于我们文件记载的范围,我们无法得知文献发挥作用的语境。咒语被写下来,有时写在美索不达米亚各个时期都有发现的典型护身符形状的小泥板上(见图39),这似乎表明,即便在处理完了当时的问题后,咒语泥板本身依然会保持其力量。与所有早期的咒语文献一样,文献中没有描述与咒语相关的实际执行的仪式;似乎可以肯定的是,仪式是由一位专门人员执行的,或许是文献中偶尔提到的男祭司和女祭司。仪

---

1 关于家庭宗教以及生活与祖先关系的广泛研究,参阅 van der Toorn 1996。

39. 沙里姆阿舒尔家中发现的一枚护身符形状的泥板，上面写着对抗恶魔拉马什图姆（Lamashtum）的咒语。拉尔森供图。

式本身可能要花很长时间，涉及对各种物品的操作。

这些文献显然暗示了生活在各个房屋中的人遇到的重大事件，在重要的危机时刻，人们不得不求助于魔法来对抗即将到来的灾难。一些咒语涉及商人和他们的妻子日常生活中的问题，这同样是可以理解的。前面简要提到了一个保护商路上的旅行者免受威胁的咒语，我们还知道有的咒语文献是保护人们免受恶魔之眼（evil eye）伤害、制作魔法药剂和对抗愤怒之心的咒语；有对芦苇施念的咒，功能不明。[2]

2　比较 Barjamovic and Larsen 2008。

然而，大多数咒语是关于分娩的危险以及母亲和新生儿的疾病。有两个咒语是为了对抗天神安努的一个可怕的女儿——恶魔拉马什图姆的袭击，她专门攻击孕妇、年轻母亲和新生儿。有两个咒语是关于难产，另一个关于黄疸，一种婴儿常见疾病，因此怀孕和分娩显然是卡尼什的家庭的核心关注点，在这些困难来临的时刻，魔法和对神的祈求特别适用。

这些文献通常都是极其晦涩难懂的，总是有很多在"正常"文献中遇不到的词语，有时候还有精心设计的表演性词句。比如有一个与难产有关的咒语，旨在启动分娩过程并释放羊水。主要的喻像是一头怀孕的母牛，arhum，但咒语一开头就提到 arhatum，可能是一条运河，喻指外阴。在接下来的几行中，我们发现了 arhiš 这个词，意思是"快速地"，即便是文献中的所有词汇都不理解，任何人也都可以马上明白这个复杂的韵律式的开头：

> arhum arah arahtum arhat
> arhiš tarri arhiš tullad
> arhiš illuku mā'ū ippīša

> 母牛啊！母牛！运河快速流。
> 她很快怀孕，她很快要分娩，
> 水很快从她的开口流出。
> 她用鼻子抓地，
> 她用尾巴扫房子。
> 我要打发谁去？
> 请求双七女，生育女神们：

"你们拿铲子和筐子,

清理运河的入口!"

如果是男孩,(他可能是)像一只野公羊,

如果是女孩,像一只野母羊,

如果是死胎,让她们带走

被神抛弃的人,

就像葡萄藤上的蛇,

让他落在地。

此咒非我发,

本自宁基利勒(Ninkilil),

所有咒语之主

和掌握魔咒者。

愿生育神之女主来咏诵![3]

前五行描述怀孕母牛的形象,在马厩里坐立不安,等待分娩。下面几行像几乎所有咒语一样——向神发送求助信息,在这一案例中,是请求她们打开堵塞的运河;还有一个标志性段落是关于孩子性别的。从美索不达米亚的其他文献中可知葡萄藤上的蛇,米歇尔甚至发现了一个现代版本,现代葡萄园中发现的一种亮绿色无毒蛇;这幅图像可能表达了想要顺利分娩的愿望,就像一条快速移动的蛇。

尽管我们所掌握的信件对妇女生活的这方面几乎从不涉及,但我们可

---

3 kt 90/k 178. 米歇尔(Michel 2004)对这份文献给出了各方面的详细解读。亦可参阅 Farber 2014。

以很容易地想象，在一个房间的黑暗角落里，孕妇痛苦地躺在床上，这些咒语被吟唱出来，可能几个时辰中要吟唱数遍。

我们的确有材料涉及其他宗教和魔法活动，尤其是在女人的信件中。阿舒尔伊迪与诸神的对话是文献中的一个特例，其他文献中未曾发现类似情况，他信中声言，他的儿子没有理会诸神的警告，并建议诸神把注意力集中在那些认真对待他们话语的人身上，这同样是文献中绝无仅有的。

住在都城的一位名叫阿卡提亚（Akatiya）的亚述女人留给我们一段奇怪的文字，一封写给塔什美图姆女神的简短信件；信件内容几乎无法理解，但似乎是向女神寻求紧急帮助，而且似乎女神早先曾经允诺过阿卡提亚（也许是在梦中）。在美索不达米亚的宗教传统中也有给神写信的做法，各个时期都有给神写信的例子，但这个特别的文献有其具体语境。阿卡提亚是重要商人乌簌尔沙伊什塔尔的姐妹，前面提到过这位商人在卡尼什下城的房子和规模很大的档案。从他们之间往来的一系列信件中可以看出，这个家庭成员之间的关系一点也不融洽。阿卡提亚和她姐妹一起写信给她的兄弟：

> 你对你父亲的房子做了什么？你对待你的姐妹不好，而且你还造成了那里一两个人的死亡！阿舒尔向你发出警告！[4]

兄弟反过来表示恼怒——"你为什么一直写信恶言恶语？"他让她代他向阿舒尔以及她自己的神祈祷，但冲突仍在继续。阿卡提亚的姐妹后来写道："你父亲的房子被毁了，你的姐妹现在也死了！"那么写给塔什美图姆（阿卡提亚的个人女神？）的信可能就是她最后企图拯救自己的尝试，人们不禁会怀

---

[4] kt n/k 1336; 关于信件，参阅 Çeçen 1997。

疑她是否真的是一个与神有特殊沟通的女祭司。[5]

其他的情形中，与神的对话则同占卜和巫术的实践有关。在上文提到的塔腊姆库比给伊姆迪伊鲁姆的信中，我们读到，在阿舒尔的女人已经咨询了"解释神谕的女人，解读内脏和祖先灵魂给出的预兆的女人"，阿舒尔已经发出了严厉的警告。[6] 普舒肯收到了他姐妹塔瑞什马图姆和某个贝拉图姆的一些信，他们也这样前去咨询并得到了回复：

> 普朱尔伊什塔尔和乌簇尔沙阿舒尔的女孩们生病且快要死了。
> 我们去见解读神谕的女人，神说："祈愿祭祀的事情，不要迟疑，把她们的事情放在一边！"[7]

在另一封信中，还是这两个女人抱怨，那个叫贝拉图姆的女人病了，同样还是因为没有给祈愿祭品，她们被恶魔和灵魂侵扰，所以很明显，神在履行对她们所做的承诺时可能会有极高的要求。从另一封信中，问题的严重性显而易见。这两个女人写信给普舒肯以及另外四名男子，敦促后者向普舒肯施加压力，让他晓得当务之急，从而筹集资金，寄回阿舒尔，"这样你的生命和我们的生命就可以得到拯救了。"[8]

从其他几封信中可以明显看出向神献祭要遵循正确程序的重要性。在沙里姆阿舒尔去世后沟通的关键时刻，恩那姆阿舒尔和阿里阿胡姆兄弟联名给他们在阿舒尔的代表写了一封信，他们抱怨说，他们父亲的投资者们扣

---

5 参阅 Kryszat 2003。

6 参阅第十六章。

7 KTS 1, 25.

8 RA 59, 165.

留了大量的铜,现在又威胁要没收作为沙里姆阿舒尔对阿舒尔神庙部分祈愿祭品的青金石。他们敦促他们的收信人向城市议事会求助,获取一封信,不准没收青金石,而是将其出售为银钱。他们结尾的话颇具戏剧性:

> 与此同时,雇一名可以陪同阿鲁瓦一起去的代理律师,从而拯救我们的生命!
> 我们的父亲是为这些祈愿祭品而死的。[9]

沙里姆阿舒尔可能是受到了惩罚而死,因为他没有履行对阿舒尔神庙的责任,这听起来似乎有些极端,但这两个儿子显然担心自己的生命受到威胁,因为这笔钱仍未支付,可能会被父亲的投资者们没收。我们无疑需要认真对待并接受这些想法,即如果一个古亚述人缺乏对神的尊重,将必然导致神的报应。某个拉齐坡在给他在卡尼什同僚的信中写道:

> 趁我还没死的时候,快救救我!拯救我自己的父屋和父屋中的先祖之灵。我父亲的房子因为阿舒尔的祈愿祭品而被毁坏了。[10]

这些祈愿祭品(*ikribu*)很可能是向神或女神捐献的资金,这些资金似乎在贸易中总是被提到,贸易中获得的利润可能基于年度核算程序流入神庙。目前尚不确定这种捐献金本身是不是强制的,关于这些资金——极为常见——实际应用的许多细节仍不清楚,主要是因为相关文件肯定是在阿舒尔的档案中。在我看来,这似乎是对证据的最合理解释,但请注意,韦恩霍夫赞同德尔克森的观点,认为"祈愿祭品"实际上是神庙的投资,是给个别商人长期

---

9 AKT 6a, 230, 231.
10 kt n/k 1192.

持有的钱。[11] 我们可以看到，商人们非常清楚哪些基金是从哪儿来的，例如，他们写下了 15 件纺织品是伊什塔尔祈愿金，还有其他纺织品是他们的常规资本中的一部分。

这一时期在阿舒尔发现的神庙实际上只有两座，分别供奉阿舒尔和伊什塔尔，前述章节中已经描述过，在卡尼什的下城还没有发现任何可以有这种功能的建筑。一封寄自叙利亚北部的乌尔舒商港的信清楚地表明，在那里有一座献给阿舒尔的神庙或圣堂，有个贼闯了进去，偷走了所有东西，其中包括装饰祭祀神像的圣饰。[12] 所以，我们确信在卡尼什一定也有这样一座神庙。[13] 据我们所掌握的材料，在阿舒尔和卡尼什都有一些人被称为男祭司（*kumrum*）和女祭司（*gubabtum*）。似乎富裕家庭经常有一个女儿被奉为女祭司；这些妇女似乎是独身的，通常住在阿舒尔，但我们对她们的职责和特权一无所知。普舒肯的女儿阿哈哈就是一个 *gubabtum*，但她在其他任何方面看起来都是一个"正常"的妇女，她照顾阿舒尔的家庭，因为父亲的债务而受到当局的骚扰。

舒伊什塔尔是卡尼什一个著名的亚述商人，他的家族留下了包括 600 多份文献的档案，该档案将由哈刊·埃罗发表。众所周知，舒伊什塔尔的一个儿子阿舒尔伊米提曾是月神辛的祭司，尽管在父亲去世后他似乎在卡尼什的房子里住了将近 20 年，但档案中很少有文献提到他的商业活动。埃罗曾向我建议，他作为祭司的职责意味着他不能同时兼任商人的角色。祭司的职责究竟是什么，还不清楚，事实上，我们只在一个地方读到有祭司与神庙有

---

11 Dercksen 1997; Veenhof 2010b: 64–65.

12 SUP 7；比较 Larsen 1976: 261–262。

13 参阅 Matouš 1974。

直接的关系。恩利勒巴尼写信给他在阿舒尔的代表，让他们把一捆金子带到阿舒尔神庙，是给阿舒尔神的祈愿祭品：

> 向祭司要我放封印金条的袋子，检查封印，把它拆开，把那捆金子放进去；加上封印，把我的名字写在封印上。[14]

由此可见，恩利勒巴尼在神庙里储存了一些黄金，祭司应该知道具体放在哪里。这可能就是其他材料中所说的真正的阿舒尔的金库，我们从中可以略知神庙的作用。

在沙里姆阿舒尔家族的档案中，有一份文献描述了一个私人圣堂里的家具：

> X 张桌子，在他的诸神面前；
>
> 1 把椅子，在阿舒尔面前；
>
> 1 个酒杯，在沙如马坦（Sharru-matan）面前；
>
> 2 个装盐的 *hawiru*、1 个银酒杯和一个长颈瓶，在乌酷尔（Uqur）面前；
>
> 5 件武器，2 个 *qablitu* 容器，1 个银心，1 个算盘，1 块蜡板——所有这些，都属于库腊的儿子。
>
> 当恩那姆阿舒尔打开他的主屋时，他留给库腊的……
>
> 见证人：库库瓦，曼奴姆基伊里亚。

文献提到圣堂中供奉的部分神是"他的诸神"，指的可能是祖先的灵魂、阿

14　TC 3, 68.

舒尔，还有一个略显神秘的神祇沙如马坦，他的名字意为"两国之王"，[15]和乌酷尔，冥界的主宰者奈尔旮勒（Nergal）神的属下。屈尔台培的发掘者从未发现过这样的一个私人小圣堂，但在一些房屋（比如埃兰马的）中，发现了一些祭祀物品，如雕像和泥船（图40）。如果把这篇文献中列出的圣堂中的物品解释为用来供奉祖先的似乎不算太牵强，有人猜测是不是其他的私人住宅中也会有类似的陈设。[16]在很多情况下，祖先都是被直接埋葬在家族的房屋下面的，由此构成了与家族历史密不可分的联系。

一些文献中提到了叫作"金神"的物品，可能就像库腊家中的一样陈列在小圣堂中。它们很小，但显然极为重要，我们发现有几次这些物品作为遗产的一部分。有一个舒库布姆的儿子，先是从一个安纳托利亚的债主那里赎回了金神，他可能是将其作为抵押物给了后者，然后又把金神交给了阿达德神以偿还他们父亲的债务。[17]在这一案例中，我们不知道那些物品有多重，但从另一份记载一桩继承冲突的司法文献中得知，重量不超过$\frac{1}{3}$舍克勒，或者说2.5克。[18]最后，沙里姆阿舒尔的小儿子阿里阿胡姆被他的一个合作者托付了一个盒子，里面装着$1\frac{2}{3}$磅重的银杯和重达5.5舍克勒（大约45克）的金神。文献的书写者担心，阿里阿胡姆要去阿舒尔，这个盒子可能会丢失，所以他想把它交给一个可靠的人。[19]

15　Hirsch 1961: 26; Garelli 1963: 327–329. 希尔施（Hirsch）猜测这是阿舒尔的别称，但是这份文献却证明这个想法是错的。

16　文献为 AKT 6b, 468，首次发表于 Barjamovic and Larsen 2008。关于古亚述祖先崇拜的详细研究，参阅 Michel 2008。

17　kt a/k 447, 参阅 Dercksen 1996: 105。

18　Hecker 2004: 290.

19　AKT 6c, 592.

40. 埃兰马的房屋中发现的一个仪式物品，载有神的小舟。屈尔台培考古发掘档案。

如同在库腊家的小圣堂里一样，金神可能代表着部分的祖先崇拜，这在这个社会中一定起到了至关重要的作用。此外，还有许多文献提到个人的神，父亲和家族的神。我们在少数与王室有关的文献中发现了这一点，王室与一位名叫贝鲁姆（Belum，意思是"主"）的神有着特殊的关系；在后来中亚述时期的文献中，这位神被称为"贝鲁姆，国王"。我认为这是一个王朝的神，直接与阿舒尔的王权和王室血脉有关，[20] 因此贝鲁姆和其他几个与私人家庭密切相关的神是类似的。

20　Larsen 1976: 120.

在一些书信中,我们可以发现一些程式化短语,用于强调某一陈述的场合。最常用的是这样的俗语"愿阿舒尔和阿穆如姆(Amurrum)神见证这一切!",另外还有:"如果我这样或那样做了,愿阿舒尔和阿穆如姆神拒绝我。"与阿舒尔一起出现的神显然是家族的神,有人指出,阿穆如姆神特别出现在与因那亚有关的文献中。[21]有位女神的名字被写为Ishtar-ZA.AT,也许可以读为Manzat(曼扎特),这是彩虹的名字,是与伊姆迪伊鲁姆的家庭联系在一起的;关于伊拉布腊特神,情况不太清楚:沙里姆阿胡姆所写的信中提到了这位神,但也有一些文献中出现了阿舒尔伊迪家族成员,因此似乎有可能多个家族可以与同一个神有着特殊关系。最后,伊什塔尔作为金星有可能对普舒肯的家族有着特殊的意义。

在国王的私人信件中,我们经常看到这样一句话:"我将为你向阿舒尔和我自己的神祈祷!"[22]鉴于统治者的地位是"阿舒尔神的管家",这是很容易理解的,他答应代表求助人求情肯定被非常看重。私人信件中也发现了类似的材料,比如伊姆迪伊鲁姆的女儿伊什塔尔巴什提写的一封信,信中她要求金钱的话是这样结束的:"我将为你向伊什塔尔和曼扎特祈祷!"[23]由此可以确定这位女神与其家族的特殊关系。本书前面提到因那亚的妻子塔腊姆库比是一个强有力的女人,她给在卡尼什的丈夫写了一封复杂的长信,要求他寄钱来处理与库腊家族的事务:

  十分紧急!一旦你听到这封信,就马上来面见阿舒尔神——

---

21 Michel 1991: 1: 85–87.

22 参阅 Larsen 1976: 119–120。

23 ICK 1, 28b.

你自己的神和你家族的神。真的,趁我还活着的时候,我渴望能看到你的眼睛。悲伤已经进入我们的心。[24]

"你自己的神""你父亲的神"和"你家族的神"所表示的现象对男人和女人来说都一定非常重要。我们掌握了很多关于这些个人神的相关材料,但这些文献总的来说都说明不了什么问题。这里所指的家族神都是在整个神系或官方崇拜中作用非常有限的小神,但结合库腊家中的私人圣堂一起,可以看出尽管人们在书信中无需经常谈论这些问题,但宗教已广泛渗透到亚述人家族的日常生活中了。

在实际操作中,尤其是在法律问题上,神在宣誓的过程中起到了重要作用,有罪的人显然宁愿逃跑,也不愿说假话。诸神既是报复者,又是保护者,惩罚不尽职责的人,祖先在家庭生活中扮演着特殊的角色。

24　CCT 3, 25; Michel 1991: 2: 16–18.

第六部分

解读

第二十一章 经济理论与证据

> 当事情变得复杂时,
> 为什么要做一些简单的事情?

古亚述文献的证据使我们对青铜时代长途贸易的组织方式有了前所未有的了解。但这并不是青铜时代的全部,因为在古代世界,包括希腊和罗马时期,没有任何其他地方或时期的文献可以作为参照。在其他方面,我们显然对其他的社会了解得更多,古亚述的证据极为片面,仅揭示了商人们在阿舒尔和安纳托利亚的生活和工作的有限方面。因此,只有在证据充分的情况下,我们才会了解非常全面的信息,而今天,在我们对贸易的基本特征、组织形式以及贸易与古亚述的社会政治结构的关系的理解上,专家学者之间几乎没有分歧。这一共识是在过去50年左右的时间里,从保罗·伽瑞里1963年的著作开始,通过严格的语文学和历史学工作达成的。

然而,我们对这个社会甚至商业体系的一些方面的解读并不充分,经常遇到的障碍就是缺乏阿舒尔的文献和考古证据,因为很显然,无论是在公共层面还是在私人层面,最重要的决定是在阿舒尔做出的,那些资助安纳托利亚大部分商业生活的人也都生活在那里,我们不能肯定在商港生活中所观察到的模式一定反映了在阿舒尔存在着一个相同的系统。这就使我们对一些甚至非常基本的问题的理解产生了分歧,尤其是我们能否将"市场"和"利润"等现代经济概念应用于古代社会的问题。

我自己在这本书中的方法是开放的文献导向,但我认可米鲁普(Mieroop)表达的观点,即在某种程度上有必要

> 将现有的经验数据放到整个美索不达米亚经济性质的更广泛视野中来研究。如果要用文献来支撑我们的观点,我们将集中于一系列有限的经济活动,尤其是交换……。我们应当谨记,被记录下来的东西在任何时候都只是经济生活的一小部分。[1]

另一方面,我们必须从证据出发,如果把某种理论生搬硬套地应用于我们对证据的理解,会发生什么事情,很多这方面的例子都问题重重。

古亚述商人在文献中很少涉及他们自己活动的意义和重要性,我们也没有材料直接说明贸易是如何进行的。一些书信中包含了许多具体的实例,但更普遍性的描述少之又少,例如为终止合伙关系而写下的文献。沙甲姆阿舒尔的长子恩那姆阿舒尔在证人面前向一个叫阿舒尔沓卜的人宣称:

> 根据阿舒尔城的政策,任何亚述人都会去对他有利可图的地方。你到了有益于你的地方,我按照我的城市的政策也到了有益于我的地方。因此,你不是我的合伙人。[2]

还有一封书信残件,可能也是恩那姆阿舒尔写给他的一个投资者的,为自己

---

[1] van de Mieroop 1999: 123.

[2] AKT 6b, 493.

辩护，说他没有赚到足够的钱：

> 不要担心你的每一舍克勒银钱，也不要让你的心失去信任。
>
> 如果我真的有这样一个机会，真的可以自由地去那里，那么在阿鲁瓦到达这天之前，不就至少有10马那银被很快运到你这里来了吗？
>
> 你很清楚，人们按照这样的原则处理所有亚述人的股份资本，而且至少能得到10马那的好银钱。你知道，在瓦赫舒沙那和沙拉图瓦尔，那些经商的人至少能为投资者带来10马那银。[3]

"阿舒尔城的政策"，其中的中心短语 ša balāṭika "能为你赚钱的地方"，[4] 也可以翻译为"你可以谋生的地方"，这句话是亚述商人商业精神的明确表述，他们的日常活动都是以营利为目标的。这位不知名的写信者为自己辩解，从中能够看出，投资者与商人之间的关系是建立在为投资实现巨额回报的基础上的。在阿舒尔和海外商港建立的周密的社会和商业体系就是为了确保这一点。

迄今为止，研究这些证据的学者们试图对相关词语、程序和制度做出尽可能确切的解释，但很少有人尝试将自己的理解与普遍的经济理论联系起来。还有一个目标，此处暂不赘述，必然是确定青铜时代中期这一系统在多大程度上与周边更广阔的世界联系在一起，从而考察这个系统是不是美索不达米亚历史上的唯一与例外。[5]

3　AKT 6e, 1455.

4　Veenhof 1972: 363–365.

5　正如伦格（Renger 2005: 50）所主张的。

一些学者声称，古代世界的贸易不是以市场为基础的，而且市场作为一种机构事实上并不存在。这显然是不正确的，其他学者已经证明了这一点。《芝加哥亚述学词典》第 M1 卷（1977 年）揭示了古亚述语文献中的 *mahīrum* 一词具有"市场""商业活动"以及"关税、等价物、费率"等含义。我们在很多例子中都明显地看到市场的实际存在。从阿舒尔，我们得知"由于没有 *Shurbu* 羊毛，我们将在市场上购买一种重的纺织品"，从安纳托利亚，"恩那姆阿舒尔和布扎朱在市场上抓住了对方"。在一封关于卡尼什的信中有一段特别有趣的话：

> 我亲爱的兄弟，抓住他，让他付钱；如果他不在市场上出现，那么就让商港的书吏去搜搜辛达达的女儿莎特埃阿的房子。[6]

我们可以从中推断，市场通常是亚述商人们会面的地方。如果在那里没有找到这个人，那么结论就是他可能躲在一个私人房子里。我们还在几篇文献中读到，在市场上购买奴隶。[7] 在卡尼什有一座建筑被称为"市场的房屋"，也许是一个对活动进行监管的办公室，也可能是指市场的摊位。文献中多次提到市场之门是进行经济交易的地方，一些文献中提到安纳托利亚官员"市场之首"（*rabi mahīrim*）是市场的监督者。

然而，市场的存在并不意味着经济生活一定受市场原则支配。没有人会坚持认为，古亚述商人活动的环境是一个可以用现代经济理论来描述的自我调节的市场体系。从来没有人提出过这一观点，因此似乎也没有必要攻击这个想法。最近在一本关于古代世界的殖民和商业的书中，奥贝（Aubet）

6　TC 2, 7; EL 335; ATHE 34. 亦可参阅韦恩霍夫收集的例子，Veenhof 1972: 390–394。

7　kt 87/k 287; kt 91/k 123.

提出了一个市场经济的定义,我们读到"不仅是供求关系,而且是资源掠夺、资本积累、一个阶级对另一个阶级的剥削和自由贸易,以及根据供求规律支配下某些生产和消费实践,这一切背后都隐藏着与价格结构性波动相关的大规模运动和利益"[8]。

这当然是一个有意义的定义,尽管对理解古亚述贸易几乎没有什么用处,这意味着,这种探讨很容易变成扎草靶,无人愿意支持和捍卫,却会被轻而易举地攻破。

事实上,奥贝的定义中除了价格波动外,所有其他方面都没有提供任何细节,她提出的价格波动现象确实存在而且发挥着作用。然而,她把这种现象完全与供求状况联系起来,因为供求状况"取决于商队的规律性"。当锡和纺织品的供应因为商队交通受阻而减少时,价格上涨,因此"价格波动是偶然因素,并非结构性因素,也不是古亚述经济的决定因素"[9]。

然而,从多方面来说,这一立场是站不住脚的,许多材料都与之直接矛盾。在市场形势下讨价还价是肯定有的:

> 至于你发给我的纺织品,我已经展示过好几次了。因为人们出价很低,你的仆人伊里阿什腊尼将会把纺织品带回给你,依然盖着你的印章。[10]

在许多文献中,写信者要求他们的代理人"以尽可能好的价格"(原文为"便宜或贵的")销售商品,这再次表明讨价还价完全是日常行为,因此,

---

[8] Aubet 2013: 369.
[9] Aubet 2013: 369.
[10] AKT 6c, 592.

波动并不总是或甚至主要与商队交通的不规则性相关。事实上，许多文献都清楚地表明，安纳托利亚当地的形势对个别城镇的市场状况起着重要作用。有时当地市场受到干扰，还有时候是商人们相互告知，在某些城镇出售锡或纺织品有一个好赚头。有一次，普朱尔阿舒尔的代理人伊里维达库写信给他的老板说：

> 由于他们正在收割庄稼，生意也不景气，我甚至不想把锡打开包装。五天之内，他们会把庄稼收回来，然后我再把锡换成银或金。[11]

韦恩霍夫指出了与买卖货物价格相关的四个因素：运输成本、所涉数量、时间和信息的可获得性。正如前文关于商队贸易的第十四章中所示，将锡和纺织品陆运到安纳托利亚的费用相当可观，可能达到货物价值的15%左右，因为货物很值钱，并且确保了较高的利润水平，因此这样的运输成本是可以接受的。例如，从因比伊什塔尔的一封不安的长信中我们可以看出，古亚述的商人们对这些关系的重要性一清二楚。他提到了一种很便宜的安纳托利亚织物 *pirikannum* 的贸易，说：

> 我是不是该忘记自己运了1头驴荷载量的 *pirikannum* 纺织品？它能给我带来多少利润？阿舒尔和沙马什可能会视这些利润为粪土！30头驴荷载量的只值30磅银子。要多少驮驴驭者？他们的挽具还得多少钱？他们应该怎样出行？[12]

11　BIN 4, 39. 更多例子参阅 Veenhof 1972: 375–382。

12　CCT 6, 14；参阅 Veenhof 1988: 258。

这样一次风险贸易中，投资、费用和可能的利润之间的比率在因比伊什塔尔的眼中看起来毫无赚头，可实现的利润太低了。

韦恩霍夫还指出，在阿舒尔，纺织品的价格受购买数量的影响，发货量越大，价格越低。至于时间，我们注意到，安纳托利亚的商品销售通常是这样组织的：在冬季到来，陶鲁斯山的道路封闭之前，白银收入可以在同一商队季内发送回阿舒尔。当货物赊销时，"赊销期限的长短和所要的价格之间有着明显关系"。时间的问题显然至关重要，安纳托利亚商港和商站的代理人网络可以确保不错过最佳机会。韦恩霍夫提到了一个案例，一个拥有大量铜的商人注意到一群来自埃布拉的商人正在购买当地宫廷库存的铜，并用阿摩利银来支付；因此"十天之内，它的铜就会用完，然后我将（卖掉我的）并把银钱寄给你"。我们看到，这是一个十分聪明的商人，掌控市场，耐心地等待商机出现，以最佳时机出售自己的商品。

需要指出的是，奥贝的观点与安纳托利亚境内的商人们买卖铜和羊毛的古亚述商业循环几乎没有或根本没有关系。这种贸易并不直接取决于来自阿舒尔的商队的定期抵达。不可否认的是，我们所掌握的这一商业循环中的价格数据微乎其微，尚无法据此做出非常明确的判断。正如我在第十五章中所讨论的，商人们在安纳托利亚逗留期间设法建立了一条商业线路，将大量的铜从杜尔胡米特地区经由瓦赫舒沙那运到普如什哈杜姆。在这条线路上，至少有时数量同样巨大的羊毛贸易与铜贸易相结合，最终的结果，当然是将银钱运回阿舒尔。从阿舒尔运来的一些货物以这种间接的方式进入了安纳托利亚内部循环，被转换成铜并运往普如什哈杜姆。

这种贸易涉及大量现金支出和长途运输大宗商品，似乎特别适合在合作关系下运营，沙里姆阿舒尔的生意就是这样的。同样显而易见的是，至少有时商港办公厅在这一贸易中发挥了决定性作用，但还有的时候，似乎只涉及纯粹的私人财团。无论如何，这个商业体系的存在必须结合古亚述经济体系进行更加深入的解读。

换言之，价格的波动有多种原因，一般都是不可预测的，而且非常肯定的是，正如美国经济学家卡尔·波兰尼（Karl Polanyi）所建议的那样，它们不是由法规或条约决定甚至控制的。1957年，他在一本名为《早期诸帝国的贸易和市场》（*Trade and Market in the Early Empires*）的书中发表了一篇题为《汉穆腊比时期的无市场贸易》的文章，这是一次大胆的尝试，旨在根据他在书和文章中阐述的一般经济学理论，全面分析古亚述时期的商业和经济体系。他的基本主张是，古代的经济不是由市场支配的，而是由互惠和再分配的原则支配的。[13]

这些概念的简单定义是："互惠"可以被描述为一种多方互动或者交互或交换活动；"再分配"是指在一个群体的成员中将货物集中收集起来，然后在这些成员之间进行重新分配的一种经济贸易体系。根据这种解释，在巴比伦尼亚和埃及等大型经济体中存在着再分配性质的"无收益和无市场经济"，这种大型经济体依赖"来自各种类型的粮仓和仓库的实物支付"。[14] 这些思想在分析和解释古代美索不达米亚的经济中起到了决定性的作用，例如，乌尔第三帝国庞大的官僚机构和有管理的生产体系被认为是再分配制度的一个典型例子。"大型的机构"，宫殿和寺庙，被视为管理美索不达米亚城市和城邦经济生活的基本结构。

当波兰尼想把他的整体方案用来解释古亚述社会的时候，就不得不提

---

13 Polanyi 1957: 46.
14 Polanyi 1957: 51.

出一些激进的想法。他解释的基本要素如下：（1）卡尼什的商人不是靠买卖、利用价差赚取利润为生的商人；他们是由政府根据身份任命的商人，他们的生计依赖于周转货物以赚取佣金。（2）价格是由关税部门、法规或布告确定的等价物，而不是由市场中的贸易决定的。（3）因此，商人的活动没有风险，不可能破产。在此基础上，又产生了一些其他想法，例如，实际的贸易依赖词语 tamkārum 所指的公共受托人的活动，这种受托人几乎介入所有的交易、贷款和质押以及货物的购买、运输和销售。他们不从贸易中获得任何收益，而是靠他们被任命时获得的土地财产生活。

波兰尼的这些想法源自他关于古代世界中贸易和市场作用的普遍理论，想象力不得不让人佩服，遗憾的是这些只是凭空猜测，毫无证据支撑。当面对实际文献时，其理论便不攻自破了。1972 年，韦恩霍夫对波兰尼的观点进行了仔细的分析，考查了数百篇古亚述文献中的一些关键术语，首先是动词 ša'āmum，"购买"，以及派生词 šīmum 和 ši'amātum，通常翻译为"价格"和"采购"；其次是 mahīrum，"市场"。这些结论显而易见，相当于全盘否定了波兰尼的解释。[15]

值得注意的是，波兰尼理论的元素仍然有人追捧，我们需要就这一现实进行讨论。伦弗鲁（Renfrew）和巴恩（Bahn）写了一本很有影响力的书，名叫《考古学：理论、方法和实践》（*Archaeology: Theories, Methods and Practice*），几乎是世界考古学相关领域的必读书目之一，他们非常认同波兰尼关于经济史的普遍主张，其理论"已成为学习早期贸易思想工具箱的一部分"。他们还提到了古亚述贸易：

15　Veenhof 1972: ch. 17.

大部分贸易由亚述人都城阿舒尔的私有商人控制，屈尔台培的商人充当代理人：这可以被视为再分配。但有时候，他们似乎的确是独立核算，为了自己的利益进行交易的。[16]

我不清楚阿舒尔和安纳托利亚之间的商队交易如何可以被描述为再分配。无可否认，对这个术语有不同的定义，这是对波兰尼理论进行认真讨论的主要问题之一，[17]但在我看来，伦弗鲁和巴恩似乎在改造证据，以使其符合一个预先定义的、几乎是精神信仰的解释系统。他们自己对再分配的定义是：

再分配意味着某种中心组织的运作。货物被送到这个组织中心，或者至少被其占有，然后进行再分配。[18]

坦率地说，我不明白他们何以声称以安纳托利亚为中心的贸易是建立在这样的中央机构的基础上的。当然，阿舒尔的市政厅或是名年官办公厅在经济体系中显然有几个重要的职能，但在我看来，忽略了涉及阿舒尔的商人房屋积极作用的诸多材料是荒谬的；现有证据表明，那里是组织采购和商队前往的地方。尽管我们仍然对商队在阿舒尔的运作方式知之甚少，但没有理由认为任何"中央组织"在贸易的实际运营中发挥了至关重要的作用。

伦弗鲁和巴恩的最后一句话欲盖弥彰，承认为个人牟利的纯私人组织的交易也存在，但实际上却是颠倒黑白，把常规的说成了例外。此外，他们

16　Renfrew and Bahn 1991: 311；后期版本中重复（2012）。

17　关于批判性评价，参阅 Testart 2005。

18　Renfrew and Bahn 1991: 310。

还指出，许多学者认为，正如在中美洲和中国一样，古代近东事实上确实存在过市场。

奥贝运用所有相关文献对贸易进行了一个有力的广泛描述，因此她得出的结论并不意外，即这些文献向我们展示的是一个由利润动机驱动的私人贸易。但令人惊讶的是，她在进一步评论中，将可能起到了主导作用，却因为来自阿舒尔城文献的缺失而被掩盖的"政府"视为一个巨大的未知。该书中反复强调我们的证据中这一缺失的重要性，但却对"阿舒尔城政府档案"若被幸运发现的话会有什么样的预期未置片语。

从本书前几章可以明显看出，阿舒尔的机构发挥了很大的作用，可以说是监督着安纳托利亚的商港和商站，议事会起着高等法院的作用。但"政府"一词的使用却不合时宜，容易使人对概念产生混淆。关于古亚述贸易的所有方面的决定，都是由一群与之有个人利害关系的人做出的，他们是构成商业精英阶层的阿舒尔人。这些不是抽象的、客观的制度，而是真实的人。在现有的材料中，没有任何证据表明存在一个不同的非私有商业部门。她声称，有学者曾发现"政府"并不介入商港事务，但这是不正确的，所以她反问——"严格地说，可以说政府并不介入古亚述贸易吗？"——是毫无来由的，根本没人这样说过。问题是你如何定义"政府"。

需要注意，在这一环境下，甚至可以看到国王也积极参与了以安纳托利亚为中心的贸易，派出商队，在商队中，他自己的儿子，即王子，充当运输者。这里非常明确，他和其他人一样都是以私有商人的身份参与的，他也要依赖卡尼什的代理人和代表人。

我们要对这个社会进行研究，正确方法显然是不要先入为主，去预设它应该是怎样的。一些经典理论体系的一个问题是，它们提出了跨越空间和时间的宏大主张。显然，学者们需要寻找具有最广泛有效性和关联性的模式，但我们必须时刻牢记，历史现实可能带来复杂性，这就需要对模型进行改进。这些理论体系实际上隐含的是简化论主张，认为我们可以运用一个"古代的"体系，或者至少一个对所有古代近东历史都适用的概念来看待问题。在我看来，现实情况更为复杂，似乎完全有可能并非美索不达米亚或近东社会政治经济传统的所有表述都应体现在相同的结构中。伊拉克南部冲积平原上的大型生产区具有巨大的农业潜力和许多大城市，在许多方面肯定不同于阿舒尔这样的地方，阿舒尔在某种程度上可能被视为一个边缘城市，一个战略物资中转中心。同样清楚的是，正如已多次指出的那样，安纳托利亚的王国与古亚述商人有着密切和高效的联系，这些王国与亚述人自己的社会完全不同，但这并没有给他们的活动造成无法克服的障碍。

且不讨论同时期巴比伦尼亚人的城邦及其运作方式，我们必须坚持认为那些城邦事实上与阿舒尔、西帕尔和埃马尔等商业中心以及波斯湾对岸的迪勒蒙有着密切的联系。基本的认知是，我们面对的是一个多方的、复杂的世界，埃兰的苏萨和靠近波斯湾的城市与近东其他地区相互作用，不仅到了地中海沿岸和叙利亚，而且远达黑海和安纳托利亚中部。古亚述贸易只是这个庞大的联系网络中的一个环节，而且这一环节似乎不太可能完全是异类，与其他参与互动、结成整个网络的社会全然不同。如果这真的是一个特殊的个案，我们将面临一个极富挑战的历史难题，必须找到一个解释，说明它是如何和为什么能够发展起来的。

像埃马尔和西帕尔这样的城邦似乎很有可能与古亚述人有着类似的政

治体系，[19] 我们有充分的理由认为，这些地方商人的运作方式与他们在卡尼什的同事和竞争对手们也没有太大区别。尽管存在大量的私人文献，但我们对包括如伊辛、拉尔萨和后来的巴比伦等从巴比伦尼亚开始的和在其内部运作的商业系统，无法做出真正的阐释，而我们对如埃兰的苏萨或是迪亚拉地区的埃什嫩那也没有多少真正的了解，但完全有可能王室管理在这些地方更紧密，对外贸易控制更严格，可能在很大程度上是由中央财库支撑的。这种完全不同的系统可以被纳入到一个更大的、区域性系统之中，其中包含着许多不同的经济和政治模式：大的领土单元对城邦，生产和消费发达的地区与专门从事长途贸易的商业城市相互作用。换言之，在我们摆脱了波兰尼范式的束缚之后，我们可以看到一个同时由许多特征不同的单元组成但又紧密地结合在一起的世界。所有单元都各不相同。古亚述系统可能是一种基本结构的几种形态之一，这一系统中的决定因素是战略物资和奢侈品在整个地区的相对自由流动和运输。

---

19 参阅 Durand 1990。亦可参阅 Fleming 2004; Viano 2010。

附录　家族与名字

重建这些家族需要精致的人学分析。人学分析的困难之一是古亚述人使用的名字数量有限。有些名字很受欢迎，我们有多达 25 个甚至更多的同名的人生活在同一时期。对于本书的许多读者来说，这些古代男女的名字都可能非常陌生，很难记住。但或许可以想象一下，大多数名字实际上都是意思明确的简短的句子。其中大部分都包含神学元素，通常是阿舒尔神。阿舒尔伊迪的意思是"阿舒尔神是我的支持者"；他有一个儿子叫阿舒尔塔克拉库，"我信任阿舒尔神"；第三个儿子叫伊里阿鲁姆，"我的神是城市"。

普舒肯与阿舒尔的阶梯之门的一位祭司法官同名，意思大约是"他的话可信"。他在阿舒尔的妻子是拉马席，"我的天使"。他的老板是沙里姆阿胡姆，"兄弟很好"，这个名字肯定是给一个小儿子起的。伊姆迪伊鲁姆意思是"神是我的支持者"，他的妻子西马特阿舒尔的名字意思是"阿舒尔神的决定"。

沙里姆阿舒尔家族的大多数成员名字都很普通，但唯独他的父亲伊苏阿瑞克的名字不太常见，意思是"他的手臂很长"。他的儿子们叫恩那姆阿舒尔，"仁慈！阿舒尔神"，阿里阿胡姆，"兄弟在哪里？"——这又是一个小儿子的名字。

这些名字通常是在婴儿出生时所取的,一般是令人惊讶或欣喜的陈述。[1] 汉斯·希尔施（Hans Hirsch）写的关于古亚述宗教的唯——本长篇研究著述,[2] 基本上是一个有大量注释的、带有神学元素的长长的人名表,不仅向我们展示了亚述人崇敬的一长串神和女神,而且也让我们了解到了这些神的形象特点。

人名经常是一个短句,给出神的名字和别称："阿舒尔是强大的"，"埃阿是顾问"，等等。都说了众神的什么呢？希尔施总结了出现"阿舒尔"的86种不同的名字类型,占所有神学名字的近30%,所以我们不要指望找到一种特别清晰或明确定义的情形。事实上,最常见的名字并不包含很多信息：恩那姆阿舒尔的意思是"仁慈！阿舒尔"，一看到新生儿肯定是一声欢呼；阿舒尔丹的意思是"阿舒尔是强壮的"，阿舒尔腊比的意思是"阿舒尔是伟大的"，阿舒尔巴尼的意思是"阿舒尔是创造者"。更重要的是不太常见的名字阿舒尔沙杜埃（Assur-shadue），"阿舒尔是我的山"，阿舒尔沙德伊利（Assur-shad-ili），"阿舒尔是众神之山"，这与我们对该神的其他认知是一致的。这些名字表明该神对亚述人的自我认知有着特殊的重要性,但我们无法从这些名字中推断出更多信息。

如果我们再看看带有"伊什塔尔"的名字（她是爱与战争女神,对应天上的金星），我们会看到一些有趣的名字,比如：努尔伊什塔尔（Nur-Ishtar），"伊什塔尔之光"，这一定指的是其星体存在。还有些名字显示,她直接掌管着婴儿的出生。但不可否认,从这些名字中得知的信息并不是非常多。或许我们只能从美索不达米亚的资料中去确认我们已经知道的信息。

---

1 关于古亚述时期的命名传统,参阅 Eidem 2004。

2 Hirsch 1961 (2d ed., 1972).

阿舒尔那达

在屈尔台培下城的房屋中发现了许多亚述人的家族档案。其中一些人的家族档案已经被做了深入的研究，我们能够重建他们的家族谱系。在某些例子中，我们甚至能够看出这些亲缘群体是如何通过婚姻相互联结的。这里首先分析的就是这样的群体，阿舒尔那达家族（图41）。

与其他留下档案的家族相比，这是一个相对小的群体。我们只能追踪三代人。阿舒尔伊迪的父亲还不能确定，但有人说叫舒里，与苏库胡姆（Sukuhum）之子阿里阿胡姆有着密切的联系。后者的档案将由德尔克森发表。[3] 据我们所知，这位舒里之子阿舒尔伊迪在公元前1878年（名年官第95年），即国王萨尔贡统治阿舒尔的最后一年，担任名年官。在卡尼什发现的一个非常早期的文献中提到过这个舒里之子阿舒尔伊迪，该文献的日期是公元前1925年（名年官第48年）。换言之，我们能够追踪到他至少四十七年的职业生涯。在我看来，没有令人信服的证据支持将"我们的"阿舒尔伊迪与舒里之子确定为同一个人，尽管应当指出，卡尼什的某个阿里阿胡姆是阿舒尔伊迪的重要通信者之一。问题是这些人名非常普遍。我们知道至少有30个不同的人叫阿舒尔伊迪，大约有25个人叫阿里阿胡姆。

我们重建的阿舒尔伊迪档案被确认在公元前1895—前1886年之间。据我们所知，他一生都在阿舒尔度过，在那里娶了一个女人。遗憾的是，这个女人的名字从未被提到过。

他有三个儿子，阿舒尔那达、伊里阿鲁姆和阿舒尔塔克拉库。他可能

---

3 参阅 Dercksen 1996: 109。

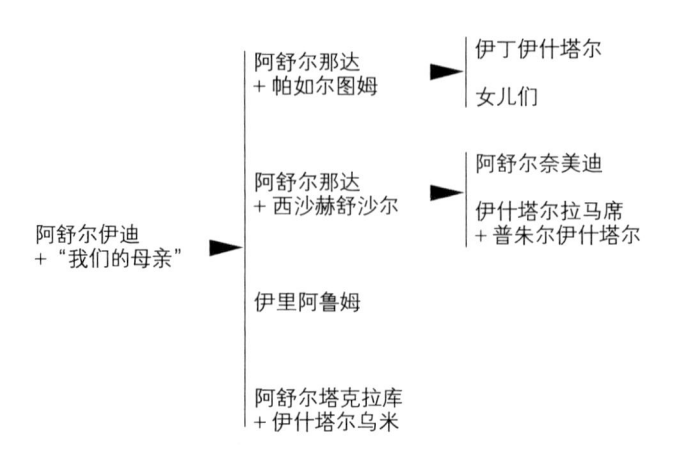

```
                                        ┌─── 伊丁伊什塔尔
                   ┌── 阿舒尔那达 ──────┤
                   │   + 帕如尔图姆      └─── 女儿们
                   │
                   │                    ┌─── 阿舒尔奈美迪
                   │   阿舒尔那达 ──────┤
阿舒尔伊迪 ────────┤   + 西沙赫舒沙尔    │    伊什塔尔拉马席
+ "我们的母亲"      │                    └─── + 普朱尔伊什塔尔
                   │
                   │── 伊里阿鲁姆
                   │
                   │── 阿舒尔塔克拉库
                       + 伊什塔尔乌米
```

41. 阿舒尔那达的家族树。

还有女儿，但文献中并没有明确提到。只有第一个也是最年长的人，才是众所周知的负责卡尼什和安纳托利亚家族事务的人。阿舒尔那达结过两次婚，一次是跟一个阿舒尔女人，可能叫帕如尔图姆（Parrurtum），另一次是与一个安纳托利亚女人，名叫西沙赫舒沙尔。他有一个儿子，伊丁伊什塔尔，加上至少两个女儿和他的妻子住在阿舒尔。这些孩子是由他们的祖父抚养长大的——大概是在他们的母亲去世以后。在卡尼什，他有另一个家庭，儿子叫阿舒尔奈美迪，女儿叫伊什塔尔拉马席。这个女儿提供了与另一个已知家庭的联系，因为她嫁给了著名商人伊姆迪伊鲁姆的两个儿子之一普朱尔伊什塔尔。

阿舒尔那达见于公元前 1895 年至公元前 1871 年（名年官第 78—102 年）之间的文献，就在第 2 层的鼎盛时期中间。

第二个儿子伊里阿鲁姆虽然出现在父亲的许多信件中，但事实上我们对他的了解很少。他在卡尼什有一个不知名的 *amtum* 妻子，至少有一个女儿。

阿舒尔塔克拉库英年早逝，正如我们在第十八章所讨论的，我们可以看到他的父亲参与了他的遗产的清算。他所活动的确切日期无法确定，但在重建的档案中，他出现在名年官第81—87年，即公元前1892—前1886年；他还在一份尚未出版的文献中作为证人出现。该文献的日期为名年官第95年，即公元前1878年。[4]

阿舒尔塔克拉库娶了一个 *amtum* 妻子，名为伊什塔尔乌米，可能住在阿舒尔，但也还不完全确定。我们是通过在卡尼什发现的一封信知道她的。信是阿舒尔塔克拉库写的，写给伊什塔尔乌米和另一个叫沙阿舒尔马达（Sha-Assur-mada）的女人。这封信还在原来的封套里，所以没有打开，也许根本没有寄出去。这封信讲述了一个令人唏嘘的复杂情感问题的故事，阿舒尔塔克拉库责备伊什塔尔乌米不断地给他写信："不仅麻烦大到足以填满我的天空，而且你还不断地给我写愤怒的话。"他催促她带上他们的孩子来。但他接着又说："我娶的这个妻子想见你。"他试着安慰她说，如果她能给这个妻子带一双质量好的凉鞋，一切都会好起来的。[5]

伊姆迪伊鲁姆

伊姆迪伊鲁姆的家族要大得多。他负责家族在安纳托利亚的事务。这个家族在文献中所见更多，有好几代人（图42）。

伊姆迪伊鲁姆开始他的职业生涯的时候，他的父亲舒拉班还活着，在阿舒尔负责家族事务。在他的父亲死后，这个角色由他的叔叔阿舒尔伊米

---

[4] kt a/k 493a.

[5] OAA1, 134. 关于韦恩霍夫的评论，参阅 Veenhof 2014: 347。

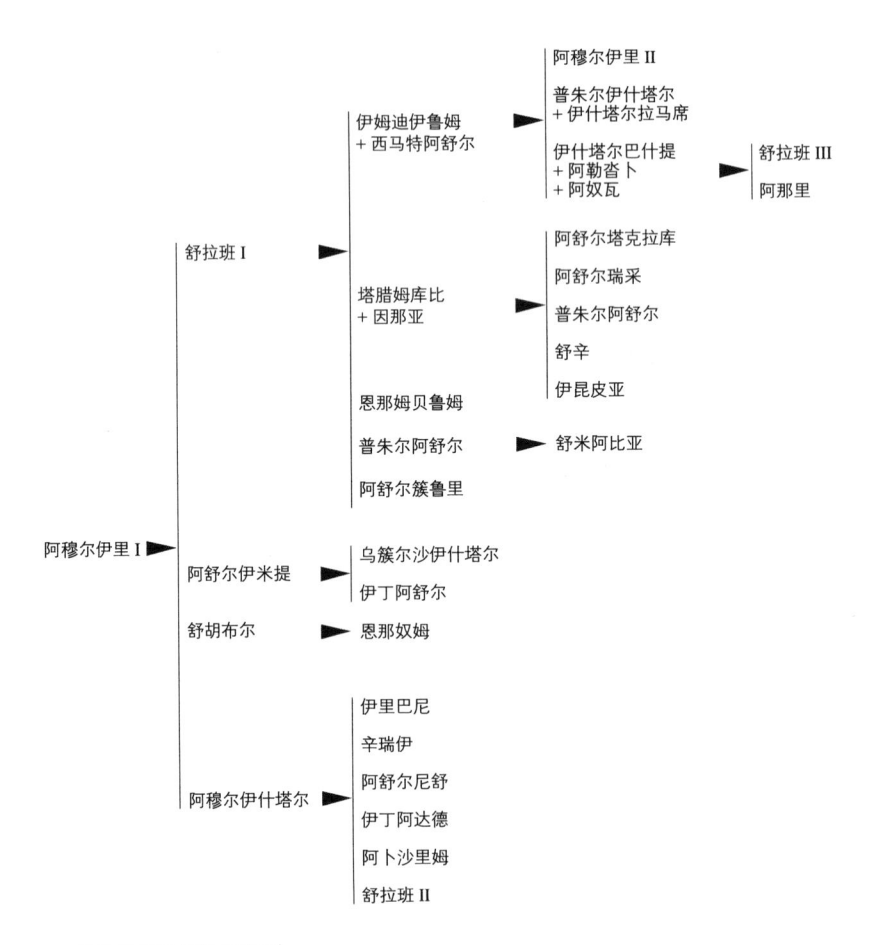

```
                                                               ┌─ 阿穆尔伊里 II
                                      ┌─ 伊姆迪伊鲁姆         │  普朱尔伊什塔尔
                                      │  + 西马特阿舒尔  ────▶│  + 伊什塔尔拉马席
                                      │                        │  伊什塔尔巴什提        ┌─ 舒拉班 III
                                      │                        │  + 阿勒沓卜      ────▶│
                          ┌─ 舒拉班 I ▶                        └─ + 阿奴瓦              └─ 阿那里
                          │           │
                          │           │                         ┌─ 阿舒尔塔克拉库
                          │           │  塔腊姆库比              │  阿舒尔瑞采
                          │           ├─ + 因那亚        ──────▶│  普朱尔阿舒尔
                          │           │                         │  舒辛
                          │           │                         └─ 伊昆皮亚
                          │           │
                          │           ├─ 恩那姆贝鲁姆
                          │           │
                          │           ├─ 普朱尔阿舒尔    ──────▶ 舒米阿比亚
                          │           │
                          │           └─ 阿舒尔簇鲁里
 阿穆尔伊里 I ─────────── ┤
                          │                           ┌─ 乌簇尔沙伊什塔尔
                          ├─ 阿舒尔伊米提    ───────▶ │
                          │                           └─ 伊丁阿舒尔
                          │
                          ├─ 舒胡布尔      ──────────▶ 恩那奴姆
                          │
                          │                           ┌─ 伊里巴尼
                          │                           │  辛瑞伊
                          │                           │  阿舒尔尼舒
                          └─ 阿穆尔伊什塔尔 ────────▶│  伊丁阿达德
                                                      │  阿卜沙里姆
                                                      └─ 舒拉班 II
```

42. 伊姆迪伊鲁姆的家族树。

提担当。当他的叔叔死后,伊姆迪伊鲁姆自己搬到了阿舒尔,负责那里的生意。目前还不完全清楚他什么时候接手卡尼什的生意的,但最大的可能是在名年官第 79 年(公元前 1894 年),他最后一次被证明在安纳托利亚是在名年官第 95 年(公元前 1878 年)。

他的叔叔阿穆尔伊什塔尔是普舒肯的合伙人,伊姆迪伊鲁姆也和普舒肯有过合作。我们有一份文件,遗憾的是没有注明日期。这一文件实际上结束了他们的合作关系,这大概是在两人都去世后。[6]

伊姆迪伊鲁姆搬回阿舒尔后,他的儿子普朱尔伊什塔尔似乎至少负责安纳托利亚的一些活动,但是他的弟弟恩那姆贝鲁姆和阿舒尔簇鲁里也发挥了重要作用。普朱尔伊什塔尔的姐妹伊什塔尔巴什提开始住在阿舒尔,但她在某个时候决定搬到卡尼什去帮助她的兄弟。她的第一任丈夫叫阿勒沓卜,他的家庭关系尚不清楚。丈夫去世后,她在卡尼什嫁给了一个安纳托利亚人。孩子们之间的关系明显紧张,伊什塔尔巴什提在阿舒尔时期的信中反复提到兄弟之间的冲突。

伊姆迪伊鲁姆的家族与阿舒尔那达和因那亚的家族都有关系。他的儿子普朱尔伊什塔尔娶了阿舒尔那达的女儿。这件事显然发生得很晚,在阿舒尔那达死后,因为女孩伊什塔尔拉马席是由她的母亲西沙赫舒沙尔和她的兄弟阿舒尔奈美迪嫁出去的。伊姆迪伊鲁姆的姐妹塔腊姆库比嫁给了另一个著名的商人,埃拉里之子因那亚。后者的家族已经被深入讨论过。[7]这些例子可能就是联结屈尔台培主要商业家族的婚姻联盟的特征。毫无疑问,如果我们更多地了解这些家庭中的妇女,我们会发现更多这样的例子。我们不知道伊姆迪伊鲁姆妻子西马特阿舒尔的父母。她从阿舒尔写给他的信是和她嫂子塔腊姆库比一起写的。

家族谱系树还提供了一个很明显的隔代命名(papponymy)的例子,即用刚去世的祖父的名字为孩子命名:阿穆尔伊里和舒拉班的名字在几代人中重复出现。这种传统在几个家族中非常常见。

---

6 ATHE 24.

7 Michel 1991;家族树见 vol. 1, p. 147。

普舒肯

　　这个重要商人的档案是被村民们挖掘出来，然后在古董交易市场上出售的，并因此散布在全球各地。遗憾的是，它还没有得到应有的重视，也没有得到重建。我们可以肯定，现在只有部分原始档案存在，许多泥板已经丢失，幸存下来的许多泥板所包含的信息太少，致使我们无法确定它们最初属于哪个档案。

　　这里给出的家族树（图43）可能会延伸到第1层b后期，因为我们发现在名年官第177年（公元前1796年）的文献中某个阿舒尔穆塔比勒之子布扎朱作为证人出现。这是在普舒肯最后一次被提及大约80年之后。有人注意到，在这个家族中，有几个独特的名字（苏埃亚、普舒肯、阿舒尔穆塔比勒和布扎朱）在后代中反复出现。这意味着后期的这些人很有可能确实属于这个家族。

　　年长的普舒肯被证实出现在公元前1895年至公元前1875年（名年官第78—98年）的20年间的文献中。正如克莱扎特[8]所分析的，他的生活可以被清晰地分为几个阶段。在名年官第78—88年（公元前1895—前1885年），普舒肯与阿舒尔著名的商人沙里姆阿胡姆进行了非常积极的合作，这一阶段在他们之间的大量信件中得到了证实。最近据斯特拉特福德[9]分析，沙里姆阿胡姆去世后，普舒肯与另一位合伙人伊什塔尔基提阿舒尔之子普朱尔阿舒尔建立了紧密的合作（名年官第88—98年，即公元前1885—前1875年）。赫特尔认为普舒肯死于名年官第102—103（公元前1871—前1870年）。

8　Kryszat 2004b: 40–50.

9　Stratford 2010.

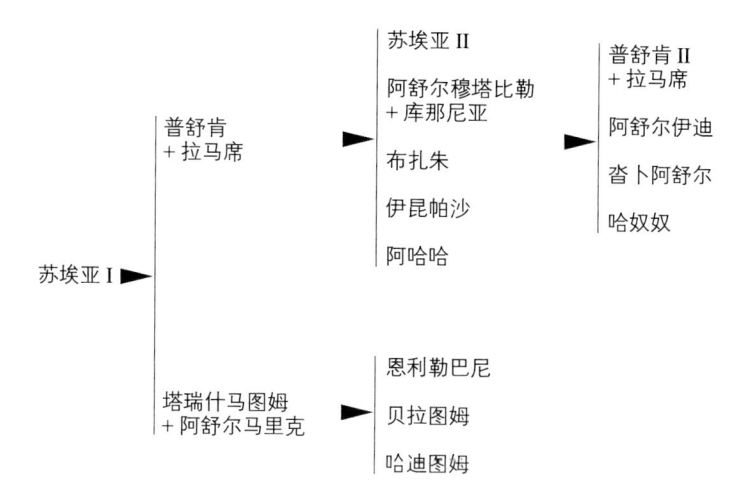

```
                          ┌ 苏埃亚 II              ┌ 普舒肯 II
                          │                        │ + 拉马席
              ┌ 普舒肯    │ 阿舒尔穆塔比勒          │
              │ + 拉马席  │ + 库那尼亚       ▶     │ 阿舒尔伊迪
              │          ▶│                        │
              │           │ 布扎朱                  │ 沓卜阿舒尔
              │           │                        │
              │           │ 伊昆帕沙                │ 哈奴奴
              │           │
              │           └ 阿哈哈
   苏埃亚 I ▶ │
              │                      ┌ 恩利勒巴尼
              │           塔瑞什马图姆
              │           + 阿舒尔马里克   ▶       贝拉图姆
              └                              
                                            └ 哈迪图姆
```

43. 普舒肯的家族树。

他可能在阿舒尔度过了最后几年时光。下一阶段大约从名年官第 100 年到大约 10 年后普朱尔阿舒尔去世，布扎朱继续与普朱尔阿舒尔合作之后，又与某个伊里维达库合作（并争吵）。布扎朱最后一次被证实出现在文献中是在名年官第 112 年（公元前 1861 年）。他的儿子们出现的时间最晚为名年官第 123 年和名年官第 131 年（公元前 1850 年和公元前 1842 年）。

普舒肯的死引发了一场旷日持久的诉讼，确切地说是一系列持续了六七年之久的诉讼。[10] 此时，他的长子苏埃亚 II 由于某种原因丧失了能力，可能精神不稳定，但其他儿子和女儿阿哈哈仍旧在阿舒尔继续这场复杂的斗争，试图解决他们父亲的遗产问题。布扎朱和伊昆帕沙（Ikun-pasha）的活跃时期一直持续到名年官第 112 年（公元前 1861 年），但其他兄弟和姐妹似乎在那之前几年就去世了。

10　详细的分析，参阅 Hertel 2013: 347–363。

沙里姆阿舒尔

我们能够追踪这个家族的不少于六代人,但和其他家族一样,第一代和最后一代要么根本没有在文献中出现,要么出现得很少(图44)。我目前正在发表的约1200篇文献的大型档案几乎都是以沙里姆阿舒尔、他的子女、孙子和曾孙为主。他的两个兄长阿舒尔贝勒阿瓦提姆和伊丁阿布姆以及他们的孩子一般只有在与沙里姆阿舒尔的家人接触或发生冲突时才会在现存的档案中出现,而且这些人一定有他们自己的档案。

一份确定属于伊苏阿瑞克档案的文件提到了名年官第42年(公元前1931年),这是迄今为止文献中得以验证的最早日期。他本人似乎在名年官第80—85年(公元前1893—前1888年)左右去世。大约5年后,他的儿子伊丁阿布姆去世。在下城的房屋中挖掘出来的家族档案集中在几个重大事件上,伊丁阿布姆的死和随后的诉讼是最早的。大约在名年官第90年(公元前1883年),除了他哥哥死后的麻烦,沙里姆阿舒尔还卷入了一些其他冲突。他和一个名为伊巴亚之子伊丁辛的人,以及一个名为萨达亚之子的人发生了争执。此外,在普如什哈杜姆,涉及乌西那拉姆的冲突似乎也可以追溯到这一时期,因此与这些问题有关的文献占据了档案中沙里姆阿舒尔档案的相当一部分。他在名年官第102年的死亡(公元前1871年),导致产生了另一个复杂的诉讼案件和大量的文献。

大儿子恩那姆阿舒尔出现在名年官第80—106年(公元前1893—前1868年)之间的文献记载中。他就在父亲去世几年后死于谋杀,当时他一定还比较年轻。

弟弟阿里阿胡姆年轻时与哥哥恩那姆阿舒尔一起担任父亲的助手。档

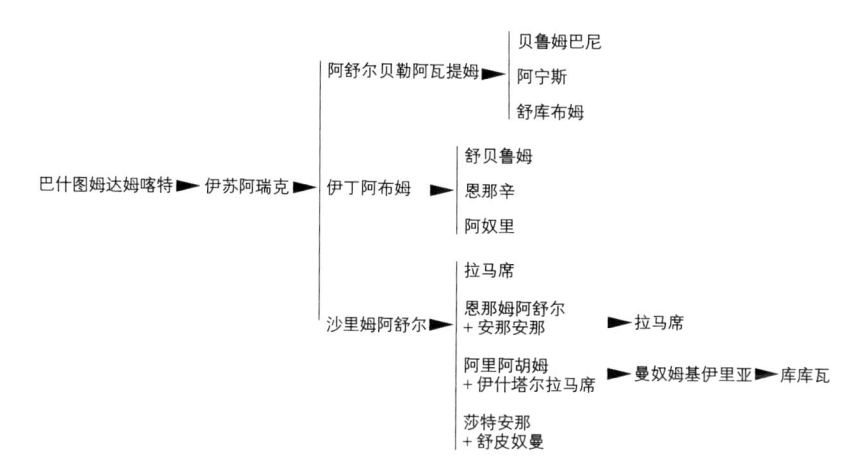

```
巴什图姆达姆喀特 ━▶ 伊苏阿瑞克 ━▶ 伊丁阿布姆 ┳━ 阿舒尔贝勒阿瓦提姆 ┳━ 贝鲁姆巴尼
                                         ┃                    ┣━ 阿宁斯
                                         ┃                    ┗━ 舒库布姆
                                         ┃
                                         ┣━ 舒贝鲁姆
                                         ┣━ 恩那辛
                                         ┣━ 阿奴里
                                         ┃
                                         ┗━ 沙里姆阿舒尔 ┳━ 拉马席
                                                        ┣━ 恩那姆阿舒尔 ━▶ 拉马席
                                                        ┃  + 安那安那
                                                        ┣━ 阿里阿胡姆 ━▶ 曼奴姆基伊里亚 ━▶ 库库瓦
                                                        ┃  + 伊什塔尔拉马席
                                                        ┗━ 莎特安那
                                                           + 舒皮奴曼
```

44. 沙里姆阿舒尔的家族树。

案中关于他的事务的有年份的文献很少。其中大多数都是从他哥哥去世那年开始的,可以看到他参与了一些与当地人之间的小额借贷活动。档案在名年官第 110 年(公元前 1863 年)之后便不再继续了,我们也没有任何关于他的命运的进一步确切信息。

参考书目

Albayrak, Irfan (2006), *Kültepe Tabletleri IV*, Türk Tarih Kurumu Yayınları, VI/33b (Ankara: Türk Tarih Kurumu).

Alp, Sedat (1968), *Zylinder-und Stempelsiegeln aus Karahöyük bei Konya*, Türk Tarih Kurumu Yayınları, V/ 26 (Ankara: Türk Tarih Kurumu).

Andrae, Walter (1922), *Die archaischen Ischtar-Tempel in Assur* (Leipzig: J.C. Hinrichs).

Andrae, Walter (1977), *Das Wiedererstandene Assur*, Second edition revised and expanded by B. Hrouda (Munich: C. H. Beck).

Atici, L. et al. (2014), "Introduction: Integrating Current Research at Kültepe-Kanesh", in L. Atici et al. (eds.), *Current Research at Kültepe-Kanesh, Journal of Cuneiform Studies*, Supplemental Series 4 (Atlanta: Lockwood Press), 1–4.

Aubet, Maria Eugenia (2013), *Commerce and Colonization in the Ancient Near East* (Cambridge: Cambridge University Press).

Balkan, Kemal (1955), *Observations on the Chronological Problems of the Kārum Kaniš*, Türk Tarih Kurumu Yayınları, VII/28 (Ankara: Türk Tarih Kurumu).

(1957), *Letter of King Anum-Hirbi of Mama to King Warshama of Kanish*, Türk Tarih Kurumu Yayınları, VII/31a (Ankara: Türk Tarih Kurumu).

Bär, Jürgen (2003), *Die älteren Ischtar-Tempel in Assur. Stratigraphie, Architektur und Funde eines altorientalischen Heiligtums von der zweiten Hälfte des 3. Jahrtausends bis zur Mitte des 2. Jahrtausends v. Chr.* (Saarbrücken: Saarbrücker Druckerei).

(2010), "Eine frühdynastische Bildhauerwerkstatt in Assur", in Stefan Maul and Nils Heessel (eds.), *Assur-Forschungen* (Wiesbaden: Harrassowitz), 1–33.

Barjamovic, Gojko (2004), "Civic Institutions and Self-Government in Southern Mesopotamia in the Mid-First Millennium BC, Assyrian and Beyond", in *Studies Presented to Mogens Trolle Larsen* (Leiden: Nederlands Instituut voor het Nabije Oosten), 47–98.

(2011), *A Historical Geography of Anatolia in the Old Assyrian Colony Period*, CNI Publications, 38 (Copenhagen: Carsten Niebuhr Institute).

(2014), "The Size of Kanesh and the Demography of Early Middle Bronze Age Anatolia", in L. Atici et al. (eds.), *Current Research at Kültepe-Kanesh, Journal of Cuneiform Studies*, Supplemental Series 4 (Atlanta: Lockwood Press), 55–68.

Barjamovic, Gojko and Mogens Trolle Larsen (2008), "An Old Assyrian Incantation Against the Evil Eye", *Altorientalische Forschungen*, 35: 144–155.

Barjamovic, Gojko et al. (2012), *Ups and Downs at Kanesh. Chronology, History and Society in the Old Assyrian Period*, Old Assyrian Archives, Studies, 5 (Leiden: Nederlands Instituut voor het Nabije Oosten).

Bayram, Sebahhattin and Kuzuoğlu, Remzi (2014), *Kültepe Tabletleri VII-a*, Türk Tarih Kurumu Yayınları VI/33e-a (Ankara: Türk Tarih Kurumu).

Bilgiç, Emin (1964), "Three Tablets from the City Mound of Kültepe", *Anatolia*, 8: 145–163.

Bilgiç, Emin and S. Bayram, eds. (1995), *Ankara Kültepe Tabletleri II*, Türk Tarih Kurumu Yayınları, VI/33a (Ankara: Türk Tarih Kurumu).

Bilgiç, Emin and C. Günbattı, eds. (1995), *Ankaraner Kültepe-Texte III*, Freiburger altorientalische Studien (Stuttgart: Franz Steiner).

Bilgiç, Emin et al. (1990), *Ankara Kültepe Tabletleri I*, Türk Tarih Kurumu Yayınları, VI/33 (Ankara: Türk Tarih Kurumu).

Brinker, Christopher (2010), "The Meaning and Significance of the Old Assyrian sikkātum", *Altorientalische Forschungen*, 37: 49–62.

Butz, K. (1979), "Ur in altbabylonischer Zeit als Wirtschaftsfaktor", in E. Lipinski (ed.), *State and Temple Economy in the Ancient Near East* (Leuven: Katholieke Universiteit), 257–409.

Çeçen, S. (1997), "Uşur-ša-Ištar est le fils de Sargon, roi de l'ancienne Assyrie?' *Archivum Anatolicum*, 2: 11–17.

(2002), "Kültepe belgelerine göre anadolu şehir devletlerinde ayaklanma", *Archivum Anatolicum*, 5: 65–68.

Çeçen, S. and K. Hecker (1995), "Ina mātika eblum. Zu einem neuen Text zum Wegerecht", in M. Dietrich and O. Loretz (eds.), *Festschrift für Wolfram Freiherrn von Soden zum 85, Geburtstag am 19. Juni 1993*, AOAT (Münster: Ugarit), 31–41.

Chantre, Ernest (1898), *Mission en Cappadoce* (Paris: Ernest Leroux).

Charpin, Dominique (2004), "Histoire politique du Proche-Orient Amorrite (2002–1595)", *Mesopotamien. Die altbabylonische Zeit*, Orbis Biblicus et Orientalis, 160/4 (Fribourg: Academic Press), 25–484.

Charpin, Dominique and J.-M. Durand (1997), "Aššur avant l'Assyrie", *MARI*, 8: 372–374.

Charpin, Dominique et al. (2004), *Mesopotamien. Die altbabylonische Zeit*, Orbis Biblicus et Orientalis, 160/4 (Fribourg: Academic Press).

Contenau, G. (1919), *Trente tablettes cappadociennes* (Paris: Librairie Geuthner).

Crosby, A. W. (1997), *The Measure of Reality. Quantification and Western Society, 1250–1600* (Cambridge: Cambridge University Press).

de Roover, Raymond (1942), "The Commercial Revolution of the Thirteenth Century", *Bulletin of the Business Historical Society*, 16: 34–39.

(1965), "The Organization of Trade". *Economic Organization and Policies in the Middle Ages*, Cambridge Economic History of Europe, III (Cambridge: Cambridge University Press), 42–118.

Dercksen, J. G. (1996), *The Old Assyrian Copper Trade in Anatolia*, PIHANS, 75 (Leiden: Nederlands Historisch-Archaeologisch Instituut te Istanbul).

(1997), "The Silver of the Gods. On Old Assyrian *ikribū*", *Archivum Anatolicum*, 3: 75–100.

(1999), "On the Financing of Old Assyrian Merchants", in J. G.Dercksen (ed.), *Trade and Finance in Ancient Mesopotamia*, MOS Studies, 1 (Leiden: Nederlands Instituut voor het Nabije Oosten), 85–99.

(2001), "When We Met in Hattuš. Trade According to Old Assyrian Texts from Alishar and Boghazköy", in W. H. van Soldt et al. (eds.), *Veenhof Anniversary Volume* (Leiden: Nederlands Instituut voor het Nabije Oosten), 39–66.

(2004), *Old Assyrian Institutions*, MOS Studies, 4 (Leiden: Nederlands Instituut voor het

Nabije Oosten).

(2005), "Adad is King! The Sargon Text From Kültepe", *JEOL*, 39: 107–130.

Doğan-Alparslan, Meltem et al. (2010), "Amasya Müzesi'nde Bulunan Bir Grup Mühür", in Sç. Dönmez (ed.), *Studies Presented in Honour of Veysel Donbaz* (Istanbul: Ege), 91–96.

Dole, G. F. (1965), *Partnership Loans in the Old Babylonian Period*, PhD diss., Harvard University.

Donbaz, Veysel (1998), "Tablets from the Palace of Waršuma", *Comptes Rendues des Rencontres Assyriologiques Internationales*, 34: 413–419.

Dossin, G. (1964), "A propos de la tablette administrative de ARMT xiii No. 1", *Syria*, 41: 21–24.

Driver, G. R. and John C.Miles (1955), *The Babylonian Laws*, vols. 1 and 2 (Oxford: Oxford University Press).

Durand, J-M.(1990), "La cité-État d'Imar à l'époque des rois de Mari", *MARI*, 6: 39–92.

(1991), "Précurseurs syriens aux protocoles néo-assyriens", in D. Charpin, and F. Joannès (eds.), *Marchands, diplomates et empereurs. Études sur la civilisation mésopotamienne offertes à Paul Garelli* (Paris: Éditions recherche sur les civilisations), 13–71.

Eidem, Jesper (1991), "An Old Assyrian Treaty from Tell Leilan", in D. Charpin, and F. Joannès (eds.), *Marchands, diplomates et empereurs. Études sur la civilisation mésopotamienne offertes à Paul Garelli* (Paris: Éditions recherche sur les civilisations), 185–207.

(2004), "In the Names of Aššur", in J. G. Dercksen (ed.), *Assyria and Beyond. Studies Presented to Mogens Trolle Larsen*, PIHANS (Leiden: Nederlands Instituut voor het Nabije Oosten), 191–203.

(2011), *The Royal Archives from Tell Leilan*, PIHANS, 117 (Leiden: Nederlands Instituut voor het Nabije Oosten).

Eisser, Georg and Julius Lewy (1930), *Die altassyrischen Rechtsurkunden vom Kültepe 1–4*, Mitteilungen der Vorderasiatisch-Aegyptischen Gesellschaft, 33 and 35, 3. Heft (Leipzig: J. C. Hinrichs).

Ezer, Sabahattin (2014), "Kültepe-Kanesh in the Early Bronze Age", in L. Atici et al. (eds.),

Current Research at Kültepe-Kanesh, Journal of Cuneiform Studies, Supplemental Series 4 (Atlanta: Lockwood Press), 5–23.

Falkenstein, Adam (1956), *Die neusumerischen Gerichtsurkunden* (Munich: C.H. Beck).

Farber, Walter (2014), *Lamaštu. An Edition of the Canonical Series of Lamaštu Incantations and Rituals and Related Texts From the Second and First Millennia BC* (Winona Lake: Eisenbrauns).

Finley, Moses (1975), *The Ancient Economy* (London: Chatto & Windus).

Fleming, Daniel E. (2004), *Democracy's Ancient Ancestors. Mari and Early Collective Governance* (Cambridge: Cambridge University Press).

Frankfort, H., et al. (1940), *The Gimilsin Temple and the Palace of the Rulers at Tell Asmar*, Oriental Institute Publications, 43 (Chicago: Oriental Institute).

Frankfort, Henri, et al. (1949), *Before Philosophy* (Harmondsworth: Penguin Books).

Garelli, Paul (1963), *Les assyriens en Cappadoce*, Bibliothèque archéologique et historique de l'Institut français d'archéologie d'Istanbul, XIX (Paris: Librairie Adrien Maisonneuve).

Gelb, I. J. (1935), *Inscriptions from Alishar and Vicinity*, Oriental Institute Publications, 27 (Chicago: Oriental Institute).

Golénischeff, W. (1891), *Vingt-quatre tablettes cappadociennes* (St. Pétersbourg).

Guichard, M. (2008), "Nahur et la route des marchands assyriens à l'époque de Zimrî-Lîm", in J. G. Dercksen (ed.), *Anatolia and the Jazira during the Old Assyrian Period*, Old Assyrian Archives Studies, 3 (Leiden: Nederlands Instituut voor het Nabije Oosten), 43–53.

Günbattı, Cahit (2001), "The River Ordeal in Ancient Anatolia", in W. H. van Soldt et al. (eds.), *Veenhof Anniversary Volume* (Leiden: Nederlands Instituut voor het Nabije Oosten), 151–160.

—— (2004), "Two Treaty Texts Found at Kültepe", in J. G. Dercksen (ed.), *Assyria and Beyond. Studies Presented to Mogens Trolle Larsen* (Leiden: Nederlands Instituut voor het Nabije Oosten), 249–268.

—— (2005), "2000 ve 2001 yılı Kültepe kazılarında ele geçen bazı Ib tabletleri", *International Congress of Hittitology*, 5: 445–451.

(2014), *The Letter Sent to Hurmeli King of Harsamna and the Kings of Kaniš* (Ankara: Türk Tarih Kurumu).

Gunter, Ann. C(1980), *The Old Assyrian Colony Period Settlement at Boghazköy-Hattuša in Central Turkey*, PhD diss., Columbia University.

Güterbock, Hans (1958), "Kaneš and Neša: Two Forms of One Anatolian Place Name?" *Eretz Israel*, 5: 46–50.

Hansen, Mogens Herman (2000), *A Comparative Study of Thirty City-State Cultures* (Copenhagen: Royal Danish Academy of Sciences and Letters).

Harper, P. O. et al. (1995), *Discoveries at Ashur on the Tigris. Assyrian Origins* (New York: Metropolitan Museum of Art).

Harris, Rivkah (1975), *Ancient Sippar. A Demographic Study of an Old-Babylonian City (1894–1595 BC)*, PIHANS, 36 (Leiden: Nederlands Instituut voor het Nabije Oosten).

Hecker, Karl (1968), *Grammatik der Kültepe-Texte*, Analecta Orientalia, 44 (Rome: Pontificum Institutum Biblicum).

(2004), "Beim Tode unseres Vaters. Der leidige Streit ums Erbe", in J. G. Dercksen (ed.), *Assyria and Beyond. Studies Presented to Mogens Trolle Larsen*, PIHANS, 100 (Leiden: Nederlands Instituut voor het Nabije Oosten), 281–297.

Hecker, Karl et al. (1998), *Kappadokische Keilschrifttafeln aus den Sammlungen der Karlsuniversität Prag* (Prague: Univerzita Karlova).

Hertel, Thomas Klitgård (2013), *Old Assyrian Legal Practices. Law and Dispute in the Ancient Near East*, PIHANS, 123 (Leiden: Nederlands Instituut voor het Nabije Oosten).

(2014), "The Lower Town of Kültepe: Urban Layout and Population", in L. Atici et al. (eds.), *Current Research at Kültepe-Kanesh, Journal of Cuneiform Studies*, Supplemental Series 4 (Atlanta: Lockwood Press), 25–54.

Hertel, Thomas Klitgård and Mogens Trolle Larsen (2010), "Situating Legal Strategies. On Reading Mesopotamian Law Cases", in Ş. Dönmez (ed.), *Studies Presented in Honour of Veysel Donbaz* (Istanbul: Ege), 165–181.

Hicks, John Richard (1969), *A Theory of Economic History* (Oxford: Oxford University Press).

Hirsch, Hans (1961), *Untersuchungen zur altassyrischen Religion*, Archiv für Orientforschung, 13/14 (Vienna).

Hirsch, Hans (1966), "Şubrum und scheinbar Verwandtes", *Archiv für Orientforschung*, 21: 52–55.

Hrozny, Bedrich (1927), "Rapport préliminaire sur les fouilles tchécoslovaques de Kültepe", *Syria*, 8: 1–12.

Hrozny, Bedrich (1952), *Inscriptions cunéiformes de Kültepe 1* (Prague: Státní Pedagogické Nakladatelství).

Hyde, J. K. (1973), *Society and Politics in Medieval Italy* (London: Macmillan).

Ichisar, M.(1981), *Les archives cappadociennes du marchand Imdılum* (Paris: Éditions A.D.P.F.).

Jursa, M. (2010), *Aspects of the Economic History of Babylonia in the First Millennium BC*, Alter Orient und Altes Testament, 377 (Münster: Ugarit).

Kienast, B. (1984), *Das altassyrische Kaufvertragsrecht*, Freiburger altorientalische Studien B, 1 (Wiesbaden: Franz Steiner Verlag).

(1989), "The Old Assyrian *be'ūlātum*", *Journal of Cuneiform Studies*, 41: 87–95.

Kryszat, Guido (2001), "Bemerkungen zum Archiv des Iddi(n)-Ištar", in W. H. van Soldt et al. (eds.), *Veenhof Anniversary Volume* (Leiden: Nederlands Instituut voor het Nabije Oosten), 263–293.

(2003), "Ein altassyrischer Brief an die Göttin Tašmetum", in G. J. Selz (ed.), *Festschrift für Burkhart Kienast zu seinem 70. Geburtstage*, Alter Orient und Altes Testament, 274 (Münster: Ugarit), 251–258.

(2004a), "Wer schrieb die Waklum-Briefe?", in J. G. Dercksen (ed.), *Assyria and Beyond. Studies Presented to Mogens Trolle Larsen* (Leiden: Nederlands Instituut voor het Nabije Oosten), 353–358.

(2004b), *Zur Chronologie der Kaufmannsarchive aus der Schicht 2 des Kārum Kaneš*, Old Assyrian Archives Studies, 2 (Leiden: Nederlands Instituut voor het Nabije Oosten).

(2006), "Herrscher, Herrschaft und Kulttradition in Anatolien nach den Quellen aus den altassyrischen Handelskolonien, Teil 2: Götter, Priester und Feste Altanatoliens", *Altorientalische Forschungen*, 33: 102–124.

Lambert, Wilfred G. (1983), "The God Aššur", *Iraq*, 45: 82–86.

Landsberger, Benno (1940), "Vier Urkunden vom Kültepe", *Türk Tarih Arkeoloji ve Etnografya Dergisi*, 4: 7–31.

— (1954), "Assyrische Königsliste und 'Dunkles Zeitalter'", *Journal of Cuneiform Studies*, 8: 31–45, 47.

— (1965), "Tin and Lead: The Adventures of Two Vocables", *Journal of Near Eastern Studies*, 24: 285–296.

Landsberger, Benno and Kemal Balkan (1950), "Die Inschrift des assyrischen Königs Irishum gefunden in Kültepe 1948", *Belleten*, 14: 219–268.

Lane, Frederic Chapin (1966), *Venice and History* (Baltimore: Johns Hopkins Press).

Larsen, J. A. O. (1966), *Representative Government in Greek and Roman History* (Berkeley: University of California Press).

Larsen, Mogens Trolle (1967), *Old Assyrian Caravan Procedures*, PIHANS, 22 (Leiden: Nederlands Instituut voor het Nabije Oosten).

— (1972), "A Revolt Against Hattuša", *Journal of Cuneiform Studies*, 25: 100–101.

— (1976), *The Old Assyrian City-State and Its Colonies*, Mesopotamia, 4 (Copenhagen: Akademisk Forlag).

— (1977), "Partnerships in the Old Assyrian Trade", *Iraq*, 39: 119–149.

— (1982), "Your Money or Your Life. A Portrait of an Old Assyrian Businessman", *Societies and Languages of the Ancient Near East*, Studies in Honour of I. M. Diakonoff (Warminster: Aris & Phillips), 214–245.

— (2007a), "Going to the River", in Martha T. Roth et al. (eds.), *Studies Presented to Robert D. Biggs*, Workshop of the Chicago Assyrian Dictionary, 2 (Chicago: Oriental Institute), 173–188.

— (2007b), "Individual and Family in Old Assyrian Society", *Journal of Cuneiform Studies*, 59: 93–106.

(2010), *Kültepe Tabletleri VIa*, Türk Tarih Kurumu Yayınları VI/33d-a (Ankara: Türk Tarih Kurumu).

(2013), *Kültepe Tabletleri VIb*, Türk Tarih Kurumu Yayınları VI/33d-b (Ankara: Türk Tarih Kurumu).

(2014), *Kültepe Tabletleri VIc*, Türk Tarih Kurumu Yayınları VI/33d-c (Ankara: Türk Tarih Kurumu).

Larsen, Mogens Trolle and Lassen, Agnete (2014), "Cultural Exchange at Kültepe", in M. Kozuh et al. (eds.), *Extraction and Control. Studies in Honor of Matthew W. Stolper*, Studies in Ancient Oriental Civilization, 68 (Chicago: Oriental Institute), 171–188.

Lassen, Agnete Wisti (2010), "Tools, Procedures and Professions: A Review of the Akkadian Textile Terminology", in Cécile Michel and Marie-Louise Nosch (eds.), *Textile Terminologies in the Ancient Near East and Mediterranean from the Third to the First Millennia BC*, Ancient Textiles Series, 8 (Oxford: Oxbow), 272–282.

(2012), *Glyptic Encounters. A Stylistic and Prosopographical Study of Seals in the Old Assyrian Period—Chronology, Ownership and Identity*, PhD diss., Copenhagen University.

(2014), "The Old Assyrian Glyptic Style: An Investigation of a Seal Style, Its Owners, and Place of Production", in L.Atici et al. (eds.), *Current Research at Kültepe-Kanesh, Journal of Cuneiform Studies*, Supplemental Series 4 (Atlanta: Lockwood Press), 107–122.

Leemans, W. F. (1960), *Foreign Trade in the Old Babylonian Period as Revealed by Texts from Southern Mesopotamia*, Studia et documenta ad iura orientis pertinentia, 6 (Leiden: E.J. Brill).

Lewy, Julius (1922), *Studien zu den alt-Assyrischen Texten aus Kappadokien* (Berlin).

(1956), "On Some Institutions of the Old Assyrian Empire", *Hebrew Union College Annual*, 27: 1–80.

(1958), "Some Aspects of Commercial Life in Assyria and Asia Minor in the Nineteenth Pre-Christian Century", *Journal of the American Oriental Society*, 78: 89–101.

Matouš, Lubor (1949), *Bedrich Hrozny. The Life and Work of a Czech Oriental Scholar* (Prague:

Orbis).

(1962), *Inscriptions cunéiformes de Kültepe 2* (Prague: Éditions de l'Académie Tchécoslovaque des Sciences).

(1969), "Der Streit um den Nachlass des Puzur-Aššur", *Archiv Orientální*, 37: 156–180.

(1974), "Der Aššur-Tempel nach altassyrischen Urkunden aus Kültepe", in M. Heerma van Voss et al. (eds.), *Travels in the World of the Old Testament. Studies Presented to Professor M. A. Beek* (Assen: Studia Semitica Neerlandia), 181–189.

Matouš, Lubor and Marie Matoušová-Rajmová (1984), *Kappadokische Keilschrifttafeln mit Siegeln aus der Sammlung der Karlsuniversität in Prag* (Prague: Karlsuniversität).

Matthiae, Paolo and Nicolò Marchetti, eds. (2013), *Ebla and Its Landscape. Early State Formation in the Ancient Near East* (Walnut Creek, CA: Left Coast Press).

Mellink, M. (1971), "Archaeology in Asia Minor", *American Journal of Archaeology*, 75: 161–181.

(1980), "Archaeology in Asia Minor", *American Journal of Archaeology*, 84: 501–518.

Mellink, M. (1972), "Preliminary Report", *American Journal of Archaeology*, 76: 168.

Michel, Cécile (1991), *Innāya dans les tablettes paléo-assyriennes 1–2* (Paris: Éditions recherche sur les civilisations).

(1998), "Les Malheurs de Kunnanīya, femme de marchand", *Archivum Anatolicum*, 3: 239–253.

(2001), *Correspondance des marchands de Kanish*, Littératures anciennes du Proche-Orient, 19 (Paris: Éditions du Cerf).

(2003), *Old Assyrian Bibliography*, Old Assyrian Archives Studies, 1 (Leiden: Nederlands Instituut voor het Nabije Oosten).

(2004), "Deux incantations paléo-assyriennes. Une nouvelle incantation pour accompagner la naissance", in J. G. Dercksen (ed.), *Assyria and Beyond. Studies Presented to Mogens Trolle Larsen*, PIHANS, 100 (Leiden: Nederlands Instituut voor het Nabije Oosten), 395–420.

(2008), "Les assyriens et les esprits de leur morts", in C. Michel (ed.) *Old Assyrian Studies in Memory of Paul Garelli*, Old Assyrian Archives, Studies volume 4 (Leiden: Nederlands Instituut voor het Nabije Oosten), 181–197.

(2014), "Considerations on the Assyrian Settlement at Kanesh", in L. Atici et al. (eds.), *Current Research at Kültepe-Kanesh, Journal of Cuneiform Studies*, Supplemental Series 4 (Atlanta: Lockwood Press), 69–84.

(2015), "L'organisation du palais de Kaneš d'après la documentation textuelle", in Cécile Michel (ed.), *Séminaire d'Histoire et d'Archéologie des Mondes Orientaux (SHAMO), De la maison à la ville dans l'Orient ancien: bâtiments publics et lieux de pouvoir* (Paris: CNRS), 161–174.

(forthcoming), *Women from Aššur and Kaniš*, Writings from the Ancient World (Baltimore: SBL).

Michel, Cécile and Benjamin Foster (1989), "Trois textes paléo-assyriens de New York et les affaires confuses d'Iddin-Ištar", *Journal of Cuneiform Studies*, 41: 34–56.

Michel, Cécile and Paul Garelli, eds. (1997), *Tablettes paléo-assyriennes de Kültepe I* (Paris: De Boccard).

Michel, Cécile and Klaas Veenhof (2010), "The Textiles Traded by the Assyrians in Anatolia (19th–18th Centuries BC)", in Cécile Michel and Marie-Louise Nosch (eds.),*Textile Terminologies in the Ancient Near East and Mediterranean from the Third to the First Millennia BC*, Ancient Textiles Series, 8 (Oxford: Oxbow), 210–271.

Miglus, Peter (2001), "Der Aššur-Tempel des Königs Šamši-Adad I. und die mesopotamische Sakralarchitektur seiner Zeit", *Studies Orthmann*, 322–331.

Miglus, Peter A. and Stefan Heidemann (1996), *Das Wohngebiet von Assur: Stratigraphie und Architektur*, Ausgrabungen der Deutschen Orient-Gesellschaft in Assur. Allgemeines; 1 Wissenschaftliche Veröffentlichung der Deutschen Orient-Gesellschaft; Heft 93 (Berlin: Gebr. Mann).

Miller, J. L. (2001), "Anum-Hirbi and His Kingdom", *Archiv für Orientforschung*, 28: 65–101.

Müller, K. F. (1937), *Das assyrische Ritual*, Mitteilungen der Vorderasiatisch-Aegyptischen Gesellschaft, 41 (Leipzig: J.C. Hinrichs).

Nashef, K. (1987), *Rekonstruktion der Reiserouten zur Zeit der altassyrischen Handelsniederlassungen*, TAVO, Beiheft Reihe, B 83 (Wiesbaden: Dr. Ludwig Reichert).

Oates, David (1968), *Studies in the Ancient History of Northern Iraq* (London: British Academy).

Oppenheim, A. Leo (1954), "The Seafaring Merchants of Ur", *Journal of American Oriental Studies*, 74: 6–17.

―― (1964), *Ancient Mesopotamia* (Chicago: University of Chicago Press).

Origo, Iris (1963), *The Merchant of Prato* (Harmondsworth: Penguin Books).

Orlin, Louis Lawrence (1970), *Assyrian Colonies in Cappadocia* (The Hague: Mouton).

Özgüç, Nimet (1966), "Excavations at Acemhoyük", *Anatolia*, 10: 29–52.

―― (1980), "Seal Impressions from the Palaces at Acemhöyük", in E.Porada (ed.), *Ancient Art in Seals* (Princeton, NJ: Princeton University Press), 61–99.

―― (2006), *Kültepe-Kaniš/Neša. Seal Impressions on the Clay Envelopes from the Archives of the Native Peruwa and Assyrian Trader Uṣur-ša-Ištar son of Aššur-imitti*, Türk Tarih Kurumu Yayınları, V/50 (Ankara: Türk Tarih Kurumu).

―― (2015), *Acemhöyük—Burušhaddum I. Cylinder Seals and Bullae with Cylinder Seal Impressions*, Türk Tarih Kurumu Yayınları, V/7 (Ankara: Türk Tarih Kurumu).

Özgüç, Tahsin (1959), *Kültepe-Kaniş. New Researches at the Center of the Assyrian Trade Colonies*, Türk Tarih Kurumu Yayınları, V/19 (Ankara: Türk Tarih Kurumu).

―― (1982), *Maşat Höyük II*, Türk Tarih Kurumu Yayınları, V/38a (Ankara: Türk Tarih Kurumu).

―― (1986), *Kültepe-Kaniş II. New Researches at the Trading Center of the Ancient Near East*, Türk Tarih Kurumu Yayınları, V/41 (Ankara: Türk Tarih Kurumu).

―― (1999), *The Palaces and Temples of Kültepe-Kaniš/Neša*, Türk Tarih Kurumu Yayınları, V. Dizi, Sa. 46 (Ankara: Türk Tarih Kurumu).

Pedersén, Olof (1986), *Archives and Libraries in the City of Assur. A Survey of the Material from the German Excavations* (Uppsala: Uppsala University).

―― (1998), *Archives and Libraries in the Ancient Near East, 1500–300 BC* (Bethesda, MD:

CDL Press).

Pinches, Theophile (1881), "Communication", *Proceedings of the Society of Biblical Archaeology*, 11–18.

Polanyi, K. et al. (1957), *Trade and Market in the Early Empires* (New York: Free Press).

Reade, Julian (2004), "The Historical Status of the Assur Stelas", in J. G. Dercksen (ed.), *Assyria and Beyond. Studies Presented to Mogens Trolle Larsen* (Leiden: Nederlands Instituut voor het Nabije Oosten), 455–474.

Reiner, Erica (2001), "Who Is afraid of Old Assyrian?", in W. H. van Soldt et al. (eds.), *Veenhof Anniversary Volume* (Leiden: Nederlands Instituut voor het Nabije Oosten), 389–394.

Renfrew, Colin and Bahn, Paul (1991), *Archaeology: Theories, Methods and Practice* (London: Thames & Hudson).

Renger, Johannes (2005), "K. Polanyi and the Economy of Ancient Mesopotamia", in P. H. Clancier et al. (eds.), *Autour de Polanyi, vocabulaires, théories et modalités des échanges* (Paris: Ed. De Bocard), 45–65.

Seri, Andrea (2005), *Local Power in Old Babylonian Mesopotamia*, ed. Baines, John, Studies in Egyptology and the Ancient Near East (London: Equinox).

Sever, H. and S. Çeçen (2000), "'naruqqum'—Ortaklığı Hakkında Yeni Bir Belge", *Archivum Anatolicum*, 4: 167–176.

Shi, Xiaowen (2013), *Anatolians as Seen Through the Old Assyrian Texts*, PhD dissertation, Faculty of Humanities University of Copenhagen.

Spufford, Peter (2002), *Power and Profit. The Merchant in Medieval Europe* (London: Thames & Hudson).

Stein, Gil (2008), "A Theoretical Model for Political Economy and Social Identity in the Old Assyrian Colonies of Anatolia", *Türkiye Bilimler Akademisi Arkeoloji Dergisi*, 11: 25–40.

Stöllner, Thomas et al. (2011), "Tin from Kazakhstan. Steppe Tin for the West", *Anatolian Metal*, V (Bochum: Deutsches Bergbau-Museum), 231–250.

Stratford, Edward Paul (2010), *Agents, Archives, and Risk: A Micronarrative Account of Old*

Assyrian Trade Through Šalim-ahum's Activities in 1890 B.C., PhD diss., University of Chicago.

Teissier, Beatrice (1993), "The Ruler with the Peaked Cap and Other Syrian Iconography on Glyptic from Kültepe in the Early Second Millennium BC", in M. J. Mellink et al. (eds.), *Studies in Honour of Nimet Özgüc* (Ankara: Türk Tarih Kurumu), 601–612.

— (1994), *Sealing and Seals on Texts from Kültepe kārum Level 2*, PIHANS, 70 (Leiden: Nederlands Instituut voor het Nabije Oosten).

Testart, Alain (2005), "Les royautés archaïques sont-elles marquées par la redistribution?(Critique de la trilogie réciprocité, redistribution, échange)", in P. H. Clancier et al. (eds.), *Autour de Polanyi, vocabulaires, théories et modalités des échanges*, Colloques de la maison René-Ginouvès (Paris: De Boccard), 67–81.

van de Mieroop, Marc (1999), *Cuneiform Texts and the Writing of History* (London: Routledge).

— (2004), *A History of the Ancient Near East, ca. 3000–323 BC* (Oxford: Blackwell).

van der Toorn, K. (1996), *Family Religion in Babylonia, Syria and Israel. Continuity and Change in the Forms of Religious Life* (Leiden: Brill).

Veenhof, Klaas (1972), *Aspects of Old Assyrian Trade and Its Terminology* (Leiden: Brill).

— (1982), "A Deed of Manumission and Adoption from the Later Old Assyrian Period", in G. van Driel et al. (eds.), *Zikir šumim. Assyriological Studies Presented to F. R. Kraus* (Leiden: Brill), 359–385.

— (1988), "Prices and Trade. The Old Assyrian Evidence", *Altorientalische Forschungen*, 15: 243–263.

— (1989), "Status and Offices of an Anatolian Gentleman. Two Unpublished Letters of Huharimataku from Kārum Kanish", in Kutlu Emre et al. (eds.), *Anatolia and the Ancient Near East. Studies in Honor of Tahsin Özgüc* (Ankara: Türk Tarih Kurumu), 515–523.

— (1991), "Assyrian Commercial Activities in Old Babylonian Sippar. Some New Evidence", in D. Charpin and F. Joannès (eds.), *Marchands, diplomates et empereurs. Études sur la civilisation mésopotamienne offertes à Paul Garelli* (Paris: Éditions Recherces sur les

Civilisations), 287–304.

(1993), "On the Identification and Implications of some Bullae from Acemhöyük and Kültepe", in M. J.Mellink et al. (eds.), *Studies in Honor of Nimet Özgüç* (Ankara: Türk Tarih Kurumu), 645–657.

(1995), "'In Accordance with the Word on the Stele'. Evidence for Old Assyrian Legislation", *Chicago-Kent Law Review*, 70: 1717–1744.

(1996a), "An Old Assyrian Incantation Against a Black Dog", *WZKM* 86, *Festschrift für Hans Hirsch zum 65. Geburtstag gewidmet von seinen freunden, Kollegen und Schülern*, 425–433.

(1996b), "The Old Assyrian Hamuštum Period: A Seven-Day Week", *Jaarbericht van het Vooraziatisch-Egyptisch Genootschap Ex Oriente Lux*, 34: 5–26.

(1999), "Redemption of Houses in Assur and Sippar", in B. Böck et al. (eds.), *Munuscula Mesopotamica. Festschrift für Johannes Renger* (Münster: Ugarit Verlag), 599–616.

(2003), *The Old Assyrian List of Year Eponyms from Karum Kanish and Its Chronological Implications*, Türk Tarih Kurumu Yayınları, VI/64 (Ankara: Türk Tarih Kurumu).

(2010a), *Kültepe Tabletleri V*, Türk Tarih Kurumu Yayınları, VI/33c (Ankara: Türk Tarih Kurumu).

(2010b), "Ancient Assur: The City, Its Traders, and Its Commercial Network", *Journal of the Economic and Social History of the Orient*, 53: 39–82.

(2013), "New Mesopotamian Treaties from the Early Second Millennium BC from *karum* Kanesh and Tell Leilan (Šehna)", *Zeitschrift für Altorientalische und Biblische Rechtsgeschichte*, 19: 23–57.

(2014), "Families of Old Assyrian Traders", in L. Marti (ed.), *La famille dans le Proche-Orient ancien: réalités, symboles, et images* (Winona Lake: Eisenbrauns), 341–374.

(forthcoming), *The Archive of Elamma, Son of Iddin-Suen, and His Family*, Ankara Kültepe Tabletleri, 8 (Ankara: Türk Tarih Kurumu).

Veenhof, Klaas R. and Jesper Eidem (2008), *Mesopotamia. The Old Assyrian Period*, Orbis Biblicus et Orientalis, 160/5 (Fribourg: Academic Press).

Viano, Maurizio (2010), "Community and Individuals at Emar", *Altorientalische Forschungen*, 37: 132–152.

Waal,Willemijn (2012), "Writing in Anatolia: The Origins of the Anatolian Hieroglyphs and the Introduction of the Cuneiform Script", *Altorientalische Forschungen*, 39: 287–315.

Waetzoldt, Hartmut (1972), *Untersuchungen zur neusumerischen Textilindustrie*, Studi Economici e Tecnologici, 1 (Rome).

(2010), "The Colours and Variety of Fabrics from Mesopotamia during the Ur III Period (2050 BC)", in Cécile Michel and Marie-Louise Nosch (eds.), *Textile Terminologies in the Ancient Near East and Mediterranean from the Third to the First Millennia BC*, Ancient Textiles Series, 8 (Oxford: Oxbow), 201–209.

Weidner, Ernst (1937), "Das Alter der mittelassyrischen Gesetzestexte", *Archiv für Orientforschung*, 12: 46–54.

(1952), "Die Bibliothek Tiglatpilesers I", *Archiv für Orientforschung*, 16: 197–215.

Winckler, Hugo (1906), "Die im Sommer 1906 in Kleinasien augeführten Ausgrabungen", *Orientalistische Literaturzeitung*, 12: 621–634.

Wiseman, D. J. (1958), "The Vassal-Treaties of Esarhaddon", *Iraq* 20.

Yakar, J. (1985), *The Late Prehistory of Anatolia, the Late Chalcolithic and Early Bronze Age*, BAR International Series, 268 (Oxford: British Archaeological Reports).

Yakubovich, I. (2010), *Sociolinguistics of the Luvian Language*, Studies in Indo-European Languages and Linguistics, 2 (Leiden: Brill).

Yoffee, N. (1988), "Aspects of Mesopotamian Land Sales", *American Anthropologist*, 90: 119–130.

古亚述人名索引

Ababa 阿巴巴, 234–237
Abu-shalim 阿布沙里姆, 194, 216
Abuna 阿布那, 215
Adad-rabi 阿达德腊比, 205
Adida 阿迪达, 234
Aduduwe 阿杜杜维, 77
Ahaha daughter of Pushu-ken 阿哈哈, 普舒肯之女, 128, 211, 265, 287
Akatiya sister of Usur-sha-Ishtar 阿卡提亚, 乌簇尔沙伊什塔尔的姐妹, 263
Akiya 阿基亚, 93
Al-tab 阿勒沓卜, 214, 284
Ali-ahum 阿里阿胡姆, 70–71, 139, 161–162, 168, 212, 214, 232–237, 239, 259, 281, 288
Ali-ahum son of Sukuhum 阿里阿胡姆, 苏库胡姆之子, 282
Aluwa 阿鲁瓦, 214, 264, 272
Amur-ili 阿穆尔伊里, 207, 213, 285–286
Amur-Ishtar 阿穆尔伊什塔尔, 207, 221, 284–285
Anitta 阿尼塔, 34, 37, 79, 139, 142–143
Anna-anna 安那安那, 212, 232–233, 256, 259
Annina 阿尼那, 251

Anuli son of Iddin-abum 阿奴里, 伊丁阿布姆之子, 259, 288
Anum-hirbe 阿奴姆黑尔比, 31, 143
Asqudum son of Abu-shalim 阿斯库杜姆, 阿布沙里姆之子, 109–110
Assur-amarum 阿舒尔阿马如姆, 252
Assur-bani 阿舒尔巴尼, 282
Assur-bel-awatim son of Issu-arik 阿舒尔贝勒阿瓦提姆, 伊苏阿瑞克之子, 70, 108, 204, 222, 288
Assur-idi 阿舒尔伊迪, 1, 3–6, 9, 12–13, 83, 86, 164–165, 171–174, 189, 203, 218, 223–224, 263, 268, 281
Assur-idi son of Shuli 阿舒尔伊迪, 舒里之子, 282
Assur-imitti 阿舒尔伊米提, 228, 265, 284
Assur-malik 阿舒尔马里克, 205, 208, 225
Assur-muttabbil 阿舒尔穆塔比勒, 212, 249, 286
Assur-nada 阿舒尔那达, 1, 3–4, 13, 172, 174, 179–180, 203, 211, 213, 217, 250, 254, 282–285
Assur-nemedi 阿舒尔奈美迪, 250, 283
Assur-shamshi 阿舒尔沙姆西, 227–231
Assur-tab 阿舒尔沓卜, 272

Assur-taklaku 阿舒尔塔克拉库, 174–175, 182, 203, 228, 281, 283

Ashuan 阿舒万, 215

Bashtum-damqat 巴什图姆达姆喀特, 70

Belatum 贝拉图姆, 229, 263–264

Belum-nada husband of Haditum 贝鲁姆那达, 哈迪图姆的丈夫, 88

Buzazu son of Pushu-ken 布扎朱, 普舒肯之了, 157, 212, 230–231, 286, 287

Buzutaya 布朱塔亚, 125

Damiq-pi-Assur 达米可皮阿舒尔, 139

Dan-Assur 丹阿舒尔, 44, 217

Daya 达亚, 27

Eddin-Assur son of Ahiyaya 埃丁阿舒尔, 阿黑亚亚之子, 77

Elali 埃拉里, 125, 286

Elamma 埃兰马, 45–46, 73, 189, 221, 226, 266

Elaya 埃拉亚, 234

Enlil-bani 恩利勒巴尼, 184–185, 265–266

Enna-Suen 恩那辛, 125, 230–231

Enna-Suen son of Iddin-abum 恩那辛, 伊丁阿布姆之子, 259

Ennam-Assur 恩那姆阿舒尔, 45, 49, 70–71, 162, 173, 203, 212, 231–236, 238, 254, 259, 264, 272, 281, 288

Ennam-Belum 恩那姆贝鲁姆, 207, 284

Erishum I 埃瑞舒姆 I, 67, 90, 93–98, 103, 105, 114, 123, 146

Erishum II 埃瑞舒姆 II, 93, 95, 98

Ewarimusha 埃瓦瑞穆沙, 214

Haditum wife of Belum-nada 哈迪图姆, 贝鲁姆那达之妻, 88

Hinnaya 欣那业, 120

Huatala daughter of Enishru 胡瓦塔拉, 埃尼什如之女, 251

Huharimataku 胡哈瑞马塔库, 140

Hurmeli 胡尔美里, 32, 144

Husarum 胡萨如姆, 181

Iddin-abum 伊丁阿布姆, 70, 204–206, 222, 255, 259, 288

Iddin-Assur 伊丁阿舒尔, 125, 236

Iddin-Ishtar son of Assur-nada 伊丁伊什塔尔, 阿舒尔那达之子, 217–220, 283

Iddin-Suen 伊丁辛, 73

Ikunum 伊库奴姆, 93, 95

Ikunum son of Samaya 伊库奴姆, 萨马亚之子, 225

Ili-alum 伊里阿鲁姆, 203, 281, 283

Ili-ashranni 伊里阿什腊尼, 274

Ili-bani 伊里巴尼, 204, 210

Ili-wedaku 伊里维达库, 142, 173, 230–231, 274, 287

Iliya 伊里亚, 224, 234

Ilushuma 伊鲁舒马, 88, 93, 95–96, 146, 192, 200

Imdi-ilum son of Shu-Laban 伊姆迪伊鲁姆，舒拉班之子, 12, 73, 174, 181, 207–214, 218, 251, 263, 268, 281, 284–286

Inar 伊那尔, 32

Inbi-Ishtar 因比伊什塔尔, 275

Innaya 因那亚, 208–210, 219, 249, 268, 285

Innaya son of Amuraya 因那亚，阿穆腊亚之子, 125

Irma-Assur 伊尔马阿舒尔, 185

Ishar-kitti-Assur 伊沙尔基提阿舒尔, 73, 286

Ishme-Dagan son of Shamshi-Adad 伊什美达干，沙姆西阿达德之子, 124, 144

Ishtar-bashti 伊什塔尔巴什提, 213–214, 268, 284, 285

Ishtar-lamassi 伊什塔尔拉马席, 212–213, 232, 251, 283

Ishtar-ummi 伊什塔尔乌米, 228, 284

Issu-arik 伊苏阿瑞克, 70–71, 73, 203–205, 255, 259, 281, 288

Itur-ili 伊图尔伊里, 78, 162, 214, 233

Kazuwa son of Ennam-Assur 卡朱瓦，恩那姆阿舒尔之子, 249

Kikkiya 基基亚, 92–93

Kukkulanum 库库拉奴姆, 184–187

Kukuwa 库库瓦, 266

Kukuwa son of Mannum-ki-iliya 库库瓦，曼奴姆基伊里亚之子, 71, 259

Kula 库拉, 222

Kuliya 库里亚, 45, 76, 118, 142

Kunaniya 库那尼亚, 287

Kura 库腊, 266–268

Kurub-Ishtar 库如卜伊什塔尔, 172

La-qep 拉齐普, 223–224, 239, 251, 264

Lamasha 拉马沙, 212

Lamassi 拉马席, 70, 210–211, 233–234, 252, 255, 259, 281, 287

Luhrahshu 鲁赫腊赫舒, 248

Man-mahir 曼马黑尔, 214, 233, 236, 259

Manniya 马尼亚, 216

Mannum-balum-Assur 马奴姆巴鲁姆阿舒尔, 185

Mannum-ki-iliya 曼奴姆基伊里亚, 71, 259, 266

Merani 美腊尼, 205

Nabi-Enlil 那比恩利勒, 27
Nabi-Suen 那比辛, 185
Naram-Suen 那腊姆辛, 67, 93–95
Nuhshatum 奴赫沙图姆, 45, 208

Parrurtum 帕如尔图姆, 283
Peruwa 培如瓦, 50–51, 140
Peruwa son of Shuppi-ibra 培如瓦，舒皮伊卜腊之子, 256
Pilah-Ishtar 皮拉赫伊什塔尔, 251–252
Pilahaya 皮拉哈亚, 185
Pithana 皮特哈那, 34, 139, 143
Pushu-ken 普舒肯, 12, 73, 109–110, 128–129, 174, 181–182, 199, 206–208, 210–212, 225–227, 229–230, 249, 255, 263–265, 281, 284, 286–287
Puzur-Assur 普朱尔阿舒尔, 73, 129, 142, 198, 230–231, 274, 286
Puzur-Assur I 普朱尔阿舒尔 I, 93
Puzur-Assur II 普朱尔阿舒尔 II, 93, 109–110
Puzur-Ishtar 普朱尔伊什塔尔, 119, 212–213, 251, 263, 283–284
Puzur-Suen 普朱尔辛, 99–100

Ququdum son of Buzu 屈喀杜姆，布朱之子, 126

Sahaya 萨哈亚, 219
Sargon 萨尔贡, 88, 93–95, 109–110, 126, 256
Shalim-ahum 沙里姆阿胡姆, 45, 182, 206, 208, 211, 217–218, 227
Shalim-Assur 沙里姆阿舒尔, 12, 45–50, 70–73, 107–108, 113, 139–140, 161–162, 165–166, 173, 179, 193–195, 203–206, 208, 210–211, 214, 216, 218–219, 222, 226, 229, 231–232, 234–237, 255, 259, 264, 281, 287
Shalim-wardi 沙里姆瓦尔迪, 214
Shamshi-Adad I 沙姆西阿达德 I, 67, 90, 93, 95, 98–99, 116, 124, 144–145
Sharrum-Adad 沙如姆阿达德, 172–175, 180
Shat-Anna 莎特安那, 70–71, 259
Shat-Ea 莎特埃阿, 273
Shat-Ishtar mother of Wala-wala 莎特伊什塔尔，瓦拉瓦拉之母, 252
Shimat-Assur 西马特阿舒尔, 208, 281, 286
Shishahshushar 西沙赫舒沙尔, 211, 213, 250–251, 283, 285
Shu-Belum son of Iddin-abum 舒贝鲁姆，伊丁阿布姆之子, 259

Shu-Dagan 舒达干, 77

Shu-Enlil 舒恩利勒, 204, 222

Shu-Hubur 舒胡布尔, 207–208, 225–227

Shu-Ishtar 舒伊什塔尔, 265

Shu-Kubum son of Assur-bel-awatim 舒库布姆, 阿舒尔贝勒阿瓦提姆之子, 108

Shu-Laban 舒拉班, 73, 207, 284, 286

Shu-Nunu 舒奴奴, 172, 229

Shu-Rama 舒腊马, 216

Shu-Tammuzi 舒塔穆孜, 203, 234

Shuppi-numan 舒皮奴曼, 71

Șilulu son of Dakiki 采鲁鲁, 达基基之子, 294n19

Șilulu son of Uku 采鲁鲁, 乌库之子, 126, 294n19

Suen-dada 辛达达, 273

Sueyya 苏埃亚, 73, 286–287

Sukkalliya son of Menanum 苏卡里亚, 美那奴姆之子, 126

Sukuhum 苏库胡姆, 73, 282

Sulili 苏里里, 92–93, 294n19

Taram-Kubi 塔腊姆库比, 208–209, 263, 268, 285–286

Tarish-matum 塔瑞什马图姆, 208, 211, 229, 263

Turam-Assur 图腊姆阿舒尔, 77

Turupani 图如帕尼, 139

Urshisha 乌尔西沙, 77

Ushinalam 乌西那拉姆, 139, 142, 165, 194–195, 216, 218–219, 288

Ushpiya 乌什皮亚, 89, 92

Usur-sha-Ishtar 乌簇尔沙伊什塔尔, 43–44, 110, 263

Wala-wala 瓦拉瓦拉, 251–252

Waqqurtum 瓦屈尔图姆, 198

Wardum 瓦尔杜姆, 204

Warshama 瓦尔沙马, 31–32, 34, 36, 40, 143

Zaktaya 扎克塔亚, 205

Zibe-zibe 孜贝孜贝, 252

Zunanum 朱那奴姆, 216

Zurupa 朱如帕, 77

Zuzu 朱朱, 34

古亚述文献索引

Adana 237D 227

AKT 1, 78 139

AKT 2, 22 296n21

AKT 3, 73 301n28

AKT 3, 74 301n28

AKT 3, 88 296n11

AKT 3, 89 296n12, 303n22

AKT 5, 1–5 293n19

AKT 5, 108–109 299n14

AKT 5, 65–90 296n15

AKT 6a, 23 222

AKT 6a, 40 204

AKT 6a, 59 205

AKT 6a, 75 113

AKT 6a, 89–111 300n8

AKT 6a, 111 299n13

AKT 6a, 115 205

AKT 6a, 143–145 299n3

AKT 6a, 182 300n18

AKT 6a, 197 297n10

AKT 6a, 207 302n12

AKT 6a, 208 303n13

AKT 6a, 209 232

AKT 6a, 224 232

AKT 6a, 228 233

AKT 6a, 230 264

AKT 6a, 231 264

AKT 6a, 241 234

AKT 6a, 242 234

AKT 6a, 243 234

AKT 6a, 249 233

AKT 6a, 264 235–236

AKT 6a, 287 234–235

AKT 6a, 294 237

AKT 6b, 468 266

AKT 6b, 488 293n6

AKT 6b, 493 272

AKT 6c, 528 299n5

AKT 6c, 530 115

AKT 6c, 537 139

AKT 6c, 592 274

AKT 6c, 601 300n13

AKT 6d, 771 158

AKT 6e, 1455 272, 305n3

Ankara 1938 129

ATHE 24 302n12, 305n6

ATHE 34 305n6

BIN 4, 32 225

BIN 4, 33 299n9

BIN 4, 39 274	EL 310–311 303n23
BIN 4, 48 157–158	EL 335 305n6
BIN 4, 168 299n4	
BIN 6, 23 139	ICK 1, 3 251
BIN 6, 178 297n14	ICK 1, 28b 268
BIN 6, 187 302n20	ICK 1, 32 252
BIN 6, 220 230–231	ICK 4, 729 302n26
CCT 2, 46a 181	kt 79/k 101 117
CCT 3, 22b 303n22	kt 87/k 287 305n7
CCT 3, 24 210	kt 87/k 324 299n14
CCT 3, 25 210, 268	kt 87/k 398 302n27
CCT 3, 27a 185	kt 88/k 1059 115
CCT 3, 32a 296n16	kt 90/k 178 262
CCT 3, 34a 301n10	kt 91/k 123 305n7
CCT 3, 4 174–175	kt 92/k 526 297n20
CCT 4, 9a 303n22	kt 94/k 375 300n14
CCT 4, 10a 303n22	kt 94/k 1783 302n25
CCT 4, 28a 213	kt 94/k 1785 302n27
CCT 4, 30a 298n18	kt a/k 394 228
CCT 4, 32a 109	kt a/k 433 302n26
CCT 4, 45b 215	kt a/k 447 217
CCT 5, 8a 297n14	kt a/k 489 297n7
CCT 5, 22a 303n23	kt a/k 493a 305n4
CCT 6, 14 275	kt a/k 534 228
CCT 6, 15b 298n18	kt a/k 611 177
CCT 6, 47c 303n22	kt a/k 805 304n7
Chantre 2 304n7	kt c/k 261 296n4

kt c/k 273 296n4

kt c/k 288 296n4

kt m/k 14 248

kt n/k 4 77

kt n/k 32 293n14

kt n/k 145 300n18

kt n/k 794 152–153

kt n/k 1192 264

kt n/k 1925 108

kt v/k 159 293n5

KTH 5 250

KTP 19 161

KTS 1, 15 213

KTS 1, 25 263

KTS 1, 30 110

KTS 1, 38a 300n23

KTS 2, 40 297n22

KTS 2, 64 296n5

LB 1202 181

OAA 1, 1 164–165

OAA 1, 13 4

OAA 1, 14 1–2

OAA 1, 19 223–224

OAA 1, 22 4

OAA 1, 29 224

OAA 1, 34 302n17

OAA 1, 35 302n18

OAA 1, 37 302n1

OAA 1, 39 299n1

OAA 1, 50 179

OAA 1, 102 299n1

OAA 1, 104 291n4

OAA 1, 134 303n1, 305n5

OAA 1, 142 217

OAA 1, 176 251

POAT 18A, B 109, 296n17

RA 59, 159 211

RA 59, 165 304n8

SUP 7 298n16

TC 1, 1 104, 295n7

TC 1, 5 209

TC 1, 112 299n7

TC 2, 7 273

TC 2, 13 181

TC 2, 21 229

TC 2, 26 299n9

TC 2, 27 249

TC 2, 41 224–225

TC 2, 46 297n14

TC 3, 17 198

TC 3, 21 182

TC 3, 67 185

TC 3, 68 265

TC 3, 213 297n7

TMH 1, 21d 304n14

TPAK 46 119–120

TTC 10 304n9

VS 26, 9 296n16

VS 26, 17 199

VS 26, 33 214

VS 26, 64 302n14

VS 26, 65 226

VS 26, 154 299n4

VS 26, 155 299n5

总索引

accounting 核算, 116, 184, 205, 221, 224, 229, 264, 299n2, 302n17

acculturation 文化互渗, 244

Acemhöyük 阿伽姆霍愚克, 25, 27, 31, 66, 89, 127, 134, 195, 314–315

Adad 阿达德, 34, 67, 90, 93, 95, 98–99, 115–116, 124, 144, 153, 172–175, 180, 205, 266, 294n3

Aegean 爱琴海, 134, 191–193, 196

Afghanistan 阿富汗, 97, 200

agent 代理, 44, 118, 172, 181–183, 206, 208, 210, 219, 225, 274, 301n28

Akiya 阿基亚, 93

Akkad 阿卡德, 197

Akkadian 阿卡德语, 37, 55, 60, 92, 106, 108, 112, 117, 148, 197, 199–200, 244, 312

Akkadian period 阿卡德时期, 92

Albayrak, Irfan 伊尔凡·阿尔巴伊拉克, 44, 64, 292n8, 307

Aleppo 阿勒颇, 147

Ali-ahum 阿里阿胡姆, 289

Alishar 阿里沙尔, 26–27, 135, 309–310

ālum, 107, 112, 114

ālum ṣaher rabi, 114

Amkuwa 阿姆库瓦, 参阅 Alishar

Ammi-ṣaduqa 阿米嚓杜喀, 66

Amorites 阿摩利人, 98–99, 117, 275

amtum, 216, 250–252

Amurrum 阿穆如姆, 267–268

amuttum, 219

Anadolu Medeniyetleri Müzesi 安纳托利亚文明博物馆, 190

Anatolia 安纳托利亚, 1, 3–5, 11, 17, 19, 24–29, 34, 54, 56, 60–64, 66, 70, 72–73, 75–76, 79, 83–86, 89, 91, 96–97, 104, 107–110, 112–114, 116–121, 124–126, 128–129, 131, 133, 136–138, 141–144, 146–148, 150–151, 153, 156–158, 161, 165–168, 171–172, 175, 179–180, 182, 184, 187–188, 190–193, 196–199, 202–203, 205–208, 210–211, 217–218, 221–224, 226, 232–233, 237–239, 243–245, 249, 251–252, 254, 256, 258–259, 271, 273, 275–279, 283–284, 293n8, 297n1, 297n12, 307–308, 310, 313–316

ancestor spirits 祖先之灵, 264

ancestors 祖先, 49, 93, 120, 266, 268, 304n1

ancestral home 祖居之地, 202, 210

Andrae, Walter 沃尔特·安德烈, 84, 88–91, 98–99, 294n1, 294n6, 294n7, 294n10, 295n30, 307

Anisa 阿尼萨, 30

Anitta 阿尼塔, 34, 37, 79, 142–143, 219

Ankara 安卡拉, 5, 23–27, 64, 136, 190, 291n8

annukum

  tin or lead 锡或铅, 62

arbitration 仲裁, 238

archives 档案, 6, 8–9, 12, 19, 22, 27, 31, 40, 43, 49–50, 64, 67–68, 70–71, 73–75, 85, 95–97, 102–103, 110, 119, 122, 133, 143, 154, 159–160, 184, 193–194, 198, 202, 206, 208, 223, 227, 230, 252, 260, 265, 278, 282, 288, 311

Asqudum 阿斯库杜姆, 109–110

assembly 议会, 74, 78, 105, 107–109, 112–123, 130, 142, 151, 160–163, 166, 194–195, 197, 206, 224–226, 228–229, 231–232, 234–239, 264, 278, 299n12

  plenary 全体会议, 113–114, 119, 161–163, 166, 194

Assur 阿舒尔

  city 城市, 1, 3, 47, 76, 83–85, 87, 96, 112, 114, 210, 271

deity 神, 1, 83, 88, 98, 103, 115, 120, 257, 265, 281

Assuritum 阿舒瑞图姆, 1, 83, 88

aššutum, 250–251

Assyria 亚述, 24, 54, 61, 65, 83–84, 91–92, 106, 108, 111, 124, 258, 309–314

Assyriology 亚述学, 6

Atatürk 阿塔图尔克, 23–24, 177

attorney 代理律师, 115, 117, 162–163, 207, 226, 229–239, 264, 296n12

  executive power 执行力量, 163, 239

Aubet, Maria Eugenia 玛丽亚·尤金尼亚·奥贝, 274–275, 278, 305n8, 305n9, 307

Awal 阿瓦勒, 96, 200

awītum, 174

ba'abtum, 182

Babylonia 巴比伦尼亚, 24, 93, 96–97, 105, 119, 146, 148–149, 153, 200, 220, 249, 258, 276, 280, 295n24, 311, 315

Bahn, Paul G. 保罗·G. 巴恩, 277–278, 305n16, 305n18

Bahrain 巴林, 11, 96–97, 200

Balkan, Kemal 凯末尔·巴尔干, 5

Bär, Jürgen 尤尔根·巴尔, 88, 294n10, 294n14, 307

Barjamovic 巴尔雅莫维奇, xi, 66, 68,

394

136–137, 193, 292n12, 292n6, 292n7, 292n9

barley 大麦, 97, 103, 139–140, 210, 221

bātiqum, 176

Bayram, Sabahattin 萨巴哈丁·巴依兰, 64, 308

be'ulātum, 186, 215

bēlum, 105, 107

bēt abini, 202, 239

bēt ālim, 91, 122, 127

bēt kārim, 52, 159

bēt wabrim, 148

big men 大人物, 76–78, 160–162, 164–165, 197

Bilgiç, Emin 埃明·比尔吉奇, 64, 291n8, 297n9, 308

birum, 74, 116, 128

blood money 赔偿金, 162, 168, 236

Boghazköy 博格阿兹柯伊, 参阅 Hattusha

Bolvadin 博尔瓦丁, 134, 193

bookkeeping 账目记录, 129, 183

bridges 桥, 157, 201

bronze 青铜, 37, 62, 85, 88–90, 152, 173, 191, 195–196, 244

Buzazu 布扎朱, 157, 212, 230–231, 273, 286–287

Buzutaya 布朱塔亚, 125

Caesaria 恺撒利亚, 30

calendar 日历, 149, 247

Cappadocia 卡帕多西亚, 17, 314

caravans 商队, 3, 10, 36, 63, 72, 76, 96–97, 118–119, 128, 141, 146–148, 152–153, 156–158, 164, 172–176, 178–179, 191, 193, 197, 199–201, 206–207, 211, 274–275, 278–279, 299n2, 300n11

 speed of travel 行进速度, 176

Çekerek 切凯雷克, 135

Chantre, Ernest 埃内斯特·尚特, 19, 291n2, 304n7, 308

Chicago Assyrian Dictionary《芝加哥亚述学词典》, 60, 112, 215, 273, 312

chief cupbearer 执杯者之首, 138

childbirth 生孩子, 261, 304n12

chronology 年代学, 32, 40, 65–67, 75, 202, 312

 decline in documentation 文献量减少, 69

 "High chronology" "高年代学体系", 66

 king-list 王表, 65

 "Middle chronology" "中年代学体系", 66

Cilicia 西里西亚, 135, 148, 297n1

Cilician plain 西里西亚平原, 135

the City 城市, 77–78, 91, 104–105, 107–108, 113–114, 117–119, 127–129, 149–151, 162,167–168, 171, 194, 199, 209–211, 217, 222–224, 226, 228–229, 231, 233–237, 239, 251–252, 272, 278, 281, 299n16, 308, 314

City Hall 市政厅, 91, 116, 122, 127–130, 167, 171, 237, 278, 301n19

city assembly 城市议事会, 105, 107–109, 112, 116, 118–120, 160, 166, 197, 225, 229, 231–232, 234–239

Code of Hammurabi 《汉穆腊比法典》, 220

colonialism 殖民主义, 150

colonization 殖民化, 150

colony 商港, 9, 38, 52–53, 61, 72, 76–78, 87, 104, 108–109, 112, 117–119, 125–127, 137, 139, 142–143, 148–151, 154, 158–168, 172, 175, 177, 180, 193–194, 214, 223–225, 232, 238–239, 265, 273

commercial revolution 商业革命, 71, 293n3

communal commercial ventures 公共商业企业, 165

Contenau, Georges 乔治·孔特诺, 57–59, 293n4, 308

copper 铜, 36, 62, 64, 72–73, 89, 96–97, 103, 135–136, 158, 179, 191–196, 200, 207, 217–218, 230–233, 236, 244, 249, 264, 275–276, 300n4, 303n7

corvée 劳役, 140, 154

council 议事会, 36, 161, 166

credit 借贷, 70, 74–75, 116, 128–129, 174, 181–183, 187, 206, 237, 275

credit operations 借贷活动, 70, 182

creditors 债权人, 108, 204, 224, 229–230, 233, 236–238

crisis 危机, 74, 120, 152, 260

cultural encounter 文化碰撞, 252

cultural interaction 文化互动, 11, 256

cuneiform writing 楔形文字书写, 55

customs 关税, 36, 106, 124, 180, 240

cylinder seals 滚印, 28, 86, 148, 244, 252–253, 256

dated texts 有日期的文献, 65–70, 89, 94, 289, 292n6, 292n12, 293

dating system 纪年系统, 67, 94, 98

Datini, Francesco 弗朗西斯科·达蒂尼, 8, 183

dātum, 164

de Roover, Raymond 雷蒙德·德鲁弗, 293n7, 308

death 死亡, 7–8, 25, 62, 71–74, 84, 93, 99,

396

110, 116, 120, 128–129, 139, 144, 162, 207–208, 222, 226, 228–232, 235–237, 239, 250–251, 263–265, 283–289

death of a trader 一个商人的死亡, 116

death of senior merchants 著名商人的死亡, 74

debt slavery 债务奴隶, 77

Delice 戴利斯, 135

dendrochronology 树轮断代学, 66

Der 德尔, 96, 200

Dercksen, Jan Gerrit 简·格瑞特·德尔克森, 50, 76, 127, 140, 164–165, 167, 192–193, 199, 225, 282, 292n10, 293n14

despotism 专制主义, 101

Dilmun 迪勒蒙, 200, 279

direct sale 直接销售, 181

divination 占卜, 263

divine judges 神裁, 114, 116, 281

divorce 离婚, 251–252

Diyala 迪亚拉, 96, 125, 149, 200, 280

Donbaz, Veysel 威塞尔·东巴孜, 38, 291n7

donkey-load 每头驴的荷载量, 153, 157, 275

donkeys 驴, 76, 96, 119, 136, 157, 171–174, 179–180, 185, 187, 191, 199, 250, 298n20, 300n14

Durhumit 杜尔胡米特, 49, 72–73, 77, 135–137, 158, 173, 179, 192–194, 203, 217–218, 231–237, 243, 276

dynastic god 王朝神, 267

Early Bronze Age 青铜时代早期, 30, 37, 40, 244, 309, 316

Early Dynastic period 早王朝时期, 87–89, 92, 106

Ebla 埃布拉, 97, 147–148, 254, 275, 312

Elbistan 埃尔比斯坦, 135, 177, 179

elders 长者, 104–105, 113–114, 126, 248

ellat PN, 165, 218

ellutūm, 218

Emar 埃马尔, 97, 147–148, 279–280, 301n27, 316

Emre, Kutlu 库特鲁·埃姆雷, 26, 315

emūqum, 163

Enlil 恩利勒, 98–99, 124, 184–185, 204, 222, 265–266, 295n30, 295n32

Ennam-Assur 恩那姆阿舒尔, 288–289

eponym stelas 名年官石碑, 123

eponyms 名年官, 67–68, 70–73, 76–77, 94, 110, 120, 123–130, 142, 159, 208, 211, 220, 232–233, 236, 282, 284, 286, 288

eqlum, 150

Erciyas Dag 埃尔西亚斯达格, 17, 30

Ergani Maden 埃尔加尼矿产区, 192

Erishum I 埃瑞舒姆 I, 67, 93–97, 103, 105, 114, 123–124, 146

Erishum II 埃瑞舒姆 II, 93, 95, 98

Erol, Hakan 哈刊·埃罗, 265

Eshnunna 埃什嫩那, 105, 149, 199–200, 280

ethnicity 种族, 252, 259

Euphrates 幼发拉底河, 17, 20, 97, 99, 126, 146–147, 156, 158, 175, 177, 199

extra territorial rights 治外法权, 152

families 家庭/家族, 8, 12, 22, 46–47, 64, 67–68, 71–72, 74–75, 77, 84, 96, 116, 120, 126, 129, 133, 186, 196, 202, 208, 223, 227, 245, 249, 252, 261, 265, 267–268, 282, 285–286

family firm 家族企业, 202, 214

fee payers 费用支付者, 76–79, 164

fees 费用, 164–165

festival 节日, 141

financiers 投资人, 72, 118, 202, 254

Finley, Moses 摩西·芬利, 101, 295n1, 309

fondaco 方达科, 150

forests 森林, 133, 136

Garelli, Paul 保罗·伽瑞里, 63–64, 110, 271, 292n3, 293n12, 295n24, 296n19, 304n15, 309, 313, 315

Gate of the God 神之门, 50, 160, 205

Gelb, I.J. I. J. 格尔布, 27, 310

generations 世代, 6, 12, 46–47, 70–71, 99, 207, 227, 259, 282, 284, 286–287

gold 金, 11, 36, 75, 85–86, 97–98, 103, 117–118, 210, 220–223, 226, 230–231, 265–266, 274, 296n14

golden gods 金神, 266–267

Golénischeff, W. 戈列尼谢夫, 54, 293n1, 310

granary 粮仓, 128

graves 坟墓, 7, 11, 47, 49, 85–86, 125, 244–245, 294n6

guards 卫兵, 139, 152, 157–158, 176, 179

gubabtum, 265

Günbattı, Cahit 贾西特·衮巴提, 64, 298n21, 298n27, 299n22, 299n23, 310

Güterbock, Hans Gustav 汉斯·古斯塔夫·古特伯克, 23, 297n6

Habur 港口, 98, 175

Hahhum 哈胡姆, 76, 78, 137–138, 147, 151–154, 156–157, 177, 203–204, 222, 298n20 *hamuštum*, 125, 167

Hanaknak 哈那克那克, 135

Harsamna 哈尔萨姆那, 32, 144

Hattians 哈梯人, 138

Hattum 哈图姆, 251

Hattush 哈图什, 参阅 Hattusha

Hattusha 哈图沙, 19, 24–25

Hecker, Karl 卡尔·海克, 291n7, 298n19, 301n11, 304n18, 308, 310

heirs 继承人, 21, 74, 116–117, 129, 229, 231, 233, 237–239

Hertel, Thomas 托马斯·赫特尔, 66, 68, 166, 223, 286, 292n4, 292n6, 296n12, 296n5, 299n1, 299n15, 299n16, 299n3, 299n7, 299n8, 303n4, 303n9, 305n10, 310

high court 高级法庭, 107–108, 117, 121–122, 278

Hirsch, Hans 汉斯·希尔施, 281–282, 302n24, 304n15, 310–311, 315

Hittite 赫梯, 19–21, 24–25, 27, 30, 34, 79, 135, 137–138, 141–142, 244

houses 马
  prices 价格, 96

Hrozny, Bedrich 贝德日赫·赫罗兹尼, 19–22, 25, 30–31, 40, 52, 207, 291n5, 291n7, 311–312

Hurama 胡腊马, 32, 157

Hurmeli 胡尔美里, 32, 144

Hurrians 胡里人, 138

hybridisation 混合化, 244

Ichisar, Metin 梅汀·伊池萨尔, 64, 301n9, 311

iconography 图像学, 256

Iddin-abum 伊丁阿布姆, 288

Iddin-Suen 伊丁辛, 288

ikribu, 122, 264

Ikunum 伊库奴姆, 93, 95, 225–226

Ilabrat 伊拉卜腊特, 224, 268

Ilushuma 伊鲁舒马, 88, 93, 95–96, 98, 103, 146, 192, 200

import tax 进口税, 127, 157, 213

Inar 伊那尔, 32, 144

incantation 咒语, 177, 260–262, 313

Indus 印度河, 11, 22, 200

inns 客栈, 164, 175, 201

international trade 国际贸易, 86, 96

investors 投资者, 79, 142, 184, 194, 204, 218–222, 224–226, 228, 230–236, 238–239, 264, 272

Iranian plateau 伊朗高原, 11, 97, 200

Iraq 伊拉克, 1, 17, 20, 23, 56, 61, 84, 92, 99, 279

Ishme-Dagan son of Shamshi-Adad 伊什美达干, 沙姆西阿达德之子, 124

Isin 伊辛, 149, 198, 280, 298n9

iššiʾak Assur, 105

Issu-arik 伊苏阿瑞克, 288

Jacobsen, Thorkild 索基德·雅各布森, 106, 295n9

joint-stock partnership 股份制合作, 75, 117, 174, 204, 220, 223, 226–227, 233

judicial institutions 司法机构, 152, 229

Kahramanmaras, 卡赫拉曼马拉什, 177

Kalhu 卡勒胡, 84

Kanesh 卡尼什, 1, 3, 5, 7–8, 12, 26–27, 30–32, 34, 36–38, 40, 46–47, 66–70, 72–73, 75–79, 83, 85, 87, 90–91, 95–96, 104–105, 107–110, 113–114, 116–119, 123–129, 135, 137–138, 140, 143–144, 147, 149, 151, 153, 156–162, 164–168, 171–177, 179–184, 186–190, 193–197, 202–204, 206–208, 210–214, 217–219, 222–226, 228, 230–235, 237–239, 243–244, 250–252, 254, 256, 259, 261, 263–265, 268, 273, 277, 279–280, 282–285, 297n6, 299n12, 307–310, 312–313

  lower town 下城, 12, 22, 25–27, 29, 32, 34, 37–43, 49–50, 52, 69, 71–72, 75, 85, 114, 125, 157, 179–181, 195–196, 207–208, 243–244, 263, 288, 292n4, 292n6

  population 人口, 42, 55, 78, 141, 153, 160–161, 196, 252

  stratigraphy 地层学, 19–21, 25–28, 32, 34, 39–40, 57, 85, 211, 216, 294n6

  streets 街道, 7, 39, 41, 43, 49, 171, 243

Kapalıkaya 卡帕里卡亚, 136

Kapitra 卡皮特腊, 143

Karahna 卡腊赫那, 135

Karahöyük Konya 卡拉霍愚克康亚, 17, 21, 135, 148, 307

kārum, 61, 112, 148–149, 298n9, 315

Kayalıpınar 卡亚勒皮那尔, 135

Kayseri 凯塞利, 17, 21, 29–30, 291n3

Kazakhstan 哈萨克斯坦, 201, 315

Khuzestan 胡泽斯坦, 96, 149, 200

Kikkiya 基基亚, 92–93

king 国王, 31–32, 34, 37, 44, 66–67, 78–79, 84, 87, 90–94, 96–99, 101–113, 115–117, 119, 122–124, 127, 130, 138–144, 148–149, 151–154, 156, 158, 160, 162, 168, 180, 219, 224, 228, 236, 239, 252, 256, 267–268, 279, 282, 294n19, 297n20

  as private person 作为个人, 110

king list 王表, 92

Kismar 基斯马尔, 96, 200

Kızıl Irmak 克孜勒厄尔马克, 29, 134–135, 193, 293n8

Knesh 奈什, 138

Kokcha Valley 科克查谷地, 200

Konya 康亚, 27, 134–136, 148, 297n1, 307

Kryszat, Guido 基多·克莱扎特, 286, 291n7, 293n2, 296n16, 297n18, 301n11, 304n5, 305n8, 311

Kuburnat 库布尔那特, 135, 249

Kulakoglu, Fikri 菲克里·库拉克奥卢, 26, 30, 32, 37, 39, 42, 49, 292n1

Kuliya 库里亚

envoy of the Kanesh colony 卡尼什商港的特使, 76, 118, 142

Kültepe 屈尔台培, 参阅 Kanesh

kumrum, 125, 265

Kunanamet 库那那美特, 217

Kushara 库沙腊, 34, 143

Labarna I 拉巴尔那 I, 142

Labarsha 拉巴尔沙, 32

Lamashtum 拉马什图姆, 261

landholding 土地持有, 140, 154

Landsberger, Benno 本诺·兰兹伯格, 21, 23, 25, 60–63, 291n8, 293n11, 294n16, 295n32, 303n8, 311

lapis lazuli 青金石, 11, 75, 86, 128, 200, 236, 264

laputtā'um, 128, 204

Larsa 拉尔萨, 149, 198, 280

Lassen, Agnete 阿格奈特·莱森, xi, 254, 256, 258, 294n12, 294n13, 297n9, 300n3, 301n21, 303n3, 304n17, 304n20, 312

lawsuits 法律诉讼, 12, 74, 116, 166, 287

legal conflicts 法律冲突, 74, 154, 166, 237

legal system 法制系统, 105, 229, 238, 240

letters 信件

from the City 来自城市, 108, 113, 239

from the king 来自国王, 107–108, 160, 268

Levant 黎凡特, 11, 97

level 1b 第 1 层 b, 25, 27, 32, 40–41, 75–77, 79, 98, 135, 143, 151, 166, 173, 191, 219, 252, 286, 294n4

level 2 第 2 层, 25, 27, 32, 40–41, 71, 75–77, 150–152, 157, 167, 180–181, 193, 252, 283

level 3 第 3 层, 40, 50

Lewy, Julius 尤利乌斯·莱维, 59–63, 83, 293n10, 293n12, 293n5, 293n6, 293n8, 309, 312

limmum, 94, 98, 123–124, 126–127, 167

līmum, 126

literacy 读写能力, 55, 293n3

long-distance trade 长途贸易, 10–11, 84, 176, 271, 280

lot 地块，抽签, 29, 39, 96, 116, 118, 123–124, 171, 225, 232

Lower land 低地, 119

Luwians 卢维人, 138

mahīrum, 273, 277

majority decisions 多数决定, 163

Mamma 马马, 31, 34, 77, 143–144, 177

Manzat 曼扎特, 213, 268

Mari 马瑞, 34, 67, 75–76, 99, 111, 126, 146, 149, 156, 173, 191, 199–200, 295n4, 298n9, 309

market 市场, 3, 17, 36, 54, 96–97, 119, 139, 147, 158, 179–182, 188, 191, 197, 199–200, 271, 273–275, 277, 297n18

marketless economy 无市场经济, 276

marketplace 市场, 36

marriage 婚姻, 4, 8, 22, 78, 208, 214, 249–251, 286

material culture 物质文化, 7, 12, 50, 243–244, 252

Matouš, Lubor 卢博尔·马图什, 19, 291n4, 291n7, 303n6, 304n13, 312

Mazaka 马扎卡, 30

mediation 仲裁, 238

Meluhha 麦鲁哈, 200

mer'u mētim, 238

mera Assur, 112

Merzifon 梅尔济丰, 179, 193

Mesopotamia 美索不达米亚, 6–7, 9–11, 17, 34, 47, 55, 58, 60, 67, 73, 79, 87–88, 92, 98–99, 102–103, 105, 122–123, 180, 196–197, 199, 201, 244, 251, 253, 256–258, 260, 262–263, 272–273, 276, 279, 282, 301n32, 307–308, 310–312, 314, 316

meteoric iron 陨铁, 75, 118, 128, 151, 219

mētum hamšat, 180

Michel, Cécile 塞西尔·米歇尔, 64, 150, 249, 262, 292n11, 292n13, 292n2, 295n28, 297n5, 301n16, 301n18, 301n21, 301n22, 302n16, 302n20, 302n21, 302n5, 302n9, 304n10, 304n16, 304n3, 304n8, 305n7, 312–313, 316

micro-history 微观历史, 68

Middle Bronze Age 青铜时代中期, 26, 30, 39, 42, 62, 111, 150, 200, 219, 273, 307

Miglus, Peter 彼得·米格鲁斯, 99, 294n2, 294n3, 295n30, 295n31, 313

mining 采矿, 200

Mishlan 米什兰, 149

mixed marriages 跨种族婚姻, 249–250

murder 谋杀, 156

mūṣi'um, 128, 211

mušlālum, 114–115

names 名字, 27, 32, 34, 43, 54, 77, 87, 92–94, 107, 123–125, 128, 137–138, 146, 167, 192, 195, 197–198, 203, 207, 215, 220–222, 225, 249–250, 252, 255, 281–283, 286

Naram-Suen 那腊姆辛, 67, 93–95

naruqqum, 220, 314

necromancy 巫术, 263

Nenashsha 奈那沙, 77

netherworld 地下世界, 153, 266

nibum, 104, 127, 165

Nimrud 尼姆鲁德, 84

Nineveh 尼尼微, 20, 88, 92, 98, 192

Nippur 尼普尔, 99, 200

nishātum, 157, 180

nomadic societies 游牧社会, 146

notifying message 告知函, 184

nuā'u, 137

Office of the Eponym 名年官办公厅, 91, 278

Office of the Colony 商站办公厅, 52, 159

oil 油, 46, 139, 173, 250

Oman 阿曼, 11, 96, 192, 200

Oppenheim, A. Leo 利奥·奥本海默, 5

Oriental Institute 东方研究所, 23, 26, 60, 309–310, 312

Ottoman Empire 奥斯曼帝国, 23

Özgüç, Nimet 尼梅特·厄兹居奇, 25, 27, 31, 256, 314–315

Özgüç, Tahsin 塔赫辛·厄兹居奇, 21, 23–25, 27, 30–32, 34, 36–37, 40–41, 43, 46, 49, 125, 196, 244, 256, 291n6, 92n11, 292n3, 292n9

Öztan, Aliye 阿里耶·奥兹坦, 27

packers 驮者, 171, 173, 175, 185–187, 215, 228

palace 宫廷, 21, 30–32, 34, 36–38, 40, 67, 69, 75, 78, 84, 90–91, 99–100, 103, 109–110, 115, 118, 122, 127, 138–140, 143, 146, 157, 167–168, 173–174, 180–181, 194–195, 199, 219, 247, 249, 252, 275–276, 292n13, 295n4

  administration 管理, 38, 78, 138

  south terrace 南部平台, 34

Palaeans 帕莱人, 138

papponymy 隔代命名, 286

pater familias 家长, 204

Persian Gulf 波斯湾, 11, 55, 96–97, 191, 200, 279

personal assets 私人资产, 221

personal gods 个人神, 267–268

Peruwa 培如瓦, 50, 140, 256, 314

Pinches, Theophilus 西奥菲勒斯·平奇斯, 17, 54, 59, 291n1, 314

pirikannum, 118, 275

Pithana 皮特哈那, 34, 143

Polanyi, Karl 卡尔·波兰尼, 276–278, 280, 300n4, 305n13, 305n14, 314–315

Pontic region 庞蒂克地区, 191–192

pottery 陶器, 46–47, 244–245

pre-emption 优先购买, 152, 180

price 价格, 120, 180–182, 185, 187, 190–191, 194, 273–275, 277

priest 祭司, 106, 125, 205, 265–266

priestess 女祭司, 211, 233, 255, 263, 265

private chapel 私人圣所, 266

private summons 私人召唤, 159

probouleuma 预案, 161

production 生产, 75, 152, 191–192, 195–199, 258, 274, 276, 279–280, 301n19

profit 利润, 5, 9, 25, 97, 147, 172, 174, 182, 186–188, 194, 215, 217, 219–221, 225, 248, 264, 271, 273, 275, 277–278, 300n9

puhrum, 112, 114

Purushaddum 普如什哈杜姆, 27, 73, 134, 136–137, 139, 142, 158, 166, 173–175, 181, 192–195, 216, 219, 243, 251, 276, 288, 297n12

Puzur-Assur I 普朱尔阿舒尔 I, 93, 95

Puzur-Assur II 普朱尔阿舒尔 II, 93, 95, 109

Puzur-Suen 普朱尔辛, 99–100

Qala Shergat 卡拉谢尔伽特, 83

queens 王后, 123, 138, 140, 250

rabi bētim, 138

rabi mahīrim, 181, 273

rabi sikkitim, 139, 248

rabi simmiltim, 138

rābiṣum, 117

reciprocity 互惠, 104, 276

redistribution 再分配, 276–278, 315

Reiner, Erica 埃瑞卡·雷纳, 60, 293n7, 314

religion 宗教, 88, 99, 260, 268, 281, 304n1

Renaissance 文艺复兴, 8, 10, 57, 71, 112, 149, 177, 202, 293n3

Renfrew, Colin 科林·伦弗鲁, 277–278, 305n16, 305n18, 314

representatives 代表人, 113, 117–120,

129, 149, 154, 164, 181, 183–184, 187, 194, 202–204, 206–207, 216, 224–225, 227, 232–234, 239, 250, 264–265, 279

ritual 仪式, 106, 123, 245, 260

river ordeal 河神审判, 78, 154

robbery 抢劫, 156, 176

routes 路线, 96–97, 136, 175–177, 179, 201

royal inscriptions 王室铭文, 102

rubāum, 105–107

ša balāṭika, 272

sa'utum, 185–186

sacred precinct 圣区, 108, 113–115, 299n12

Salt Lake 盐湖, 25, 134, 136, 142

saptinnum, 118

šāqil dātim, 76, 164

Sargon I 萨尔贡 I, 93, 95, 109–110, 126, 256

Sarımsaklı 萨瑞姆萨克里, 29

šarrum, 105–106

Schama, Simon 西蒙·沙马, 7

scribes 书吏, 55, 57, 160–163, 165

script 书写, 1, 19, 22, 54–57, 59, 243, 303n1

simplification 简化, 56–57

seals 印章, 22, 27, 86, 105, 127, 148, 185, 244–245, 252–259, 295n10, 304n15, 304n19, 312

Anatolian style 安纳托利亚风格, 254, 256, 258–259

stylistic groups 风格组, 252, 254

Syrian style 叙利亚风格, 254, 259

workshop 作坊, 256, 258

settlers 定居者, 61, 78

Sever, Hüseyin 侯赛因·塞弗, 64, 302n15, 314

Shalatuwar 沙拉图瓦尔, 137, 142–143, 272

Shalim-Assur 沙里姆阿舒尔, 288

Shamash 沙马什, 115–116, 248, 275

Shamshi-Adad I 沙姆西阿达德 I, 34, 67, 90, 93, 95, 98–99, 116, 124, 144

Shamuha 沙穆哈, 135

Sharru-matan 沙如马坦, 266

Shi, Xiaowen 史孝文, xi, 297n17

Shinahuttum 西那胡图姆, 143

Shubat-Enlil 舒巴特恩利勒, 98

Sibuha 席布哈, 143

sikkātum, 141, 297n20, 308

Ṣilulu son of Dakiki 采鲁鲁，达基基之子, 105, 294n19

Ṣilulu son of Uku 采鲁鲁，乌库之子, 105, 126, 294n19

Sippar 西帕尔, 97, 149, 199, 279–280, 298n9, 310

slave 奴隶, 37, 46, 77–79, 106, 109–110, 128–129, 138, 140, 143, 154, 186, 194–196, 204, 210–211, 214–216, 223, 228, 250–251, 273

small men 小人物, 119, 143, 160–162

smuggling 走私, 157–158, 179, 247

solar eclipse 日食, 67

Spufford, Peter 彼得·斯普福德, 71, 293n3, 293n8, 315

state 国家, 政府, 11, 24, 31–32, 61, 71, 75, 83–84, 98–99, 101, 106, 111–112, 128–129, 140–141, 143–144, 149, 185, 198, 215, 236, 278–279, 295n4

statistics 统计学, 167, 190

Statutes of the Kanesh colony 卡尼什商站的法规, 76, 160

Stein, Gil 吉尔·斯坦因, 149, 298n11, 298n12

stela 石碑, 49, 108, 115, 117, 123, 228, 296n15

Stepgate 阶梯门, 90, 108, 114–116

Stratford, Edward 爱德华·斯特拉特福德, xi, 206, 286, 300n10, 301n8, 305n9, 315

stratigraphy 地层学, 20, 25, 32, 39–40, 84, 88

Subareans 苏巴如人, 117

subrum, 215–216

ṣuhartum, 216

ṣuhārum, 106, 215–216

sukinnu road 苏基奴路, 135, 158

Sulili 苏里里, 92–93, 294n19

Sumerian 苏美尔语, 55, 87, 99, 105–106, 108

Sumerians 苏美尔人, 56

supply and demand 供应和需求, 274

Susa 苏萨, 96, 149, 200–201, 279–280, 301n32

Syria 叙利亚, 11, 20, 23–24, 76, 84, 97–99, 135, 146–148, 150–151, 173, 177, 191, 258–259, 265, 279, 309, 311, 315

system of writing 书写系统, 55, 57, 138, 243

Tabriz 大不里士, 301n32

Tadjikistan 塔吉克斯坦, 201

Taishama 台伊沙马, 143–144

Talwahshushara 塔勒瓦赫舒沙腊, 140

tamkārum, 112, 277

tappā'uttum, 75, 219

Tarsus 塔尔苏斯, 148

Tashmetum 塔什美图姆, 263

tašīmtum, 160

Taurus 陶鲁斯山, 3, 133, 135, 144, 148, 153, 156, 175, 177–178, 188, 192, 249, 275

Tawniya 塔乌尼亚, 77, 162, 168, 236

taxation 征税, 38, 96–97, 151–153, 157, 174, 180

taxes 税, 9, 36, 73, 76, 91, 103, 110, 128, 157–158, 167, 174, 179, 184–185, 187, 190–191, 248

temenos 台美诺斯, 37

temple 神庙, 50
    Anitta's temples 阿尼塔的诸神庙, 35–36
    to Adad 给阿达德, 95
    to Assur 给阿舒尔, 84, 89, 95, 108, 114–115, 151, 232
    to Enlil 给恩利勒, 98
    to Ishtar 给伊什塔尔, 87–88, 95

tepe 台培, 20, 25

testament 遗嘱, 229, 233–234, 236–238

testimonies 证词, 22, 166

textiles 纺织品, 46, 63, 73, 75, 96–97, 110, 118–119, 128, 139, 147, 152, 157–158, 171–174, 180–182, 185–187, 189–190, 193, 195–200, 206, 210, 247, 265, 274, 275, 300n3, 301n16
    kutānu, 172, 197–198

texts 文献

and archaeology 与考古学, 7

archives 档案, 8

caravan accounts 商队账目, 38, 57, 74, 101–102, 157, 160, 175, 179, 183–184, 188, 193, 204, 213, 217, 221

cuneiform tablets 楔形文字泥板, 3, 17, 19–22, 25, 27, 30, 36, 40, 43–46, 50, 54, 57, 98, 113, 119, 160, 184, 204–205, 217, 228, 230–231, 234, 237, 244, 252–253, 286, 291n3

debt-notes 债务借据, 8, 57, 68, 77, 181, 183

hymns 圣诗, 260

incantations 咒语, 260–262, 300n12, 313

letters 信件, 5, 8–9, 12, 22, 36, 38, 44, 61–62, 64, 68, 72–73, 75–76, 85, 96, 107–110, 113, 117–118, 120, 128, 141–142, 151–152, 154, 156, 160–161, 168, 171–172, 176, 179, 182–184, 189–190, 194, 197, 199, 202–203, 206–211, 218, 223, 230, 234, 239, 250, 260, 262–264, 267–268, 272, 284–286, 299n16, 301n27

memoranda 备忘录, 184, 225, 235, 293n6

notifying message 告知函, 174

royal inscriptions 王室铭文, 87, 95–97,

407

102–103, 105

school texts 学校文献, 85

transport contract 运输契约, 184

Tigris 底格里斯河, 1, 17, 20, 83, 91–92, 96, 98, 192, 200

Timelkiya 提美勒基亚, 137, 173

tin 锡, 62–63, 73, 75, 96–97, 103, 109–110, 118–119, 126, 128, 147, 152–153, 157–158, 171–175, 180–182, 185, 187, 189–191, 193, 196–197, 199–201, 206, 247, 274–275, 301n32

Tishmurna 提什穆尔那, 173

town wall 城墙, 41

trade diaspora 贸易移民, 150

transporters 运输者, 110, 175, 214, 249, 279

travel expenses 旅途花销, 147

travellers on the road to the city 去往城市的旅行者, 77–78

treasury 财宝, 127–128, 266

treaties 条约, 61, 78, 127, 143, 150–154, 156–158, 160, 168, 176, 180, 298n21

Troy 特洛伊, 201

Tuhpiya 图赫皮亚, 77

Tumliya 图姆里亚, 47, 140

Turkey 土耳其, 1, 17, 23–24, 37, 147, 177, 310

Turupani 图如帕尼, 139

tuzinnum, 140

ubadinnum, 140

ugula, 108

Ulama 乌拉马, 27, 142

Uqur 乌酷尔, 266

Ur 乌尔, 11, 58, 70, 88, 92–93, 96, 146, 198, 200, 239, 254, 276

Ur III period 乌尔第三王朝, 88, 92, 198

Urshu 乌尔舒, 151, 265

Ushinalam 乌西那拉姆, 139, 142, 165, 194–195, 216, 218–219, 288, 297n12

Ushsha 乌沙, 148

Uzunyayla 乌兹尼亚拉, 179

van de Mieroop, Mark 马克·范·德·米鲁普, 272, 293n1, 305n1, 315

Veenhof, Klaas 克拉斯·韦恩霍夫, xi, 63–64, 78, 142, 164, 174, 189–190, 198, 275, 277, 292n12, 292n5

venture trade 风险贸易, 72, 75, 227

verdict 裁决, 22, 36, 38, 77, 108, 113–115, 117, 119, 121, 139, 154, 159, 163, 166, 228, 234, 237–239, 299n16

von Soden, Wolfram Freiherr 沃尔弗拉姆·冯·佐登男爵, 23

votive offerings 献祭品, 184, 224, 263–264

wabartum, 148

Wahshushana 瓦赫舒沙那, 119, 136, 139, 141–143, 156, 193, 230–231, 272, 276

wakil tamkari, 149

waklum, 105, 108–110, 113, 149

wall cones 壁锥, 115

walls 墙, 95

wardum, 215–216

warfare 战争, 41, 141, 153, 156–157

Warshama 瓦尔沙马, 31–32, 34, 36, 40, 143, 292n13, 307

waṣītum, 128

weather 天气, 179

week eponymy 名周官, 76, 167

Winckler, Hugo 雨果·温克勒, 19, 291n3, 316

winter 冬天, 46, 133–134, 146, 156, 179, 199, 275

witnesses 证人, 22, 77, 108, 113, 115, 119, 159–160, 162–163, 166, 183, 194, 203, 205, 210, 217, 225, 228, 230–233, 235, 238, 267, 272

women 女人, 5–6, 56–57, 85, 87, 113, 116, 120, 128, 147, 196–199, 203, 208–211, 239, 243, 250–252, 261–265, 268, 281, 286, 301n20

wool 羊毛, 73, 97, 103, 165, 194–195, 198, 207, 211, 218–219, 231, 249, 273, 275–276

word divider 分词符, 57

working capital 工作资本, 185–186

year eponym 名年官, 122

Yeshil Irmak 耶希尔厄尔马克, 135

Zagros Mountains 扎格罗斯山脉, 11, 83, 200

Zalpa 扎勒帕, 137

ziggurat 塔庙, 84, 98–99, 116, 295n30

Zuzu 朱朱, 34

楔形文字专有名词对译字表[1]

	Ø	a阿	e埃	i伊	u乌	O奥	am按	an安	em/im恩/寅	en恩	in尹	um温	un(on)文	ao
b	卜	巴	贝	比	布	波	板	班	奔	本	宾	布姆	贲	保
d	德	达	戴	迪	杜	都	旦	丹	邓	登	丁	杜姆	顿	悼
f	弗	发	费	弗	夫	缶	凡	梵	奋	芬	纷	份	冯	佛
g	格	旮	吉	吉	古	勾	甘	干	根	根	艮	鲧	衮	皋
h	赫	哈	希	黑	胡	霍/侯	韩	汉	恒	痕	欣	珲	混	昊
k	克	卡	凯	基	库	科	坎	刊	垦	肯	金	坤	昆	考
l	勒	拉	莱	里/利	鲁	楼	兰	阑	林	伦	临	隆	仑	劳
m	姆	马	美	米	穆	摩	蛮	曼	闽	门	敏	蒙	孟	卯
n		那	耐	尼	奴/努	诺	楠	南	恁	嫩	宁	农	侬	瑙
p	坡	帕	拍	皮	普	剖/坡	盘	潘	喷	盆	品	彭	篷	咆
q	喀/可	喀	齐	齐	酷	寇	堪	侃	钦	秦	肯	群	昆	栲
r	尔	腊剌	雷	瑞	如	若	冉	蓝	荏	任	壬	润	闰/荣	荛
s	斯	萨	塞	席	苏	嗖	散	叁	新	辛	森	孙	荪	梢
ş	施	嚓	采	采	簇		璨	参	琛	辰	岑	淳	春	超
š	什	沙	筛	西	舒		闪	山	莘	鑫	申	顺	舜	绍
t	特	塔	台	提	图	投	覃	坦	铁	藤	廷	吞	屯	陶
t/th	忒	沓	忒	梯	突		檀	坛	登	鼎	定	盾	敦	套
y		伊	亚	耶	伊	于	有	延	严	彦	寅	尹	鄢	芸	尧
w/v		乌	瓦	维	维	乌	沃	皖	万	宛	文	汶	温	翁	窝
z		兹	扎	载	孜	朱	卓	瓒	赞	真	箴	珍	樽	尊	皂

[1] 本表基于吴宇虹先生校定的《古典所中西文专有名词音对译字表》，略作改动。参见：吴宇虹《古代两河流域楔形文字经典举要》，黑龙江人民出版社2006年版，第374页，附录。——译者注

图书在版编目(CIP)数据

古代卡尼什:青铜时代安纳托利亚的商业殖民地/(丹)莫恩斯·特罗勒·拉尔森著;史孝文译.—北京:商务印书馆,2021
ISBN 978-7-100-19343-6

Ⅰ.①古… Ⅱ.①莫…②史… Ⅲ.①贸易史—研究—安纳托利亚—古代 Ⅳ.①F733.749

中国版本图书馆CIP数据核字(2021)第006813号

权利保留,侵权必究。

古代卡尼什:青铜时代安纳托利亚的商业殖民地
〔丹〕莫恩斯·特罗勒·拉尔森 著
史孝文 译

商 务 印 书 馆 出 版
(北京王府井大街36号 邮政编码100710)
商 务 印 书 馆 发 行
北京中科印刷有限公司印刷
ISBN 978-7-100-19343-6
审 图 号:GS(2020)5407号

2021年2月第1版　　开本880×1230　1/32
2021年2月北京第1次印刷　印张13¼
定价:68.00元